José Aldazábal

Vocabulário básico de
LITURGIA

Coleção Fonte Viva

- Eucaristia: teologia e celebração. Documentos pontifícios, ecumênicos e da CNBB 1963-2004 – *Antonio Francisco Lelo (org.)*
- Vocabulário básico de Liturgia – *José Aldazábal*
- Bíblia e Liturgia: a teologia bíblica dos sacramentos e das festas nos Padres da Igreja – *Jean Danielou*

José Aldazábal

Vocabulário básico de
LITURGIA

Paulinas

Dados Internacionais de Catalogação na Publicação (CIP)
(Câmara Brasileira do Livro, SP, Brasil)

Aldazábal, José
    Vocabulário básico de liturgia / José Aldazábal.
[tradução Paulinas Portugal – São Paulo : Paulinas, 2013.
– (Coleção fonte viva)

    Título original: Vocabulário básico de Liturgia

    Bibliografia.
    ISBN 978-85-356-3376-4

    1. Igreja Católica – Liturgia – Vocabulários
I. Título.   II. Série.

12-13288   CDD-264.02

Índice para catálogo sistemático:

1. Liturgia : Igreja Católica : Vocabulários   264.02

Título original da obra: *Vocabulário básico de liturgia*
© 2002 Centre de Pastoral Litúrgica

1ª edição – 2013
2ª reimpressão – 2018

Direção-geral:	Bernadete Boff
Conselho editorial:	Dr. Afonso M. L. Soares
	Dr. Antonio Francisco Lelo
	Me. Luzia Maria de Oliveira Sena
	Dra. Maria Alexandre de Oliveira
	Dr. Matthias Grenzer
	Dra. Vera Ivanise Bombonatto
Editores responsáveis:	Vera Ivanise Bombonatto e Antonio Francisco Lelo
Tradução:	Paulinas (Portugal)
Copidesque:	Amália Ursi
Coordenação de revisão:	Marina Mendonça
Revisão:	Ruth Mitzuie Kluska
Assistente de arte:	Ana Karina Rodrigues Caetano
Gerente de produção:	Felício Calegaro Neto
Diagramação:	Jéssica Diniz Souza
Capa:	Manuel Rebelato Miramontes
Imagem de capa:	Afresco "A comunhão dos Apóstolos", Soteros Church, Palaichorio, Chipre

Paulinas
Rua Dona Inácia Uchoa, 62
04110-020 – São Paulo – SP (Brasil)
Tel.: (11) 2125-3500
http://www.paulinas.com.br – editora@paulinas.com.br
Telemarketing e SAC: 0800-7010081
© Pia Sociedade Filhas de São Paulo – São Paulo, 2013

Siglas

AGM	A. G. Martimort. *La Iglesia en oración*. Barcelona: Herder, 1987. 1240 pp. (Ed. bras.: *A Igreja em oração*. 1-4. Petrópolis: Vozes, 1992.)
AL	J. Castellano. *El Año Litúrgico. Memorial de Cristo y mistagogía de la Iglesia* (Biblioteca Litúrgica 1). Barcelona: CPL, 1994. 360 pp.
CB	*Cerimonial dos Bispos* (1985).
CDC	*Código de Direito Canônico* (1983).
Cel Igl	*La Celebración en la Iglesia*. I. Liturgia y sacramentología fundamental. II. Sacramentos. III. Ritmos y tiempos de la celebración (ed. D. Borobio). Salamanca: Sígueme, 1985-1990. (Ed. bras.: *A celebração na Igreja*. São Paulo: Loyola, 1993, 3 vols.)
CFC	*Conceptos Fundamentales del Cristianismo* (editores C. Floristán y J.J. Tamayo). Madrid: Trotta, 1993.
CFP	Congregação para o Culto Divino. *Carta sobre a preparação e celebração das Festas Pascais* (1988).
CIC	*Catecismo da Igreja Católica* (1992).
CPh	Coleção Cuadernos Phase. Barcelona: CPL.
D	Coleção Dossiers CPL. Barcelona: CPL.
DMC	Diretório para Missas com Crianças (1973). In: Aldazábal, J. *Celebrar a eucaristia com crianças*. São Paulo: Paulinas, 2008. (Col. Comentários.)
ELM	Elenco das Leituras da Missa (2. ed. típica, 1981). In: *A mesa da Palavra I*. São Paulo: Paulinas, 2007 (Col. Comentários.)
EM	Instrução *Eucharisticum Mysterium*, Sagr. Cong. dos Ritos/Culto Divino, (1967). In: Lelo, Antonio Francisco (org.). *Eucaristia*: teologia e celebração. São Paulo: Paulinas, 2006. p. 408-437.

IGLH	*Instrução Geral sobre a Liturgia das Horas* (1970). In: Col. Comentários, 2010.
IGMR	*Instrução Geral sobre o Missal Romano*. 3. ed. São Paulo: Paulinas, 2007. (Col. Comentários.)
MC	*Marialis Cultus*, Exortação Apostólica de Paulo VI (1974).
MS	Instrução *Musicam Sacram* (1967).
NDL	*Nuevo Diccionario de Liturgia* (ed. D. Sartore, A. M. Triacca, J. M. Canals). Madrid: Paulinas, 1987. (Ed. bras. da edição italiana: *Dicionário de Liturgia*. São Paulo: Paulus, 1989.)
NG	Normas Gerais sobre o Ano Litúrgico e o Calendário (1969).
PO	*Presbiterorum Ordinis*, Decreto do Concílio Vaticano II sobre o Ministério e vida dos presbíteros (1965).
RB	*Ritual de Bênçãos* (1984, ed. bras.: 1989).
RBC	*Ritual do Batismo de Crianças*, 2. ed. típica (1998).
RICA	*Ritual de Iniciação Cristã de Adultos* (1972).
RM	*Ritual do Matrimônio* (1969; 2. ed. típica 1990).
ROBPD	*Ritual de Ordenação do Bispo, dos Presbíteros e Diáconos* (1968; 2. ed. típica, 1989).
RP	*Ritual da Penitência* (1973).
SC	*Sacrosanctum Concilium*, Constituição do Concílio Vaticano II sobre a Sagrada Liturgia (1963).
SCCME	*A Sagrada Comunhão e o Culto do Mistério Eucarístico fora da Missa* (1973).
VQA	*Vicesimus Quintus Annus*, Carta Apostólica de João Paulo II (1988).

Introdução

Não é empresa simples a de oferecer um *Vocabulário básico*. Supõe conseguir uma síntese razoável de muitos termos e conceitos, neste caso, referentes à celebração litúrgica cristã. Uma síntese que não seja demasiadamente técnica nem longa e, ao mesmo tempo, ofereça os dados que mais podem interessar, sobre os aspectos históricos, teológicos e pastorais das realidades contidas em cada termo.

Não pretende ser, evidentemente, um manual para os docentes, nem um tratado teológico ou de pastoral sobre a liturgia, mas, somente, uma apresentação básica e "saborosa" de cada um dos termos que me pareceram representativos do universo da liturgia, e para que os leitores possam adquirir um conhecimento "mediano" deles, sem excessiva erudição histórica e sem pretensões de um tratado exaustivo da matéria. Poderia ter conduzido a reflexão em outras direções: os nomes de pessoas, os lugares ou documentos que tiveram especial significado na história da liturgia; a ordenação sistemática dos grandes princípios ou dimensões dessa realidade; a história ordenada, a teologia completa, a perspectiva ecumênica, as orientações mais detalhadas de pastoral... O que o leitor aqui encontrará é um trabalho intermediário.

O fato de este *Vocabulário* ter sido escrito por um só autor tem algumas vantagens e também desvantagens. Vantagens, porque, provavelmente, se assegura mais certa uniformidade e consistência interior; desvantagens, porque a reflexão de diversos autores teria sido certamente mais rica, embora mais difícil de coordenar.

Tenho a esperança de que este *Vocabulário* possa servir àqueles que, não tendo acesso a fontes mais completas, disponham aqui de um instrumento, embora básico, que responda aos seus interesses no campo da liturgia. Anotei para os termos mais importantes a lista de outros mais *relacionados* a eles, a fim de completar a sua visão.

Ofereço este *Vocabulário*, certamente com humildade, porque estou consciente de que não é um instrumento perfeito, mas, ao mesmo tempo, com a intenção de que ele possa ser útil tanto para os pastores como para todos os cristãos, que somos convidados a celebrar a liturgia e que, certamente, o fazemos com maior fruto quando conhecemos razoavelmente o sentido e as conotações das palavras e das realidades que tratamos.

O autor

N.E.:

As citações dos textos litúrgicos foram transcritas das edições aprovadas em uso no Brasil.

Procuramos adaptar as referências próprias da Espanha para os usos e costumes litúrgicos vigentes no Brasil.

Em nota de rodapé, indicamos a bibliografia referente ao tema do verbete, publicada por Paulinas Editora.

ablução

Do latim *ab-luere* (tirar lavando, purificar).

O seu sentido pode ser prático: lavar algo que está sujo. Mas, às vezes, fazem-se abluções com intenção simbólica, para exprimir ou conseguir a purificação interior. Assim, entre os judeus, os muçulmanos ou nas religiões orientais, existem diversos tipos de purificações rituais de mãos, pés, cabeça ou de objetos sagrados.

Entre os cristãos, o Batismo sempre teve um significado de limpeza e purificação, além do de renascimento. Também têm caráter simbólico o "lavabo" das mãos, na Missa, e o "lava-pés", na Quinta-feira Santa.

Mas, na liturgia atual, denomina-se "ablução" sobretudo a ação ritual pela qual, depois da comunhão, o sacerdote purifica os dedos e se lavam os vasos sagrados utilizados na Missa. Os primeiros testemunhos dessas abluções datam do século IX. Beber vinho ou água, depois de comungar, tinha o mesmo significado: purificar a boca; a razão e a clara motivação eram o respeito pela Eucaristia.

Atualmente a ablução dos dedos é facultativa. E a do cálice, que se faz com vinho e água, ou só com água, faz-se preferentemente na credência, ou seja, na mesa lateral, e não no altar.

Dentre as diversas possibilidades (não de todo concordantes entre si) que o Missal atual oferece (cf. *IGMR* 163b.183.278.279), a mais recomendável parece ser a de que o cálice seja purificado só com água; que se faça, não no altar e diante de todos, mas na credência (em todo o caso, se se fizer no altar e diante de todos, que seja em um dos lados), e não em seguida, mas depois de a Missa terminar (*peracta iam missa, populo iam dimisso*, como diz *IGMR* 183), por parte do sacerdote, do diácono ou do acólito. A "água utilizada nessas abluções ou se bebe ou se despeja em lugar conveniente" (*SCCME* 22).

Não é necessário dar demasiada importância a essa ablução. Há que se fazê-la com dignidade. Não apresenta grande riqueza simbólica; não é necessário que seja feita diante de todos. É importante que os momentos após a comunhão constituam um espaço de paz, de interiorização e de oração, tanto para os fiéis como para o presidente e os demais ministros, e não se dê tanta atenção à limpeza dos vasos sagrados, que pode ser feita bem depois.

Banho. Lavabo, lavar, lava-pés. Purificação.

abraço da paz

Paz (gesto da).

absolvição

Do latim *absolutio*, que advém de *absolvo, absolvere* (absolver, desatar, perdoar, declarar livre de culpa ou obrigação).

Em vida, Jesus Cristo perdoava pessoal e diretamente aos pecadores. Agora, é a Igreja que perdoa em nome de Cristo, é ela que, com a sua absolvição, torna partícipes do triunfo de Cristo na Cruz sobre o mal e o pecado: "a quem perdoardes os pecados, serão perdoados" (Jo 20,23 e cf. Mt 16,19).

A absolvição eclesial pode ter um sentido "indicativo" e "declarativo" ("eu te absolvo"), ou ainda "deprecativo" e "optativo", na forma de súplica a Deus ("que perdoe os nossos pecados").

No *ato penitencial*, no início da Eucaristia, o presidente pronuncia a absolvição sacerdotal. É uma forma de absolvição em tom de súplica: "Deus todo-poderoso tenha compaixão de nós, perdoe os nossos pecados e nos conduza à vida eterna". O próprio sacerdote se inclui na súplica e na condição pecadora de toda a comunidade.

Distinto é o sentido da absolvição no *sacramento da Reconciliação penitencial*. "Ao pecador que manifestou sua conversão ao ministro da Igreja, pela confissão sacramental, Deus concede o perdão mediante o sinal da absolvição" (*RP* 6d). A absolvição é a resposta à palavra de humilde acusação do penitente. Ao "eu me acuso" o ministro responde o "eu te absolvo", em nome de Deus.

A nova fórmula da absolvição individual é muito rica: "Deus, Pai de misericórdia, que, pela morte e ressurreição de seu Filho, reconciliou o mundo consigo e enviou o Espírito Santo para remissão dos pecados, te conceda, pelo ministério da Igreja, o perdão e a paz. E eu te absolvo dos teus pecados, em nome do Pai, e do Filho e do Espírito Santo" (*RP* 46). "A fórmula da absolvição mostra que a reconciliação do penitente procede da misericórdia do Pai; indica o nexo entre a reconciliação do pecador e o Mistério Pascal de Cristo; exalta a ação do Espírito Santo no perdão dos pecados, e finalmente evidencia o aspecto eclesial do sacramento, uma vez que a reconciliação com Deus é solicitada e concedida pelo ministério da Igreja" (*RP* 19; cf. 60).

Para os casos previstos pelo Ritual (n. 31) e pelo Código (960-961) para a confissão e a *absolvição geral,* o Ritual oferece uma fórmula mais longa, em que se explicita mais o protagonismo do Deus Trino no acontecimento da Reconciliação (cf. *RP* 62).

Essas fórmulas de absolvição misturam o tom deprecativo ("te conceda o perdão e a paz") com o declarativo ("eu te absolvo"), pondo em destaque, por um lado, o protagonismo de Deus e, por outro, a mediação eclesial.

O presidente dessa celebração deve dizer a absolvição com voz clara, audível pelo penitente, e não sobreposta ao "ato de contrição" deste. Atualmente, durante a primeira parte da absolvição (a deprecativa), o gesto é a imposição das mãos, ou pelo menos da mão direita, sobre a cabeça do penitente; e durante a segunda parte (a declarativa), o gesto é o sinal da cruz. Ambos os gestos estão carregados de sentido bíblico e são facilmente compreensíveis.

A absolvição, com as suas palavras e os seus gestos, é o momento culminante do sacramento (cf. *RP* 61.62). Nela se torna visível e audível a aplicação a cada penitente da reconciliação que Cristo nos obtém na sua entrega pascal da cruz.[1]

Penitência.

aclamações

Do latim *acclamo, acclamatio* (dar voz, normalmente, a favor de alguém, vitoriando-o). É o gênero mais característico das intervenções de um grupo, uma das formas mais populares de exprimir os sentimentos interiores, tanto na liturgia como no desporto ou em outras manifestações sociais. Costumam ser frases rítmicas de aprovação, embora também possam ser de protesto. Quando, em Éfeso, se levantou um motim contra Paulo, por instigação dos ourives que previam um iminente perigo ao seu negócio (cf. At 19,23ss), a

---

1   N.E.: para aprofundar: Flores, Gonzalo. *Penitência e Unção dos Enfermos.* São Paulo: Paulinas, 2007.

multidão gritava pela rua (Lucas diz que, durante duas horas, e sem saber bem por que) esta aclamação: "Grande é a Diana dos Efésios".

Herdamos da liturgia judaica breves aclamações cheias de sentido: *Amém, Aleluia, Hosana*. O Apocalipse é também rico em aclamações cristológicas, como "Vem, Senhor Jesus" (22,20), *Marana thá*.

Na celebração litúrgica dá-se uma clara prioridade às intervenções breves ditas em uníssono pela comunidade e, entre elas, às aclamações. "Assumem grande importância os diálogos entre o sacerdote e os fiéis reunidos, bem como as aclamações" (*IGMR* 34):

- assim, o *Kyrie* é "um canto em que os fiéis aclamam o Senhor e imploram a sua misericórdia" (*IGMR* 52);

- antes do Evangelho, mediante o *Aleluia* ou versículo equivalente, "a assembleia dos fiéis recebe e saúda o Senhor que vai falar, e professa a sua fé cantando" (*ELM* 23);

- depois do Evangelho, "os fiéis estão de pé e veneram o livro dos Evangelhos com suas aclamações ao Senhor [...] Dessa forma, exprime-se a importância da leitura evangélica e se promove a fé dos ouvintes" (*ELM* 17); o Missal oferece várias fórmulas para essas aclamações, possivelmente cantadas;

- na Oração Eucarística, o *Sanctus* é uma aclamação de "toda a assembleia, unindo-se aos espíritos celestes" (*IGMR* 79);

- depois da narração da instituição e da consagração, as novas preces do Missal (a partir de 1968) apresentam a novidade da aclamação "memorial": "Anunciamos, Senhor, a vossa morte..." "Todas as vezes que comemos...", "Salvador do mundo, salvai-nos";

- no final da prece eucarística está a aclamação do *Amém*;

- em geral, a "prece eucarística exige que todos a ouçam respeitosamente e em silêncio" (*IGMR* 78), e que tomem parte nela por meio das aclamações previstas no próprio rito. Essas aclamações são muito mais numerosas nas liturgias orientais, no rito hispânico-moçárabe, nas novas preces eucarísticas para as Missas com crianças e nas preces traduzidas para o Brasil, enquanto o estilo romano sempre foi de maior moderação no seu número.

Outras aclamações da nossa liturgia são, por exemplo, "Vosso é o Reino...", depois do Pai-nosso, e "Eis a Luz de Cristo", na Vigília Pascal.

É que, como diz o Missal, "as aclamações e respostas dos fiéis às orações e saudações do sacerdote constituem o grau de participação ativa que os fiéis congregados, em qualquer forma de Missa, devem realizar, para que se promova e exprima claramente a ação de toda a comunidade" (*IGMR* 35).

acolhida

Entre os ministérios que o Missal enumera, existem também "os que, em certas regiões, acolhem os fiéis às portas da igreja e os levam aos seus lugares e organizam as suas procissões" (*IGMR* 105).

É um serviço que os leigos podem prestar à comunidade, jovens ou adultos, homens ou mulheres, à semelhança dos "hospedeiros" ou "recepcionistas" da nossa vida social, ou ao estilo dos antigos "ostiários" que foram suprimidos, como ordem menor, em 1972 (*ROBPD, Ministeria quaedam*, de Paulo VI).

Acolher e orientar os novos, atender de modo particular os idosos e as crianças, prover de livros ou de cânticos e organizar as várias procissões pode ser uma ajuda útil em algumas circunstâncias, tanto para pessoas conhecidas como para turistas ou transeuntes. Nas *Constituições Apostólicas*, II, 58, indicava-se a esses ministros que atendessem de modo particular os pobres e idosos que vinham à celebração. É um ministério que visibiliza o acolhimento por parte de Cristo e de toda a comunidade.

Em alguns ambientes e ocasiões, o próprio presidente realiza esse ministério, manifestando já, ao princípio ou no final da celebração, a sua condição de representante e sinal de Cristo. Mas aqui, sobretudo, trata-se de leigos que podem contribuir para que todos sintam que entram "na sua casa", que não são forasteiros na celebração, tanto da Eucaristia dominical como de outras mais ocasionais (matrimônios, exéquias, batismos).

Ministérios. Ostiário.

acólito

Do grego *akoluthein* (acompanhar, seguir), que, por sua vez, vem de *keleuthos* (caminho).

Já desde os primeiros séculos temos testemunhos de que, entre os vários ministérios litúrgicos, existia o do acólito. De imediato se converteu numa das quatro "ordens menores" (junto com a de ostiário, exorcista e leitor).

Paulo VI, no seu *Motu proprio* de 1972, *Ministeria quaedam*,[2] suprimiu as quatro ordens menores e deixou como "ministérios instituídos" o de leitor e o de acólito; o primeiro relacionado com o serviço em função da Palavra, e o segundo em função do altar e dos sacramentos. Editou-se também, como parte do Ritual de ordenação, o rito para instituir acólitos, que consta de uma monição, uma oração e a entrega simbólica da patena com pão ou do cálice com vinho.

O documento de Paulo VI, o Missal Romano (cf. *IGMR* 98.187-193) e o *Cerimonial dos bispos* (n. 29) explicam os diversos ministérios do acólito: atender ao serviço do altar, ajudar o sacerdote e o diácono, prestar seu serviço nas diversas procissões, por exemplo, conduzindo a cruz, o incenso ou o livro, preparar o altar e purificar, no final, os vasos sagrados, auxiliar no ofertório e na coleta dos dons, distribuir a Eucaristia como ministro extraordinário, expor e guardar o Santíssimo, embora sem dar a bênção, instruir outros ajudantes e coroinhas...

A sua atitude espiritual, como ministro instituído, aponta para a Eucaristia, para o amor aos sacramentos, para o culto eucarístico, para a oferenda de si mesmo e para o cuidado dos outros, sobretudo dos mais necessitados e doentes (cf. *ROBPD, Apêndice II, Rito da instituição de acólitos*, n. 4).

Também chamam-se "acólitos" os que, sem estar "instituídos" nesse ministério de maneira estável e oficial, colaboram com o seu serviço em função do altar. Estas crianças ou jovens realizam os mesmos serviços (exceto a distribuição da comunhão ou a sua exposição para o culto). O ministério instituído está reservado a varões, mas no Direito Canônico não consta que deste outro serviço, mais ou menos eventual, mulheres sejam excluídas; da mesma forma que elas podem distribuir a comunhão, como ministro extraordinário.

Finalmente, em março de 1994, a Congregação para o Culto Divino, interpretando o cânone 230, § 2 do *Código de Direito Canônico* sobre as funções realizadas nas ações litúrgicas por leigos, respondeu que a enumeração desse cânone (leitores, monitores, cantores) também se pode estender ao serviço do altar, tanto para homens como para mulheres. E deixa-o ao critério de cada bispo, ouvido o parecer da própria Conferência Episcopal.

---

2   N.E.: Cf. ROBPD.

Porém, quer sejam meninos ou meninas, rapazes ou moças, os "acólitos" deveriam ocupar, no espaço do presbitério, um lugar discreto, não se sentando ao lado do presidente (à maneira do diácono), nem estando a seu lado no altar, diante do povo, mas num lugar lateral, a partir do qual possam exercer o seu serviço de ajuda e celebrar em todo o momento também eles, sem necessidade de "partilhar a presidência" com o sacerdote.

As crianças e adolescentes, em princípio, não recebem missões de "animação" na comunidade de adultos (monitores, diretores de oração, leitores). Confiam-se a eles serviços que servem, sobretudo, de ajuda ao sacerdote (participar das procissões, preparar o altar, colocar e retirar os objetos sagrados, sustentar o livro durante as leituras etc.). Ao mesmo tempo, são, um pouco, como a imagem representativa de uma comunidade cristã que é formada também por crianças e jovens. A sua presença e a sua ajuda na celebração, no espaço do presbitério, é uma boa imagem da comunidade e motivo de alegria para todos.

Coroinha. Ministérios. Ordens menores.

ADAP (Assembleias Dominicais na Ausência de Presbítero)

Nem todas as comunidades cristãs podem celebrar a Eucaristia, em cada domingo. Pela dispersão da população, pela escassez de sacerdotes ou por circunstâncias de perseguição religiosa, a ausência do presbítero impede que se possa celebrar plenamente a Eucaristia. O que não sucede só em "países de missão", mas também nos de enraizamento cristão. Ocasionalmente, pode também dar-se em caso de doença do presbítero, ou nos dias da Semana Santa, em que os presbíteros são bastante solicitados.

Para orientação pastoral, nestes casos, a Congregação para o Culto Divino publicou, em 1988, o *Diretório Christi Ecclesia*, convidando a organizar celebrações da Palavra, na linha do já indicado em *SC* 35, na instrução *Inter Oecumenici*, de 1964, e pelo *Código de Direito Canônico* (*CDC* 1248).

Essa celebração da Palavra, equivalente à primeira parte da Missa, é precedida de ritos de entrada, que buscam constituir a comunidade celebrante; comporta também a homilia ou comentário sobre as leituras e a Oração Universal. Depois, normalmente, pode-se concluir com a comunhão eucarística. À semelhança de Sexta-feira Santa, em que se comunga sem ter havido a celebração eucarística, também aqui, depois de rezar o Pai-nosso e fazer o gesto da Paz, distribui-se o pão eucarístico, consagrado na última celebração (ou trazê-lo, se for possível, da Eucaristia celebrada, nesse mesmo dia, pelo presbítero responsável da comunidade).

Evidentemente que essas celebrações não se apresentam como a solução ideal, mas como o substituto menos imperfeito da Eucaristia que, para uma comunidade cristã, no domingo, continuará a ser sempre a indicada. Não é uma alternativa, mas uma substituição. Além disso, haverá que se decidir, dentro da pastoral de uma diocese, depois de ter tentado solucionar o problema por outros meios, como a trasladação da comunidade, se for possível, para o lugar onde se celebra a Eucaristia, ou a melhor distribuição dos sacerdotes, incluídos os religiosos, pelo bem da comunidade diocesana, e racionalizando os horários das Missas onde houver mais presbíteros.

A ausência do presbítero não impede que se vivam todos os aspectos do domingo cristão. Continuam a ser valores efetivos para a comunidade cristã: o próprio domingo, como dia do Senhor, a reunião da comunidade, como povo sacerdotal, a celebração da Palavra de Deus, a oração em comum, o papel ministerial e animador, que também os leigos podem assumir no seio da comunidade, e a recepção da comunhão eucarística. Por falta de presbítero, não se poderá ter a celebração da Eucaristia, mas tentam-se "salvar" e exercitar esses outros aspectos do domingo cristão, convidando, além disso, à corresponsabilidade da comunidade, à sua animação interna , por meio dos leigos, e ao compromisso de promover vocações para o ministério ordenado.

As pessoas encarregadas de dirigir as ADAP, na falta do presbítero, são em primeiro lugar os diáconos, mas também pessoas leigas, por exemplo, acólitos ou leitores instituídos, ou seminaristas, ou religiosas e religiosos, ou simplesmente fiéis que foram designados e preparados para o efeito.[3]

Assembleia. Domingo. Presidente. Sacerdote.

Advento

Do *adventus* latino (vinda, chegada). Diz-se do tempo de preparação ao Natal, que constitui uma unidade dinâmica com o próprio Natal e a Epifania, celebrando assim a manifestação do Senhor na nossa história.

---

3   N.E.: O Diretório para as celebrações dominicais na ausência do presbítero da Congregação do Culto Divino, publicado em 1988, e as Orientações para a celebração da Palavra de Deus, publicadas pela CNBB em 1994, podem ser encontrados em: Lelo, Antonio Francisco (org.). *Eucaristia: teologia e celebração*. São Paulo: Paulinas, 2006. p. 702-745.

As origens históricas do tempo do Advento não são muito claras. Sabemos que se foi formando entre os séculos IV e VI, de diversas maneiras, em várias famílias litúrgicas do Oriente e do Ocidente. Na Espanha, temos uma notícia do Concílio de Saragoça (cerca de 380) em que já se fala de três semanas de preparação para a Epifania (desde 17 de dezembro a 6 de janeiro), com cunho batismal. No Oriente, foi-se formando no século V. Enquanto, em Roma, só no século VI temos, com São Gregório Magno, o testemunho de que já existe o Advento que hoje conhecemos, de quatro semanas. Na liturgia ambrosiana de Milão, são seis os domingos de Advento, tal como na hispânico-moçárabe.

"O Tempo do Advento começa com as Primeiras Vésperas do domingo que cai no dia 30 de novembro ou no domingo que lhe fica mais próximo, terminando antes das Primeiras Vésperas do Natal do Senhor" (*NG* 40). Os seus personagens clássicos são o profeta Isaías, o precursor João Batista e a Mãe de Jesus, Maria de Nazaré, "Predito por todos os profetas, esperado com amor de mãe pela Virgem Maria, Jesus foi anunciado e mostrado presente no mundo por São João Batista" (Prefácio do Advento II).

A liturgia do Advento tem um claro caráter escatológico, na sua primeira parte, até o dia 16 de dezembro, contemplando a última vinda do Senhor no final dos tempos. Assim o exprimem os Prefácios do Advento I ("as duas vindas de Cristo") e do Advento IA ("Cristo, Senhor e Juiz da História"), enquanto, a partir do dia 17, na chamada "semana santa" do Natal, o olhar se dirige mais concretamente para a preparação da festa, o que encontra eco no Prefácio do Advento II ("a dupla espera de Cristo") e no IIA ("Maria, nova Eva"). "Por este duplo motivo, o Tempo do Advento se apresenta como um tempo de piedosa e alegre expectativa" (*NG* 39).[4]

ágape

Do grego *agape* (amor). Diz-se da refeição (ceia) comunitária dos cristãos dos primeiros séculos, distinta da Eucaristia, mas também com certo tom litúrgico, com orações e cânticos e, às vezes, com a presença do bispo. Teve também uma conotação de beneficência para com os pobres da comunidade.

Comer em fraternidade e com sentido religioso era comum, tanto na religiosidade pagã como na judaica. Os cristãos, além da celebração eucarística,

---

4   N.E.: Recomendamos: Augé, Matias. *O ano litúrgico é o mesmo Cristo presente na Igreja*. São Paulo: Paulinas, 2013. cap. IX; Lira, Bruno Carneiro. *O ciclo do Natal*: celebrando a encarnação. São Paulo: Paulinas 2009.

também praticaram esse tipo de refeições. Talvez já tenhamos alusões no NT, por exemplo, quando Paulo em 1Cor 11 fala de uma ceia que, parece, precedia a Eucaristia propriamente dita. Pode ser que as orações que, na *Didaquê*,[5] nos capítulos 9 e 10, se oferecem para a ação de graças do pão e do vinho pertençam a esse tipo de refeições fraternas, e não à Eucaristia. *Hipólito*, nos começos do século III, fala, na sua *Tradição Apostólica* (25-26),[6] de algumas refeições muito formais, com orações e participação da comunidade, mas adverte para não se confundir este "pão benzido" (*eulogia*) com o verdadeiro Corpo de Cristo (que só se dá na *Eucaristia*). Muitas vezes, uniam-se esses ágapes ao acender das lâmpadas, ao cair da tarde (o *lucernário*).

São Paulino de Nola, no século V, parece ser o último testemunho da existência desse tipo de reuniões de mesa, ainda que se possam considerar resquícios desse costume, por exemplo, as ceias de Quinta-feira Santa (que Santo Agostinho testemunha no Norte da África) e outros gestos de beneficência unidos à refeição fraterna, que se mantiveram na Igreja.

Seria interessante aprender desses ágapes o bom sentido que têm para uma família ou comunidade cristã: "abençoar a mesa", louvando a Deus por no-la ter concedido, e também exercer a solidariedade, que sempre deveríamos ter com os pobres. No *Ritual de bênçãos* encontramos quatro esquemas para essa bênção da mesa familiar.

Também seria recomendável prolongar com algum tipo de confraternização amável a celebração de Eucaristias como a da Noite de Natal e a da Vigília Pascal.

Agnus Dei

Agnus Dei significa "Cordeiro de Deus". O símbolo do cordeiro é bastante bíblico: aplicado ao Servo de Javé (cf. Is 53,7) ou diretamente a Cristo, pela boca do Batista (cf. Jo 1,29.36), ou quando Paulo afirma que "Cristo, nossa Páscoa, foi imolado" (1Cor 5,7) e, sobretudo, no Apocalipse, que não só

---

5   *Didaquê* (Didakhé) – Instruções dos Apóstolos ("Instrução do Senhor aos gentios"). Escritos cristãos do final do século I, considerados a primeira constituição apostólica da Igreja. Está dividido em duas partes, num total de 16 pequenos capítulos. A primeira parte (até o capítulo VI) apresenta o ensinamento sobre os dois caminhos – o da vida e o da morte. A segunda parte (do capítulo VII até o final) determina as formas do exercício litúrgico das celebrações sacramentais, dos jejuns e do relacionamento dos irmãos e das comunidades.

6   Ed. bras.: Hipólito de Roma. *Tradição apostólica* Introdução por Maucyr Gibin. Petrópolis: Vozes, 1981. (Fontes da catequese 4.)

apresenta Cristo como o Cordeiro imolado, mas descreve o destino final da história como as núpcias do Cordeiro com a Igreja (cf. Ap 19).

O nome *Agnus Dei* ou "Cordeiro de Deus" aplica-se ao cântico litânico que, antes da comunhão, se canta ou recita acompanhando o gesto simbólico da fração do pão: "O grupo dos cantores ou o cantor ordinariamente canta ou, ao menos, diz em voz alta a súplica *Cordeiro de Deus*, à qual o povo responde. A invocação acompanha a fração do pão; por isso, pode-se repetir quantas vezes for necessário até o final do rito" (*IGMR* 83). Não é, pois, um cântico do presidente, que deve estar ocupado na fração, mas dos cantores e do povo. De per si, o cântico é litânico: a comunidade responde às invocações cantadas ou recitadas pelo solista ou pelo coro. A partir do século X, conheciam-se "tropos", ou invocações variadas nesse cântico, relacionados com o Cordeiro Redentor, Cristo, ou com a sua doação eucarística como pão partido.

A invocação "Cordeiro de Deus, que tirais o pecado do mundo..." já está no canto do "Glória a Deus, nas alturas", mas tem um sentido especial durante a fração do pão. Segundo indica o *Liber Pontificalis* (I, 376),[7] foi o papa de origem oriental, Sérgio I, nos finais do século VII, quem introduziu essa invocação litânica na preparação próxima da comunhão. Em outras liturgias, chama-se *confractorium* ou *cantus ad confractionem*, sempre em relação à fração do pão.

A resposta do povo às invocações foi, no princípio, uniforme: *miserere nobis*, "tende piedade de nós". Nos séculos X-XI foi-se mudando esta última, talvez pela proximidade do gesto da Paz: *dona nobis pacem*, "dai-nos a paz". Inclusive, nas Missas de defuntos, pôs-se como uma resposta *Dona eis requiem*, "dai-lhes o descanso". O gesto simbólico da fração tem um claro sentido de fraternidade e de unidade (cf. *IGMR* 72.80.321). Mas, ao mesmo tempo, a comunidade acompanha e completa o sentido do gesto, cantando a Cristo, o verdadeiro Cordeiro que tira o pecado do mundo, como também se voltará a repetir no convite que o sacerdote faz para a comunhão: "Eis o Cordeiro de Deus, que tira o pecado do mundo." Tem muito sentido que se cante esse tema no momento em que o Pão, que é Cristo, é partido para que seja partilhado por todos.[8]

Fração do Pão.

---

7   *Liber Pontificalis* – Coleção de documentos sobre a vida e atividades dos primeiros papas.

8   N.E.: Recomendamos: Daniélou, Jean. *Bíblia e liturgia*. A teologia bíblica dos sacramentos e das festas nos Padres da Igreja. São Paulo: Paulinas, em produção.

água

Elemento da natureza essencial à vida, à água são atribuídos, correntemente, muitos valores e sentidos: sacia a sede, limpa, é fonte de vida, origina a força hidráulica…

Em registro religioso, também serve para simbolizar realidades profundas: a pureza interior, sobretudo. Por isso, encontram-se abluções ou banhos sagrados em todas as culturas e religiões, nas margens do Ganges para os hindus, do Nilo para os egípcios, do Jordão para os judeus.

Para os cristãos, a água serve para simbolizar expressivamente o que Cristo e a sua salvação são para nós. Cristo é a "água viva" que sacia definitivamente a nossa sede (colóquio com a samaritana: cf. Jo 4); a água serve também para descrever a presença vivificante do Espírito (cf. Jo 7,37-39) e para anunciar a felicidade do céu (cf. Ap 7,17; 22,1).

Na nossa liturgia, às vezes, usa-se a água simplesmente com uma finalidade prática: por exemplo, nas abluções das mãos ou dos vasos. Outras vezes, um gesto que na sua origem tinha sido "prático" adquiriu depois um simbolismo próprio: como a mistura da água no vinho, que, em séculos passados, era necessário pela excessiva graduação do vinho, e a que se aplicou o simbolismo da nossa humanidade incorporada à divindade de Cristo.

Mas a água tem muitas vezes um sentido diretamente simbólico:

- lavar as mãos para indicar a purificação que o sacerdote, mais que ninguém, necessita;

- lavar os pés para exprimir a atitude de serviço;

- o gesto da imersão na água, no Batismo (batismo significa "imersão", em grego), porque é um sacramento que nos faz submergir sacramentalmente em Cristo, na sua morte e ressurreição, e nos gera para a nova vida: "a água do Batismo deve ser água natural e limpa, seja para comprovar a veracidade do sinal, seja por motivo de higiene" (*RBC*, Observações Preliminares Gerais, 18);

- a aspersão da comunidade com água, na Vigília Pascal, ou no rito de entrada da Eucaristia dominical, ou o persignar-se com a água ao entrar na igreja, são recordações do Batismo;

- também o fato de que as bênçãos (das casas, dos objetos, das pessoas) ou o gesto de aspersão nas exéquias se realizem com água, quer prolongar o simbolismo purificador e vivificante do Batismo;

- no rito da dedicação das igrejas aspergem-se com água as paredes, o altar e, finalmente, o povo cristão: sempre com a mesma intenção "batismal", que coenvolve as pessoas, o edifício e os objetos do nosso culto. Tudo fica incorporado na Páscoa de Cristo.

Ablução. Aspersão. Batismo. Imersão.

Aleluia

Do hebraico *hallelu-Yah* ("louvai Ja(vé)", "louvai a Deus"). É uma aclamação litúrgica que nos une aos judeus, à geração de Jesus e aos séculos e séculos de fé cristã do Oriente e do Ocidente.

Essa breve palavra é como o resumo de toda a oração de louvor que elevavam a Deus tanto os crentes do AT como os do NT. Encontra-se nos salmos e em outros livros do AT, e no NT, sobretudo, no livro do Apocalipse (cf. capítulo 19).

Embora a origem aponte para o louvor a Deus, a palavra chegou a identificar-se com alegria. Dizer *aleluia* é dizer "alegria". Musicalmente, a última sílaba adornava-se, frequentemente, com um prolongamento chamado *jubilus*.

Na liturgia, tem uma posição privilegiada como aclamação, antes do Evangelho: com o *aleluia*, "a assembleia dos fiéis recebe e saúda o Senhor, que vai falar" (*ELM* 23). Também na Liturgia das Horas, tem um momento muito expressivo: no cântico das segundas vésperas de domingo, em que a comunidade canta o hino das núpcias do Cordeiro (cf. Ap 19), salpicado de alegres *aleluias*.

Mas, sobretudo, tem uma ressonância especial na Vigília Pascal. Nas Igrejas do Ocidente foi costume secular não cantar o *Aleluia* na Quaresma. São quarenta dias de "jejum" dessa aclamação, que, na noite de Páscoa, se volta a cantar solenemente, no momento em que se vai proclamar o Evangelho mais importante do ano: o da ressurreição de Cristo.

aliança

Anel.

altar

O altar é o centro do espaço celebrativo, seu princípio de unidade e ponto de referência mais imediato.

O seu primeiro sentido foi o de sacrifício: a ara onde se sacrificavam as vítimas à divindade. Por isso, a etimologia do nome latino *altare* parece ser *adolere, arere* (*arder*: o lugar onde, pelo fogo, se queima a vítima do sacrifício). Também poderia provir de *altus* (alto), porque os altos (sobretudo as colinas e montes) sempre foram considerados lugar de encontro dos humanos com a divindade.

No AT, erigem-se altares para oferecer culto a Deus. Assim se lê, no livro do Gênesis, de Noé (cf. 8,20), Abraão (cf. 12,7; 13,18), Isaac (cf. 26,25) etc. É particularmente expressiva a cena de Ex 24, quando Moisés levanta um altar e sobre ele realiza o rito da aspersão com sangue de animais, selando a Aliança entre Deus e o seu povo. No Templo de Jerusalém, o altar era o espaço principal de todo o seu culto: o altar dos perfumes e o altar dos holocaustos. Os sacerdotes eram chamados "ministros do altar".

No NT, continua a referência, tanto quanto se designa o altar normal (cf. Mt 5,23: quando estiveres levando a tua oferenda ao altar…) como quando já se refere ao próprio Cristo. Nós, os cristãos, temos um culto, um sacrifício e um altar próprios, centrados em Jesus Cristo (cf. Hb 13,10): Ele é para nós, ao mesmo tempo, sacerdote, vítima e altar. No Apocalipse fala-se também do altar que está entre o trono de Deus, onde se oferecem os perfumes e sacrifícios dos justos (cf. Ap 6,9; 8,3).

Para os cristãos, o altar tem, antes de mais, uma conotação *sacrificial*: "o altar da Nova Aliança é a Cruz do Senhor (cf. Hb 13,10), da qual brotam os sacramentos do Mistério Pascal. Sobre o altar, que é o centro da Igreja, se faz presente o sacrifício da cruz sob os sinais sacramentais" (*CIC* 1182). Mas predomina o sentido de *refeição eucarística*: "o altar […] é também a mesa do Senhor, na qual o Povo de Deus é convidado a participar por meio da Missa" (*IGMR* 296). Junto ao caráter de "ara", acentua-se o de "mesa" (cf. 1Cor 10,21-22, onde se contrapõe a "mesa do Senhor" e a "mesa dos demônios"), porque o sacrifício único da cruz (do "altar da cruz") torna-se agora sacramentalmente presente, no seu memorial comunitário, em forma de refeição eucarística. Por isso, especifica-se: "o altar ou mesa do Senhor é o centro de toda a liturgia eucarística" (*IGMR* 73). "O altar, em torno do qual a Igreja está reunida na celebração da Eucaristia, representa os dois aspectos de um mesmo mistério: o altar do sacrifício e a mesa do Senhor, e isto, tanto mais que o altar cristão é o símbolo do próprio Cristo, presente no meio da assembleia de seus fiéis, ao mesmo tempo como vítima oferecida para a nossa reconciliação e como alimento celeste que se dá a nós" (*CIC* 1383). Por isso, o altar é único, como símbolo de Cristo, nosso único sacerdote e vítima.

Inicialmente, essa mesa era de madeira: uma trípode para os dons eucarísticos. Mas mais tarde preferiu-se que fosse de pedra. Nesta opção parece ressaltar a linguagem simbólica de Cristo, como rocha viva (cf. 1Cor 10,4) ou como pedra angular (cf. as citações do Salmo 118[117],22, e, no NT, por exemplo, 1Pd 2,4.7s). Atualmente, recomenda-se que seja de pedra, mas admite-se outra matéria digna e sólida (cf. *IGMR* 301).

A partir do século IV, foi-se relacionando o altar eucarístico com o sepulcro dos mártires, ou pelo menos com as suas relíquias. Atualmente, essas relíquias não obrigatórias devem ser colocadas, em todo o caso, sob o altar, não sobre ele ou dentro dele (cf. *CB* 866c).

Nos primeiros séculos, o altar era independente. Na Idade Média, encostou-se à parede ou ábside do fundo, e agora de novo se pede que esteja separado da parede, para se poder celebrar de frente para a comunidade e rodear processionalmente o altar (cf. *IGMR* 299).

O altar chama-se "fixo", quando está unido ao pavimento, sem dele se poder mover, e "móvel", em caso contrário. Prefere-se que o altar principal seja fixo e consagrado (cf. *IGMR* 298), enquanto um altar móvel pode ser só "benzido" (cf. *IGMR* 300). Os altares "dedicam-se", segundo o *Ritual da dedicação da igreja e do altar*, em cujos textos se exprimem o simbolismo e a finalidade celebrativa do altar. O altar só se dedica a Deus e não aos Santos, como a Eucaristia só se oferece a Deus (cf. *CB* 921).

Dedicação. Relíquias. Sacrifício.

alva

Do latim *alba* (branca). É a veste que se considera básica para todos os ministros na celebração litúrgica, desde os acólitos até o presidente (cf. *IGMR* 336).

Deriva das túnicas antigas, brancas, até os pés, que se perderam no uso civil, mas que se considerou que podiam ser utilizadas simbolicamente no culto, expressando, com a veste diferente dos ministros, a diferença entre a vida profana e a celebração. Em todas as culturas religiosas, para o exercício do culto quer-se simbolizar a pureza dos ministros, e, em muitas delas, precisamente com a cor branca. O branco é sinal também de vitória e de ressurreição (cf. Ap 3,4-5).

Utiliza-se a alva com cíngulo à cintura, a não ser que fique por si mesma já bem ajustada ao corpo, e com o amito que tapa o pescoço, a não ser que já o faça a alva pela sua forma (cf. *IGMR* 119 e 336).

Essa veste branca também tem um sentido batismal. O segundo domingo da Páscoa, ou seja, na oitava da Ressurreição, costumava-se depor a "alva", a veste branca que os neófitos tinham recebido no seu Batismo, na Vigília Pascal, como símbolo do seu renascimento em Cristo. Por isso, esse domingo se chamou *Dominica post albas*, e mais tarde *Dominica in albis*, entende-se *in albis pepositis*, depostas já as vestes brancas, enquanto, no sábado anterior, era sábado *in albis deponendis*, das vestes "por depor".

Cor. Vestes.

ambão

A palavra latina *ambo* vem do grego *anabaino* (subir), que designava um lugar elevado, a tribuna, com varanda e átrio, próxima da nave, de onde se proclamava a Palavra ao povo. A evolução para dois ambões e para o púlpito foi posterior.

Em algumas igrejas orientais, sobretudo sírias, esse lugar elevado situa-se, sobretudo, no meio da nave, e chama-se *bema*.

Na atual reforma, potenciou-se de novo a importância da Palavra de Deus e a sua proclamação na assembleia. Por isso, o ambão volta a ser considerado um dos três polos simbólicos e de atenção na celebração, junto com o altar e a sede do presidente. "A dignidade da Palavra de Deus requer na igreja um lugar condigno de onde possa ser anunciada e para onde se volte espontaneamente a atenção dos fiéis... De modo geral, convém que esse lugar seja uma estrutura estável e não uma simples estante móvel" (*IGMR* 309). Todavia, a introdução ao Lecionário especifica mais esse respeito e sentido simbólico: "um lugar elevado, fixo, adequadamente disposto e com a devida nobreza, que ao mesmo tempo corresponda à dignidade da Palavra de Deus e lembre aos fiéis que na Missa se prepara a mesa da Palavra de Deus e do corpo de Cristo" (*ELM* 32).

O Missal especifica que o ambão está "reservado" à proclamação da Palavra e desaconselha que, a partir dele, se profiram outras palavras. Para as monições, ensaios e direção dos cânticos, para os avisos e, se possível, também, para as orações dos fiéis e até para a homilia, seria melhor que se encontrasse outro lugar menos destacado do que o da Palavra. No caso da homilia, o lugar que se recomenda é a sede do presidente, como repete a ELM e solicita mais claramente o *Cerimonial dos bispos* (n. 51).

Bema.

ambrosiana (liturgia)

A liturgia ambrosiana é um dos frutos mais significativos da evolução que aconteceu nos séculos IV e seguintes: a diferenciação das famílias litúrgicas, quer no Oriente, quer no Ocidente.

Embora não se conheça com plena segurança a origem do rito ambrosiano, a tradição relacionou-o ativamente com Santo Ambrósio, o grande bispo de Milão, do final do século IV. Essa liturgia foi-se formando com claros influxos de outras, quer dos orientais quer da galicana, mas com liberdade e criatividade própria, na qual certamente Santo Ambrósio muito se empenhou, pelo menos na composição de orações e hinos, até chegar à coerência interna de estilo e de organização que agora tem.

No século XV, com a imprensa, cuidaram-se mais dos livros litúrgicos próprios, e São Carlos Borromeu, no século XVI, teve o mérito de fomentar e renovar o conjunto dessa liturgia ambrosiana.

O Concílio Vaticano II (cf. SC 4) pediu que esses ritos legitimamente reconhecidos, diferenciados do romano, sejam respeitados, mais ainda, que sejam conservados e fomentados. Por isso, também para a liturgia milanesa se pôs em marcha, nos anos pós-conciliares, um intenso trabalho de estudo, renovação, purificação e criatividade, até chegar às edições dos novos livros litúrgicos: Missal, Lecionário, Ritual, Pontifical etc.

As características mais conhecidas do rito ambrosiano referem-se, antes de tudo, ao ano litúrgico. O Advento tem seis semanas, começando no domingo mais próximo do dia 12 de novembro, e reservando o sexto domingo para a solenidade da Maternidade de Maria. A Quaresma não começa na Quarta-feira de Cinzas, mas no seu primeiro domingo. O calendário santoral, naturalmente, é próprio.

Na Missa, a nota mais evidente é a maior riqueza eucológica, tanto em orações, Prefácios e Orações Eucarísticas, como nos cânticos. O gesto da Paz está antes do ofertório. A maior riqueza que se supõe numa liturgia, à parte determinados ritos ou organizações especiais, é a sua eucologia, o conteúdo e a linguagem teológico-espiritual dos seus textos. E nisto a liturgia ambrosiana, como a hispânica, é admirável.

Ocidentais (liturgias).

Amém

A palavra *amém* nós a herdamos, sem a traduzir, do hebraico, e significa fiel, firme, seguro, estável, válido. Por isso, converteu-se já no AT na aclamação com que alguém, sobretudo a comunidade, manifesta o seu assentimento e aceitação do que se disse ou se propôs. Os cinco livros em que se considera dividido o Saltério terminam precisamente com o Amém e, além disso, repetido (assim os salmos 41[40], 72[71], 89[88] e 106[105]).

Com essa palavra se concluem as orações, bênçãos, promessas e alianças. Simbolicamente, chama-se ao próprio Deus "Deus do Amém [fiel]" (Is 65,16), e, no NT, afirma-se de Jesus Cristo que é, ao mesmo tempo, o Amém de Deus à humanidade e o da humanidade a Deus: "Porque o Filho de Deus, Jesus Cristo [...] nunca foi 'sim e não', mas somente 'sim'. Todas as promessas de Deus são um sim em seu Filho. É por ele que nós dizemos Amém a Deus para sua glória" (2Cor 1,19-20). O próprio Cristo é definido como "o Amém": "Assim fala o Amém, a testemunha fiel e verdadeira" (Ap 3,14).

Desde sempre se pronunciou o Amém na liturgia cristã, por exemplo, depois das orações. Como dizia Santo Agostinho, "o vosso Amém é a vossa assinatura (*suscriptio*), o vosso assentimento (*consensio*) e o vosso compromisso (*adstipulatio*)" (*Sermão contra os pelagianos*, 3).

Há dois momentos em que o Amém tem particular sentido:

- antes de tudo, como conclusão da Oração Eucarística: a comunidade, dizendo, ou melhor, cantando o Amém, sublinha o que o presidente proclamou em seu nome;

- e na comunhão, quando o ministro diz "O Corpo de Cristo" ou "O Sangue de Cristo", e o fiel responde "Amém", reafirmando assim a sua Profissão de Fé no sentido desse momento privilegiado.

amito

Do latim *amictus*, de *amicio*, *amicire* (rodear, envolver). Tem esse nome a peça de linho branco, retangular, semelhante ao véu de ombros, que os ministros da liturgia colocam por baixo da túnica. Ata-se à cintura com umas tiras ou cintas cruzadas.

Às vezes, tem forma de capuz, adornado ou não com cruzes ou outros motivos, que depois sobressai por cima dos outros paramentos (túnica e casula).

Pode ter a finalidade prática de preservar do suor a túnica. Mas, sobretudo, aprecia-se-lhe o valor estético: cobrir mais elegantemente o pescoço. Por isso, pode-se prescindir do amito se a túnica cuida dessa estética pelo seu talhe (cf. *IGMR* 336).

anáfora

Palavra grega que advém de *ana-fero* (elevar). O que elevamos a Deus é o louvor ou o sacrifício.

É o nome que recebe, nas liturgias orientais, o que atualmente chamamos Oração Eucarística, e que, em latim, foi recebendo diversas denominações: *prex eucharistica, prex, contestatio, illatio, canon, canon actionis*. Anáfora é o nome que o Catecismo (*CIC* 1352) dá a essa oração. É a oração central da Eucaristia, que o presidente dirige a Deus em nome da comunidade, louvando o Pai, oferecendo o sacrifício de Cristo e invocando o Espírito Santo para que torne eficaz também hoje a presença e a doação de Cristo aos seus.

A Oração Eucarística na liturgia romana foi única, embora com Prefácios variados, até que, em 1968, se admitiram oficialmente outras novas. Ao contrário, nas liturgias orientais sempre houve várias anáforas: basta recordar as de Serapião, São Basílio, São João Crisóstomo, São Marcos, a dos Doze Apóstolos etc. De umas para as outras, segundo as famílias litúrgicas a que pertençam e, sobretudo, comparadas com as ocidentais, há diferenças de linguagem e de estrutura.

Nos últimos séculos, a anáfora era proferida, em voz baixa, pelo sacerdote, na liturgia romana. Desde 1967, proclama-se nas línguas vernáculas e em voz alta, com o tom solene e até lírico próprio dessa oração, que representa o ponto central da ação eucarística.

Oração Eucarística.

anamnese

Esta palavra grega significa memorial, comemoração, recordação.

Corresponde ao *zikkaron* hebraico (o "memorial") e conota não só uma recordação subjetiva, mas uma atualização do fato que se recorda: a vontade salvadora de Deus, os acontecimentos salvíficos do AT, como o êxodo, e para os cristãos, sobretudo, o Mistério Pascal de Cristo. A anamnese aponta também para o futuro: de algum modo antecipa-o.

Chama-se especificamente anamnese o conjunto de palavras que, na Oração Eucarística, se seguem ao relato da instituição, e com as quais a comunidade "faz a memória do próprio Cristo, relembrando principalmente a sua bem-aventurada Paixão, a gloriosa Ressurreição e a Ascensão aos céus" (*IGMR* 79e; cf. *CIC* 1354).

Faz-se esse memorial obedecendo ao mandato do Senhor: "fazei isto em memória de mim" (em grego, *eis ten emen anamnesim*). Nas diversas orações eucarísticas, especifica-se o mistério de Cristo com diferentes formulações, segundo nomeiem só a morte ou também a descida ao lugar dos mortos, a Ressurreição, a Ascensão e a manifestação gloriosa do Senhor no final da história.

Estabelece-se uma dinâmica, entre o memorial e a oferenda: "enquanto celebramos o memorial… nós vos oferecemos" (*memores offerimus*). A Eucaristia, como anamnese e memorial, é celebração na qual o próprio Senhor, a partir da sua existência gloriosa, torna presente, hoje e aqui, à sua comunidade celebrante, a força salvadora do acontecimento da sua Páscoa. "A celebração litúrgica refere-se sempre às intervenções salvíficas de Deus na história […] Segundo a natureza das ações litúrgicas e as tradições rituais das Igrejas, uma celebração 'faz memória' das maravilhas de Deus em uma anamnese mais ou menos desenvolvida. O Espírito Santo, que desperta assim a memória da Igreja, suscita então a ação de graças e o louvor (*doxologia*)" (*CIC* 1103).

Eucaristia. Memorial.

anel

Do latim *annulus* ou *annelus*; chamamos anel a uma peça circular, de ouro, prata ou outro material nobre, que se coloca à maneira de argola num dedo, chamado por isso anular ou anelar. Em algumas culturas, põe-se também nas orelhas, no nariz ou na boca. Cosmicamente, é bem atraente o anel que rodeia o planeta Saturno!

São vários os simbolismos que se podem dar à imposição do anel: sujeição, pertença, firmeza, fidelidade.

Por isso, utilizou-se, sobretudo, para expressar a atitude dos que contraem *Matrimônio*: por exemplo, na cultura romana pré-cristã, para os esponsais. Também nos ritos cristãos orientais, há a bênção e imposição de anéis na celebração do Matrimônio.

Ao longo dos séculos, não foi uniforme a interpretação desse sinal. Por exemplo, no Ritual anterior ao atual (desde 1614), só se impunha o anel à noiva, não ao noivo. Poderia entender-se como se só a ela se lhe pedisse fidelidade, ou, ainda pior, que ela "pertencia" ao marido.

No atual Ritual do Matrimônio, como no rito hispânico antigo, tanto o noivo como a noiva impõem-se mutuamente o anel. Na tradução portuguesa para o Brasil, o ministro benze as alianças, dizendo: "Deus abençoe estas alianças que ides entregar um ao outro em sinal de amor e fidelidade". E, a seguir, os esposos impõem-se mutuamente a aliança, dizendo: "Recebe esta aliança em sinal do meu amor e da minha fidelidade. Em nome do Pai e do Filho e do Espírito Santo" (*RM* 66). O anel entre os esposos cristãos tem uma referência agregada ao amor nupcial: a aliança entre Cristo e sua Igreja; não é estranho, portanto, que o anel nupcial se chame também "aliança".

No próprio Ritual do Matrimônio (nn. 100-107) e no Ritual de bênçãos (nn. 99.100.125.126), as várias fórmulas para benzer os anéis nupciais exprimem o mesmo simbolismo de amor e de fidelidade mútua.

É muito antigo o uso simbólico do anel "pastoral" pelos *bispos*: na Península Ibérica, pelo menos, desde o século VII. Na ordenação de um bispo, o ordenante principal, ao pôr-lhe o anel, no dedo anular da mão direita, lhe diz: "Recebe este anel, símbolo da fidelidade; e com fidelidade invencível guarda sem mancha a Igreja, esposa de Deus" (*ROBPD* 51). O *Cerimonial dos bispos* afirma-o mais explicitamente: "O anel, insígnia da fidelidade e da união nupcial com a Igreja, sua esposa (*insigne fidei et coniunctionis nuptialis cum Ecclesia, sponsa sua*), deve o bispo usá-lo sempre" (*CB* 58).

O mesmo acontece na bênção dos *abades e abadessas*: "Recebe este anel, sinal de fidelidade, para que, com fortaleza de espírito e com amor fraterno, guardes esta comunidade".

Também tem um belo sentido esse simbolismo no caso da profissão das *religiosas*. Quando se faz a entrega do anel, o celebrante o dá dizendo: "Recebe o anel como esposa do Rei eterno; mantém íntegra a fidelidade ao teu Esposo, para que mereças ser admitida nas núpcias do gozo eterno". E uma fórmula semelhante é usada na consagração das virgens.

Matrimônio.

animação, animador

Entre os ministérios, cuja função é a de ajudar a comunidade cristã a celebrar melhor, está o de "animador da celebração", termo que se aplica tanto a um "grupo ou equipe de animação", como a uma pessoa que faz a função de "animadora" ou guia da celebração. É um termo omitido nos livros litúrgicos, mas que aparece nos escritos e na práxis da pastoral litúrgica dos últimos anos.

A comunidade cristã é quem celebra: acolhe a Palavra, ora, canta, louva, oferece, participa na comunhão. Mas, para que isso seja possível e a comunidade celebrante chegue a uma sintonia profunda com a Palavra, com a oração ou com o sacramento, o novo estilo da liturgia torna muito desejável que haja diversos ministérios de animação, porque *animar* não significa criar coisas novas, mas "dar vida" ao que já constitui a celebração cristã, favorecer o ritmo mais adequado, conseguir que a ação comum seja expressiva e autêntica, com uma participação mais consciente e viva por parte de todos.

Para além, naturalmente, do Espírito Santo, que também nisso é a alma e o animador da Igreja – tanto na celebração da Palavra como da oração e dos sacramentos –, o presidente é o responsável último da animação da comunidade, em coordenação com os outros ministros: monitor, diretor dos cânticos, leitores, salmista, coro etc.

Mas, em concreto, chama-se "animador, animadora" à pessoa que assume o ministério de "comentarista, monitor, guia" da celebração. Algo mais, certamente, que o "mestre de cerimônias", em coordenação com o presidente e os outros ministros. Desse guia animador depende, em boa parte, o ritmo e o clima de uma celebração, com as suas monições e avisos, breves e discretos, mas, ao mesmo tempo, eficazes para coordenar bem os diversos momentos e atuações dos outros ministros e a participação da comunidade.

Comentarista. Monição, monitor.

anjos (culto aos)

A palavra anjo vem do grego *aggelos* (enviado, mensageiro).

Embora pareça evidente que diminuíram, nestes últimos anos, o apreço e o culto dos anjos, pelo menos no Ocidente, o certo é que tanto a Bíblia como a liturgia falam muito deles e lhes atribuem um papel significativo na nossa vida de fé. Não é tanto a nossa iniciativa ou o nosso interesse, mas *a revelação bíblica* é que nos fala deles.

Desde o Gênesis (3,24: os querubins à porta do paraíso) até o Apocalipse (5,11: os anjos que cantam os seus louvores ao Vencedor e a Deus), passando pelos anjos que anunciam a ressurreição de Cristo, a História da Salvação manifesta-nos a presença continuada desses seres misteriosos, espíritos puros, que não sabemos definir. A Bíblia não se preocupa em revelar-nos a sua essência, mas apresenta-os na sua atuação: os anjos adoram a Deus, atuam como mensageiros da sua vontade, ajudam e protegem os homens, caminham diante do povo eleito e protegem-no.

São eles que anunciam a Maria, a José e aos pastores o nascimento do Filho de Deus, os que assistem Cristo, depois das tentações do deserto ou na agonia do horto, os que dão testemunho do sepulcro vazio e orientam os discípulos depois da Ascensão… Jesus afirma que os anjos dos "pequenos" estão continuamente na presença do Pai (cf. Mt 18,10). Na parábola do rico glutão afirma-se que, quando o pobre Lázaro morreu, "foi levado pelos anjos ao seio de Abraão" (Lc 16,22). Um anjo liberta Pedro do cárcere rompendo as suas cadeias e o conduz até a comunidade (cf. At 12,7-11). Na visão do Apocalipse, junto aos seres viventes, aos anciãos e à multidão dos salvos, os anjos aparecem numa atitude guerreira de luta contra o maligno, sob as ordens do arcanjo Miguel (cf. Ap 12,7ss; cf. Dn 10,13) e, ao mesmo tempo, de louvor vitorioso ao Cordeiro e a Deus sentado no trono: "ouvi a voz de muitos Anjos […]. Eram milhares de milhares, milhões de milhões, e proclamavam em alta voz: 'Digno é o Cordeiro…'" (Ap 5,11-12). No final da história, "quando o Filho do Homem vier na sua glória", estará acompanhado de "todos os seus anjos" (Mt 25,31).

Não é nada estranho que, se a Bíblia nos fala com tanta insistência dos anjos, também na nossa celebração litúrgica os tenhamos presentes:

- na Oração Eucarística, somos convidados à aclamação do *Sanctus*, em união com os anjos [serafins], imitando o seu cântico de louvor a Deus, segundo Is 6,3, porque "diante de vós todos os anjos vos servem e glorificam sem cessar, contemplando a vossa glória.", como diz a Oração Eucarística IV;

- é lógico que, no ciclo do Natal, nos recordemos dos anjos na nossa oração: eles anunciaram a Zacarias o plano sobre o seu filho João; eles cantaram "Glória a Deus nas alturas", na noite bendita de Belém, anunciando aos pastores a Boa-Nova; e guiaram com as suas mensagens Maria e José na sua delicada missão;

- o mesmo há que se dizer do ciclo da Páscoa, pela presença já recordada dos anjos nas tentações, na agonia do horto e na Ressurreição e Ascensão de Cristo; com razão, na noite de Páscoa, começa-se o precônio convocando-os, também a eles, para a alegria universal: "Exultem por fim os coros dos anjos";

- quando, nos momentos penitenciais rezamos o "Confesso a Deus", dizemos: "por isso, peço à Virgem Maria, aos Anjos e aos Santos, e a vós, irmãos, que rogueis por mim a Deus, nosso Senhor"; também os anjos têm parte no caminho da nossa conversão a Deus;

- quando, em Completas, rezamos o Salmo 91[90] "Tu que estás sob a proteção do Altíssimo..." (v. 1), mostramos nossa confiança diante da noite, "porque ele dará ordens a seus anjos para te guardarem em todos os teus passos" (v. 11);

- nas Ladainhas dos Santos, a invocação dos santos anjos e arcanjos vem imediatamente depois da invocação da Virgem Maria;

- nas exéquias cristãs apela-se aos anjos para que, junto com a Virgem e os Santos, saiam ao encontro do defunto e o acompanhem à glória: *in paradisum deducant te angeli*: "que os anjos te conduzam ao paraíso"; do mesmo modo se pede nas orações da Missa celebrada em sua intenção.

- em 29 de setembro, atualmente, recordamos em conjunto os três anjos principais, Miguel (que significa "quem como Deus?", recordando a luta do Apocalipse), Rafael ("medicina de Deus", o que curou e guiou Tobias) e Gabriel ("fortaleza de Deus", o mensageiro do nascimento de Jesus); sabemos que, já desde o século V, em Roma, havia uma basílica dedicada ao arcanjo Miguel, e que a sua festa se celebrava, segundo o Sacramentário Veronense, em

29 de setembro. Os textos dessa festa exprimem bem *o que os anjos representam em nossa vida*. Pedimos a Deus: "fazei que sejamos protegidos na terra por aqueles que vos servem no céu", "dai-nos, ó Deus, sob a proteção dos vossos Anjos, progredir no caminho da salvação";

- em 2 de outubro, fazemos memória dos santos Anjos da Guarda, celebração muito mais recente que a anterior (desde o século XV): "mandais os vossos Anjos para guardar-nos, concedei que nos defendam de todos os perigos e gozemos eternamente do seu convívio", "velando sempre ao nosso lado, nos guardem dos perigos desta vida e nos levem à vida eterna".

Reconhecemos a centralidade de Deus, mas, ao mesmo tempo, cremos na existência dos anjos e os veneramos, convencidos de que "ao louvarmos os anjos, que criastes e que foram dignos do vosso amor [...] A admiração que eles merecem nos mostra como sois grande e como deveis ser amado acima de todas as criaturas".[9]

Crer nos anjos é crer na proximidade de Deus e nas mil formas que tem de nos ajudar no nosso caminho. Claro que Deus manifestou-se a nós, sobretudo, em Jesus Cristo: agora, como Senhor Ressuscitado, ele é o nosso verdadeiro Pastor e Guia e Guardião. Mas, como ao lado de Cristo estiveram os anjos, desde o seu nascimento até a sua Páscoa, nos seus momentos de crise e de vitória, a revelação e a liturgia querem dar-nos a entender que eles também estão à nossa volta, misteriosamente, poderíamos dizer como "os amigos do Noivo", ajudando-nos e guiando-nos da parte de Deus. E tanto ao longo da nossa vida como, sobretudo, no momento da nossa morte, a recordação da presença dos anjos pode ser uma válida ajuda para o nosso caminho de fé.

ano litúrgico

Chama-se ano litúrgico ou ano cristão à organização do ano como celebração progressiva do mistério de Cristo: "A Santa Mãe Igreja considera ser seu dever celebrar com uma sagrada recordação, em determinados dias ao longo do ano, a obra de salvação do seu divino Esposo. [...] Distribui todo o mistério de Cristo ao longo do ano, desde a Encarnação e Nascimento até a

---

9   N.E. Prefácio dos Anjos.

Ascensão, o Pentecostes e a expectativa da feliz esperança da vinda do Senhor" (*SC* 102).

O começo e o ritmo do ano litúrgico são distintos dos do ano civil, escolar ou comercial. Na liturgia romana, começa com o primeiro domingo do Advento. No passado, houve épocas e famílias litúrgicas que o iniciavam na primavera ou no outono.

Na realidade, o próprio nome e a unidade orgânica que hoje tem são bastante recentes. Desde as primeiras gerações celebrou-se o domingo como dia pascal semanal. "Em cada semana, no dia a que chamou domingo, faz memória da Ressurreição do Senhor que também celebra uma vez por ano, juntamente com a sua Paixão, na maior das solenidades que é a Páscoa" (*SC* 102). Muito cedo, a festa anual da Páscoa – que já se celebrava pelo menos no século II – prolongou-se pelo Tempo Pascal, os cinquenta dias até Pentecostes, e, no século IV, antecipou-se-lhe um tempo de preparação, a Quaresma. Também no século IV, no Ocidente, organizou-se o Natal, e, no Oriente, a Epifania, acompanhados também, mais tarde, por um período de preparação, o Advento, mais ou menos longo, segundo as várias liturgias. Aos poucos, e começando pelas memórias dos mártires e pelas festas marianas, organizou-se também um calendário das festas dos Santos.

Assim, o ano litúrgico compõe-se de dois ritmos: o "Temporal", que segue os mistérios de Cristo, e o "Santoral", que recolhe as celebrações da Virgem e dos Santos. Ambos, em rigor, celebram o mesmo Mistério Pascal de Cristo, em si mesmo ou nos seus melhores frutos, os Santos: cf. *SC* 103, para a Virgem Maria, "o fruto mais excelso da Redenção", e cf. *SC* 104 para os Santos, nos quais a Igreja proclama "o Mistério Pascal realizado neles".

O *Vaticano II* (cf. *SC* 107-111) determinou que se procedesse a uma revisão do ano litúrgico, que se veio a concretizar nas "Normas gerais" de Paulo VI e no novo calendário, surgidos em 1969. Os critérios que se seguiram para essa reforma foram os que o Concílio recomendou: a prioridade do ciclo do Senhor ("Temporal") em relação ao dos Santos, a importância do domingo como a festa principal, a simplificação do calendário com a supressão de alguns elementos desnecessários (septuagésima, oitava do Pentecostes) e a revisão do Santoral, destacando algumas festas para o calendário universal e reservando outras para os particulares.

O ano litúrgico não tem só uma finalidade catequética, à maneira de uma revisão pedagógica dos vários mistérios de Cristo, desde o seu nascimento até a sua Ascensão, como modelo de vida cristã. Tem também, e viu-se com clareza sobretudo desde O. Casel e da sua teologia da "presença do mistério", uma *chave teológica e sacramental*: na celebração da Igreja, o próprio Senhor, Cristo Ressuscitado, torna presente o seu mistério salvador, comunicando assim à comunidade a sua graça específica, para que participe dela e a viva: "Recordando assim os mistérios da Redenção, oferece aos fiéis as riquezas das obras e merecimentos do seu Senhor para que, de certo modo, se tornem presentes em todo o tempo, a fim de que entrem em contato com eles e se encham da graça da salvação" (SC 102).

O *in illo tempore* (naquele tempo) converte-se, no decorrer do "ciclo anual da celebração dos mistérios de Cristo" (SC 103), no *hodie* (hoje): a celebração do mistério de Cristo o torna, ele mesmo, presente para a sua comunidade.

"Partindo do Tríduo Pascal, como da sua fonte de luz, o tempo novo da ressurreição enche todo o ano litúrgico com sua claridade. Aproximando-se progressivamente de ambas as vertentes dessa fonte, o ano é transfigurado pela liturgia. É realmente 'ano da graça do Senhor' (cf. Lc 4,19) [...] O ano litúrgico é o desdobramento dos diversos aspectos do único Mistério Pascal" (*CIC* 1168.1171).[10]

Calendário. Mistério Pascal. Tempo. Temporal. Santoral.

antífona, antifonário

Vem da palavra grega *anti-foné* (som ou canto contrário, algo que se responde): designava, inicialmente, um estilo de salmodia no qual dois coros se alternavam na sua recitação ou canto, estilo chamado, portanto, "antifônico".

Depois, chamou-se antífona a outras realidades. Na Eucaristia, aos cânticos de entrada, das ofertas e da comunhão chamam-se também antífonas. O mesmo acontece em completas com o cântico mariano final.

Mas, sobretudo, dá-se esse nome às frases breves que se dizem ou cantam antes e depois dos salmos, no Ofício Divino. Às vezes, essas frases são tomadas do próprio salmo, destacando assim alguma ideia mais oportuna para o tempo ou para a festa; outras vezes, são pensamentos bíblicos ou do Evangelho, que assim dão cor cristã à recitação do salmo; enquanto outras são frases que aludem à teologia da festa ou às características do Santo que se celebra.

---

10   N.E.: Recomendamos: Augé, Matias. *O ano litúrgico é o mesmo Cristo presente na Igreja*. São Paulo: Paulinas, 2013. cap. I e XIV; Lira, Bruno Carneiro. *Tempo e canto litúrgicos*. São Paulo: Paulinas, 2008.

Na oração da comunidade cristã, as antífonas gozaram sempre de apreço, sobretudo quando cantadas, e mostraram uma eficácia notável para tornar mais viva a participação do povo na recitação dos salmos. "As antífonas ajudam a ilustrar o gênero literário do salmo; fazem do salmo uma oração pessoal; acentuam algum pensamento especialmente digno de atenção e que poderia passar despercebido; conferem matiz particular a determinado salmo em certas circunstâncias; e ainda são de grande ajuda para a interpretação tipológica ou festiva, contanto que se excluam acomodações arbitrárias; podem tornar mais agradável e variada a recitação dos salmos" (*IGLH* 113).

Para nos darmos conta da riqueza teológica e espiritual que a recitação das antífonas constituem para o povo de Deus, basta recordar as antífonas do "*Ó*" do final do Advento ("*Ó Sabedoria..., Ó Chave...*"), ou as que começam por *hodie* (mostrando, nas festas principais, como o mistério celebrado se torna presente, aqui e agora, para nós).

O *Antifonário* (*Antiphonarium* ou *Antiphonale*) é um livro litúrgico que contém não só as antífonas do ofício, mas também outros cânticos da Missa, para uso do cantor ou do coro. Os Antifonários mais antigos, do século IX, foram editados em Bruxelas, em 1935, por J. R. Hesbert (*Antiphonale Missarum Sextuplex*). Na liturgia hispânico-moçárabe, existe um dos melhores exemplares que se conservam daqueles séculos, o magnífico *Antiphonarium* de León.

Antigo Testamento (AT)

Uma das novidades mais significativas da nova liturgia pós-conciliar foi o lugar mais destacado que se deu à proclamação do AT.

No ciclo ferial da Eucaristia (de dois anos)[11] e no Lecionário (sobretudo o bienal) do ofício de leitura, incluem-se longas seleções do AT, em leitura semicontinuada. Também as primeiras leituras da Eucaristia dominical se tomam do AT, exceto nos cinquenta dias do Tempo Pascal. No caso dos domingos, o AT "se compõe harmonicamente com o Evangelho" (*ELM* 67), enquanto na leitura continuada das férias da semana e no ofício de leitura se selecionam, unicamente, para, a partir deles, se seguir a dinâmica da História da Salvação.

Dessa forma, se ajuda na compreensão do mistério da salvação em Cristo, também na sua perspectiva histórica, que abarca, num único movimento, a preparação de Israel e o tempo da Igreja, ambos centrados no acontecimento

---

11 Durante a semana (féria), as leituras da missa se distribuem em dois anos, Ano Par e Ímpar.

de Cristo. "A Igreja continua fielmente na liturgia o mesmo sistema que usou Cristo na leitura e interpretação das Sagradas Escrituras, visto que ele exorta a aprofundar o conjunto das Escrituras, partindo do 'hoje' de seu acontecimento pessoal" (*ELM* 3; cf. Lc 4,16-21; 24,5-35.44-49). Com a distribuição das leituras, pensada para os domingos (AT, NT e Evangelho) "sublinha-se a unidade do Antigo e do Novo Testamento, e da História da Salvação, cujo centro é Cristo e seu Mistério Pascal" (*ELM* 66).

O AT ajuda-nos a entender o NT. As categorias que designam a salvação em Cristo são tomadas da herança do povo de Israel: Páscoa, memorial, Messias, profetas, o Servo. Como dizia Santo Agostinho, no AT está latente (*latet*) já o Novo, e, no Novo, se torna patente (*patet*) o Antigo (cf. *DV* 16 e *ELM* 5). Isto vale para entender o mistério de Cristo e também para a lição da nossa vida cristã. A história de Israel e a nossa são continuação de uma mesma atuação salvadora de Deus, com a radical novidade de se ter cumprido em Cristo, no tempo da plenitude.[12]

antipêndio

De *ante-pendere* aplicado ao véu ou tela que cobre a parte dianteira do altar. Atualmente, já não vem mencionado nos livros litúrgicos.

Costumava ser um pano caro, ou adornos de metal, ou painéis de madeira pintada, que, colocados na parte do altar voltada para a comunidade, lhe acrescentavam uma certa nobreza estética, como símbolo de reverência e apreço para com a mesa em que Cristo nos convida para a sua Eucaristia.

Apresentação do Senhor

Quarenta dias depois do Natal, no dia 2 de fevereiro, celebramos a Apresentação de Jesus no Templo, nos braços de seus pais, Maria e José. Essa festa é como a conclusão definitiva do ciclo natalício.

A Apresentação de Jesus no Templo celebrava-se já nos finais do século IV, em Jerusalém, segundo testemunho de Etéria,[13] no "quadragésimo da Epi-

---

12 N.E.: Para aprofundar: Latorre, Jordi. *Modelos bíblicos de oração*. Herança do Antigo Testamento na liturgia. São Paulo: Paulinas, 2011.

13 N.E.: cf. *Peregrinação de Etéria*. Liturgia e catequese em Jerusalém no século IV. Comentário: Alberto Beckhäuser. Petrópolis: Vozes, 2008.

fania". No século V, acrescentou-se a procissão das velas. A seguir, foi-se estendendo a toda a Igreja do Oriente, onde recebeu o nome de *hypapante* (encontro): entre Jesus e o velho Simeão. Em Roma, entrou no século VII, fixada a quarenta dias do Natal. Inicialmente, deu-se-lhe o mesmo nome grego de *hypapante*, mas, pouco depois, derivou para a recordação da "Purificação" de Maria. O novo calendário (1969) preferiu o título cristológico de "Apresentação do Senhor", que se expressa com a riqueza de ressonâncias bíblicas nos novos textos da Missa e da Liturgia das Horas.

A Apresentação de Jesus no Templo "mostra-o como Primogênito pertencente ao Senhor. Com Simeão e Ana é toda a espera de Israel que vem ao *Encontro* do seu Salvador (a tradição bizantina designa com este termo tal acontecimento). Jesus é reconhecido como o Messias tão esperado, 'luz das nações' e 'glória de Israel', mas também como 'sinal de contradição'. A espada de dor predita a Maria anuncia essa outra oblação, perfeita e única, da cruz, que dará a salvação que Deus 'preparou diante de todos os povos'" (*CIC* 529).

A Missa dessa festa tem a particularidade da bênção e da procissão das velas (por isso, se chama popularmente "A Candelária"),[14] sublinhando a importância simbólica do encontro de Jesus, Luz que ilumina as nações, com o Templo de Jerusalém, e com os justos representados pelo velho Simeão, pela profetisa Ana, e também pelos seus pais. Essa festa "deve ser considerada, a fim de que se possa captar plenamente o seu riquíssimo conteúdo; nela se evoca, de fato, a memória, ao mesmo tempo, do Filho e da Mãe, quer dizer, é a celebração de um mistério da salvação operado por Cristo, em que a Virgem Santíssima esteve a ele intimamente unida, como Mãe do Servo sofredor de Javé, e como executora de uma missão respeitante ao antigo Israel, e, ainda, qual exemplar do novo Povo de Deus, constantemente provado na fé e na esperança, pelo sofrimento e pela perseguição" (cf. Lc 2,21-35) (Paulo VI, *MC* 7). Nesta cena, aparece Maria a "Virgem oferente", em continuidade com a atitude oferente do próprio Filho de Deus desde a sua encarnação, com a perspectiva da oferenda da cruz, e no meio o anúncio de Simeão sobre a universalidade da salvação em Cristo, Luz que alumia as nações, e a colaboração da sua Mãe Maria, à qual uma espada de dor atravessará a alma (cf. *MC* 20).

---

14   N.E.: Em português: candeia = lamparina, candelabro; em castelhano: candela.

arras

Na cultura romana, as arras (do latim *arrhæ*, e do grego *arrabón*) significavam as prendas (penhor, abonação) que se faziam nos esponsais, como antecipação e garantia da futura união matrimonial. Na liturgia hispânica antiga, também nos esponsais, tinha lugar o *Ordo arrarum*.

São Paulo fala que Cristo "imprimiu em nós a sua marca e nos deu como garantia o Espírito (*dedit arrabonem Spiritus*)" (2Cor 1,22) ou que "Deus, que nos deu o Espírito em garantia (*arrabonem Spiritus*)" (2Cor 5,5). No latim também se usa o termo *pignus* (garantia, prenda). É equivalente a dizer que "possuímos as primícias do Espírito" (Rm 8,23), ou que "fostes marcados pelo Espírito Santo. E o Espírito Santo prometido é a garantia da nossa herança (*arrabon hereditatis nostræ*)" (Ef 1,13-14).

As arras eram entendidas como garantia, "fiança" ou "santo e senha" que envolvia um contrato ou uma aliança. No caso do Matrimônio, sobretudo, arras era o que o marido pagava à família da mulher (enquanto esta trazia o seu "dote"). Concretizou-se tradicionalmente em treze moedas, como símbolo de que o marido se comprometia a manter a nova família.

Como curiosidade, adianta-se que, no *Ritual do Matrimônio* castelhano, ainda se mantém esse costume das arras, mas com uma mudança significativa, na sua última edição renovada de 1996, cujo n. 37 justifica: "inclui-se o rito da bênção e entrega das arras, de grande enraizamento na tradição de muitas dioceses na Espanha, que serve para exprimir a comunidade de vida e de bens que se estabelece entre os esposos. Para que esse significado apareça com maior clareza, o rito foi enriquecido com a entrega, também por parte da esposa, de arras ao seu marido (antes era só o esposo que as entregava)". Os esposos realizam a entrega, proferindo as seguintes palavras: "Recebe estas arras como prenda da bênção de Deus e sinal dos bens que vamos partilhar".

Matrimônio.

árvore de Natal

Como adorno de Natal, além do presépio, usa-se também, em muitos lugares, uma árvore. A sua origem parece ter se situado na Alemanha, cerca do século XVI, e, desde o princípio, teve sempre uma intenção claramente cristã.

Dos vários sentidos simbólicos da árvore – vida, fertilidade da terra, genealogia, frutos –, o sentido natalício apresenta-se revestido de dupla simbologia: a de "árvore do paraíso" e a de "luz" que alude ao nascimento do Messias.

A "árvore do paraíso" (cf. Gn 2,9 e 3,22) recorda-nos o início: Adão e Eva, o primeiro homem e a primeira mulher, que, provavelmente, ficaram ligados à festa de Natal, porque popularmente, considerados Santos, eram celebrados em 24 de dezembro. Por analogia, o nascimento do segundo Adão, Cristo, como um novo início, corporiza o símbolo da árvore da autêntica Vida.

A essa árvore, desde o princípio, com velas acesas e a estrela de Belém no seu cume (além dos presentes que se lhe vão juntando), associa-se o simbolismo da luz, que é Cristo.

Ao longo dos tempos, viram-se também, na árvore de Natal, outras simbologias: a árvore da vida eterna do Apocalipse, plantada no céu (cf. Ap 22,2.14), e, entre a árvore do Gênesis e a do Apocalipse, a árvore da cruz salvadora de Cristo: "Vede a árvore da cruz... ó cruz fiel, árvore única em nobreza" (cf. liturgia de Sexta-feira Santa).

Tudo isso pode muito facilmente relacionar-se com o acontecimento do Natal, e, dessa forma, a árvore não aparece como oposta ao presépio, mas como complemento simbólico e pedagógico da teologia do Natal.

Ascensão

Nos primeiros séculos, celebrava-se a Ascensão do Senhor no período dos cinquenta dias de Páscoa, como uma dimensão da própria Páscoa. Mas, aos poucos, a formulação que Lucas oferece desse mistério (Cristo sobe ao céu, após quarenta dias: cf. At 1,3) fez com que a recordação festiva da Ascensão se concretizasse de um modo historicizante, precisamente quarenta dias após a Ressurreição e, portanto, dez dias antes de Pentecostes, e com esta fixação de calendário já referida no século IV, quer nos *Sermões* de Santo Agostinho quer em São Leão Magno.

O verbo "subir ao céu" (*ad-scendere*) é, certamente, devedor da particular cosmovisão dos judeus, com referência ao céu, "acima", e a terra, em "baixo", e, portanto, toda a comunicação de Deus para nós ou de nós para Deus exprime-se como "descida" ou "subida". Além disso, o mistério de Cristo Ressuscitado pode-se exprimir muito bem como "ascensão", porque significa para Cristo o triunfo, a glorificação à direita do Pai, constituído Juiz do Universo e

Senhor da História, exaltação que encontra a sua expressão mais plástica nas visões do Cordeiro triunfante do Apocalipse e que o NT exprime repetidamente com os verbos "subir" e "ascender". Isso é o que professamos no Credo: "subiu aos Céus e está sentado à direita de Deus Pai todo-poderoso". E isso é o que celebramos na festa litúrgica da Ascensão.

Na Missa desse dia, damos graças a Deus porque "vosso Filho Jesus, Rei da Glória, subiu hoje ante os anjos maravilhados ao mais alto dos céus. E tornou-se o mediador entre vós, Deus, nosso Pai, e a humanidade redimida, juiz do mundo e senhor do universo" (Prefácio da Ascensão I).

Mas, além do triunfo do Messias, a Ascensão supõe o início da missão por parte da Igreja, assistida por Cristo glorioso e pelo seu Espírito. É o começo do seu caminho missionário desde Jerusalém até os confins do mundo. Com a garantia que possibilita poder celebrar o triunfo de Cristo, Cabeça desta comunidade peregrinante porque: "a Ascensão do vosso Filho já é nossa vitória" (oração: Coleta), e porque "subiu aos céus, a fim de nos tornar participantes da sua divindade" (Prefácio da Ascensão II).

A transferência da festa da Ascensão, em alguns países, da quinta-feira em que se cumprem os quarenta dias após a Ressurreição para o sétimo domingo da Páscoa propõe-se como uma ajuda catequética, pois pretende-se sublinhar não a exatidão "histórica", mas a dimensão pascal global do triunfo de Cristo. E o mesmo se deve depreender da norma que estabelece que o Círio Pascal, símbolo de Cristo Ressuscitado, não se apague após o Evangelho da Ascensão, como dantes se fazia, mas que permaneça aceso nas celebrações da comunidade até o fim da festa de Pentecostes, que é a plenitude dessa Páscoa que dura sete semanas.[15]

Tempo Pascal.

asperges, aspersão

A Eucaristia dos domingos, sobretudo durante o Tempo Pascal, recomenda-se que comece não com o ato penitencial normal, mas com a aspersão, em recordação do Batismo.

Pedindo a Deus que renove em nós a graça com que nos plenificou no dia da nossa primeira incorporação em Cristo e na sua Igreja, o sacerdote asperge-

---

15 N.E.: Recomendamos: Daniélou, Jean. *Bíblia e liturgia*. A teologia bíblica dos sacramentos e das festas nos Padres da Igreja. São Paulo: Paulinas, 2013. cap. XVIII.

-se primeiro a si mesmo, a seguir asperge os seus ministros mais próximos e, depois, enquanto se entoa um cântico batismal, deslocando-se pela igreja, ele asperge toda a comunidade reunida.

A aspersão constitui um gesto litúrgico que, desde há séculos, enquanto se cantava o *Asperges* ou o *Vidi aquam*, já se fazia no começo das Missas solenes. Atualmente, porém, convida-se a fazê-lo com maior expressividade em todas as Missas dominicais, seguindo um dos três formulários que o Missal oferece em apêndice.

A palavra "asperges" vem do latim *ad-spargere* (espalhar um líquido como sinal de purificação). Em concreto, faz-se referência ao v. 9 do Salmo 51[50], o *Miserere*: *asperges me hyssopo et mundabor*, "purifica-me com o hissopo e ficarei puro". Aspergir é espalhar, borrifar uma pessoa ou uma coisa ou um lugar, "espalhando" água sobre eles. Também se pode aspergir com sangue: cf. o gesto simbólico de Ex 24,8, quando Moisés asperge com o sangue o altar e o povo, para selar a Aliança entre Javé e Israel (cf. Hb 9,19-22; 12,24); ou também com cinza: em Lm 2,10 os anciãos "lançam cinza sobre as suas cabeças".

Aspergir com água pode significar a purificação (cf. Hb 10,22) ou a proteção contra o mal, à maneira de bênção e exorcismo. Na liturgia aspergem-se o altar, as paredes e os espaços da igreja, na sua dedicação ("o bispo asperge o povo, que é o templo espiritual, e asperge também as paredes da igreja e o altar": *Ritual da dedicação*, 11) e também as diversas coisas ou lugares que se querem benzer, como edifícios, cemitérios, sinos, ramos, campos etc. ("para que recordem o Mistério Pascal e renovem a fé do seu Batismo": *Ritual de bênçãos* 26d) e, de um modo saudoso, nas exéquias, o féretro do defunto cristão, recordando também a sua condição de batizado.

Mas, sobretudo, na Vigília Pascal, e depois, como dissemos, no começo da Eucaristia dominical, asperge-se o povo cristão, recordando que somos povo de batizados e, por isso, somos convocados para a Eucaristia: "por meio desta água renovai em nós a fonte viva da vossa graça… reavivai em nós a recordação e a graça do Batismo, nossa primeira Páscoa." Ao entrarmos na igreja, também invocamos a bênção de Deus para as ocupações correntes da vida de cada um, benzendo-nos com água benta, mas assume maior expressividade quando essa bênção é recebida comunitariamente.

Água. Batismo.

assembleia

A primeira realidade visível da liturgia cristã é a comunidade reunida, a assembleia.

Em grego, essa congregação de fiéis chama-se *synaxis*. A palavra assembleia vem do latim *assimulare*, que significa juntar, de *simul*, ao mesmo tempo.

No AT (Ex 19-24, 1Rs 8 e Ne 8-9), é frequente encontrar referência às grandes assembleias do povo de Israel, escutando a Palavra de Deus, dirigindo-lhe a sua oração e celebrando os gestos simbólicos da aliança. O povo sentia-se convocado por Javé, o *qahal Jahvé*. No NT, a convocatória produz-se em volta de Jesus Cristo e chama-se, sobretudo, igreja (*ekklesía*), povo convocado e congregado. Desde a primeira geração, a assembleia litúrgica é uma realidade importante, no conjunto da vida cristã, embora, desde muito cedo, fosse necessário recordar aos mais preguiçosos: "sem abandonarmos a nossa assembleia – como é costume de alguns –, mas animando-nos" (Hb 10,25).

Ao longo dos séculos, "nunca a Igreja deixou de se reunir em assembleia para celebrar o mistério pascal" (*SC* 6), sobretudo para a Eucaristia dominical, porque o domingo, desde a primeira geração, é o dia por excelência da reunião da assembleia cristã.

A motivação não é só pedagógica ou sociológica – a assembleia litúrgica cristã "ultrapassa todas as afinidades humanas, raciais, culturais e sociais" (*CIC* 1097) –, mas, sobretudo, teológica: "Na celebração da Missa, os fiéis constituem a nação santa, o povo resgatado, o sacerdócio real" (*IGMR* 95).

O povo sacerdotal, a comunidade dos batizados, reúne-se para celebrar o mistério da nova aliança, sempre com a convicção da presença, invisível mas real, do seu Senhor, Jesus Cristo, que prometeu: "onde estiverem dois ou três reunidos em meu nome, eu estou no meio deles" (Mt 18,20). A assembleia é o lugar de preferência da presença do Senhor.

Ao mesmo tempo, cada assembleia litúrgica é a realização concentrada e a epifania (manifestação) de toda a Igreja: "O povo de Deus, que se reúne para a Missa... se exprime pela diversidade de funções e ações" (*IGMR* 294; cf. *IGMR* 91).

A assembleia cristã é a que celebra a Eucaristia, sob a presidência do ministro que a completa visibilizando o verdadeiro presidente, Cristo: "Na Missa ou ceia do Senhor, o povo de Deus é convocado e reunido, sob a presidência do sacerdote que representa a pessoa de Cristo, para celebrar a memória do Senhor ou sacrifício eucarístico" (*IGMR* 27).

Por isso, ao reformar as celebrações sacramentais e a Liturgia das Horas, tomou-se, como um dos critérios fundamentais, o favorecimento da participação ativa por parte de toda a assembleia reunida, tendo em vista, de modo especial, aquilo que lhe é mais próprio: a escuta atenta, a oração e o canto nos momentos oportunos, as ações sacramentais nas quais participa, as aclamações e diálogos etc.

No documento *Celebrações na ausência de presbítero* (1988), da Congregação para o Culto Divino, está bem vincada a importância da assembleia litúrgica para o povo cristão: as comunidades sem presbítero não poderão celebrar a Eucaristia, mas sim "a reunião dos fiéis, para manifestar que a Igreja não é uma assembleia formada espontaneamente, mas convocada por Deus, ou seja, o povo de Deus organicamente estruturado, ao qual preside o sacerdote na pessoa de Cristo Chefe" (n. 12). "Nunca se dirá suficientemente a importância capital da assembleia do domingo, quer como fonte de vida cristã de cada pessoa e das comunidades, quer como testemunho do projeto de Deus: reunir todos os homens em seu Filho Jesus Cristo" (n. 50).[16]

ADAP. Fiéis. Participação.

assentos

Além do assento próprio de quem preside, que é a sede por excelência, existem, na celebração litúrgica, outros assentos que não só têm a função da sua utilidade prática como têm também um significado, no conjunto da ação.

Antes de tudo, é bom que a comunidade disponha de assentos, colocados de sorte que os fiéis "possam participar devidamente das ações sagradas com os olhos e o espírito", e também "possam facilmente adotar as atitudes do corpo requeridas para as diferentes partes da celebração" (*IGMR* 311). Apesar de, nos primeiros séculos, como nos tempos de Santo Agostinho, os fiéis não terem assentos, estes, depois, foram-se generalizando. A postura de sentados favorece a concentração, a escuta e a oração pessoal.

Também os outros ministros que ajudam na celebração têm os seus assentos no presbitério, de modo que "eles possam exercer com facilidade a função

---

16   N.E.: Consultar com proveito: Castellano, Jesus. *Liturgia e vida espiritual*. São Paulo: Paulinas, 2008. p. 221-261.

que lhes é confiada" (*IGMR* 310), mas não como copresidentes, nem sequer no caso dos concelebrantes. O ministério de presidir *in persona Christi* é único e exprime-se de modo mais adequado com uma sede única. O *Cerimonial dos bispos* regula a situação dos assentos, no presbitério, para os diáconos, presbíteros ou bispos (por exemplo, *CB* 136.570). Também os que vão ser ordenados ou vão professar como religiosos têm assentos próprios.

Seguindo o espírito da *SC* 32, "reprova-se o costume de reservar lugares para determinadas pessoas" (*IGMR* 311), para que não haja acepção de pessoas por categorias sociais: só há assento especial para os que realizam um ministério na celebração, salva a exceção que a *SC* 32 admite para as autoridades civis, para as quais se costuma reservar um lugar preeminente, por exemplo, na primeira fila da assembleia, mas não presidindo.

Cátedra. Sede. Sentados.

Assunção

Do latim *ad-sumere* (tomar para si, assumir).

Dá-se este nome à solenidade da Virgem Maria que se celebra em 15 de agosto. Desde os primeiros séculos do cristianismo a Igreja do Oriente, para assinalar a "passagem" de Maria à vida em Deus, celebra essa festa sob o nome de "Dormição de Maria". Pouco tempo depois, passou também para o Ocidente, mas com o nome de "Assunção de Maria".

Pio XII, em 1950, definiu solenemente que "Maria, a Imaculada Mãe de Deus e sempre virgem, no final da sua vida terrestre, foi elevada em corpo e alma à glória do céu".

Se, na festa da Imaculada Conceição (8 de dezembro), celebramos o início da vida de Maria, aqui desfrutamos a alegria do seu "destino de plenitude e de felicidade" e da sua "perfeita configuração com Cristo ressuscitado" (*MC* 6). É uma festa centrada no triunfo final de Maria, que participa, assim, da vitória de Cristo: "pois preservastes da corrupção da morte aquela que gerou, de modo inefável, vosso próprio Filho feito homem, autor de toda vida" (Prefácio).

Além disso, o destino glorioso de Maria está intimamente ligado ao da Igreja. Desse modo, a festa converte-se num olhar cheio de fé para o futuro, e numa ocasião de esperança e garantia para toda a comunidade dos crentes, que se sentem representados nela, pois é a: "aurora e esplendor da Igreja triunfante, ela é consolo e esperança para o vosso povo ainda em caminho" (Prefácio).

Maria.

ato penitencial

Dentre os diversos momentos penitenciais da liturgia cristã, chama-se "Ato Penitencial" a uma breve oração que se diz no rito de entrada da Missa: depois da saudação e da primeira monição, "o sacerdote convida ao Ato Penitencial, que, após breve pausa de silêncio, é realizado por toda a assembleia através de uma fórmula de confissão geral e concluído pela absolvição do sacerdote" (*IGMR* 51).

Apesar de Paulo VI – na sua constituição apostólica *Missale Romanum*, que precede o Missal – afirmar que, entre as coisas que se restabeleceram "de acordo com a primitiva norma dos Santos Padres", está "o rito penitencial ou de reconciliação com Deus e com os irmãos, no início da Missa, rito ao qual, como era conveniente, foi restituída a sua importância", há que se dizer que, em sentido próprio, esse ato penitencial é uma novidade da presente reforma. Havia elementos penitenciais ao longo da Missa, no Missal de São Pio V, um diálogo entre o sacerdote e os ministros, com a recitação do Salmo 43[42] (*Iudica me Deus*) e o *Confiteor*, mas não houve nunca oficialmente, como agora, uma oração penitencial de toda a comunidade no começo da celebração. O que há que se recordar é que, com o Movimento Litúrgico, a partir dos anos quarenta do século XX, as "orações ao pé do altar", proferidas pelo sacerdote e pelo acólito, passaram a ser um diálogo entre o sacerdote e toda a comunidade.

Embora seja uma novidade, este ato penitencial é um elemento interessante e pode resultar pedagógico. A comunidade, não antes de comungar (como se fazia antes, com outro *Confiteor*), ou depois das leituras (como também teria muito sentido), mas já antes de escutar a primeira leitura, pede a Deus que a purifique, que lhe dê força, e invoca Cristo, seu Senhor, pedindo-lhe a sua ajuda. Também para escutar, com proveito, a Palavra de Deus – a "primeira mesa" para a qual o Senhor nos convida –, necessitamos de um coração purificado. Começamos a celebração com atitude de humildade, de pobreza, conscientes da nossa debilidade e, ao mesmo tempo, com confiança em Deus.

Há três modelos de ato penitencial no nosso Missal. O primeiro é a recitação comunitária do *Confiteor* (Confesso a Deus). O segundo é um breve diálogo: "Tende compaixão de nós, Senhor. Porque somos pecadores…" O terceiro é uma série de aclamações a Cristo, o Senhor, com a resposta "Senhor, tende piedade de nós", ou seja, incorporando o *Kyrie* ao ato penitencial.

A dinâmica deste momento é como se segue:

- o presidente faz um convite à atitude de humildade e confiança;

- segue-se um momento de silêncio geral;

- então, realiza-se a oração, numa das três formas acima descritas;

- e tudo termina com o que se chama "oração de conclusão", que é uma "absolvição" em forma de petição.

Nas últimas edições do Missal, oferecem-se sete formulários de convite, mais de vinte formulários completos para as três aclamações cristológicas, segundo os diversos tempos do ano. A conclusão é sempre a mesma: "Deus, todo-poderoso, tenha compaixão de nós…". O tom é mais de reconhecimento da grandeza, da santidade e da bondade de Deus, ou de Cristo, que de nossa miséria.

Sendo importante, o ato penitencial não é absolutamente necessário na estrutura da Missa. Pode-se, segundo os livros litúrgicos, suprimir quando no rito de entrada há outros elementos equivalentes: uma procissão especial (Domingo de Ramos, exéquias, entrada do bispo…), os salmos das Laudes ou Vésperas, a aspersão dominical etc. Em outras ocasiões, como na Quarta-feira de Cinzas, traslada-se para depois das leituras, convertido no gesto simbólico da imposição das cinzas, respondendo assim ao convite das leituras à conversão quaresmal.

átrio

Do latim *atrium*, indica o pórtico ou espaço exterior dos edifícios, por vezes rodeado de colunas, sobretudo dos palácios e das basílicas. Equivale ao grego *narthex*.

No AT, ressoa com frequência a alusão aos átrios do Templo de Jerusalém: "trazei a oferta e entrai nos seus átrios" (Sl 96[95],8-9). Também sucede que o átrio é, por vezes, tomado pelo próprio templo, em sentido simbólico: "um dia nos teus átrios vale mais que mil" (Sl 84[83],11).

Litúrgica e pastoralmente, é bom que haja um espaço intermediário, entre a rua e a igreja, certa separação pedagógica que "defenda" o espaço interior, como espaço de silêncio e oração e, ao mesmo tempo, seja lugar de reunião, saudação ou despedida, antes e depois da celebração.

azeite

Crisma. Óleos. Unção.

ázimo

Do latim *azymus*, e tal como do grego *azdumos*, significa "sem fermento". Diz-se do pão que os judeus empregavam para a celebração da Páscoa ("festa dos Ázimos", cf. Lc 22,1) e a liturgia romana ocidental para a Eucaristia: pão sem fermento, sem levedura.

Assim estava prescrito na Lei (cf. Ex 12,8) para a Páscoa e para todo o tipo de sacrifícios (cf. Lv 2,11). Autores judeus, como Filão, interpretaram esse pão como não acabado de fazer, pão de precipitação (saída apressada do Egito: cf. Ex 12,39), pão de aflição (cf. Dt 16,3), pão de pobres, pão natural e sem artifício.

Também entre os cristãos existia uma interpretação simbólica. São Paulo (1Cor 5,7-8) vê no pão ázimo o símbolo da verdade, contra o erro e o pecado: "Purificai-vos do velho fermento para serdes uma nova massa, visto que sois pães ázimos. Celebremos a festa, não com fermento velho nem com fermento de malícia e perversidade, mas com os pães ázimos da pureza e da verdade".

Mas, durante os primeiros séculos, não se celebrou a Eucaristia com pão ázimo, mas com pão normal, fermentado. Foi já no século IX, em ambiente franco-germânico, que – segundo autores como Alcuíno e Rábano Mauro – foi introduzido o pão ázimo na celebração Eucarística, para imitar a Páscoa judaica e para acentuar o respeito à Eucaristia, diferenciando o seu pão do da mesa familiar. Roma, de início, opôs-se, mas, mais tarde, aceitou-o e impôs o seu uso.

Os cristãos orientais nunca aceitaram o pão ázimo para a Eucaristia. Foi um dos pontos de litígio (juntamente com o *Filioque*), ainda no primeiro cisma do século IX. Todavia, no século XV (Concílio de Florença de 1439, em decreto para os gregos), admite-se o duplo uso: pão fermentado e pão ázimo.

Atualmente, o Missal Romano (cf. *IGMR* 320) prescreve que seja ázimo o pão para a Eucaristia, na continuidade da tradição latina. Pode entender-se como pedagógico, para diferenciar o alimento eucarístico do normal, e embora, evidentemente, se deva seguir essa norma litúrgica, não se vê que ela tenha particular simbolismo. Contrariamente, porém, reconhece-se com forte peso simbólico a prescrição para que, na celebração, o pão "apareça como alimento" e que seja "repartido" (cf. *IGMR* 321).

Pão.

báculo

Báculo, do latim *baculum*, *baculus*, significa bastão, bordão, cajado.

Em sentido figurado e simbólico passou a indicar "apoio", pela sua função de ajuda no caminhar e, sobretudo, "autoridade", por analogia com a vara ou bastão que o pastor usa para conduzir e dirigir o seu rebanho. No Salmo 23[22],2-4 alude-se a essa ajuda de Deus: "o teu bastão e teu cajado me dão segurança". Em Gn 49,10, anuncia-se que "O cetro não será tirado de Judá, nem o bastão de comando" (cf. também Jr 48,17).

Em muitas culturas, desde a Antiguidade, o báculo significa a autoridade do governante, nas suas diversas modalidades: desde o cetro do rei até a vara de marechal ou o bastão do alcaide. No âmbito eclesiástico – na liturgia hispânica, desde o século VII, e em Roma, talvez no século IX –, o báculo passou a ser a insígnia simbólica do bispo, como pastor da comunidade cristã.

O bispo recebe o báculo no dia da sua ordenação, como um dos sinais visíveis do seu ministério: "a entrega do báculo de pastor significa o seu encargo de reger a Igreja a ele confiada" (*ROBPD* 26). Quando o recebe escuta estas palavras: "Recebe o báculo, símbolo do seviço pastoral, e cuida de todo o rebanho, no qual o Espírito Santo te constituiu bispo a fim de apascentares a Igreja de Deus" (*ROBPD* 54). O bispo leva o báculo na mão, quando preside a uma celebração solene da sua comunidade, na procissão de entrada, durante a proclamação do Evangelho e para a bênção final.

Também o abade recebe e utiliza esse mesmo sinal como símbolo da sua função pastoral.

Bispo.

baldaquino

Chama-se baldaquino a peça de seda [ou outro tecido nobre] que forma como que um pálio, dossel ou pavilhão sobre o altar (ou sobre o trono ou sobre o leito). O seu nome provém da palavra *Baldaco*, antigo nome de Bagdá (Iraque), de onde procedia o tecido de seda que se utilizava para o bordar.

O baldaquino é uma peça de pano fixada e sustentada por colunas, sobreposta ao altar, ressaltando a sua importância e a sua centralidade no espaço da igreja. Quando essa cobertura é uma peça de arte, de madeira ou de metal, chama-se *cibório* (tabernáculo), como é costume ver-se nas igrejas românicas e nas grandes basílicas. O baldaquino, às vezes, é móvel, como o "pálio" utilizado nas processões eucarísticas.

Pálio.

bálsamo

Resina aromática extraída da árvore (ou arbusto) do mesmo nome. Desde a Antiguidade foi empregada como remédio e como perfume.

Na Bíblia, aparece muitas vezes nesta dupla perspectiva: a sanitária e a cosmética, como por exemplo, em Ct 5,1 ("vou ao meu jardim […] e aí colho minha mirra com meus aromas") ou Jr 51,8 ("caiu Babilônia […]. Aplicai-lhe um bálsamo nas feridas, quem sabe ela sara").

É uma substância que se emprega para o crisma com que se ungem as pessoas nos vários sacramentos (Batismo, Confirmação, Ordem). Junto com o óleo e outros perfumes e essências, o bálsamo – com as suas características naturais: aroma, suavidade, poder curativo, força, preservação da corrupção – significa o que o Espírito realiza, ao impregnar com a sua graça aqueles que, na comunidade, recebem os sacramentos do Batismo, da Confirmação ou da Ordem.

Crisma. Unção.

bandeja

Prato ligeiramente côncavo, de forma oval ou retangular, para recolher as partículas do pão consagrado ou as gotas de vinho que possam cair, durante a distribuição da comunhão. Com a difusão da prática de receber a comunhão na mão, tem perdido algum do seu uso tradicional.

banho

O banho (de *balneum*), ao longo dos séculos, tem sido entendido, pelas diversas culturas, não só como um ato apreciado pelas suas vantagens de limpeza, frescura e saúde, mas também num sentido simbólico, de pureza interior e regeneração vital. Tanto para as culturas americanas pré-cristãs, como para os povos que habitam as regiões dos grandes rios, Nilo, Eufrates ou Ganges, o banho reveste-se de um valor religioso, de purificação cultual.

Nessa sintonia, também Jesus Cristo e a Igreja primitiva – na linha do banho cúltico dos prosélitos judeus e, sobretudo, do banho batismal preparatório do Messias que João Batista realizava, submergindo os convertidos no rio Jordão – elegeram esse gesto como sinal sacramental do Batismo cristão. O que se pretende alcançar, por meio desse sacramento, é a imersão total em Jesus Cristo, na sua Páscoa de morte e glorificação, numa incorporação invisível que faz renascer e transmite a sua vida nova. Por isso, desde o princípio, o gesto do banho na água foi entendido como expressão do mistério celebrado. São Paulo, na Carta aos Romanos, oferece-nos esta catequese do Batismo: "Todos nós que fomos batizados em Jesus Cristo fomos batizados na sua morte" (6,3). E o *RBC* (Observações preliminares gerais, n. 22) diz que o banho na água, a imersão, "demonstra mais claramente a participação na morte e ressurreição de Cristo".

Batismo. Imersão.

basílica

Do grego *basileus* (rei) e *basilikos* (real), aplicava-se a palavra *basiliké* à casa real. Em Roma, dava-se esse nome aos grandes edifícios de reunião, por exemplo, aos tribunais ou aos átrios, anexos ao foro, onde se celebravam os contratos.

A partir do século IV, as grandes igrejas cristãs adotaram essa forma arquitetônica basilical. Em Roma, construíram-se de forma retangular alongada, com uma ou mais naves, e colunas orientadas em sentido longitudinal para o altar e a abside,[17] que se situavam na cabeceira desse retângulo. No Oriente, preferiu-se uma forma mais circular.

Atualmente o título de basílica é concedido pela Santa Sé a certas igrejas, pela sua antiguidade histórica ou por serem centros de peregrinação. Algumas dessas igrejas recebem o título de basílicas maiores ou patriarcais (as quatro de Roma: São Pedro do Vaticano, São Paulo extramuros, São João de Latrão, catedral do Papa, e Santa Maria Maior) e, basílicas menores, outras espalhadas por todo o mundo (no Brasil: a de Nossa Senhora Aparecida, em Aparecida do Norte, SP, a de Nossa Senhora de Nazaré, em Belém, PA, entre outras).

bater no peito

Um dos gestos mais clássicos de arrependimento.

Assim Jesus descreve o publicano (cf. Lc 18,9-14): "batia no peito e dizia: 'Meu Deus, tem compaixão de mim, que sou pecador'". Foi também a atitude da multidão, diante da morte de Cristo: "viram o que havia acontecido e foram embora, batendo no peito" (Lc 23,48). Os grandes pregadores da Antiguidade, como São João Crisóstomo e Santo Agostinho, aludem, por vezes, nos seus sermões, ao costume dos seus ouvintes de baterem no peito, como mostra do seu arrependimento pelos pecados cometidos.

É um gesto expressivo de dor e de conversão do coração, reconhecendo a própria culpa. Quando, para o ato penitencial da Missa ou do sacramento da Reconciliação, elegemos a fórmula "Confesso...", fazemos o gesto de bater no peito, ao pronunciar as palavras "por minha culpa, minha tão grande culpa". Quando o sacerdote proclama a Oração Eucarística I do Missal, às palavras *nobis quoque peccatoribus* ("e a nós pecadores") – frase que se refere aos ministros ordenados –, ele bate no peito. Antes da reforma, era costume repetir o gesto também no canto do "Cordeiro de Deus", ou no "Senhor, não sou digno", antes da Comunhão.

batina

Sotaina. Vestes.

---

17   Espaço da nave oposta à entrada da igreja, de planta semicircular ou retangular, onde se situam o presbitério, o altar, o ambão e, em certas igrejas, o coro.

Batismo

Palavra derivada do grego *batisma, baptismos*, que, por sua vez, vem de *bapto* (banhar) e de *baptizo* (submergir, mergulhar na água).

O seu sentido original é, portanto, banho, ablução externa, embora com o sentido de purificação e vida nova. Também pode assumir outras simbologias, como em Mc 10,38-39, que aponta para a imersão na morte, ou, ainda, quando se fala do batismo de desejo ou de sangue.

Os judeus tinham o batismo para os prosélitos, e João Batista quis expressar, com essa ação simbólica da imersão nas águas do rio Jordão, a preparação imediata para o tempo anunciado. O próprio João batizou Jesus, que quis assim solidarizar-se com os que se convertiam e se incorporavam na salvação messiânica. Em cada ano, no domingo seguinte ao da festa da Epifania, celebramos a *Festa do Batismo do Senhor*, no contexto da sua manifestação natalícia, porque desse modo iniciou a sua atuação messiânica para o povo. Cf. *CIC* 535-537 e 1223-1225, sobre o Batismo de Jesus no Jordão.

A *comunidade apostólica* elegeu o Batismo na água como sinal sacramental da incorporação na Igreja e entrada na esfera salvadora de Cristo, recebendo a nova vida, pela água e pelo Espírito (cf. Jo 3,5; Rm 6). Nos Atos dos Apóstolos sucedem-se os episódios em que o Batismo aparece na dinâmica da iniciação cristã: à pregação e à conversão da fé segue-se o Batismo, através do qual a pessoa fica agregada à comunidade do Ressuscitado. Às vezes, chama-se-lhe "batismo no nome de Jesus Cristo [Senhor Jesus]" (At 10,48; 19,5), e outras, "batismo em nome do Pai e do Filho e do Espírito Santo" (Mt 28,19), fórmulas que apontam para a mesma realidade, porque a salvação é, ao mesmo tempo, trinitária e cristocêntrica.

O Batismo, como primeiro sacramento da iniciação cristã – completado pela Confirmação e Primeira Comunhão – celebrou-se na Igreja, ao longo dos séculos, com diferentes rituais, de características diversas, como por exemplo nas liturgias orientais ou na hispânico-moçárabe. Na Igreja romana, celebra-se, atualmente, segundo estes dois livros litúrgicos: o *Ritual da iniciação cristã de adultos* (1972) e o *Ritual do Batismo das crianças* (1969), como momento sacramental culminante do processo de ação pastoral que se desenvolve em etapas sucessivas, antes e depois da celebração do sacramento.

O Batismo é o sacramento da fé com que os homens se incorporam na Igreja, povo sacerdotal do Ressuscitado; recebem o perdão dos pecados; nascem para uma vida nova, por obra do Espírito; e tornam-se partícipes da vida pascal de Jesus Cristo e filhos de Deus.

"O sinal original e pleno do Batismo é a imersão" (ou infusão) tripla na água (cf. *CIC* 628); "o 'mergulho' na água simboliza o sepultamento do cate-cúmeno na morte de Cristo, da qual com ele resssuscita, como 'nova criatura' (2Cor 5,17 e Gl 6,15)" (*CIC* 1214). Enquanto se realiza o gesto simbólico, o ministro pronuncia as palavras sacramentais: "*N…*, eu te batizo em nome do Pai e do Filho e do Espírito Santo".

Antes desse gesto central, depois de ter escutado a Palavra de Deus, há os *gestos preparatórios*: a bênção sobre a água e o diálogo de renúncias e promessas com os pais e padrinhos (no caso das crianças) ou com os próprios catecú-menos, se já têm o uso da razão. Depois do banho na água, há outros *gestos complementares*: a unção com o santo crisma, a veste branca e o simbolismo da vela acesa no Círio Pascal. Para concluir todo o rito, faz-se a oração do Pai-nosso, em volta do altar, e a bênção.

O dia de domingo e, sobretudo, o da Páscoa são os que mais coerente-mente se relacionam com o Batismo, tanto na sua celebração como na sua recordação continuada, pela estreita relação desse sacramento com a Páscoa de Cristo. Por isso, na Vigília Pascal e nas Eucaristias dominicais, a aspersão, como eco simbólico do Batismo, pretende recordar aos cristãos a origem deste dom que Deus lhes fez pelo seu Espírito, introduzindo-os na Vida Nova de Jesus Cristo.[18]

Água. Aspersão. Banho. Catecumenato. Imersão. Iniciação cristã.

batistério

Chamava-se batistério (do grego *batisterion*, do latim *baptisterium*), origi-nalmente, a uma piscina para o banho. Na arquitetura cristã chama-se assim ao espaço onde está situada a fonte ou a pia batismal, uma das partes mais significativas da igreja.

Nos primeiros séculos, nas casas particulares, onde se reunia a comuni-dade cristã – como em Doura Europos (Mesopotâmia) –, configurava-se um

---

18   N.E.: recomendamos: Oñatibia, I. *Batismo e confirmação*: sacramentos de iniciação. São Paulo: Pauli-nas, 2007; Caspani, Pierpaolo. *Renascer da água e do Espírito*. Batismo e crisma, sacramentos da iniciação cristã. São Paulo: Paulinas, 2012; Marsili, Salvatore. *Sinais do Mistério de Cristo*. São Paulo: Paulinas, 2010. p. 191-231; Daniélou, Jean. *Bíblia e liturgia*. A teologia bíblica dos sacramentos e das festas nos Padres da Igreja. São Paulo: Paulinas, 2013. cap. II-VI.

espaço com símbolos batismais. Mas, sobretudo quando, a partir do século IV, se construíram igrejas cristãs, logo apareceu o batistério, dentro da igreja ou próximo dela, às vezes, em forma redonda, outras hexagonal ou octogonal, com diversos simbolismos e adornos alusivos ao sacramento do Batismo e, frequentemente, dedicado a São João Batista. Alguns desses batistérios, pensados para que neles fosse possível a imersão, são autênticas obras de arte, conjuntos simbólicos para celebrar e, ao mesmo tempo, educar no sentido do sacramento. São famosos os de Ravena, Pisa ou São João de Latrão (Itália).

Mais tarde, simplificou-se o espaço, até adquirir a atual forma de uma pia grande de água. Nas catedrais e paróquias tem particular sentido esse espaço batismal, que se situa normalmente à entrada do edifício, para simbolizar também o caráter de iniciação cristã e de entrada na comunidade.

O *Ritual do Batismo das crianças* descreve-o assim: "O batistério, ou lugar onde a fonte batismal jorra água ou está colocada, seja destinado exclusivamente para o rito do Batismo, um lugar digno, onde renascem os cristãos pela água e pelo Espírito Santo" (Observações Preliminares Gerais, n. 25). Há ritos que se fazem fora do batistério (leituras, por exemplo), e outros, nele: o rito da imersão na água. Para esses últimos ritos "podem ser escolhidos na igreja outros locais mais amplos, desde que a capela do batistério não possa conter todos os catecúmenos e as pessoas presentes" (ibidem, n. 26).

Batismo. Fonte batismal.

beber

Do latim *bibere*, não só aponta para a satisfação da sede, mas entende-se também no sentido simbólico, pois, além da sede física, pode-se ter sede de felicidade, de amor, de sabedoria.

No diálogo com a samaritana, Jesus promete-lhe uma água que apagará para sempre a sede (cf. Jo 4). O próprio Cristo é a água viva, a única capaz de satisfazer toda sede humana. Outras vezes, trata-se de "beber o cálice" (Jr 49,12; Mt 26,42) com a conotação da dor e do sacrifício.

Na liturgia cristã, o beber, juntamente com o comer, converteu-se no sinal sacramental central da Eucaristia. O ato de comer e beber – com mais pessoas, isto é, em comunidade – o pão e o vinho, que se convertem no Corpo e no Sangue do Senhor Ressuscitado, é o gesto simbólico que mais nos ajuda a entender o mistério da Eucaristia, pois, além de ser um gesto alimentador da unidade fraterna reconciliada e festiva, nos oferece o próprio Cristo como alimento e bebida para o caminho. "Tomai e bebei todos dele", referido ao cálice do vinho-Sangue, é a melhor expressão de um sacramento que nos faz partícipes da alegria e da força salvadora do Sangue de Cristo na cruz, o sacrifício e o Sangue da Aliança definitiva.

Comer. Vinho.

beijar, beijo

O beijo é um gesto simbólico presente em quase todas as culturas e religiões. Vem do latim *basiare*, embora se use mais *osculum, osculari*.

As pessoas beijam-se para demonstrar afeto, amizade e amor; para dar as boas-vindas ou fazer despedidas; para exprimir a alegria ou a felicitação. Também se beijam os objetos que apreciamos ou que representam motivo de especial satisfação.

Na Bíblia, esse gesto encontra-se em contextos muito variados. O *Cântico dos Cânticos* começa o seu poema de amor desta forma: "que ele me beije com os beijos de sua boca" (1,2). A mulher pecadora beija os pés de Jesus, para lhe mostrar o seu respeito e amor. Paulo dirá aos cristãos de Roma: "Saudai-vos uns aos outros com o beijo santo" (Rm 16,16). Precisamente pelo sentido positivo desse gesto, interpreta-se como traição o beijo de Judas, porque deveria significar uma coisa e realizou outra.

Na liturgia, é frequente a linguagem do beijo. O sacerdote, no início e no final da celebração, beija o altar (cf. *IGMR* 123.169). O ministro que proclama o Evangelho beija-o, depois da leitura, enquanto diz, em segredo: "Pelas palavras do Santo Evangelho, perdoai-nos, Senhor" (*IGMR* 134). Todos beijamos a cruz, na celebração de Sexta-feira Santa. Em todos os casos, é fácil ler o conteúdo de respeito e apreço que há nesse gesto.

Também beijamos as pessoas, na liturgia:[19] os que já são diáconos, presbíteros ou bispos dão o beijo ritual de acolhimento aos novos ordenados. "O abraço que o ordenado recebe do bispo ordenante principal e de todos os outros bispos é como um sinal para a sua aceitação no Colégio dos bispos" (*ROBPD* 26; para os presbíteros, n. 113; e para os diáconos, n. 188). O mesmo fazem os professos na ocasião dos seus votos religiosos. Também o bispo

---

19   N.E.: Com exceção do matrimônio, geralmente nos rituais a CNBB substituiu o beijo pelo abraço, devido à sensibilidade de nossa cultura.

beija ou abraça os recém-confirmados. Os noivos, depois do diálogo central do sacramento, mostram com o beijo o seu afeto. E todos os fiéis, antes de comungar o Senhor, dão aos que estão ao seu lado o beijo ou o abraço da paz, para mostrar a sua disposição de fraternidade.

bema

Palavra grega que significa pódio, estrado, lugar mais elevado, a partir do qual um orador dirige a sua palavra aos outros.

Nas igrejas cristãs, sobretudo do Oriente, chama-se *bema* ao ambão ou à tribuna situada no meio da nave da igreja, da qual se proclama a Palavra. Um lugar, portanto, cheio de significado, em relação ao outro polo de atenção da comunidade, o altar.

Ambão.

Bendicional (Ritual de bênçãos)

O *Liber de benedictionibus*, publicado na sua edição típica em 1984, e traduzido em português para o Brasil com o nome de *Ritual de bênçãos*, em 1989, faz parte do Ritual Romano, e contém as fórmulas das bênçãos que a Igreja transmite em nome de Deus.

A bênção divina alcança, pelo ministério eclesial, todas as pessoas e situações da vida humana, e, assim, o corpo e a criação inteira ficam inseridos na esfera da bênção fundamental que é Cristo, participando da sua vitória pascal.

Essas bênçãos litúrgicas pertencem ao grupo dos "sacramentais". A última reforma converteu-as em breves celebrações, nas quais a iniciativa é reconhecida, claramente, a Deus com a sua Palavra, a que corresponde a resposta de fé dos fiéis, num clima de bênção que, sobretudo, se dirige a Deus.

O *Ritual de bênçãos* contém uma "Introdução geral"; uma primeira parte, com bênçãos que se referem às pessoas; uma segunda, com bênçãos que respeitam às atividades dos cristãos; uma terceira, com bênçãos sobre objetos de uso litúrgico; a quarta, sobre objetos de devoção; e a última, para diversas circunstâncias.

bendizer, bênção

Vem de *bene-dicere* (em grego, *eu-logein*) e significa: falar bem de, desejar algo bom a alguém, louvar, abençoar.

Quem primeiro bendiz é Deus, sendo a sua bênção sempre eficaz e, por isso, lhe é suplicada: "O Senhor lembre-se de nós e nos abençoe. Abençoe a casa de Israel, abençoe a casa de Aarão. Abençoe os que temem o Senhor, pequenos e grandes" (Sl 115 [113b],12-13). Respondendo a essa iniciativa, o homem, por sua vez, bendiz a Deus. Israel aparece como um povo que faz consistir a sua oração, antes de tudo, em bendizer a Deus. Temos no AT abundantes exemplos de bênçãos (em hebraico *berakah, berakoth*), algumas vezes pessoais e espontâneas, outras vezes, solenes e cultuais, como as de Davi em 1Cr 16 e 29, ou de Salomão em 1Rs 8, ou de Esdras em Ne 8-9. Muitos salmos são de bênção: "Minha alma, bendize o Senhor" (Sl 103 [102]), como também o cântico cósmico de Daniel (Dn 3,51-90), no qual se vai repetindo o estribilho: "Bendizei ao Senhor".

No NT, Cristo aparece como a bênção personificada de Deus, o portador de toda a bênção, e o que motiva e torna eficaz a nossa bênção a Deus. Nele se juntam a bênção descendente e a ascendente: "Bendito seja o Deus e Pai de nosso Senhor Jesus Cristo [*bênção ascendente*], que nos abençoou com toda bênção espiritual nos céus, em Cristo [*bênção descendente*]" (Ef 1,3): texto que o Catecismo utiliza para descrever a ação salvadora do Pai para a humanidade e a resposta desta a Deus (cf. *CIC* 1077-1083).

"A *bênção* exprime o movimento de fundo da oração: é o encontro de Deus com o homem; nela o Dom de Deus e a acolhida do homem se chamam e se unem. A oração de bênção é a resposta do homem aos dons de Deus: uma vez que Deus *abençoa*, o coração do homem pode responder, *bendizer* aquele que é a fonte de toda bênção" (*CIC* 2626).

Na nossa liturgia, em que essa bênção é "plenamente revelada e comunicada" (*CIC* 1082), a *bênção ascendente* concretiza-se no louvor das Horas e na Eucaristia, sobretudo na sua Prece central de bênção e de ação de graças. Essa Prece Eucarística, já desde as primeiras gerações, se ligou de algum modo à oração de bênção da ceia pascal dos judeus, agora com conteúdo cristão. À Eucaristia chama-se-lhe "cálice de bênção" (1Cor 10,16). Mas também há outras orações "consecratórias" ou de bênção: sobre a água, sobre o crisma e os óleos, nas ordenações etc. Todas elas têm uma primeira parte de bênção e uma segunda de invocação ou epiclese.

A *bênção descendente*, da parte de Deus, tem a sua expressão na bênção final da Missa, às vezes simples, outras mais solenes, com três blocos aos quais o povo responde com o seu "Amém" e que são acompanhados com o gesto de imposição das mãos. Mas o sinal comum para abençoar é o sinal da cruz, porque toda a bênção é participação na salvação pascal de Cristo. Na liturgia hispânica, a bênção do presidente não tem caráter de despedida, como na romana, mas de preparação imediata para a comunhão.

Há *outras bênçãos* na liturgia: a bênção com o Santíssimo, a bênção dos noivos, no Matrimônio; a do diácono, para proclamar o Evangelho; a dos abades e abadessas; a bênção das igrejas e dos altares que não se "dedicam"; a bênção da comunidade com que geralmente se concluem todas as celebrações, sejam sacramentais ou da Liturgia das Horas etc.

Os textos para a bênção de pessoas, lugares e coisas estão recolhidos no novo *Ritual de bênçãos* (1984).

Benedictus

É o cântico que Lucas põe nos lábios de Zacarias, pai de João Batista, e que se entoa todos os dias, na oração de Laudes.

O *Benedictus* (Laudes), tal como o *Magnificat* (Vésperas), é um hino "de louvor e ação de graças pela redenção" (*IGLH* 50). Está cheio de citações, explícitas ou implícitas, do AT, anunciando que Deus cumpre, com o Messias, o prometido, "segundo tinha predito pela boca dos seus santos profetas", "realizando a misericórdia que teve com os nossos pais". Agora, com a plenitude de Cristo, "visitou e redimiu o seu povo", dando-lhe "a salvação que nos livra dos nossos inimigos".

Há, nesse cântico, uma estrofe que se refere a João, o filho de Zacarias, aquele que será o precursor imediato de Cristo: "Serás profeta do Altíssimo, ó menino, pois irás andando à frente do Senhor para aplainar e preparar os seus caminhos, anunciando ao seu povo a salvação".

É um cântico muito apropriado para Laudes. Antes de mais, porque Cristo é anunciado como aquele "que sobre nós fará brilhar o sol nascente". E também porque, no início da jornada, é bom lembrar que Cristo dirige "os nossos

passos" para que o sirvamos "em santidade e justiça, na sua presença, todos os dias da nossa vida".

binação, binar

Em latim, *binare* (juntar, unir), de *binus* (dobro), significa arar pela segunda vez a terra, ou cavar de novo a vinha.

Na liturgia, aplica-se ao fato de, apesar do *CDC* não o recomendar, o mesmo sacerdote poder celebrar duas Missas no mesmo dia. "Não é lícito ao sacerdote celebrar mais que uma vez por dia" (*CDC* 905), excetuados os casos que já se contemplam, como no Natal ou no dia dos Fiéis Defuntos, em que tradicionalmente se permite celebrar três Missas, ou nos casos de concelebração comunitária (cf. *IGMR* 114) ou com o bispo ou em reuniões de sacerdotes (cf. *IGMR* 204). O caso mais repetido tem sido motivado pela necessidade de, nos domingos e festas, se celebrarem várias Eucaristias para o povo: "se houver falta de sacerdotes, o Ordinário do lugar pode permitir que, por justa causa, os sacerdotes celebrem duas vezes ao dia, ou mesmo, se as necessidades pastorais o exigirem, três vezes nos domingos e festas de preceito" (*CDC* 905).

bispo

"O bispo deve ser considerado como o grande sacerdote do seu rebanho, de quem deriva e depende, de algum modo, a vida dos seus fiéis em Cristo. Por isso, todos os diocesanos devem dar a maior importância às celebrações litúrgicas com a participação do bispo, principalmente na igreja catedral, convencidos de que a principal manifestação da Igreja se realiza numa participação plena e animada de todo o Povo santo de Deus nas mesmas celebrações litúrgicas, sobretudo na mesma Eucaristia, numa única oração, num só altar, onde o bispo preside rodeado pelo seu presbitério e pelos ministros" (*SC* 41).

A palavra bispo vem do grego *epi* (sobre) e *skopos, skopein* (vigiar, inspecionar); significaria, portanto, etimologicamente, guardião, inspetor. Nas primeiras comunidades paulinas, são assim denominados quer Timóteo, quer Tito (cf. 1Tm 3,1-7; Tt 1,7-9).

Os bispos, sucessores dos Apóstolos, foram constituídos como princípios de fé e unidade na comunidade diocesana, como sacramentos visíveis da presença de Jesus Cristo no meio do seu povo. Tanto na missão de ensinar como na de guia pastoral e missionária e, de modo especial, na sua função santifica-dora e cultual, o bispo, como "primeiro liturgo", é o que tem mais responsa-bilidade e autoridade.

O Concílio dedicou-lhes um documento, *Christus Dominus*, decreto sobre a função pastoral dos bispos na Igreja, no qual os define como "os princi-pais administradores dos mistérios de Deus e os moderadores, promotores e guardas de toda a vida litúrgica" (*CD* 15). Também a *Lumen Gentium*, nos números 18-27, descreve o seu serviço pastoral para o bem da comunidade e, em concreto, no número 26, a sua função de ministro principal da celebração litúrgica diocesana.

Relativamente ao seu papel de liturgo e animador da celebração, na intro-dução ao livro da *Liturgia das Horas*, diz-se expressamente: "O bispo é o grande sacerdote de sua grei. Dele, de certo modo, deriva e depende a vida de seus fiéis em Cristo. Por isso, entre os membros de sua Igreja, o bispo deve ser o primeiro na oração. E sua oração, ao recitar a Liturgia das Horas, se faz sempre em nome da Igreja e pela Igreja que lhe foi confiada" (*IGLH* 28).

Apesar de, no Concílio, se falar repetidamente de "consagração episcopal", o novo *Ritual de ordenação* prefere falar de "ordenação do bispo", para a qual oferece motivações, textos e ritos renovados na última reforma. Os diálogos, as leituras e, sobretudo, a oração consecratória realçam a plenitude do sacramen-to da Ordem que o novo bispo recebe, para a sua função pastoral na diocese, como representante de Cristo. O *Ritual de ordenação* exprime plasticamente os gestos simbólicos dessa ordenação: o que é fundamental, a imposição das mãos por parte do bispo consagrante e por todos os bispos concelebrantes, e também outros, como o da imposição do livro dos Evangelhos sobre a cabeça, a unção da cabeça, a imposição do anel e da mitra, a entrega do Evangeliário e do báculo, a entronização na sua cátedra e o abraço de acolhimento por par-te dos outros bispos. É ordenado pelo menos por três bispos, para significar expressivamente a sua agregação ao Colégio Episcopal, sucessor do Colégio Apostólico.

O livro litúrgico *Cerimonial dos bispos* é que indica e regula as celebrações em que um bispo intervém.

Na Prece Eucarística da Missa, nomeia-se sempre o bispo da própria dioce-se, como um sinal claro de unidade na fé e na caridade, em união com o bispo, e, por meio dele, com todo o Colégio Episcopal e com o Papa.

Cerimonial dos bispos. Insígnias pontificais. Ministérios.

Breviário

Do latim *breviarium*, quer dizer resumo, abreviação. Tertuliano chama ao Pai-nosso *breviarium totius Evangelii* (resumo de todo o Evangelho) (cf. *De oratione* 1).

Até o século X, o Ofício Divino esteve disperso por vários livros – saltério, homiliário,[20] hinário, antifonário, oracional. A partir de então, verificou-se um processo de concentração, à custa da redução de vários elementos, especialmente das leituras e cânticos, tomando o nome de *Breviarium*. O *Breviarium secundum consuetudinem romanae curiae* foi o que ficou mais conhecido, devido ao trabalho da sua difusão por parte dos Frades Menores, no século XIII. O Breviário, de certo modo, servia melhor à progressiva adoção da oração individual, à medida que se ia abandonando a prática da oração em coro, comunitária.

Esse Breviário, no entanto, também foi sofrendo uma longa evolução, passando, por exemplo, pela famosa edição do cardeal Quinhonez, nos princípios do século XVI, e, sobretudo, pelo que ficou conhecido por Breviário de São Pio V, com algumas alterações introduzidas pelo Concílio de Trento (em 1568). "O Concílio Tridentino, por falta de tempo, não conseguiu terminar a reforma do Breviário, confiando esse encargo à Sé Apostólica. [...] Nos séculos posteriores, foram introduzidas diversas inovações pelos Sumos Pontífices Sisto V, Clemente VIII, Urbano VIII, Clemente XI e outros. [...] São Pio X, em 1911, mandou publicar o novo Breviário. [...] Todo o trabalho da reforma litúrgica foi de novo reassumido por Pio XII. [...] Os frutos de trabalho tão cuidadoso começaram a aparecer com o Decreto sobre a simplificação das rubricas, de 23 de março de 1955, assim como as normas sobre o Breviário que João XXIII publicou no Código de Rubricas, em 1960" (*Constituição Apostólica de Paulo VI*, 1970).

Já nos nossos dias, o Concílio Vaticano II, por meio da Constituição *Sacrosanctum Concilium* sobre a Sagrada Liturgia (1963), procedeu à reforma definitiva do Ofício Divino. O nome *Breviário* foi substituído pelo de *Liturgia das Horas*, foi suprimida a hora de *Prima* (primeira hora canônica, 6 da manhã), autorizada a sua tradução para as línguas vernáculas e ficou estruturado da se-

---

20 Coleção de textos homiléticos, inicialmente reduzidos a comentários dos salmos e passagens de outros livros da Escritura, tendo passado a fazer parte do Ofício de Leitura. Atualmente, os homiliários são concebidos como ajuda aos sacerdotes na preparação das suas homilias.

guinte forma: *Laudes, Vésperas* e *Completas,* e *Horas Intermédias* (*Matinas, Tércia, Sexta e Noa ou Nona*). A tradução portuguesa para o Brasil está organizada em quatro volumes (Advento-Natal, Quaresma-Páscoa, um volume cada; e Tempo Comum, em dois volumes).

Liturgia das Horas.

calenda

Esta palavra é latina, formada de *calare*, e deriva do termo grego *kaleo*, que significa chamar, anunciar. *Calenda* (singular) ou *calendae* (plural) é, no calendário romano, o primeiro dia do mês. Remeter algo, ironicamente, "para as calendas gregas" é assegurar-se que nunca chegará a acontecer, porque os gregos não têm essa designação no seu calendário.

Na liturgia, chama-se *calenda* ao anúncio do Natal, que se fazia antes no Martirológio, à hora de *Prima*. Agora, pode-se proclamar nas primeiras Vésperas do Natal, na vigília preparatória, no rito de entrada da Missa da meia-noite ou da Missa principal do dia. A essa proclamação responde toda a comunidade com o canto do *Glória*. É um elemento importante para a ambientação pedagógica do Natal.

Outro anúncio solene é o que se faz no dia da Epifania, em 6 de janeiro, depois do Evangelho, quando o diácono, ou outro ministro (como o recomenda o *CB* 240), faz a ligação da celebração do Natal com a da Páscoa e anuncia ao povo as festas móveis de todo o ano.

calendário

Esta é uma palavra da mesma raiz que a anterior. Chama-se calendário ao sistema de organização do tempo, com os seus anos, meses e dias. Já desde a Antiguidade que as várias culturas organizavam a sua contagem do tempo. Algumas o fizeram inspiradas no ciclo lunar, e outras, no solar; umas mostraram-se mais atentas aos acontecimentos cósmicos e sociais, outras, aos religiosos. Na Bíblia, empregava-se o calendário hebraico mais antigo, com a Páscoa fixa, e, desde os tempos de Antíoco Epífanes (175-164 a.C.), com a Páscoa móvel, que, segundo se julga, foi um dos motivos por que se organizaram, junto ao Mar Morto, as comunidades de Qumran, em sinal de contestação contra a paganização (helenização) crescente do povo judeu.

Chamou-se calendário "Juliano" ao que o imperador Júlio César promulgou, 46 anos antes de Cristo, estabelecendo, por exemplo, que os anos bissextos tivessem 366 dias. Mais tarde, já no século XVI, ao verificar-se que esse dia a mais, de quatro em quatro anos, não resolvia o afastamento cada vez mais acentuado, em referência ao tempo solar, o papa Gregório XIII procedeu ao embolismo de 11 dias, como forma de correção: em 1582, no mês de outubro, do dia 4 passou-se para o dia 15. A este calendário passou a chamar-se "Gregoriano". Este acerto não foi consensual, e demorou muitos anos até ser aceito pela maioria dos Estados. Atualmente, em registro religioso não cristão, mantêm-se a maioria dos calendários tradicionais de cada religião, e, em ambiência cristã, persistem ainda algumas resistências, em especial por parte dos Ortodoxos orientais, como é o caso dos Patriarcados de Jerusalém, Rússia, Geórgia e Sérvia, que continuam a reger-se pelo calendário Juliano antigo, e a celebrar a Páscoa em data distinta das Igrejas do Ocidente.

Na reforma pós-conciliar, Paulo VI promulgou o novo calendário romano, em 1969, com a Carta Apostólica *Mysterii Paschalis* e com as *Normas gerais do ano litúrgico e calendário romano geral*, em que se explicam os dias litúrgicos, os tempos fortes (Páscoa, Quaresma, Natal, Advento), o Tempo Comum e as Rogações e Têmporas. Também se estabelecem as relações entre os calendários particulares (nação, região, diocese, famílias religiosas etc.) e o universal da Igreja, assim como a "tabela dos dias litúrgicos".

Em apêndice ao documento conciliar sobre a liturgia (*SC*), o Concílio Vaticano II fez uma "declaração sobre a revisão do calendário", reconhecendo os desejos universais de uma estabilização maior do calendário, com a fixação da data da Páscoa e estabelecendo os critérios para essa empresa, que parece não ter dado ainda muitos passos na sua realização.[21]

Ano litúrgico. Martirológio. Santoral. Temporal.

cálice

A palavra latina *calix* (em grego *poterion*) designa um vaso em forma de taça para beber. Podia ser de diversos materiais: de metal dourado, de vidro ou de cerâmica.

---

21   N.E.: para aprofundar: Augé, Matias. *O ano litúrgico é o mesmo Cristo presente na Igreja*. São Paulo: Paulinas, 2013. cap. IV.

Beber do cálice teve, desde a Antiguidade, além da acepção comum, um sentido simbólico: o cálice da dor ou da amargura (cf. Mt 20,22; 26,39), o cálice da ira (cf. Is 51,17; Ap 16,19), o cálice da bênção (cf. Sl 16 [15],5).

A primeira geração de cristãos, logo a partir da última ceia, sempre expressou um grande apreço pelo cálice utilizado para comungar com o Sangue de Cristo. Basta recordar o argumento de Paulo: não se pode "beber do cálice do Senhor", na celebração da Eucaristia, e também "do cálice dos demônios", nos banquetes cúlticos pagãos (cf. 1Cor 10,21). Paulo chama-lhe o "cálice de bênção" (1Cor 10,16), relacionando-o seguramente com a terceira taça de vinho que o pai de família abençoa, na ceia pascal judaica.

Não é de estranhar, portanto, que o cálice eucarístico seja o vaso sagrado por excelência e que, ao restaurar-se a participação de todos no Sangue do Senhor, se descreva esse gesto com a expressão "cálice para os leigos".

Exige-se que os materiais usados na sua fabricação sejam sólidos, que sejam nobres, segundo o entendimento de cada região, materiais que não absorvam os líquidos e, de preferência, com a parte interior revestida de ouro, a não ser que já seja de material inoxidável, resistente à acidez do vinho (cf. *IGMR* 327-330). A sua bênção – que indica a sua dedicação exclusiva à celebração eucarística – realiza-se, preferencialmente, dentro da Missa (cf. *IGMR* 333). O *Ritual de bênçãos* oferece os textos para essa bênção (nn. 1068ss).

Na celebração da Missa, o cálice é levado para o altar ao ofertório. Na comunhão, participa-se bebendo diretamente do cálice ou por intinção do pão. Depois da comunhão, o cálice é purificado no altar ou, se possível, na credência (cf. *IGMR* 163.183.279).

Na instituição de acólitos e na ordenação de bispos e presbíteros, um dos gestos simbólicos que melhor exprimem o ministério é o da entrega do cálice com vinho e água.

Vasos sagrados.

candeias, candelabros, candelária

Candeia vem do latim *candere* (arder) e significa vela ou círio. O castiçal é o suporte para a vela ou candeia, e a palmatória é a sua versão menor, sendo o Círio Pascal a mais solene e adornada. Chama-se candelabro ao candeeiro, que pode ter vários braços para várias velas, como, por exemplo, o famoso candelabro (*menorá*) de sete braços do Templo judaico (cf. Ex 25,31-40) ou o do antigo rito das "trevas", na Semana Santa, em que se iam apagando sucessivamente as quinze velas de um candelabro em forma de triângulo.

À parte o seu uso prático, as candeias apresentam também um espontâneo sentido simbólico, como expressão de fé, festa, oferenda, atenção, presença do divino, sobretudo em clima de culto. Em At 20,8 fala-se das muitas lâmpadas que havia na sala onde celebravam a "Fração do Pão"; e, em Ap 4,5, das sete lâmpadas, diante do trono de Deus. Nas parábolas de Jesus, como a das virgens prudentes e das insensatas, a luz que levam nas suas lâmpadas é símbolo de atenção e preparação (cf. Mt 25,1-13; Lc 12,35).

Na liturgia, utiliza-se com frequência este simbolismo:

- os recém-batizados recebem a vela acesa como símbolo da vida iluminada por Cristo;

- o mesmo sucede, às vezes, na profissão dos religiosos;

- sobre o altar da Eucaristia, ou próximo dele, brilham dois ou mais castiçais com as suas velas acesas, desde o início da celebração, como sinal simples e expressivo do respeito que merece de nós a ação que sobre ele se realiza (cf. *IGMR* 117.307);

- podem acompanhar também a procissão de entrada dos ministros, assim como a proclamação do Evangelho;

- brilha constantemente uma lâmpada diante do sacrário; costumam-se acender várias velas para a adoração do Santíssimo, sobretudo quando é exposto solenemente;

- os sete candelabros à volta do altar na Missa estacional episcopal provêm do costume, testemunhado pelo *Ordo Romanus I*, dos sete acólitos que, com candelabros, estavam presentes na Missa estacional papal, vindos das sete regiões de Roma, como sinal de respeitosa homenagem à entrada do Papa;

- o círio pascal, que se acende solenemente na Vigília Pascal e, depois, durante o Tempo Pascal, e também nos Batismos e exéquias, tem um claro sentido em relação à luz que Cristo, verdadeira Luz do mundo, nos quer comunicar, coisa que se põe a manifesto quando se acendem progressivamente as velas por todo o povo, na procissão da Vigília Pascal;

- na festa da *Candelária*, em 2 de fevereiro, quando celebramos a Apresentação do Senhor no Templo, junto com a Purificação de Nossa Senhora, para dar início à celebração eucarística, organiza-se uma procissão com velas acesas, pondo em destaque o simbolismo da luz para os cristãos que seguem Cristo: "Luz para iluminar as nações", como afirma o velho Simeão.

Círio Pascal. Lâmpada, lamparina. Luz.

cânon

A palavra grega *kanon* indica regra, medida, norma. Aplica-se a muitas realidades: os cânones da convivência ou da arte, os cânones do Código de Direito, os livros "canônicos" (os que a Igreja admite como revelados), as horas "canônicas" do Ofício Divino, a "canonização" dos Santos etc.

Na liturgia, aplicou-se, sobretudo, à oração central da Eucaristia. Em latim chamou-se *canon actionis*, no sentido de "norma com que se desenvolve a ação" (*Sacramentário Gelasiano*) ou *canon Missæ* (*Sacramentário Gregoriano*). Mas teve outros nomes: "anáfora", *prex*, e, agora, sobretudo, "Oração Eucarística", que exprime melhor o seu conteúdo.

Anáfora. Oração Eucarística.

cântico

Na Liturgia das Horas, chama-se *cântico* aos cânticos da Bíblia, semelhantes aos hinos, mas que não são salmos. Em *Laudes*, entre os dois salmos, intercala-se um cântico do AT, um para cada um dos dias, durante quatro semanas. Em Vésperas, por sua vez, depois dos dois salmos – em conformidade com a última reforma –, acrescenta-se um cântico do NT (Efésios, Filipenses, Apocalipse…), numa série de sete que se repetem em cada semana, mais um da Primeira Carta de Pedro, para os domingos da Quaresma. Utilizam-se também os cânticos para as vigílias prolongadas (cf. *IGLH* 73).

São ainda designados por cânticos os três cantos – *Benedictus*, *Magnificat* e *Nunc dimittis*, tomados do Evangelho de Lucas –, que se incluem, cada dia, no louvor das Horas, e que são tratados na sua oração com as mesmas honras que a proclamação do Evangelho, na Eucaristia.

canto

O canto é um dos elementos mais importantes da celebração litúrgica. A sua motivação e a sua dinâmica encontram-se, sobretudo, em dois documentos: a instrução *Musicam sacram*, de 1967, e a Introdução à Liturgia das Horas (1971: *IGLH* 267-284).

O canto exprime e realiza as nossas atitudes interiores. Tanto na vida social como na cúltico-religiosa, o canto não só exprime, como, em certa medida, realiza os sentimentos interiores de louvor, adoração, alegria, dor, súplica. "Não se deve considerar o canto como adorno acrescentado extrinsecamente à oração, mas como algo que brota do mais profundo da alma em oração e louvor a Deus" (*IGLH* 270). "A celebração do Ofício Divino mediante o canto, por ser mais conforme à natureza desta oração e sinal de maior solenidade e mais profunda união dos corações no louvor a Deus, é vivamente recomendada aos que o celebram em coro ou comunitariamente" (*IGLH* 268).

O canto fomenta a unidade e exprime os sentimentos comunitários: pode-se dizer que o canto faz comunidade. Além disso, cria um clima mais solene e festivo na oração: "nada mais festivo e mais desejável nas ações sagradas do que uma assembleia que, toda inteira, expressa a sua fé e a sua piedade por meio do canto" (*MS* 16). "O que ama, canta", como disse Santo Agostinho.

A introdução à *Liturgia das Horas* exprime bem os valores do canto, assim como o critério da "solenidade progressiva", pelo que se ressaltam especialmente com o canto os momentos mais importantes da celebração e também as celebrações mais expressivas no conjunto da semana ou do ano litúrgico (cf. *IGLH* 272-284).

O canto tem, na liturgia, uma função ministerial: não é como um concerto, em que se canta pelo canto em si e pelo seu prazer artístico. Aqui, o canto ajuda, sobretudo, a comunidade a entrar mais em sintonia com o mistério que celebra. Ao mesmo tempo, cria um clima de união comunitária e festiva, ajuda pedagogicamente a exprimir a nossa participação mais profunda na celebração.

Assim, o canto converte-se em "sacramento", tanto do que nós sentimos e queremos dizer a Deus, como da graça salvadora que nos vem dele.

Segundo o Catecismo, "o canto e a música desempenham a sua função de sinais, de maneira tanto mais significativa por 'estarem intimamente ligados à ação litúrgica', segundo três critérios principais: a beleza expressiva da oração, a participação unânime da assembleia nos momentos previstos e o caráter solene da celebração. Participam, assim, da finalidade das palavras e das ações litúrgicas: a glória de Deus e a santificação dos fiéis" (*CIC* 1157).

Cantor. Cantoral. Coroinha. Gregoriano. Instrumentos. Música.

cantor

A atividade de cantor é um dos ministérios que se realiza em favor da comunidade celebrante.

Nos primeiros séculos, revestia-se já de grande importância, sobretudo a ação do salmista. Presentemente, ajuda a dar mais expressividade e dignidade à celebração. Tal como leitores e outros ministros, deve também haver guias do canto e, em particular, cantores, que entoem as estrofes dos cânticos, as do Salmo Responsorial, da comunhão, ou as invocações do ato penitencial, do *Agnus Dei* ou das ladainhas dos Santos, as antífonas da salmodia ou os responsórios, depois das leituras.

Exceto para o canto do Salmo Responsorial ou de outros salmos ou cânticos bíblicos e, por extensão também o Precônio Pascal, o cantor não deve realizar o seu ministério posicionado no ambão, que está reservado à Palavra de Deus, mas sim em outro lugar visível e provido de ampliação sonora.

Salmista.

Cantoral

Dentre os vários livros que se utilizam, há séculos, na celebração litúrgica, está o Cantoral, que recebeu também o seu nome do latino *Cantatorium* e que, por vezes, era um livro grande de coro. Contém, por exemplo, hinos, antífonas, "graduais", aleluias, salmos e a proclamação pascal *Exsultet*.

Atualmente existem vários cantorais, mais manuais para o povo, livros com letra e música dos cantos mais recomendados, ou só com a letra.

cânula

Em latim, *canula* é diminutivo de *canna*. A cânula seria, pois, um canudinho, um tubo curto que se emprega para vários usos profanos, por exemplo, na medicina, e que, na liturgia, se poderia, em princípio, utilizar para receber a comunhão do cálice (cf. *IGMR* 245ss), embora, o mais comum seja beber diretamente do cálice ou por intinção do pão.

capa pluvial

A capa (do latim tardio *cappa*, de *capere* [colher, conter]) é uma veste longa sem mangas, à semelhança de mantéu ou manto, circular, aberto, que se usa, sobretudo, fora de casa.

Os bispos podem vestir a *capa magna* nas solenidades, na sua diocese. Mas a capa mais empregada na liturgia é a *capa pluvial* (de chuva), que diversos ministros (presbíteros, clérigos, monges) vestem, com capuz ou sem ele, com um fecho na parte dianteira. Usam-no, sobretudo, nas procissões, dentro ou fora da igreja, e em outras celebrações como no Ofício Divino, na bênção do Santíssimo ou na bênção dos sinos.

A capa pluvial também é conhecida por capa de asperges.

capela

A palavra capela significa capa pequena, do latim tardio *cappa, cappella*. Parece que a origem desse nome faz referência ao lugar onde se conservava, na corte real francesa, a relíquia da capa de São Martinho (que ele cortou em duas partes e deu uma para um pobre).

Aplica-se aos espaços de culto e oração, sobretudo pequenos, que se constroem em espaços distintos da igreja paroquial, por exemplo, nos palácios ou nos conventos. Também se fala de capelas laterais, dentro de uma catedral ou igreja grande: a capela da Virgem ou de um Santo e, sobretudo, a capela do Santíssimo, lugar destinado a guardar a reserva eucarística, adequado para a adoração e a oração privada.

Por extensão, este nome ou seus derivados aparece também para designar certos corais, como a *Capela Sistina* do Vaticano, e também o "mestre-capela" e o "capelão".

Igreja (lugar).

capítulo

Diminutivo da palavra latina *caput* (cabeça).

Capítulo aplica-se às diversas partes numeradas de um livro e a qualquer passagem da *Regra* que os religiosos leem, no refeitório ou nas celebrações. Também se dá esse nome à assembleia reunida dos religiosos (capítulo local, provincial, geral) ou dos cônegos (cabido).

Na liturgia, chama-se *capítulo* (ou *capitulum*) à leitura bíblica breve das *Horas* do Ofício Divino, exceto a do ofício de leitura, que é longa.

Atualmente, chama-se simplesmente "leitura breve", e pode ser do AT ou do NT, mas, por tradição, nunca é do Evangelho, que se reserva para a Eucaristia e para os sacramentos.

Leitura breve.

casula

Em latim, *casulla* significa "casa pequena" ou tenda. Diz-se do paramento com que o sacerdote se reveste por cima da alva (ou túnica) e da estola, à maneira de capa ou manto amplo, aberta dos lados e com uma abertura para a cabeça.

Ao longo da história, teve várias formas nobres e amplas, inspiradas no manto romano chamado *paenula* (planeta). Numa evolução não muito feliz chegou-se a formas mais decadentes, como a "casula de viola", que todos conhecemos, e contra a qual já protestava São Carlos Borromeu.

A casula é a veste que caracteriza quem preside a Eucaristia (cf. *IGMR* 337). Um dos gestos complementares da ordenação do presbítero é a entrega e vestição da casula. Os outros concelebrantes, em princípio, são convidados também a revestir-se de casula, mas permite-se que, por motivos imponderáveis e razoáveis, possam vestir só a alva e a estola (cf. *IGMR* 209).

Vestes.

catecumenato

As palavras catecúmeno e catecumenato, como catequese e catequizar, vêm do termo grego *kat-eco* (fazer eco, instruir por palavra). Em latim, *catechumenus.*

No NT já se indica uma preparação, embora simples, para o Batismo: os que, ao serem evangelizados, chegam à fé e à conversão, são batizados. Basta recordar o episódio de Filipe e do eunuco em At 8,26. A partir do século II, foi-se organizando um processo de preparação chamado "catecumenato", que chegou a ser uma instituição importante na dinâmica da vida eclesial, sobretudo nos séculos IV-V, atestando a seriedade que a Igreja dava à iniciação cristã.

O catecumenato tinha como característica fazer o caminho em grupo, com expressiva participação da comunidade, não só por meio dos padrinhos, mas pelo seu acompanhamento em relação ao grupo de catecúmenos. Consistia numa série de reuniões de catequese e de oração, com gestos simbólicos rituais: exorcismos, escrutínios e "entregas" simbólicas dos Evangelhos, do Símbolo da Fé e do Pai-nosso.

Uma primeira etapa desse caminho era a dos *petentes* ou "competentes": aqueles que pediam para ser admitidos na Igreja, com a entrada no grupo de catecúmenos. Outra, a dos *electi* ou eleitos, que, tendo sido admitidos, participavam nas últimas semanas de preparação para a Páscoa. E, finalmente, a dos "iluminados", que, já batizados, continuavam ainda num ritmo de catequeses mistagógicas e celebrações, durante a semana da Páscoa. Na metade da Vigília Pascal, celebravam, no seio da comunidade, os três sacramentos da iniciação: Batismo, Confirmação e Eucaristia, tal como já Hipólito descreve nos princípios do século III.

Diversas causas, entre elas a admissão generalizada das crianças ao Batismo nos séculos seguintes, fizeram com que o catecumenato decaísse e quase desaparecesse. Na nossa geração, porém, foi recuperado. Em 1962, com João XXIII, restabeleceu-se, em sete etapas, mas não chegou a implementar-se, porque o Concílio Vaticano II (cf. *SC* 64-66; *AG* 14) se encarregou da sua profunda revisão, tendo resultado num *Ritual* muito amadurecido: o da *Iniciação cristã de adultos* (*RICA*: 1972).

Este *Ritual* descreve as quatro etapas (pré-catecumenato, catecumenato, eleição, mistagogia), e os três "ritos" de passagem de uma a outra (admissão ao catecumenato, rito de eleição para a preparação próxima, na Quaresma, e a celebração dos três sacramentos, na Vigília Pascal).

O *Código de Direito Canônico*, no §1 do seu cânone 206, define assim os catecúmenos: "Estão ligados à Igreja, de modo especial, os catecúmenos, isto é, aqueles que, por moção do Espírito Santo, com vontade explícita, anseiam por ser nela incorporados, e graças a esse desejo, assim como pela vida de fé, esperança e caridade que levam, se unem à Igreja, que já os trata como seus".

"Hoje em dia, portanto, em todos os ritos latinos e orientais, a iniciação cristã de adultos começa com a sua entrada no catecumenato, para atingir o ponto culminante na celebração única dos três sacramentos, Batismo, Confirmação e Eucaristia. Nos ritos orientais, a iniciação cristã das crianças na infância começa no Batismo, seguido imediatamente da Confirmação e da Eucaristia, enquanto no rito romano a mesma iniciação prossegue durante os anos de catequese, para terminar, mais tarde, com a Confirmação e a Eucaristia, ponto culminante da sua iniciação cristã" (*CIC* 1233).

O *Catecismo* fala da exigência do *catecumenato pós-batismal*. "Não se trata apenas da necessidade duma instrução posterior ao Batismo, mas do desenvolvimento necessário da graça batismal no crescimento da pessoa" (cf. *CIC* 1231).

Também se utiliza o nome, matizado como "quase-catecumenato" ou "neocatecumenato", para os vários processos, mais ou menos institucionalizados, que ajudam os batizados a aprofundar, pela instrução, a oração e a experiência eclesial, a sua identidade e a sua vida cristã: a preparação em grupo para a Primeira Comunhão e para a Confirmação, a pastoral juvenil com estilo catecumenal e, sobretudo, as comunidades neocatecumenais.[22]

cátedra, catedral

Do grego *kathedra*, de *kata* (no alto) e *hedra* (assento). Da mesma raiz é a palavra cadeira.

Chama-se cátedra a um assento solene, com frequência em sentido simbólico. Catedrático é o titular de uma cátedra na universidade. Chamava-se "cátedra do Espírito Santo" ao púlpito de onde se pregava. A "cátedra apostólica" ou a "cátedra de São Pedro" é sinônimo do ministério do Papa. Por exemplo, em 22 de fevereiro, celebramos a Festa da Cátedra de São Pedro em Antioquia. Quando se diz que o Papa fala *ex cathedra*, quer-se dizer que fala a partir da plenitude do seu magistério.

A palavra "cátedra" aplica-se, sobretudo, à cadeira do bispo na sua igreja, que se chama "catedral" precisamente porque contém a cátedra do bispo, como igreja-mãe de todas as outras da diocese. Também se diz da do abade, na sua igreja. A cátedra episcopal está ao fundo da ábside, por detrás do altar. Dela, situada de modo que o bispo possa ver e ser visto pela sua comunidade, ele preside e prega.

---

22 N.E.: Recomendamos: Lelo, Antonio Francisco. *A iniciação cristã.* Catecumenato, dinâmica sacramental e testemunho. São Paulo: Paulinas, 2005.

Talvez seja o símbolo mais antigo do ministério episcopal, do seu magistério e da sua autoridade pastoral. Nela, normalmente, só toma lugar o bispo do lugar, ou alguém a quem ele o conceda. Os outros, quando presidem à Eucaristia na igreja catedral, fazem-no de outra cadeira.

Na ordenação de um bispo, se tem lugar na igreja catedral da sua diocese, um dos gestos mais expressivos da inauguração do seu ministério é a tomada de posse da sua cátedra.

Assentos. Bispo.

Ceia do Senhor

Do latim *coena* ou *caena*; do grego *koiné* (comum, jantar em comum).

É o nome que, juntamente com o de "Fração do Pão", lhe dá, por exemplo, São Paulo em 1Cor 11,20, ao que depois se chamou "Eucaristia" ou "Missa": *kyriakon deipnon*, ceia senhorial do Senhor Jesus. É também o nome que lhe dá o Missal atual: "Missa ou Ceia do Senhor" (*IGMR* 17 e 27).

Na Quinta-feira Santa, em que se dá início ao Tríduo Pascal, é a *Missa in Coena Domini*, porque é a que mais carinhosamente recorda a instituição desse sacramento, por Jesus na sua última ceia, adiantando assim sacramentalmente a sua entrega na cruz.

Eucaristia.

celebrar, celebração

Considera-se muito feliz e positiva a recente recuperação dos termos "celebrar", "celebração", "celebrante", em referência às ações litúrgicas, em vez de "ofício, oficiar", "cerimônia", "rito", "função de igreja", "ouvir Missa", "assistir", "receber os sacramentos" etc., como se ia generalizando, ainda há pouco. O *Catecismo da Igreja Católica* é o documento que com maior firmeza recuperou essa nova terminologia, sobretudo a sua segunda parte, que se chama, precisamente, "A celebração do mistério cristão", apresentando as suas subdivisões sobre "Quem celebra", "Como celebrar", "Quando celebrar" e "Onde celebrar".

"Celebrar" vem do latim, *celeber, celebrare*, que tem uma conotação de "frequente, frequentar", mas que aponta, sobretudo, para uma qualidade festiva, ritual e comunitária na ação. Também na vida social se fala de celebrar festas, aniversários, vitórias, matrimônios, sínodos e concílios. Esses termos exprimem que, na liturgia, além dos ritos exteriores, acontece uma realidade interior, tanto de Cristo como das pessoas que celebram, e o nome abarca todos esses aspectos.

Se, nos séculos passados, chamávamos "celebrante", sobretudo ao sacerdote, agora os próprios livros litúrgicos mudaram a terminologia: ao sacerdote chamam-lhe "presidente", enquanto é à comunidade inteira que atribuem a "celebração", como seu sujeito integral: "Na Missa ou Ceia do Senhor, o Povo de Deus é convocado e reunido, sob a presidência do sacerdote que atua na pessoa de Cristo, para celebrar o memorial do Senhor ou sacrifício eucarístico" (*IGMR* 27).

Além de se usar essa expressão para os sacramentos e para a Liturgia das Horas, também se chamam "celebrações da Palavra" (antigamente denominadas "paraliturgias" ou "vigílias bíblicas") as que se centram na escuta da Palavra, por exemplo, seguindo o espírito dos vários tempos do ano (cf. *SC* 35,4). Esta é a celebração que as comunidades que não têm presbítero organizam aos domingos.

cemitério

Cemitério vem do latim *coemeterium*, que, por sua vez, deriva do grego *koimeterion*, do verbo *koimao* (dormir, descansar). É o lugar onde a comunidade cristã deposita os seus mortos, que assim repousam ou descansam na espera da ressurreição final.

Os cristãos dos primeiros séculos enterravam os seus defuntos nas *necrópolis* comuns, mas, a partir do século III, foram adquirindo para esse efeito terrenos próprios e construídas galerias subterrâneas chamadas "catacumbas". Mais tarde, enterravam-se os mortos em terrenos próximos das igrejas ou dentro delas.

O cemitério, chamado também "campo santo", com os seus monumentos, mausoléus, panteões ou túmulos mais simples, ambientados pelos típicos ciprestes que apontam para o céu, é um dos espaços que mais carinhosamente apelam à memória religiosa dos cristãos, que costumam visitá-los, sobretudo, por ocasião da festa de Todos os Santos e dos Fiéis Defuntos, em 1 e 2 de novembro.

O *Ritual de bênçãos* oferece, nos nn. 1115-1136, as orações e os cânticos para a *Bênção de um cemitério*. A Igreja quer que esses lugares recebam a bênção e neles seja erigida a cruz, "sinal de esperança e de ressurreição para todos os homens" (n. 1115). O cemitério é um "lugar de dormição" "onde irão repousar os restos mortais dos nossos irmãos, até raiar o dia glorioso do Senhor" (n. 1121). Pela força da bênção quer-se que "este cemitério se converta em lugar de repouso e de esperança" (n. 1129). E não só para os cristãos. "Os cristãos sepultam e reverenciam não só os corpos dos que são irmãos na fé, mas também de todos os que participam de nossa natureza humana: Cristo, com efeito, a todos remiu na cruz, por todos derramou o sangue" (n. 1115).

No *Ritual das exéquias* descreve-se a procissão, que leva o defunto da igreja para o cemitério, cantando o Salmo 118[117], um dos mais pascais, assim como os textos para a celebração das exéquias, quando ocorre no próprio cemitério, entre o local do velório e o do sepultamento.

Enterro. Exéquias.

cerimônia

Do latim *caerimonia* ou *caeremonia*, é o nome dado a um rito, essencialmente público e regulamentado, tanto em contexto social como cultual, que se realiza em ambiência de solenidade.

Em todas as liturgias se fala de cerimônias: desde as judaicas e pagãs à celebração cristã. A expressão é entendida, sobretudo, em referência à forma exterior do rito e à sua exatidão formal. Mas isso não deve prejudicar a profundidade do seu sentido, que abarca toda a realidade que acontece. É isso que o *Cerimonial dos bispos* pretende transmitir: "as celebrações sagradas presididas pelo bispo manifestam o mistério da Igreja, na qual Cristo está presente; não são, portanto, mero aparato cerimonial" (*CB* 12).

Celebrar, celebração. Mestre de cerimônias. Rito.

Cerimonial dos bispos

O *Caeremoniale Episcoporum* (*Cerimonial dos bispos*) é um dos livros litúrgicos revistos na reforma pós-conciliar (1984). Desde que Clemente VIII o editou, em 1600, tinham-se feito vários retoques, e a última edição, de Leão XIII, datava de 1902.

Contém as celebrações em que o bispo intervém. Não tem os textos (por exemplo, da Eucaristia, dos Sacramentos ou da Liturgia das Horas), mas as normas e o sentido dessas celebrações, motivando constantemente os seus sinais, textos e ações, com um pedagógico labor "mistagógico", para que se tornem, efetivamente, educadores e conduzam ao mistério celebrado.

Depois do Prólogo, com a história do livro, tem oito partes: liturgia episcopal em geral, Missa, Liturgia das Horas e Celebrações da Palavra, Ano Cristão, sacramentos, sacramentais, datas mais importantes na vida do bispo (eleição, ordenação, tomada de posse, exéquias) e, finalmente, celebrações mais solenes (concílios, sínodos, visita pastoral) e apêndices.

Bispo.

ceroferário

Do latim *cereum-ferre* (cera dura), chama-se ceroferário à pessoa que, durante as celebrações, transporta o círio. Diz-se dos acólitos que levam os castiçais com as velas acesas abrindo uma procissão, junto à cruz ou ao Evangeliário ou que acompanham o diácono, quando este vai proclamar o Evangelho.

cibório

Originariamente, chamava-se cibório (do latim *ciborium* e do grego *kiborion*) à taça oca de algumas flores ou ao fruto do nenúfar do Egito, em forma de taça e, por extensão, às taças para beber, sobretudo, as grandes.

Na arquitetura religiosa, dá-se esse nome à cobertura apoiada em quatro colunas, feita de madeira, pedra ou metal (se é de tecido chama-se *baldaquino*), que se eleva sobre um trono, uma pia batismal, um púlpito ou, a partir do século IV, sobre o altar de algumas das grandes basílicas, como, por exemplo, São João de Latrão e São Pedro, no Vaticano.

A princípio, talvez só tivesse a função de proteger, mas depois usou-se, sobretudo, como ornamento arquitetônico para ressaltar a importância do lugar, simbolizando também a bênção e a proteção divina sobre o altar e o que nele se realiza: ou seja, a força do Espírito de Deus.

Por vezes, também se dá este nome à píxide, taça grande, com tampa removível, onde se guarda o Pão eucarístico, talvez por causa da forma dessa tampa (parece uma taça invertida), ou, ainda, porque, durante alguns séculos, foi costume manter suspenso do cibório do altar esse recipiente sagrado, onde se guardava o Santíssimo.

cíngulo

A palavra latina *cingulum* vem de *cingere* (cingir). O cíngulo ou cingidor é um complemento necessário para certas vestes, como a túnica ou alva, para as cingir melhor à cintura e facilitar os movimentos.

Às vezes, tem forma de cordão e outras de cinta, mais ou menos larga. Os orientais usam a *zona* (cinta, faixa), mais adornada e colorida. Atualmente, os ministros põem o cíngulo quando usam túnica ou alva, a não ser que os feitios e modelos destas se ajustem ao corpo e não sejam afetadas quanto à estética e funcionalidade (cf. *IGMR* 119.336).

cinza

A cinza, do latim *cinis*, é o produto da combustão de algo consumido pelo fogo. Muito facilmente adquiriu um sentido simbólico de morte, caducidade, extinção e, em sentido extensivo, de humildade e penitência. Em Jn 3,6, o gesto do rei de Nínive, que se senta sobre a cinza, serve para descrever a atitude de conversão dos habitantes da cidade. Muitas vezes, encontra-se a alusão ao "pó" da terra: "eu que sou apenas cinza e pó", diz Abraão, em Gn 18,27.

Na Quarta-feira de Cinzas, a anterior ao primeiro domingo da Quaresma (ou seja, a que se segue ao carnaval), realiza-se o gesto simbólico da imposição das cinzas na cabeça, fruto da cremação das palmas do ano anterior. É um gesto de resposta à Palavra de Deus que nos convida à conversão, como início do jejum quaresmal e da caminhada de preparação para a Páscoa.[23] A Quaresma começa com as cinzas e termina com o fogo, a água e a luz da Vigília Pascal. Sugere-se que algo deve ser queimado e destruído em nós – o homem velho – para dar lugar à novidade da vida pascal de Cristo.

---

23 N.E.: CNBB. *Guia litúrgico-pastoral*. Brasília: Edições CNBB, 2007. p. 17: "Estão obrigados à lei da abstinência aqueles que tiverem completado catorze anos de idade; estão obrigados à lei do jejum todos os maiores de idade (que completaram 18 anos) até os sessenta anos começados [...] 'A Quarta-feira de Cinzas e a Sexta-feira Santa, memória da Paixão e Morte de Cristo, são dias de jejum e abstinência. A abstinência pode ser substituída pelos próprios fiéis por outra prática de penitência, caridade ou piedade, particularmente pela participação nesses dias na Sagrada Liturgia'" (Legislação complementar da CNBB quanto aos cânones 1251 e 1253 do *CDC*).

O ministro, enquanto impõe as cinzas, profere uma destas duas expressões: "Convertei-vos e crede na Boa Nova" (Mc 1,15) ou "Tu és pó e ao pó hás de voltar" (Gn 3,19): um sinal e umas palavras que exprimem muito bem, por um lado, a nossa caducidade e o nosso arrependimento, e, por outro lado, a aceitação do Evangelho, ou seja, a novidade de vida que Cristo quer comunicar, em cada ano na Páscoa.

Quaresma.

Círio Pascal

A palavra círio vem do latim *cereus*, de cera (produto das abelhas). Na liturgia cristã, ao falar-se das "velas", alude-se ao uso humano e ao sentido simbólico que os círios produzem.

O círio mais importante é o que se acende na Vigília Pascal, como símbolo de Cristo-Luz, e que se coloca sobre uma coluna em destaque ou candelabro adornado.

O Círio Pascal é, desde os primeiros séculos, um dos símbolos mais expressivos da Vigília. No meio da escuridão (toda a celebração se faz de noite e começa com as luzes apagadas), de uma fogueira previamente preparada acende-se o Círio, que tem uma inscrição em forma de cruz, acompanhada da data do ano e das letras Alfa e Ômega – a primeira e a última do alfabeto grego –, para indicar que a Páscoa de Cristo, princípio e fim do tempo e da eternidade, nos atinge com força sempre nova, no ano concreto em que vivemos. Tem menor importância a pinha de incenso que também se pode incrustar na cera, simbolizando as cinco chagas de Cristo na cruz. Este Círio, "pela verdade do sinal, deve ser de cera, novo cada ano, único, relativamente grande, nunca artificial, para poder evocar que Cristo é a luz do mundo" (*CFP, n.* 82).

Na processão de entrada da Vigília, canta-se por três vezes a aclamação ao Círio: "A luz de Cristo. Graças a Deus", enquanto, progressivamente, se vão acendendo as velas dos presentes e as luzes da igreja. Depois, coloca-se o Círio na coluna ou candelabro, que vai ser o seu suporte, e proclama-se à sua volta, depois de o incensar, o solene Precônio Pascal.

Além do simbolismo da luz, tem também o da oferenda, como cera que se gasta em honra de Deus, espalhando a sua luz: "Na graça desta noite o vosso povo acende um sacrifício de louvor; acolhei, ó Pai santo, o fogo novo: não perde, ao dividir-se, o seu fulgor. Cera virgem de abelha generosa ao Cristo ressurgido trouxe a luz: eis de novo a coluna luminosa, que o vosso povo para o céu conduz".

O que vai sendo anunciado pelas leituras, orações e cânticos, o Círio o diz com a linguagem diáfana da sua chama viva. A Igreja, a esposa, sai ao encontro de Cristo, o Esposo, com a lâmpada acesa na mão, desfrutando com ele na noite vitoriosa em que se anunciará – no momento culminante do Evangelho – a grande notícia da sua Ressurreição.

O Círio estará aceso em todas as celebrações, durante as sete semanas do Tempo Pascal, ao lado do ambão da Palavra, até a tarde do domingo de Pentecostes. Uma vez concluído esse tempo, convém que o Círio se conserve dignamente no batistério, e não no presbitério (cf. *CFP* 99).

Durante a celebração do Batismo deve estar aceso, para se tomar dele a luz das velas dos novos batizados. Também se acende o Círio Pascal junto ao féretro, nas exéquias cristãs, para indicar que a morte do cristão é a sua própria Páscoa. Assim, utiliza-se o simbolismo desse Círio no Batismo e nas exéquias, no princípio e na conclusão da vida: o cristão participa da luz de Cristo, ao longo de todo o seu caminho terreno, como garantia da sua definitiva incorporação na Luz da vida eterna.

Candeias, candelabros, candelária. Exsultet. *Luz. Vigília Pascal.*

Coleta

Esta palavra advém da palavra latina *collecta, colligere* (coligida, coligir, recolher). Num primeiro sentido, aplica-se à reunião da comunidade para celebrar a Eucaristia dominical. Também se chama "coleta" à recolha de oferendas ou de dons, no ofertório, a que já Paulo alude na sua Primeira Carta aos Coríntios (16,1-2).

Também se aplicava esse nome às *orações sálmicas*, que sintetizam os sentimentos dos participantes ao acabar a recitação de cada salmo (cf. *IGLH* 112). A expressão *colligere orationem*, usual nos primeiros séculos, na salmodia comunitária, queria dizer "recolher, numa oração, as intenções dos que tinham recitado o salmo". Daí o nome de "coletas sálmicas".

Mas o seu uso mais frequente é o referido à *oração Coleta, no princípio da Missa.* Esse nome pode ter dois sentidos: que a oração é pronunciada quando a comunidade já está reunida (oração de reunião, concluindo o rito de entrada), ou que a sua finalidade é recolher e resumir as petições de cada um dos presentes.

O *Missal* de Paulo VI descreve assim a dinâmica da "Coleta": "O sacerdote convida o povo a rezar; todos se conservam em silêncio com o sacerdote por alguns instantes, tomando consciência de que estão na presença de Deus e formulando interiormente os seus pedidos. Depois o sacerdote diz a oração que se costuma chamar 'coleta' [...] O povo, unindo-se à súplica, faz sua oração pela aclamação *Amém*" (*IGMR* 54). É a primeira oração importante do presidente que, de pé, com os braços abertos e em nome da comunidade, dirige a sua súplica a Deus.

As orações Coletas do Missal são fiéis ao estilo claro e conciso da liturgia romana, com uma invocação a Deus, muitas vezes enriquecida com uma motivação ou a alusão ao tempo litúrgico ou à festa celebrada, para prosseguir com uma súplica e concluir apelando à mediação de Cristo.

O livro que durante séculos reunia essas orações da Missa ou do Ofício Divino, antes da sua inclusão no livro único do Missal ou do Breviário, chamou-se "Coletário".

Oferendas. Oração sálmica.

comemoração

A palavra latina *commemoratio* refere-se à recordação de algum fato ou pessoa. Assim, no Cânone romano diz-se *commemorantes et memoriam venerantes* ("reunidos em comunhão... veneramos a memória"), referindo-nos à Virgem e aos Santos. Como também se recordam dos defuntos e, nos sábados, se faz a comemoração da Virgem Maria. Mas, sobretudo, celebra-se a ação eucarística, por mandato do Senhor, "em comemoração" ou memorial do seu Mistério Pascal de Morte e Ressurreição.

Tecnicamente, a palavra "comemoração" é aplicada também à oração acrescentada com a qual se faz menção de outro Santo distinto do que se celebra no dia. A presente norma é que "na Missa diz-se sempre uma só oração coleta" (*IGMR* 54). Mas continua a chamar-se "comemoração" ao fato de, na Eucaristia das férias privilegiadas (de 17 a 24 de dezembro, na oitava do Natal e nas férias da Quaresma), em que a Missa deve ser da féria, se pode dizer a oração do Santo cuja memória está assinalada para esse dia (embora na Quarta-feira de Cinzas ou nas férias da Semana Santa não se admita essa comemoração do Santo: cf. *IGMR* 355a). Também em Laudes e Vésperas, depois da oração final da féria (sem a conclusão habitual), se pode, nos mesmos dias, acrescentar uma comemoração, com a antífona própria e a oração do Santo (cf. *IGLH* 239).

comentarista

Entre os ministros, está "o comentarista [em latim *commentator*: cf. *SC* 29], que, oportunamente, dirige aos fiéis breves explicações e exortações, visando a introduzi-los na celebração e dispô-los para entendê-la melhor" (*IGMR* 105b).

O serviço que o comentarista realiza na celebração é muito antigo, embora o nome e a atual importância sejam recentes. Os diáconos, nos antigos livros litúrgicos, tinham como encargo ir guiando o povo na celebração. No Concílio de Trento (sessão XXIII, c. 8), ao tratar da língua latina ou vulgar na Eucaristia, falava-se de um serviço à comunidade que poderia interpretar-se neste sentido: "manda o Concílio aos pastores [...] que frequentemente durante a celebração das Missas, por si ou por outro, exponham algo do que na Missa se lê, e entre outras coisas declarem algum mistério deste santíssimo sacrifício".

Poucos anos antes do Vaticano II, na Instrução de 1958 sobre a música e a liturgia, começou-se a desenhar de novo essa figura do monitor, animador ou comentarista. A princípio, pela necessidade de ajudar a entender os textos que se proclamavam em latim e, depois, já com os textos em língua vernácula, para ir motivando para os diversos momentos e guiando a dinâmica da celebração. As monições principais pertencem, sobretudo, ao próprio presidente da celebração, mas há outros momentos em que o comentarista pode guiar, com breves e preparadas explicações, para uma oração mais sentida, um cântico mais motivado, uma leitura escutada com maior interesse.

"As exortações do comentarista sejam cuidadosamente preparadas, sóbrias e claras" (*IGMR* 105), por isso, se espera que, antes e durante a celebração, se coordenem os diversos ministérios para que, em ligação com o ministério principal do presidente, ajudem a comunidade na sua participação, contribuindo para que a celebração tenha o seu ritmo oportuno e eficácia pastoral. Insiste-se em que as suas monições sejam "oportunas, claras, sóbrias, cuidadosamente preparadas, normalmente escritas e antecipadamente aprovadas pelo celebrante" (*ELM* 57).

"O comentarista fica em pé em lugar adequado voltado para os fiéis, não, porém, no ambão" (*IGMR* 105), porque o ambão está reservado para a Palavra de Deus (cf. *IGMR* 309 e *ELM* 33).

Animação, animador. Monição, monitor.

comer

Juntamente com o beber, o comer é o gesto central da Eucaristia cristã.

Se o AT começa com o "não deves comer" do Gênesis (2,17), no NT, escuta-se a incumbência: "tomai, comei" (Mt 26,26). E se, então, no AT, a consequência seria: "no dia em que dele comeres, com certeza morrerás" (Gn 2,17), agora, no NT, a promessa é contrária: "quem se alimenta com a minha carne e bebe o meu sangue ... tem a vida eterna" (Jo 6,54).

O ato de comer tem o valor de alimento e reparação das forças. Mas, ao mesmo tempo, tem conotações simbólicas muito expressivas: comer, como fruto do próprio trabalho; comer em família; comer com os amigos; comer em clima de fraternidade; comer com sentido de festa.

No contexto cristão da Eucaristia, o ato de comer tem igualmente vários sentidos. Ao comer o Pão, os fiéis acreditam que se alimentam do Corpo de Cristo. A sua palavra ("isto é o meu Corpo") continua eficaz e o seu Espírito foi quem deu a esse pão que se deposita sobre o altar a sua nova realidade: ser o Corpo do Senhor Glorificado. Este é o primeiro sentido que Cristo quis dar ao banquete eucarístico: "a minha carne é verdadeira comida". Ele é o "viático", o alimento para o caminho.

"O que o alimento material produz na nossa vida corporal, a Comunhão o realiza de maneira admirável em nossa vida espiritual. A Comunhão da carne de Cristo Ressuscitado, "vivificado pelo Espírito Santo e vivificante" (*PO* 5), conserva, aumenta e renova a vida da graça recebida no Batismo. Esse crescimento da vida cristã precisa ser alimentado pela Comunhão eucarística, pão da nossa peregrinação, até o momento da morte, em que nos será dado como viático" (*CIC* 1392).

Há ainda outros valores e graças que Cristo exprime no Evangelho, com esse simbolismo da comida: o perdão, a alegria do reencontro, a festa, a plenitude e felicidade do Reino futuro. Basta recordar a parábola do filho pródigo, acolhido em casa com uma festa; ou a das bodas do filho do rei; ou a multiplicação dos pães e dos peixes no deserto; ou a expressiva presença de Jesus em refeições, em casa de Zaqueu, de Mateus, do fariseu, de Lázaro; e as refeições de Jesus com os seus discípulos, tanto antes como depois da Páscoa, que eles recordarão com muito gosto (cf. At 10,40-42).

Paulo entendeu a ceia também como símbolo da fraternidade eclesial. O pão da Eucaristia, além de unir a Cristo, também constrói a comunidade: "somos um só corpo, porque todos participamos desse único Pão" (1Cor 10,17). "Comer com", por exemplo, com os cristãos procedentes do paganismo, é um sinal expressivo e favorecedor da unidade de todos na Igreja, seja qual for a sua origem: cf. as explicações que a comunidade de Jerusalém pede a Pedro (cf. At 11,3) e as de Paulo em Gl 2,12.

Pão.

commixtio

A *commixtio* (ou *immixtio*), de *com-misceo* (misturar com outra coisa), é um gesto simbólico que o sacerdote faz antes da Comunhão. *Immixtio*: "o sacerdote faz a fração do pão e coloca uma parte da hóstia no cálice" (*IGMR* 83).

É um gesto antiquíssimo que se encontra nas diversas liturgias e cuja origem e significado não se conhecem com clareza. Provavelmente, aponta para o simbolismo de um Cristo que se nos dá na Comunhão, na plenitude da sua nova existência, como Senhor Ressuscitado. Se a consagração separada do pão e do vinho pudesse dar a impressão de um simbolismo sacrificial (simbolismo que hoje não se considera importante), a união de ambos, antes da Comunhão, manifestaria que Cristo se nos dá, na sua qualidade de ser vivificado pelo Espírito e a partir da unidade vital da sua Pessoa.

A partícula de pão consagrado, o *fermentum* da celebração papal, que, em Roma, a partir do século V, se enviava às Eucaristias mais periféricas dos "títulos", para significar a sua unidade, e também o que os bizantinos praticam com a infusão no cálice de um pouco de água quente, viva (*zeón*), à maneira de invocação epiclética, são dois gestos com alguma semelhança, mas que não parecem relacionados com a *commixtio*.

Nas palavras que agora acompanham a *commixtio* suprimiu-se a alusão à consagração: *Hæc commixtio (et consecratio) Corporis et Sanguinis Domini nostri Iesu Christi fiat accipientibus nobis in vitam æternam* ("Esta união do Corpo e Sangue de Nosso Senhor Jesus Cristo, que vamos receber, nos sirva para a vida eterna").

Completas

(*Completuria*, em latim) é a última oração do dia, antes do descanso noturno, que "completa" o curso diário da Liturgia das Horas.

Não há informações muito concretas sobre a sua origem. Supõe-se que tenha a sua origem no ambiente monástico, desde São Basílio. Na Regra de S. Bento, do século VI, já consta como oração final do dia, com os Salmos 4, 91[90] e 134[133], memorizados para serem recitados em cada noite.

No início dessa oração faz-se o exame de consciência, como revisão da jornada que termina. A seguir, os hinos, salmos, leituras breves e orações foram selecionados para revestir o fim do dia de uma tonalidade muito humana e cristã. O dia acaba com uma mistura de alegria, por tudo o que se alcançou, e de tristeza, pelas deficiências que ainda tenham persistido. A luz cósmica esvai-se e a noite vem, recordando a todos, de alguma maneira, a marcha vertiginosa dos dias e o caráter efêmero da vida. Mas a luz, que é Cristo, permanece próxima e salvadora e, por isso, o sentimento de confiança prevalece sobre o temor, e o orante encomenda-se a Deus, antes de se deitar, com a consciência de que, de dia e de noite, está nas suas mãos: "Os nossos corações sonhem convosco [...] cantemos novamente a vossa glória ao brilho da manhã que vai surgir"; "Senhor, guardai-nos também quando dormimos! Nossa mente vigie com o Cristo, nosso corpo repouse em sua paz". O cântico do *Nunc Dimittis*, que Lucas põe nos lábios de Simeão, no Templo, tem aqui um lugar muito oportuno: "Agora, Senhor, segundo a vossa palavra, deixareis ir em paz o vosso servo", com a sua antífona: "Salvai-nos, Senhor, quando velamos" (cf. *IGLH* 84-92).

Também *os salmos* foram escolhidos com essa intenção: "Sois o meu refúgio e proteção, sois o meu Deus, no qual confio inteiramente"; "Senhor, em vossas mãos, eu entrego o meu espírito"; "Escutai-me depressa, Senhor, o espírito em mim desfalece!". Por motivos de espiritualidade própria ou de atenção pastoral aos fiéis que participam nesta hora, podem dizer-se sempre os salmos de domingo, particularmente orientados para a confiança: "Quem habita ao abrigo do Altíssimo... sois o meu Deus, no qual confio... Não temerás terror algum durante a noite: o Senhor te cobrirá com suas asas".

A *antífona mariana* que conclui a oração de Completas dá-lhe um novo toque de confiança: "Ave, Rainha dos céus... Ó Mãe do Redentor, do céu ó porta,... À vossa proteção recorremos... livrai-nos sempre de todos os perigos, ó Virgem gloriosa e bendita". É bom acabar o dia recordando a Virgem Maria, a primeira cristã, a que mais confiou em Deus e a que mais de perto seguiu Cristo.

comum

Para a celebração de uma festa, por exemplo de um Santo, nem sempre os textos são próprios dele. Pode ser, por exemplo, que a Oração Coleta seja própria, e as outras (sobre as oferendas, Prefácio, depois da comunhão, preces) não o sejam. Então, na sua falta, tomam-se do "comum" dos Santos.

Tanto no Missal como no livro da Liturgia das Horas há uma seção de "comuns": da Virgem, dos Apóstolos, mártires, doutores etc. O primeiro, ainda antes do da Virgem, é o comum da dedicação das igrejas, porque nela celebramos a união de Cristo com a sua Igreja, que é anterior à de todos os seus membros.

Próprio.

Comunhão

Da palavra latina *communio* (ação de unir, de associar e participar), correspondente à palavra grega *koinonia*, Comunhão significa a união das pessoas com Cristo ou com Deus, ou com a comunidade eclesial, ou com a "comunhão dos Santos", numa perspectiva eclesial mais ampla.

Do ponto de vista eucarístico, designa a participação dos fiéis no Corpo e Sangue de Cristo. Este é o momento culminante da celebração da Eucaristia. Depois que Cristo se nos deu como Palavra salvadora, agora, a partir da sua existência como Ressuscitado, faz-se alimento para o caminho da nossa vida terrena e como garantia da eterna. "A celebração do sacrifício eucarístico está toda orientada para a união íntima dos fiéis com Cristo pela comunhão" (*CIC* 1382).

A Comunhão tem, ao mesmo tempo, sentido vertical, de união eucarística com Cristo, e horizontal, de sintonia com a comunidade eclesial: estar em comunhão com a Igreja. A "excomunhão" significa a exclusão, em ambos os sentidos.

O Missal (cf. *IGMR* 80), depois da preparação, por meio do Pai-nosso, do gesto da Paz e da Fração do Pão, convida a uma realização da Comunhão eucarística, o mais expressiva possível:

- com uma oração ou silêncio preparatório, por parte do presidente e da comunidade;

- com uma procissão dos fiéis para o espaço do altar;

- enquanto se entoa um cântico que a todos une e a todos faz compreender, em profundidade, o mistério que celebram;

- com o convite oficial para a aproximação da mesa do Senhor: "Eis o Cordeiro de Deus", convite que aponta para o banquete escatológico do céu ("felizes os convidados para a Ceia do Senhor");

- com a mediação da Igreja, nesse gesto central (cada comungante não "toma" a comunhão, mas a recebe do ministro);

- com um diálogo que, atualmente, voltou à simplicidade expressiva dos primeiros séculos: ("O Corpo de Cristo! – Amém"; "O Sangue de Cristo! – Amém");

- com pão como alimento, consagrado e partido na própria Missa, para significar, simultaneamente, o alimento, que é Cristo, e a fraternidade dos que participam do mesmo sacrifício de Cristo;

- com o pão recebido "na boca, ou, na mão, conforme o fiel preferir";

- sendo possível, participando também do vinho, expressão de que Cristo nos faz partícipes do seu sacrifício pascal na cruz e da alegria escatológica;[24]

- e com uns momentos de interiorização, depois da Comunhão.

Casos especiais são o da *Primeira Comunhão*, quando os cristãos participam pela primeira vez, plenamente, da celebração eucarística da comunidade:

---

24 Conferir as situações possíveis para a comunhão sob as duas espécies: CNBB. *Guia litúrgico-pastoral*. Brasília: Edições CNBB, 2007. p. 46-48.

não só nas suas orações, leituras e cânticos, mas também no Corpo e Sangue de Cristo. Tem especial sentido *a Comunhão levada aos doentes*, eventualmente, por meio dos ministros extraordinários da Eucaristia, como prolongamento da celebração comunitária dominical. Particular destaque merece também a Comunhão que se recebe como *viático*, às portas da morte. E, finalmente, ainda *a Comunhão recebida fora da Missa*, caso frequente sobretudo em lugares onde os fiéis não podem participar, nem diária nem dominicalmente, da Eucaristia completa, mas somente da escuta da Palavra de Deus, da oração em comum e da Comunhão, nas condições estabelecidas pelo *Ritual da Sagrada Comunhão e o Culto do Mistério Eucarístico fora da Missa* (1973) e pela instrução *Immensae Caritatis* (1973).[25]

No que se refere a *repetir a Comunhão* no mesmo dia, segundo o Código de Direito Canônico (c. 917), "Quem já recebeu a santíssima Eucaristia pode recebê-la novamente no mesmo dia, somente dentro da celebração eucarística em que participa". Nos casos de perigo de morte, pode também repetir-se (cf. c. 921).

Eucaristia. Pão. Vinho.

comunidade

Assembleia. Fiéis.

concelebração

Chama-se concelebração à participação simultânea de mais de um presbítero na celebração da mesma Eucaristia sob a presidência de um celebrante principal, em contraste com as Missas individuais, em simultâneo e em vários altares, como era corrente até 1965.

Pode também usar-se essa designação para toda a espécie de celebração conjunta. Desde o louvor dos anjos (*socia exsultatione concelebrant*), até a Liturgia das Horas. Mas costuma aplicar-se o termo, especialmente, à celebração da Eucaristia. O Concílio Vaticano II (cf. *SC* 57) decidiu restaurar ou ampliar o rito da concelebração em muitas situações conservadas já desde séculos anteriores. De tal modo que, presentemente, é de uso corrente, quando estão

---

25 N.E.: A *Instrução Immensae Caritatis* pode ser encontrada em: Lelo, Antonio Francisco (org.). *Eucaristia: teologia e celebração.* São Paulo: Paulinas, 2006. p. 449-456; e a introdução do *Ritual da Sagrada Comunhão e o Culto do Mistério Eucarístico fora da Missa* em: ibid., p. 389-407.

presentes vários sacerdotes. A regulamentação desse rito está no seu próprio Ritual, o *Ritus servandus in Concelebratione Missæ*, promulgado pela primeira vez em 1965 (cf. *IGMR* 199-251).

Não são fáceis de interpretar os *testemunhos antigos* da concelebração, tanto da Igreja latina como da oriental. Nos primeiros séculos, era o bispo ou o sacerdote principal o único que assumia o papel presidencial, sublinhando assim o seu ministério de sinal visível e sacramental de Cristo. A decisão atual de também os outros concelebrantes pronunciarem algumas partes da Oração Eucarística – que, no rito anterior, estava reservada ao celebrante presidente – não é uma decisão exclusivamente conciliar, pois que, com Pio XII, em 1957, já a ela se referiu uma resposta do Santo Ofício.

A decisão de se restaurar a concelebração eucarística não se baseia especialmente no inconveniente da pluralidade de Missas, ou na necessidade de realçar a solenidade de uma festa, mas por motivos teológico-espirituais.

A concelebração *exprime melhor* a unidade do sacerdócio: "A concelebração, além disso, manifesta e fortalece os laços fraternos entre os presbíteros, uma vez que "por virtude da comum ordenação sagrada e da missão comum, todos os presbíteros estão unidos entre si por íntima fraternidade" (*EM* 47). Põe também em destaque a unidade do sacrifício de Cristo: "visto que todas as Missas atualizam o único sacrifício de Cristo", "vários sacerdotes ao mesmo tempo, com uma só vontade, oferecem, realizam e, ao mesmo tempo, participam num só sacrifício por meio de um só ato sacramental". E, finalmente, esse modo de celebração do sacramento ressalta a unidade do Povo de Deus: "pois toda a Missa, enquanto celebração do sacramento com que continuamente vive e cresce a Igreja... é ação de todo o Povo santo de Deus, que atua segundo uma ordem hierárquica" (cf. *EM* 47; cf. *PO* 7).[26]

Aconselha-se a concelebração, de modo particular, em ocasiões em que tem mais significação eclesial: na Missa crismal, nas ordenações, nas Missas estacionais, nos sínodos, na dedicação das igrejas, e, em geral, em todas as celebrações presididas pelo Bispo.

concorrência

Designa-se assim a convergência, no mesmo dia, do ofício de Leitura de Vésperas de um dia com as primeiras Vésperas do dia seguinte. Nessa situação

---

26   A *Instrução sobre o culto do mistério eucarístico* pode ser encontrada em: Lelo, Antonio Francisco (org.). *Eucaristia:* teologia e celebração. São Paulo: Paulinas, 2006. p. 408-436.

de *concorrência*, dá-se prioridade às leituras da celebração mais importante e, nos casos de igual importância, celebra-se o Ofício próprio do dia.

Ocorrência.

confessionário

O confessionário é o lugar onde se celebra a parte individual do sacramento da Reconciliação. Tomou o nome do seu aspecto mais característico, a confissão dos pecados, por parte do penitente, ao ministro da Igreja.

Durante séculos, este lugar penitencial era simplesmente um assento aberto, às vezes situado na sacristia ou numa capela discreta da igreja. Segundo parece, foi a partir de Trento que, pela primeira vez, com São Carlos Borromeu, nos fins do século XVI, se começaram a idear os confessionários que hoje se conhecem, à semelhança de habitáculo ou guarita, abertos à frente e com rede dos lados.

É corrente, hoje, chamar-se-lhe "sede penitencial", ou seja, uma sede presidencial e, ao mesmo tempo penitencial, onde possa ter lugar, em ambiente celebrativo, o encontro eclesial desse sacramento. Por isso, atualmente, estuda-se a renovação e a adaptação das suas formas, como móvel. O *Ritual da Penitência* estabelece "que [na igreja, capela ou oratório] haja sempre, em lugar visível, confessionários com grades fixas entre o penitente e o confessor, os quais possam usar livremente os fiéis que o desejarem" (n. 12). São de prever, além disso, espaços ou dispositivos que permitam o diálogo face a face para quem o prefira. O local para o ato sacramental deve assegurar, por um lado, a discrição e prudência requeridas no diálogo entre o penitente e o sacerdote, e responder, por outro lado, às exigências de uma ação litúrgica, de que fazem parte o acolhimento humano, a leitura bíblica e o gesto reconciliador da imposição das mãos sobre o penitente.

Confirmação

A Confirmação é o segundo sacramento da iniciação cristã, formando unidade com o Batismo e com a Primeira Eucaristia.

No NT, não aparece explicitamente como sacramento distinto do Batismo. Nos Atos dos Apóstolos, à pregação e à conversão segue-se o Batismo, como sacramento da incorporação em Cristo, da doação do seu Espírito e da agregação à Igreja (cf. At 2,36-42). O mesmo parece depreender-se das Cartas de Paulo e da teologia de João. Mas, em At 8,15 e 19,6, há dois episódios desse caminho de iniciação em que ao Batismo, conferido aos convertidos da Samaria ou de Éfeso, se lhe segue, como rito complementar, a imposição das mãos – por parte dos apóstolos Pedro e João, no primeiro caso, e de Paulo, no segundo –, com o qual se dá, de modo especial, o Espírito, ao mesmo tempo em que se confirma a pertença eclesial dos recém-batizados e se seguem sinais de caráter profético.

Nos testemunhos da história – como, por exemplo, a *Traditio Apostólica*, de Hipólito,[27] as catequeses mistagógicas dos Padres ou, mais tarde, o *Ordo Romanus XI* –, esse gesto sacramental complementar, a que hoje chamamos Confirmação, aparece como fazendo parte, em sequência única, dos ritos batismais, antes da Primeira Eucaristia, na Vigília Pascal. Nessa noite, celebrava-se a iniciação, em três etapas sucessivas, expressa com gestos sacramentais progressivos: banho na água, unção com o crisma e a mesa do pão e do vinho.

No Oriente, as comunidades cristãs conservaram sempre essa unidade dos três sacramentos de iniciação, quer no caso das crianças, quer no dos adultos, colocando em destaque a unidade dos três sacramentos. No Ocidente, a partir do século VI, foi-se reservando ao bispo o gesto da Confirmação, acentuando o caráter de maior integração eclesial, separando-o do rito inicial do Batismo, e diferindo-o, se o bispo não estivesse presente. Mas, no caso da iniciação das crianças em idade escolar ou de adultos, também no Ocidente se conservou sempre a unidade dos três sacramentos, que se recebem na mesma celebração.

A esse sacramento chamou-se-lhe, já desde o século V, *confirmação, perfeição, fortalecimento* (em grego, *bebaiosis*), *plenitude* (*teleiosis*), *complemento, consumação* do iniciado no Batismo, *selo* (*signaculum, sfragis*). No Oriente, designa-se, sobretudo, por *Crismação*. No Ocidente, por *Confirmação*, porque confirma e dá plenitude à unção batismal.

O protestantismo não reconhece o caráter sacramental da Confirmação, embora celebre, na adolescência, um rito litúrgico a que dá o mesmo nome de "Confirmação", com um tom de acolhimento mais explícito na comunidade.

Por determinação do Concílio (cf. *SC* 71), publicou-se, em 1971, o novo *Ordo Confirmationis* e, no ano seguinte, o *Ordo Initiationis Christianae Adultorum*, que também contém, e em unidade celebrativa, esse sacramento.

---

27 Hipólito de Roma. *Tradição apostólica*. Introdução por Maucyr Gibin. Petrópolis: Vozes, 1981. (Fontes da catequese 4.)

Ao *Ritual da Confirmação* precede-o a constituição apostólica *Divinae Consortium naturae*, de Paulo VI, em que, depois de resumir os dados históricos e as motivações teológicas, estabelece que o gesto sacramental central será, desde então, a unção com o crisma na fronte, embora também recomende que se faça expressivamente a imposição das mãos. As palavras do ministro, em vez das antigas ("eu te assinalo com o Sinal da Cruz e te confirmo com o crisma da salvação em nome do Pai e do Filho e do Espírito Santo"), são, agora: "recebe por este sinal o Espírito Santo, Dom de Deus" (*accipe signaculum doni Spiritus Sancti*).

Para a Igreja Católica, o ministro ordinário deste sacramento é o bispo, embora este, por razões justificadas, possa delegar um presbítero ou vigário episcopal. Para os orientais, o ministro da Confirmação é o presbítero, que confirma com o crisma consagrado pelo bispo os mesmos que batizou numa única celebração.

O Concílio descreve assim a identidade teológica e os *efeitos deste sacramento*: "Pelo sacramento da Confirmação vinculam-se mais perfeitamente à Igreja e recebem especial vigor do Espírito Santo: ficam assim mais seriamente comprometidos a difundir e defender a fé, por palavra e obras, como testemunhas verdadeiras de Cristo" (*LG* 11; cf. *CIC* 1302-1305). Como os profetas do Antigo Testamento recebiam a força do Espírito de Deus para cumprir a missão (cf. Is 40 e 61); como Cristo, no Jordão, ao sair da água batismal, ouviu a voz do Pai e recebeu a força do Espírito para começar a sua missão; como a comunidade apostólica, nascida da Páscoa de Cristo, ouviu a voz do Pai e recebeu a força do Espírito para começar a sua missão, assim o cristão, na Confirmação, vê completada e levada à plenitude a graça batismal com este novo dom do Espírito para a vivência da sua fé e para a sua missão dentro da Igreja e do mundo.

No que respeita à práxis desse sacramento, embora os livros litúrgicos e a teologia clássica considerem mais expressivo e conforme à sua identidade celebrá-lo antes da Primeira Eucaristia, razões pastorais sugeriram à Igreja – no próprio Ritual e, depois, pela voz de diversos episcopados – o adiamento desse sacramento para uma idade mais avançada, na adolescência ou na primeira juventude. O importante, em ambos os casos, é que se exprima bem o dom do Espírito e a unidade da Confirmação com o Batismo e a Eucaristia, e que seja acompanhada por uma preparação e um prolongamento sério, de modo que no conjunto se exprima tanto a gratuidade do dom do Espírito como a resposta consciente e pessoal dos que a recebem.[28]

Crisma. Espírito Santo. Iniciação.

confissão

A palavra confissão vem do latim *confiteri*, que, por sua vez, provém de *fateri* (falar). Em grego, corresponde, sobretudo, a *exomologesis*, que significa declarar, reconhecer, admitir, confessar.

Pode-se referir a Deus (confessar a grandeza de Deus), a Cristo (dar testemunho, confessar Cristo diante dos homens). Nos primeiros séculos, de modo particular, chamou-se "confessores" aos mártires, que confessaram com a vida a sua fé em Cristo. E chamava-se "altar da confissão" ao altar construído sobre o túmulo de um mártir.

Usa-se muito esse termo em relação aos próprios pecados: reconhecer e acusar o pecado diante de Deus (Salmo 32[31],5; 51[50],5), como se faz na oração penitencial: "Confesso a Deus todo-poderoso e a vós, irmãos", que foi incorporada no rito penitencial da Eucaristia: o Missal chama "confissão geral" ao ato penitencial com que se inicia a Missa (cf. *IGMR* 51).

Mas chama-se confissão, sobretudo, à acusação dos pecados perante o ministro da Igreja, no sacramento da Reconciliação penitencial. É um dos "atos do penitente" nesse sacramento, junto com a dor interior, o propósito e as obras de conversão. Talvez o ato mais característico, na sensibilidade do povo cristão, de tal modo que, durante séculos, a esse sacramento se lhe chamou "confissão, ir confessar-se". Além da acusação dos pecados, "esse sacramento também é uma 'confissão', reconhecimento e louvor da santidade de Deus e de sua misericórdia para com o homem pecador" (*CIC* 1424).

O *Ritual da Penitência* (1974) e, mais tarde, as instruções dos bispos explicam bem, no processo penitencial, o porquê da confissão: é uma parte necessária do caminho normal da reconciliação do penitente, que, como sinal da sua conversão interior, reconhece a sua falta perante o ministro eclesial e escuta dele a absolvição em nome de Deus e da Igreja. A confissão individual,

---

28 N.E.: Recomendamos: Marsili, Salvatore. *Sinais do Mistério de Cristo*. São Paulo: Paulinas, 2010. p. 233-275; Oñatibia, Ignacio, *Batismo e confirmação:* sacramentos de iniciação. São Paulo: Paulinas, 2007; Caspani, Pierpaolo. *Renascer da água e do Espírito*. Batismo e crisma, sacramentos da iniciação cristã. São Paulo: Paulinas, 2012; Daniélou, Jean. *Bíblia e liturgia*. A teologia bíblica dos sacramentos e das festas nos Padres da Igreja. São Paulo: Paulinas, 2013. cap. VII.

complementada pela absolvição, é o único modo ordinário mediante o qual os fiéis que pecaram gravemente podem reconciliar-se com Deus e com a Igreja, tanto quando se acercam do sacramento na sua forma individual, como quando o celebram comunitariamente.

Inclusive, na terceira forma, quando não é possível realizar a confissão individual nem dar a absolvição a cada um pessoalmente, deve haver, nesse momento, segundo o Ritual, uma "confissão geral", ficando a confissão individual ou auricular para quando se puder realizar o processo íntegro. O *Ritual* (n. 35) descreve esta confissão e absolvição geral. Trata-se de manifestar com algum sinal externo a conversão interior e o desejo de receber a absolvição: o "confesso a Deus", um cântico, uma oração litânica, o Pai-nosso, e algum sinal corporal como o inclinar a cabeça ou ajoelhar-se.[29]

Penitência.

Confiteor

Confiteor (Confesso) é a primeira palavra de uma oração que encontramos em várias celebrações de tom penitencial: na Eucaristia, como uma das fórmulas do ato penitencial; no sacramento da Penitência, como expressão de dor dos penitentes; e, em Completas, depois do exame de consciência.

Na Idade Média, pelo menos desde os tempos de Alcuíno, foram-se introduzindo na Missa várias fórmulas de confissão designadas por "apologias". Até a sua supressão, em 1960, antes da Comunhão dizia-se o *Confiteor*, seguido do *Misereatur*, por parte do sacerdote. Atualmente, é a comunidade que diz esta oração – antes, só o fazia o sacerdote e o acólito – no início da celebração, como fórmula alternativa do ato penitencial, à maneira de "confissão geral" (cf. *IGMR* 51).

Com essa oração, breve mas densa, reconhecemos diante de Deus ("confesso a Deus") e da comunidade ("e a vós, irmãos") os nossos vários pecados ("que pequei por pensamentos, palavras, atos e omissões"), pronunciando a palavra mais característica do nosso arrependimento ("por minha culpa, minha tão grande culpa"). A seguir, para o nosso caminho de reconciliação com Deus, pedimos a ajuda da Virgem e dos Santos ("peço à Virgem Maria, aos Anjos e Santos") e novamente à comunidade ("e a vós, irmãos, que rogueis por mim a Deus").

Confissão.

---

29   N.E.: para aprofundar: Flores, Gonzalo. *Penitência e unção dos enfermos*. São Paulo: Paulinas, 2007.

conopeu

Do grego *konopeion*, que significa véu ou cortina. É a cortina ou véu que cobre o sacrário e assinala o lugar onde se guarda a Eucaristia. Costuma ser da mesma cor que as vestes litúrgicas próprias do tempo ou da festa. Também, em tamanho menor, se utilizava para cobrir a píxide. Atualmente, o seu uso é facultativo (cf. *SCCME* 11).

consagração

Do latim *consecrare, consacrare*, que, por sua vez, deriva de *sacer* (sagrado), e que significa fazer sagrada uma coisa, uma pessoa ou um edifício, ou seja, destiná-los a um uso ou sentido sagrado. Também se "consagra o tempo": dizemos do domingo que é um dia consagrado a Deus, ou que a Liturgia das Horas nos ajuda a consagrar o tempo do dia (cf. *IGLH* 10-11).

O sentido mais popular da palavra "consagração" faz referência à parte da Oração Eucarística em que se "consagram" o pão e o vinho, convertendo-os, pela força do Espírito, no Corpo e Sangue de Cristo. Dizer que ficam "consagrados" é um termo muito antigo no uso eclesial, tal como "eucaristizar", "converter", "santificar" etc. O Missal diz que a primeira epiclese, a invocação do Espírito, "implora o poder do Espírito Santo, para que os dons oferecidos pelos homens sejam consagrados, isto é, se convertam no Corpo e Sangue de Cristo" (*IGMR* 79c) no momento em que se repetem as palavras de Cristo sobre o pão e o vinho.

No que se refere aos outros sentidos anteriores, alude-se, sobretudo, às pessoas que são consagradas. Já, no AT, se fala da "consagração" de reis, sacerdotes e profetas. Todos os batizados são consagrados a Cristo. Os religiosos que abraçaram a "vida consagrada" consagram a sua vida a Deus e são consagrados por Deus. Da mesma forma e com o mesmo sentido se diz ordenação ou consagração quando os presbíteros e os bispos recebem o sacramento da Ordem.

Quanto às coisas e lugares, que comportam uma relação pedagógica para os fiéis, faz mais sentido dizer-se "dedicação". Por exemplo, consagram-se ou dedicam-se os lugares, como foi feito, no AT, com o Templo de Salomão (cf.

1Rs 8), e, hoje, sobretudo, os altares e as igrejas catedrais e paroquiais, seguindo o *Ritual da dedicação da igreja e do altar*, como sinal da Igreja espiritual que eles próprios, em virtude da sua profissão cristã, são chamados a edificar e a dilatar (cf. *IGMR* 290).

Dedicação.

consagração das virgens

O *Ritual da consagração das virgens* é distinto do da profissão religiosa. Ambos apareceram em 1970, renovados conforme as orientações do Concílio (cf. *SC* 80).

Na consagração das virgens, o *Ritual* apresenta, antes de mais, em umas "observações prévias", o sentido desse rito solene, pelo qual "a virgem consagrada é sinal transcendente do amor da Igreja para com Cristo e imagem escatológica da Esposa celeste e da vida futura" (*CB* 715). Pelo rito da consagração, a Igreja manifesta o seu amor à virgindade, implora a graça sobrenatural de Deus sobre as virgens e pede insistentemente a efusão do Espírito Santo. A novidade está em que essa consagração de mulheres virgens a Cristo não só se reserva para as monjas, mas também para outras religiosas e para mulheres leigas, com diferenças na celebração do rito convenientemente assinaladas.

A estrutura do rito, desde o século VI, foi evoluindo, com um ponto de referência claro nos formulários do Pontifical Romano germânico do século X, tentando sempre exprimir o dom de Deus que consagra as virgens e a entrega destas a Deus, com a plena consagração da sua virgindade e da sua vida. O ministro dessa celebração é o bispo ordinário do lugar, enquanto na profissão religiosa pode ser o superior provincial.

A estrutura da celebração é a seguinte: depois da primeira parte da Eucaristia, tem lugar o chamamento, a homilia, o interrogatório, as ladainhas dos Santos, a renovação do voto de castidade, a solene oração consecratória (que é a que melhor descreve a teologia da consagração das virgens) e a entrega das insígnias, por exemplo, o véu, o anel, o livro de oração.

Profissão religiosa.

cor

A rica gama de cores que encontramos na natureza, ou que conseguimos reproduzir, possui uma tendente capacidade de simbolizar realidades e sen-

timentos. Às vezes, usam-se as cores num sentido convencional e prático (as cores do semáforo) e, outras, como características de uma entidade (as cores da bandeira nacional ou de uma associação política ou desportiva).

Na nossa cultura, algumas cores exprimem alegria, pureza e festa, tal como a cor branca. Outras são mais agressivas, como a cor vermelha, que aponta para o perigo, para o fogo ou para a intensidade do amor, enquanto a cor verde se converteu no símbolo da ecologia: a natureza defendida na sua pureza, sem contaminação. Não é estranho que, também no terreno religioso, as várias cores tenham sentido simbólico.

Ao longo do ano, na celebração litúrgica, usa-se sabiamente essa pedagogia, para "manifestar externamente o caráter dos mistérios celebrados e também a consciência de uma vida cristã que progride com o desenrolar do ano litúrgico" (*IGMR* 345). Celebra-se a Páscoa de branco, a cor da alegria, da luz e da vida. Isso, depois de uma Quaresma com vestes de cor roxa. Mas, na Sexta-feira Santa, o dia em que se celebra o primeiro Mártir, Cristo, a cor é vermelha. Como o será também no Pentecostes, o dia do Espírito, que é fogo e amor. As festas dos Santos e da Virgem celebram-se de branco, como partícipes da Páscoa de Cristo, exceto os mártires, que pedem a cor vermelha, porque participaram da sua morte testemunhal. No terceiro domingo do Advento e no quarto da Quaresma, pode-se celebrar com as vestes cor-de-rosa. E, em alguns lugares, como Espanha, América hispânica e em Portugal, em certas festas da Virgem pode utilizar-se a cor azul.

Fica aberta a porta a uma adaptação às diversas culturas (cf. *IGMR* 346), porque se trata não só de certa estética simbólica, como também de ajudar, através dessa pedagogia da cor, os cristãos a entrar mais facilmente no mistério que celebram.

Cordeiro de Deus

Agnus Dei.

coro

Do latim *chorus* (grego *koros* ou *choros*), o coro é um grupo de pessoas que canta ou dança. Santo Isidoro define-o como *multitudo canentium*, grupo de cantores. Fala-se de "coro de virgens" ou de "coro de anjos", e aplica-se igualmente aos "religiosos de coro" ou ao grupo de clérigos que cantam na celebração comunitária. Por isso, fala-se de "reza coral" ou "canto coral".

A palavra indica também, por extensão, o lugar que o grupo de cantores ocupa na igreja: espaço que, às vezes, é uma verdadeira obra de arte, com os seus assentos decorados, situado no centro das igrejas antigas – sobretudo nas catedrais e mosteiros – para a oração dos clérigos ou dos religiosos, ou o coro situado ao fundo da igreja num nível mais alto, ou a um lado do presbitério, sempre com alguma distinção no que respeita à nave dos outros fiéis.

O grupo de cantores – também chamado "coral" e *schola cantorum* – que atua na celebração exerce um ministério nobilíssimo em favor da assembleia cristã celebrante. O canto entrou, pouco a pouco, nas diversas igrejas; primeiramente, terá sido sua protagonista a própria comunidade, ajudada, sobretudo, pelo canto do salmista. Mas, a partir do século VI, foi-se potenciando a *schola*, o grupo de cantores que se preparava para o cada vez mais complicado canto em latim, fazendo de ponte entre os fiéis e o sacerdote, até chegar a assumir quase todos os cânticos que, em tempos passados, eram próprios do povo.

O coro, às vezes, acompanha com o seu canto o da comunidade ou alterna com ela. Outras vezes, os membros do coro ou *schola* cantam sós, por exemplo, no ofertório ou na Comunhão, criando um clima de oração festiva.

É indubitável o benefício que trazem à comunidade celebrante esses coros que, depois de aturados ensaios e esforços, realizam o seu ministério litúrgico na celebração. Não são só virtuosos da música ou profissionais que atuam, mas crentes – adultos, jovens ou crianças, os *pueri cantores* – que celebram eles próprios e, além disso, contribuem para que toda a comunidade se sintonize melhor com cada momento da celebração. Por isso, se recomenda, encarecidamente, que existam esses coros nas catedrais, paróquias, seminários, casas religiosas (cf. *SC* 114 e *MS* 19).

Canto. Cantor. Música.

coroa do Advento

Entre os elementos pedagógicos mais populares que dão um sentido cristão à espera do Natal está a coroa do Advento.

Trata-se de um suporte normalmente redondo (às vezes, também se vê com forma linear), revestido de ramos vegetais verdes, sobre o qual se colocam quatro velas; o conjunto situa-se próximo do altar ou do ambão da Palavra, se for numa igreja, ou num lugar adequado, se é utilizado em ambiente familiar ou escolar.

Essas velas vão sendo acendidas gradualmente, nas quatro semanas do Advento: no primeiro domingo, acende-se uma; no segundo, duas; e, assim, sucessivamente. No Natal, pode acrescentar-se uma quinta vela, branca, até o final do Tempo do Natal; e pode colocar-se a imagem do Menino em relação com a coroa: deve ficar bem evidente que o Natal é mais importante que a espera do Advento.

"O arranjo de quatro velas sobre uma coroa de ramos sempre verdes, comum, sobretudo, nos países germânicos e na América do Norte, se tornou símbolo do Advento nas casas dos cristãos. A coroa do Advento, com o progressivo acender das suas quatro luzes, domingo após domingo, até a solenidade do Natal, é memória das várias etapas da História da Salvação antes de Cristo e símbolo da luz profética que ia iluminando a noite da expectativa, até o surgimento do Sol de justiça (cf. Ml 3,20; Lc 1,78)" (*Diretório sobre piedade popular e liturgia*, n. 98).

coroinha

Este termo aplicava-se às crianças ou jovens que ajudavam no serviço do altar, nas celebrações.

Em italiano, chamavam-se *chiericheti* (clerigozinhos, ou melhor, pequenos clérigos). Em catalão, *escolans* (escolares, crianças da *schola*), porque também se considerou o canto um serviço litúrgico importante ao alcance das crianças. Na Alemanha, eram chamados *ministranten*, que é a palavra de origem latina (*ministrantes*), usada para os designar nos documentos. As funções dos coroinhas são as que, hoje, desempenham os *"acólitos de fato"*, ou ainda aqueles que, apesar de não terem sido instituídos no ministério do Acolitado, exercem essas funções de forma mais ou menos permanente, nas celebrações comunitárias (cf. *ROBPD, Ministeria quaedam*).

Em março de 1994 a Congregação para o Culto Divino, interpretando o cânon 230, § 2 do Código de Direito Canônico sobre as funções realizadas nas ações litúrgicas por leigos, respondeu que a enumeração desse cânon (leitores, monitores, cantores) também se pode estender ao serviço do altar, tanto para homens como para mulheres. E deixa a juízo de cada bispo, ouvido o parecer da própria Conferência Episcopal.

Quer sejam meninos ou meninas, rapazes ou moças, os coroinhas deveriam ocupar no espaço do presbitério um lugar discreto, não se sentando ao lado do presidente (a modo de diácono e do subdiácono anteriormente) nem se sentando ao seu lado no altar, de frente para o povo, mas num lugar lateral, de onde possam exercitar seu serviço de ajudar e de também celebrar em todo o tempo, sem a necessidade de "compartilhar a presidência" com o sacerdote.

As crianças e adolescentes, em princípio, não recebem missões de "animação" na comunidade maior (comentaristas, dirigentes de canto, leitores). Essa classe de serviços, porém, constitui-se mais de uma ajuda aos sacerdotes (procissões, preparação do altar, trazer e retirar os objetos sagrados, sustentar os livros etc). Ao mesmo tempo é, em parte, a imagem representativa da comunidade cristã também formada por crianças e jovens. Sua presença e sua ajuda na celebração, no espaço do presbitério, é a imagem positiva da comunidade e o motivo de alegria para todos.

Acólito. Altar. Coro.

corporal

O corporal é um pano de forma quadrada que, antes do ofertório, se coloca sobre o altar para nele depositar o pão e o vinho da Eucaristia.

O nome vem-lhe do Corpo do Senhor, que, na celebração da Eucaristia, vai repousar sobre esse pano, assim como, na adoração do Santíssimo, quando este é colocado sobre o altar. O corporal pode ser colocado também sobre uma mesinha, quando se leva a comunhão aos doentes.

Corpus Christi (Corpo de Deus)

A festa de *Corpus Christi*, ou *Corpus Domini*, foi introduzida, no Ocidente, no século XIII. Interpreta-se como efeito da crescente importância que a adoração à Eucaristia ia tendo na Igreja, em relação ao que até então tinha sido chave fundamental: a celebração e a comunhão. A ênfase na adoração foi a resposta à heresia de Berengário, no século XI, que negava a presença real de Cristo no sacramento da Eucaristia.

Celebrou-se a festa de *Corpus Christi*, pela primeira vez, em 1246, em Liège, na Bélgica. Pouco tempo depois, o papa Urbano IV (1264) a estendeu a toda a Igreja e, ao longo do século XIV, foi-se convertendo rapidamente numa das festas mais apreciadas pelo povo cristão, que incluía a procissão com o Santíssimo, pelas ruas das cidades. Essa procissão foi admitida em Roma só no século XV. Os textos da Missa e, sobretudo, a formosa Sequência *Lauda Sion*,[30] que é um verdadeiro tratado de teologia eucarística, atribuem-se, com bastante probabilidade, a São Tomás de Aquino.

No Missal de Paulo VI (1970), a festa chama-se do "Santíssimo Corpo e Sangue de Cristo", assumindo assim também a memória do Sangue de Cristo (suprimiu-se a festa do Preciosíssimo Sangue, que se celebrava em 1 de julho).

Celebra-se na quinta-feira depois do Domingo da Santíssima Trindade, em muitos países, no domingo seguinte. As orações menores e a Sequência são as mesmas do Missal de Pio V (1570), mas há dois Prefácios sobre a Eucaristia (um para Quinta-feira Santa e outro para o *Corpus*, mas ambos proclamáveis nessa festa) que são uma teologia mais atualizada do mistério eucarístico. Também se enriqueceu notavelmente a série de leituras, diferentes nos três ciclos dominicais.

"Entre as procissões eucarísticas adquire importância e significado especiais na vida pastoral da paróquia ou da cidade a que se costuma ser realizada cada ano na solenidade do Santíssimo Corpo e Sangue de Cristo ou outro dia mais apropriado perto desta solenidade" (*SCCME* 102; cf. *EM* 59). Deixa-se ao critério do bispo diocesano a conveniência e as modalidades dessa procissão.

Culto à Eucaristia.

credência

Chama-se credência – do latim *credere* (confiar) – à mesinha lateral ou banqueta na parede de apoio, situada de um lado do presbitério, onde se depositam e permanecem, até serem apresentadas no altar, os diversos elementos necessários para a celebração: o pão e o vinho, o corporal, os purificadores etc. (cf. *IGMR* 118). Estes só devem ser levados para o altar momentos antes do ofertório, quando ali se inicia a preparação dos dons para a Eucaristia.

O altar mantém a sua centralidade para as ações e os gestos mais importantes, enquanto na credência, por exemplo, se recomenda que, depois da comunhão ou, melhor ainda, depois de terminada a Missa e despedido o povo, se purifiquem os vasos sagrados (cf. *IGMR* 163.183.279). Também, na credên-

---

30 Palavras que iniciam a célebre Sequência de São Tomás de Aquino, composta para a Missa de *Corpus Christi*.

cia, antes da celebração, se pode preparar o cálice, com vinho e água, embora esse gesto de preparação pareça ser mais expressivo se se fizer no altar, à vista do povo (cf. *IGMR* 73.178).

Credo

A palavra Credo, que inicia a Profissão de Fé *Credo in unum Deum*, vem do latim *credere* (crer, ter por verdadeiro), que significa também dar, confiar a alguém, dar crédito (daí as cartas *credenciais*).

Para o cristão, o termo dessa crença é Deus e a pessoa de Jesus Cristo e a sua obra salvadora. Desde os primeiros séculos se exprimiu a fé cristã em *símbolos*, ou seja, em formulários que recolhem (do grego *sym-ballo* [reunir]) os diversos artigos ou aspectos da nossa fé. Um desses símbolos é mais breve, chamado "dos Apóstolos", e outro mais longo, o "niceno-constantinopolitano", fruto da conjunção das profissões de fé de dois concílios do século IV, o de Niceia (325) e o de Constantinopla (381). Ambos estão agora no nosso Missal.

Professamos a fé, sobretudo, no contexto da iniciação cristã: na celebração do Batismo e da Confirmação e na Vigília Pascal de cada ano. Precisamente um dos gestos mais pedagógicos no processo catecumenal dos primeiros séculos, hoje recuperado no novo Ritual para a iniciação de adultos, é a *traditio symboli*, a entrega do símbolo: a comunidade entrega o símbolo, ou seja, encomenda aos que se preparam para o Batismo que aprendam de memória a fórmula que vai ser o resumo e ponto de referência da sua fé para toda a vida.

A proclamação do Credo, que começou nas Igrejas do Oriente, só passou para a Eucaristia no século V. Na liturgia romana faz-se aos domingos e dias mais solenes, depois da escuta da Palavra e da homilia. Na liturgia hispânica, introduziu-se no século VI, não no mesmo lugar que na romana, mas antes do Pai-nosso, como primeiro momento preparatório para a Comunhão, e, além disso, com caráter diário, considerando, portanto, a Profissão de Fé como elemento fundamental da celebração.

A razão de ser do Credo, na Eucaristia, é-nos explicada na Introdução ao Lecionário da Missa, que cita e completa o Missal: "O Símbolo ou Profissão de Fé, dentro da Missa, quando as rubricas o indicam, tem como finalidade que a assembleia reunida dê seu consentimento e sua resposta à Palavra de Deus ouvida nas leituras e na homilia, e traga à sua memória, antes de começar a celebração do mistério da fé na Eucaristia, a norma de sua fé, segundo a forma aprovada pela Igreja" (*ELM* 29; cf. *IGMR* 67).

Profissão de Fé. Símbolo.

cremação

Incineração.

crianças

Nunca como agora a comunidade cristã se preocupou tanto com as crianças. Basta ver a série de decisões teológicas ou pastorais que tomou a esse respeito, nos últimos anos, sobretudo desde o Concílio Vaticano II.

Publicou-se um *Ritual do Batismo de crianças* (1969), especificamente remodelado, tendo em conta a sua situação, e não, como anteriormente, um Ritual de adultos, concentrado. Em 1980, a Congregação para a Doutrina da Fé deu a conhecer a sua Instrução *Pastoralis actio* sobre as motivações teológicas da legitimidade do antiquíssimo costume da Igreja de batizar as crianças, para que, como objeto do amor de Deus e membros da comunidade eclesial, possam ir crescendo nesta vida de Cristo para a qual nascem "pela água e pelo Espírito".

Uma situação pastoral que se apresenta, cada vez mais frequentemente, é a das crianças que, por motivos diversos, não receberam, quando bebês, o Batismo, e, depois, o pedem na sua idade catequética ou escolar. Naturalmente, essas crianças exigem uma pastoral distinta, mais "catecumenal" e pessoal, seguindo os ritmos que para outros costuma ser de preparação para a Primeira Comunhão. No *Ritual da iniciação cristã dos adultos* encontramos um capítulo, o quinto, dedicado ao "Ritual da iniciação das crianças em idade de catequese" (*RICA* 306-369).

Em 1973, a Congregação para o Culto Divino e a Secretaria de Estado publicaram um "Diretório para Missas com crianças", um documento realmente enriquecedor, que oferece motivações e sugestões para a iniciação litúrgica e sacramental de crianças dos seis aos doze anos. De uma parte para aproximar, adaptando-a com a devida pedagogia, a dinâmica da celebração às circunstâncias das crianças, e por outra, para iniciá-las nas grandes atitudes da Eucaristia, de modo que já desde pequenas, e depois por toda a vida, tirem o melhor fruto dela. Um ano mais tarde, em 1974, se completou a iniciativa com a aparição de três Orações Eucarísticas oficiais para essas Missas com crianças.[31]

Em alguns países se confeccionou também, com êxito desigual, um Lecionário especial para essas Missas com crianças.

O *Ritual de bênçãos* oferece orações especiais para a bênção das crianças. O *Ritual de Exéquias* tem também umas orações e uns esquemas aptos para quando é uma criança cristã que faleceu. Inclusive oferece também esquemas para orar por uma criança falecida sem ter recebido o Batismo.

As crianças são, antes de tudo, amadas por Deus, movidas por seu Espírito; podem entrar frutuosamente na esfera de Cristo Jesus e nascer e crescer na fé e no amor da comunidade eclesial, e concretamente no âmbito da oração e da celebração sacramental. Isto, não só como preparação ao que serão amanhã, senão por elas mesmas e que já são hoje, capazes ao seu modo de orar e celebrar. Progressivamente serão ajudadas para que, diante de toda essa graça sacramental, deem uma resposta a partir de sua fé pessoal: "para completar a conscientização do sacramento, que as crianças sejam depois instruídas na fé em que foram batizadas: fundamento disso será o próprio sacramento, antes recebido. A instrução cristã, que por direito lhes é devida, nada mais visa senão levá-las paulatinamente a aprender da Igreja o plano de Deus em Cristo, para que elas finalmente tomem consciência da fé em que foram batizadas e a abracem pessoalmente" (*RBC*, n. 3).

cripta

Do grego *krypto* (esconder). Algo "críptico" é algo oculto.

Diz-se de uma gruta ou galeria subterrânea. No uso arquitetônico cristão, dá-se essa denominação a uma igreja situada sob a igreja principal. Costuma utilizar-se a cripta também para o culto. Muitas vezes, contém o altar da "confissão", o sepulcro de um mártir, como no caso da Basílica de São Pedro, em Roma.

crisma, Missa crismal

A palavra *crisma* é grega e denomina um unguento aromático, mistura de azeite e bálsamo odorante, com o qual se unge ou se massageia. Vem do ver-

---

31 Aldazábal, J. *Celebrar a Eucaristia com crianças*. São Paulo: Paulinas, 2008. O autor comenta o *Diretório para missas com crianças* e as três Orações Eucarísticas para missas com crianças.

bo *chrío* (ungir), que deu origem ao termo *Christós* (o Ungido), equivalente a Messias em hebraico ("Deus o ungiu do Espírito Santo e de fortaleza": At 10,38) e, por derivação, ao termo "cristãos", ungidos, pertencentes ao Ungido.

Das várias unções sacramentais da nossa liturgia, algumas são feitas precisamente com o crisma:

- no Batismo, depois do banho na água, realiza-se a unção pós-batismal com o crisma, na cabeça do batizado, significando a sua incorporação no sacerdócio de Cristo (enquanto a unção pré-batismal se faz com o óleo dos catecúmenos);

- na Confirmação, a unção com o crisma na fronte é o gesto sacramental central, para significar a doação do Espírito como força para dar testemunho de Cristo na vida; no Oriente, esse sacramento chama-se "Crismação", pela unção central feita com o crisma ou *myron*;

- na ordenação dos presbíteros e dos bispos, utiliza-se o crisma nas palmas das mãos, para os primeiros, e sobre a cabeça, para os segundos;

- e, finalmente, realizam-se com o crisma as várias unções das paredes e dos altares no *Ritual da dedicação da Igreja e do altar*.

Todas essas unções com o crisma têm o seu ponto de referência na *Missa crismal* de Quinta-feira Santa, celebrada pela manhã (ou outro dia mais oportuno, imediatamente antes do Tríduo Pascal). Nesta Missa, o bispo, rodeado pelo seu presbitério e pelo seu povo, consagra o santo crisma e benze os outros óleos, que, depois, serão usados, por toda a diocese, na administração dos vários sacramentos. Nas orações da Missa crismal é que se descreve melhor a intenção sacramental do crisma. O bispo pede a Deus que o abençoe e o consagre e assim "infunda nele a força do Espírito Santo com a qual ungiu sacerdotes, reis, profetas e mártires": a força e a vida do Espírito, que penetra no cristão com a mesma suavidade e efeitos benéficos com que o faz o unguento do crisma.

Na celebração da Missa crismal, põe-se também em destaque a unidade eclesial à volta do bispo e a origem pascal de todos os sacramentos.

Estão ainda relacionados a crisma o termo *crismeira* (âmbula), recipiente ou frasco onde se guardam os santos óleos, tanto o crisma como o óleo dos catecúmenos e o dos doentes; assim se chama também ao monograma cristão *XP*, formado pelas letras gregas *X* (*chi*) e *P* (*ró*), primeiras letras da palavra Cristo.

Óleos. Unção.

cruz

A cruz (em latim *crux* e em grego *stauros*) é o símbolo primordial de todos os cristãos.

Também se encontrava em várias culturas da Antiguidade, com simbologia cósmica, porque os seus braços cruzados apontam para as quatro direções, ou representando o homem, de pé, com os braços abertos, que abarcam os quatro pontos cardeais. Mas, desde a morte de Jesus, a cruz – apesar de todo o sentido negativo que tinha, como instrumento de tortura para justiçar os malfeitores – converteu-se no símbolo por excelência da sua morte salvadora. Para Paulo, a cruz é o resumo de toda a obra salvadora de Cristo (cf. 1Cor 1,17-25; Ef 1,7; Cl 1,13-14). Para os seguidores de Jesus Cristo, a cruz converteu-se em símbolo de fidelidade e profundidade: têm de tomar a sua cruz e segui-lo (cf. Mt 16,24).

Desde cedo, a cruz foi objeto de veneração para os cristãos, sobretudo a partir do século IV. Para isso, contribuiu muito o relato da visão do imperador Constantino (*in hoc signo vinces*, por este sinal vencerás) e o encontro da suposta verdadeira cruz, em Jerusalém, por parte da sua mãe, Santa Helena.

A cruz apresenta-se sob diversas formas: a latina é a de um pau vertical mais longo e um horizontal mais curto; a grega tem os quatro braços iguais; a de Santo André é em forma de *X*; há uma cruz em forma de "tau" ou *T*; outras têm dois paus transversais, em vez de um; há a cruz de Lorena, a de Malta, a gamada ou suástica, muito anterior a Cristo etc.

A cruz está presente em muitas casas cristãs, ou na entrada das povoações, como cruz terminal. Nas igrejas, deve situar-se no altar ou próximo dele, num lugar visível. Pode ser a mesma que precedeu a procissão de entrada. Quando há incensação, além do altar e das pessoas, incensa-se também a cruz, como sinal de honra e veneração.

O costume antigo de, nas duas últimas semanas antes da Páscoa, cobrir as cruzes – tal como as imagens – foi abandonado.

Na Sexta-feira Santa, um dos momentos mais expressivos da celebração da morte de Cristo é o da *Adoração da cruz*. Cada um dos fiéis passa pela cruz e a venera – normalmente com uma genuflexão e um beijo –, essa cruz do Senhor, que momentos antes foi apresentada à comunidade em meio a aclamações e sinais de veneração e, possivelmente, com o gradual descobrimento do véu que a encobria. Entretanto, cantam-se, além das "lamentações", cânticos centrados no valor salvífico da cruz: *Vexilla Regis prodeunt… o crux, ave, spes unica*, "Vitória, tu reinarás", "Ó cruz fiel". Ao terminar a celebração, a cruz permanece no lugar central, iluminada, para que os fiéis possam venerá-la, beijá-la e orar diante dela, durante o restante da sexta-feira e todo o Sábado Santo (cf. *CFP* 68-72).

No dia 14 de setembro, celebra-se a festa da *Exaltação da Santa Cruz*, cujas raízes mergulham no século V, pelo menos, em Jerusalém. Em Roma, celebrava-se a "invenção" ou a descoberta da cruz, em 3 de maio, mas, desde 1960, unificou-se essa festa com a de 14 de setembro.

Normalmente, benzem-se as cruzes que se expõem em lugares públicos para veneração, na igreja ou fora dela. No *Cerimonial dos bispos* (*CB* 1011-1022) e no *Ritual de bênçãos* (960-983) encontram-se as normas e os textos para essa bênção.

Sinal da cruz.

cruz peitoral

Crucifixo grande, levado pelos bispos, ao peito.

culto

Celebrar, celebração. Liturgia.

culto à Eucaristia

A palavra culto vem do latim *colere* (cultivar) e aplica-se, na liturgia, às manifestações de veneração e respeito por pessoas ou coisas. Por isso, é este o nome que recebe muitas vezes a própria celebração litúrgica: o culto que dirigimos a Deus, as celebrações do culto. Mas também se fala do culto à Virgem, aos anjos, aos Santos ou às relíquias. E, sobretudo, à Eucaristia.

Pode-se dizer que, nos primeiros séculos, o culto à Eucaristia estava como que implícito na própria celebração do sacramento, que era tratado com suma veneração. Quando se levava a Comunhão aos ausentes ou quando se começou a guardar a Eucaristia para o restante da semana, foram-se acentuando os sinais exteriores de culto, coisa bem lógica, pela jubilosa convicção da presença de Jesus Cristo nela. Testemunhos de Hipólito e Orígenes, nos séculos II-III, falam já desse respeito explícito à Eucaristia que se conservava nas casas.

Ainda que a finalidade primordial da "reserva" da Eucaristia no sacrário não seja a de lhe prestar culto, mas a disponibilidade para levá-la aos doentes, sobretudo no caso do Viático, é conatural que os cristãos tenham uma atitude de adoração ao Senhor que se nos dá como alimento na sua Eucaristia.

Esse culto desenvolveu-se mais a partir dos séculos XII-XIII, como reação às controvérsias do século anterior, em que Berengário chegou a negar a presença real. Por outro lado, a celebração da Eucaristia, principal intenção do sacramento – "tomai e comei" –, tinha caído numa situação de notável decadência, quanto à participação da comunidade. Nas formas de culto, muito mais acessíveis e participadas, o povo cristão pôde manifestar a sua fé e a consciência que continuava a ter da importância da Eucaristia na vida eclesial e pessoal. Do século XIII data a origem da festa do *Corpo de Deus*.

Os reformadores do século XVI, ao mesmo tempo em que protestavam contra a excessiva ênfase que, então, tinha tomado o culto fora da celebração, chegaram a negar a legitimidade desse culto, qualificando-o de idolatria. O Concílio de Trento tomou a sua defesa, formulando claramente o que, ao longo dos séculos, já tinha sido fé universal da Igreja (sessão XIII, c. 6).

O Concílio Vaticano II preocupou-se, sobretudo, com a celebração da Eucaristia, não tanto do seu culto. São notórios os resultados conseguidos quanto à recuperação de valores celebrativos, como a participação, a Palavra de Deus, a Comunhão, os ministérios etc. Certamente não era intenção do Concílio que ao mesmo tempo acontecesse uma diminuição de afeto ao culto fora da celebração, que também tem a sua legitimidade e o seu valor inegável, no conjunto desse sacramento.

Dois documentos posteriores voltaram a ressituar e motivar oportunamente o culto eucarístico: a Instrução *Eucharisticum Mysterium*, de 1967, e o *Ritual da Sagrada Comunhão e o Culto do Mistério Eucarístico fora da Missa*, de 1974.[32]

---

32 N.E.: A *Instrução Eucharisticum Mysterium* pode ser encontrada em: Lelo, Antonio Francisco (org.). *Eucaristia*: teologia e celebração. São Paulo: Paulinas, 2006. p. 408-437; e a introdução do *Ritual da Sagrada Comunhão e o Culto do Mistério Eucarístico fora da Missa* em: ibid., p. 389-407.

O culto:

- prolonga o clima eucarístico da Missa, num tom de oração mais contemplativa e repousada, acentuando os sinais da adoração, enquanto a celebração acentua os da participação na ação eucarística, sobretudo a Palavra e a Comunhão;

- os momentos de culto, pessoal e comunitário, preparam, por sua vez, uma celebração mais consciente e profunda da Missa;

- esses momentos ajudam que as mesmas atitudes eucarísticas – ação de graças, sintonia com Cristo no seu sacrifício pascal, auto-oferenda, invocação – impregnem as diversas atividades da jornada;

- o culto da Eucaristia fora da Missa ajuda-nos a nos dar conta de que o mesmo Senhor Ressuscitado, que se nos dá como alimento na celebração, está presente nas vinte e quatro horas do dia, comunicando-nos a sua força e a sua vida: ele é, na verdade, o "Emanuel", o Deus-conosco.

O *Ritual* citado, de 1974, enumera, motiva e regula, no seu capítulo terceiro, as "várias formas de culto": a exposição breve e a mais prolongada, as procissões, os congressos eucarísticos etc., sublinhando sempre que essas formas de culto devem proceder da celebração e conduzir a ela, e que na nossa espiritualidade devemos chegar a uma síntese frutuosa entre ambos os aspectos: a celebração e o culto.

Corpus Chrsti. *Reserva.*

custódia

Como indica o seu nome, a custódia é algo que serve de guarda, proteção e defesa do que se considera de valor. Na liturgia, designa um vaso sagrado, o ostensório, em que se expõe o Santíssimo à adoração dos fiéis, quer se faça na igreja, quer se leve em procissão.

As custódias surgiram, sobretudo, a partir do século XIII, quando se desenvolveu o culto da Eucaristia, em torno da festa de Corpus Christi (Corpo de Deus). Apresentavam, por vezes, a forma de pequeno templo, onde, nas procissões, se levava o Senhor Eucarístico. Conservam-se algumas custódias desse gênero, e de grande valor, verdadeiros prodígios da ourivesaria religiosa. Depois, fizeram-se outras mais simples, de forma circular, dentro das quais se expõe o Santíssimo em outro recipiente menor, com um vidro que protege e, ao mesmo tempo, permite ver.

A exposição do Santíssimo pode ser feita na custódia ou também numa píxide ou no vaso sagrado que se utiliza para a Missa. Sempre com materiais dignos, que signifiquem expressivamente o apreço e a veneração que o Senhor presente na Eucaristia merece por parte da comunidade.

A custódia deve ser benzida: no *Ritual de bênçãos* oferecem-se os textos adequados (1070.1077.1078 ou 1080-1083).

Costuma dar-se o nome de "custódio" ao eclesiástico que tem a seu cargo a guarda de um lugar sagrado ou das relíquias de um Santo. No Santo Sepulcro, os custódios, representantes da Igreja Católica Romana, são os Franciscanos.

Culto à Eucaristia. Exposição. Ostensório.

dalmática

Em Roma, nos séculos II-III, chamava-se dalmática a uma túnica branca exterior, com mangas largas e adornada de vários modos, por exemplo, com duas franjas verticais de púrpura. A sua origem, à qual se deve o nome, é a região da Dalmácia (Croácia), onde era usada, tendo sido adotada pelos senadores e outras pessoas distintas de Roma, passando, depois, ao uso cristão. Nas catacumbas veem-se várias figuras de "orantes" revestidos de dalmática. A partir do século IV, tornou-se característica dos bispos e, mais tarde, também dos diáconos, que aparecem representados com a dalmática em mosaicos.

Na ordenação dos diáconos, a imposição da dalmática é um dos gestos complementares do sacramento. É vestida sobre a túnica e a estola, sobretudo nas celebrações mais festivas. Também os bispos podem usá-la, por baixo da casula.

Vestes.

dedicação

Dedicar significa consagrar, destinar um lugar ou um objeto para o culto sagrado. Dedicação é o rito litúrgico solene, reservado em princípio ao bispo, pelo qual uma igreja ou um altar ficam consagrados e destinados ao culto divino.

No AT, encontra-se o costume de consagrar, por exemplo, estelas (cf. Gn 28,18: Jacob unge a pedra que lhe serviu de almofada na sua visão), altares (vários exemplos, no livro de Números, 7) e, sobretudo, o Templo (em 1Rs 8, a grande festa no tempo de Salomão). Mais tarde, os judeus estabeleceram a festa de *Hanukkah*, no aniversário da Dedicação do Templo, no tempo dos Macabeus, para reparar a profanação da parte dos pagãos (cf. 1Mc 4).

Quando, a partir do século IV, os cristãos passaram a construir as suas igrejas, foram-nas consagrando solenemente, com ritos e textos que se foram desenvolvendo, ao longo dos séculos, como o refletem os Pontificais, por exemplo, o Romano-Germânico do século X e o Pontifical Romano de Trento (1595).

Foram surgindo também festas anuais, em recordação das dedicações mais significativas: a de Santa Maria Maior, em 5 de agosto; a da Basílica de Latrão, em 9 de novembro; e a de São Pedro e São Paulo, em 18 do mesmo mês. Também é costume celebrar-se o aniversário da dedicação da própria igreja e, em cada diocese, da própria catedral.

Recomenda-se que as *igrejas* sejam sempre dedicadas, sobretudo, as catedrais e paroquiais. As outras devem ser, pelo menos, benzidas. O mais indicado é que a dedicação ou bênção seja feita pelo bispo da própria diocese. O novo livro litúrgico, *Ritual da dedicação da igreja e do altar* (edição típica latina de 1977), é o usado, presentemente, para essas celebrações cheias de simbolismo: a igreja/edifício é um símbolo expressivo da igreja/comunidade e também da "igreja" do céu.

Os traços característicos da dedicação de igrejas, após a entrada solene com aspersão e a proclamação da Palavra, são as ladainhas, a oração consecratória, a unção do altar e das paredes, a sua incensação e iluminação e, sobretudo, a celebração da Eucaristia.

Também se dedicam os *altares*. Apenas se benzem os que são móveis – que não estão assentados ou erigidos, de forma definitiva, no solo –, mas os fixos recomenda-se que se dediquem, seguindo o Ritual próprio. Também aqui os elementos mais característicos são a oração consecratória, as unções, a incensação e a iluminação, a deposição das relíquias de mártires, se existirem, debaixo do altar e a celebração da Eucaristia.

O altar e a igreja são dedicados somente a Deus. Mas, segundo o costume, também a Virgem ou os Santos podem ser titulares de uma igreja, embora as suas imagens não devam estar sobre o altar.

Altar. Consagração. Igreja (lugar).

defuntos

No dia 2 de novembro, celebramos a comemoração de todos os fiéis defuntos. Essa celebração é uma profissão de fé na ressurreição de Jesus e de todos os que creem nele. Com base nessa esperança, os cristãos, tanto na Eu-

caristia como na Liturgia das Horas, pedem pelos defuntos. Fazem-no diariamente, por exemplo, nas preces de Vésperas. E, sobretudo, nas Orações Eucarísticas: "a todos os que adormeceram no Cristo, concedei a felicidade, a luz e
a paz", "acolhei-os junto a vós na luz da vossa face", "acolhei-os com bondade
no vosso reino, [onde] unidos a eles, esperamos também nós saciar-nos eternamente da vossa glória", "lembrai-vos dos que morreram na paz do vosso
Cristo e de todos os mortos dos quais só vós conhecestes a fé".

A Igreja sempre viu a realidade da morte à luz da fé cristã e encomendou
os seus defuntos à misericórdia de Deus, com a esperança da ressurreição.

A comemoração de 2 de novembro teve a sua origem cerca do ano 1000,
por decisão do abade de Cluny, Santo Odilon, que estabeleceu que, precisamente, no dia seguinte à festividade de Todos os Santos, se celebrasse a recordação de todos os fiéis defuntos. A ideia espalhou-se rapidamente por toda a
Europa, embora, em Roma, só tivesse sido aceita no século XIV.

Exéquias.

despedida

Nas celebrações litúrgicas, como nas sociais mais solenes, há determinadas palavras e certos ritos que dão a entender que "se encerra a sessão".

Na *Eucaristia*, o rito de conclusão consiste em uma saudação, uma bênção
e umas palavras de despedida: "Ide em paz". Antes da atual reforma, o rito era
bem mais complexo: depois da bênção e do *Ite, Missa est*, ainda se rezava o
último Evangelho (o Prólogo de São João), três Ave-marias, duas orações e as
invocações ao Coração de Jesus. Nas Missas de defuntos dizia-se *requiescant in
pace*.

Atualmente, "aos ritos de encerramento pertencem: a) breves comunica-
ções, se forem necessárias; b) saudação e bênção do sacerdote, que em certos
dias e ocasiões são enriquecidas e expressas pela oração sobre o povo, ou por
uma fórmula mais solene; c) despedida do povo pelo diácono ou pelo sacerdote, para que cada qual retorne às suas boas obras, louvando e bendizendo
a Deus" (*IGMR* 90).

É o diácono – se existir – quem faz a despedida "Ide em paz". "Se houver depois da Missa alguma ação litúrgica, omitem-se os ritos finais, isto é, a
saudação, a bênção e a despedida" (*IGMR* 170). Em nenhuma das famílias
litúrgicas houve alguma vez um cântico de saída.

Na Liturgia das Horas também tem lugar essa despedida, se for presidida por um sacerdote ou um diácono: saudação, bênção e "Ide em paz". Se quem preside não é ministro ordenado, e na recitação individual, conclui-se: "O Senhor nos abençoe…" (*IGLH* 54).

Um caso clássico é o da *despedida dos catecúmenos*: pelo menos desde o século IV diz-se que, depois das leituras e da homilia, antes da "oração dos fiéis", se fazia a *Missa catecumenorum*, a despedida dos catecúmenos. Também agora, no rito de entrada no catecumenato, se em seguida for celebrada a Eucaristia, antes do ofertório despedem-se os catecúmenos (cf. *RICA* 72).

No sacramento da Penitência, diz o *Ritual* que, depois de dar graças a Deus, o sacerdote despede o penitente na paz do Senhor (cf. *RP* 20), quer na celebração individual quer na comunitária.

E, finalmente, uma celebração em que a despedida tem particular destaque é a das *exéquias cristãs*. "Depois da Missa das exéquias realiza-se o rito da última encomendação e despedida. […] Seja o rito introduzido por uma palavra explicativa da celebração; sigam-se alguns momentos de silêncio, o gesto de aspersão e incensação e o canto de despedida. […] de modo que todos o sintam como o ponto culminante de todo o rito" (*Ritual, Preliminares gerais* 10).

Ite, Missa est. Missa.

devoções

A palavra devoção vem do latim *devoveo*, que significa dedicar-se com fervor, consagrar-se, fazer voto, prometer, ter certos sentimentos de veneração a alguém ou a algo.

Nem tudo é liturgia, na vida de fé dos cristãos. Também existem outros modos de oração ou celebração, tanto pessoal como comunitária, que se chamam "devoções" ou "exercícios piedosos" ou "religiosidade popular". Estas expressões não são sinônimas, mas, aqui, são tratadas conjuntamente.

Fala-se de devoções marianas, como o rosário e o exercício do mês de maio, ou em honra dos Santos, como tríduos e novenas ou os domingos de São José, ou de várias devoções com as quais o povo cristão exprime a sua atitude penitencial ou sublinha as festas e os tempos litúrgicos, como, por exemplo, a via-sacra. Também são exercícios devocionais os "pequenos ofícios", inspirados na Liturgia das Horas, e muitas formas de veneração da Eucaristia (cf. *EM* 58). "O senso religioso do povo cristão encontrou, em todas as épocas, sua expressão em formas diversas de piedade que circundam a vida sacramental da Igreja como a veneração das relíquias, as visitas aos santuários, as peregrinações, as procissões, a via-sacra, as danças religiosas, o rosário, as medalhas, etc." (*CIC* 1674).

As devoções e a religiosidade popular, mais acessíveis pela sua língua e suas formas, fizeram certamente, durante séculos, muito bem ao povo cristão, que foi vivendo com esse ritmo o ano litúrgico, a veneração à Virgem e aos Santos, e a sua fé na Eucaristia. Desde o princípio, coexistiam pacificamente tanto as formas estritamente litúrgicas – sacramentos, sacramentais, Liturgia das Horas, ano litúrgico – com outras expressões mais pessoais e populares da fé. No relato da peregrina Etéria, sobre Jerusalém, nos finais do século IV, nota-se uma sábia mistura de ambas as dimensões. No Ocidente, onde a sensibilidade do povo se afastou mais da linguagem litúrgica, pode-se dizer que se tornou mais espontâneo o nascimento das várias formas de religiosidade popular.

Algumas vezes, o que começou como devoção popular integrou-se, mais tarde, na celebração litúrgica: como as antífonas marianas, no final da recitação litúrgica, a renovação das promessas batismais, na Vigília Pascal, e muitos elementos da Semana Santa, no tempo da reforma carolíngia. A relação entre devoções, religiosidade popular e liturgia nem sempre foi pacífica, às vezes, pela opacidade da liturgia, que impedia a expressão da fé do povo, e outras, pela sensibilidade menos comunitária e litúrgica de alguma época: basta pensar na *devotio moderna* dos séculos XIV e seguintes.

O Concílio, ao convidar a uma renovação preferente das celebrações litúrgicas, não quis que se anulassem as devoções. Exigiu, isso sim, que, de desde então, também elas fossem objeto de reflexão e, se fosse o caso, de reforma: "Os atos de piedade do povo cristão, desde que estejam em conformidade com as leis e normas da Igreja, são muito recomendados, especialmente quando se realizam por mandato da Sé Apostólica. [...] É necessário, porém, que esses mesmos atos de piedade, tendo em conta os tempos litúrgicos, estejam de acordo com a sagrada liturgia, de certo modo dela derivem e para ela encaminhem o povo, visto que a liturgia por sua natureza é muito superior a eles" (*SC* 13). A partir desse documento da liturgia, aplicaram-se também às outras formas de devoção os critérios mais importantes: a centralidade de Cristo e do seu Mistério Pascal, a importância da Palavra de Deus, a participação ativa, a eclesialidade.

A Exortação Apostólica de Paulo VI, *Marialis cultus*, de 1974, é um magnífico exemplo de como se pode exercitar esse discernimento e essa renovação das devoções, à luz da reforma litúrgica da Igreja. Também delas se pode dizer, e ainda mais que da liturgia, que "sujeitas ao desgaste do tempo, essas formas em que se expressa a piedade se apresentem necessitadas de renovação, que dê azo a nelas serem substituídos os elementos caducos, a serem valorizados os perenes, e a serem incorporados os dados doutrinais adquiridos pela reflexão teológica e propostos pelo Magistério eclesiástico", procedendo entre todos "a uma diligente revisão dos exercícios de piedade para com a Virgem Santíssima. Desejaríamos, entretanto, que tal revisão se processasse no respeito pela sã tradição e com abertura para receber as legítimas instâncias dos homens do nosso tempo" (n. 24). Todo o documento é a proposta de Paulo VI de princípios e critérios que devem orientar a renovação da devoção mariana entre o Povo de Deus: deve ser trinitária, cristocêntrica, pneumatológica, eclesial, bíblica, litúrgica, ecumênica, antropológica. Em concreto, dedica os nn. 40-55 ao *Angelus* e ao rosário.

É uma tarefa pastoral – que se sente na Europa, e de modo particular em muitos países – o saber conjugar a celebração litúrgica e a religiosidade popular ou as devoções, que podem alimentar de modo conjunto e fecundo a fé do povo cristão, embora a celebração litúrgica seja "cume e fonte" e expressão mais eficaz da fé e da vida eclesial. "Há necessidade de um discernimento pastoral para sustentar e apoiar a religiosidade popular e, se for o caso, para purificar e retificar o sentido religioso que embasa essas devoções e para fazê-las progredir no conhecimento do mistério de Cristo" (*CIC* 1676). "Velando para mantê-las à luz da fé, a Igreja favorece as formas de religiosidade popular que exprimem um instinto evangélico e uma sabedoria humana e que enriquecem a vida cristã" (*CIC* 1679).

Não são aspectos alternativos, mas complementares, que se devem respeitar, e não misturar de modo pouco educativo, para que ambos contribuam para a expressão e para o crescimento da fé do Povo de Deus.

Procissão. Religiosidade popular.

diácono

Em grego significa "servidor".

O autêntico diácono foi o próprio Cristo, o que se identificou com a figura do Servo de Javé, anunciado por Isaías, e disse que não tinha vindo para ser servido, mas para servir. Ele deu o mesmo encargo aos discípulos: que fossem os servidores de todos.

Nos textos do NT e dos primeiros séculos já são mencionados os diáconos, entre os pastores da comunidade cristã, colaborando com os bispos e presbíteros. Esses diáconos eram tidos em grande consideração. O livro dos Atos (cf. At 6) fala da eleição dos primeiros sete, entre eles o protomártir Santo Estêvão. Nas cartas de Santo Inácio, nos começos do século II, e em noutros escritos dos Padres Apostólicos, exprime-se o apreço pelo ministério que os diáconos realizam na comunidade, em união e a serviço do bispo. Na Igreja de Roma tornou-se famoso o diácono São Lourenço, administrador dos bens da comunidade e da beneficência para com os pobres. No Oriente, o mais famoso foi Santo Efrém. As chamadas "diaconisas", nos primeiros séculos, eram as mulheres que ajudavam a comunidade em diversos ministérios, também litúrgicos, mas sem uma ordenação sacramental.

O Concílio Vaticano II restabeleceu o diaconato "como grau próprio ou permanente", no ministério eclesial, distinto do que se recebe como primeiro degrau para o sacerdócio (cf. *LG* 29; *AG* 16). O diaconato permanente, que se tinha perdido por volta do século IX, e que agora se restabeleceu, podem-no receber também os casados. O modo de aceder a esse ministério do diaconato e o seu exercício na comunidade foi objeto de outros importantes documentos: o *motu proprio* de Paulo VI, em 1967, *Sacrum diaconatus ordinem*, o *motu proprio* do mesmo Papa, de 1972, *Ad pascendum*.

Os diáconos constituem o primeiro grau da hierarquia ministerial na Igreja, ao serviço dos presbíteros e dos bispos. "Recebem a imposição das mãos 'não para o sacerdócio mas para o ministério'. Assim, confortados pela graça sacramental, servem o Povo de Deus nos ministérios da liturgia, da palavra e da caridade, em comunhão com o bispo e seu presbitério" (*LG* 29).

Essa citação assinala *os campos do serviço diaconal*, na comunidade cristã: a) a liturgia, na qual assistem ao presbítero ou ao bispo na proclamação do Evangelho, na distribuição da Eucaristia e na direção da oração comunitária; podem presidir ao sacramento do Batismo e assistir e abençoar o Matrimônio; b) a Palavra, que proclamam e às vezes comentam na homilia, sendo também os coordenadores da catequese e da evangelização; c) a caridade, cuidando da beneficência e da administração comunitária.

O *Ritual de ordenação*, que na sua edição típica em latim apareceu no ano de 1968, é o livro litúrgico que estabelece os ritos e textos da ordenação de diáconos. A sua segunda edição típica em latim foi publicada em 1989, desta vez com Preliminares, que a primeira não tinha.

A ordenação dos diáconos tem como características os seguintes elementos: o diálogo sobre o celibato e a oração da Liturgia das Horas, as ladainhas dos Santos, a imposição das mãos por parte do bispo, a oração consecratória, a imposição da estola e da dalmática, a entrega do livro dos Evangelhos e o beijo da paz, por parte do bispo e dos diáconos presentes.

A parte central da oração consecratória diz assim: "Enviai sobre eles, Senhor, nós vos pedimos, o Espírito Santo, que os fortaleça com os sete dons da vossa graça, a fim de exercerem com fidelidade o seu ministério" (*ROBPD* 207). A ordenação "configura [os diáconos] com Cristo, que se fez 'diácono', isto é, o servo de todos" (*CIC* 1570).

A sua veste própria é a túnica, com a estola cruzada a partir do ombro esquerdo, e a dalmática, sobretudo em celebrações mais solenes.

Ordem, ordenação.

diálogo

Vem do grego *dia-logeo* (falar com outro, conversar). Aplica-se em geral ao diálogo entre as pessoas, ou da Igreja com o mundo e as culturas, ou com os irmãos cristãos separados, ou ao diálogo salvífico, entre o homem e Deus.

Em liturgia, pode-se dizer que "cada celebração sacramental é um encontro dos filhos de Deus com seu Pai, em Cristo e no Espírito Santo, e este encontro se exprime como um diálogo, mediante ações e palavras" (*CIC* 1153). O diálogo é uma das formas mais clássicas e populares de participação:

- o que se estabelece entre o presidente e a comunidade, quando o que preside saúda, dizendo: "O Senhor esteja convosco" e a assembleia responde: "Ele está no meio de nós";

- o que tem lugar quando o diácono vai proclamar o Evangelho;

- quando o ministro interroga os pais e padrinhos, antes do Batismo de uma criança, ou com a própria pessoa que se batiza, se for adulta;

- quando o bispo ou o superior pergunta aos que vão fazer a profissão religiosa, ou receber a Confirmação ou as ordens sagradas.

O diálogo mais antigo e expressivo é *o que precede o Prefácio* da Oração Eucarística. A sua forma atual, já a encontramos praticamente igual na *Tradição apostólica* de Santo Hipólito, nos começos do século III. As suas raízes certamente são anteriores, porque é parecido com o diálogo que nas ceias pascais dos judeus se estabelece entre o pai, que preside à refeição, e a família, no momento em que, depois da ceia, vai abençoar o terceiro cálice.

O diálogo do Prefácio começa com a saudação: "O Senhor esteja convosco" e a sua resposta. Continua com uma preparação anímica para a Oração Eucarística: "Corações ao alto", o *sursum corda* que já era comentado pelos Padres, como São Cipriano, no século III, e Santo Agostinho, no século IV. E, depois de o povo responder: "O nosso coração está em Deus", o presidente convida ao louvor, que é a atitude característica da Oração Eucarística: "Demos graças ao Senhor, nosso Deus", ao que a comunidade convicta responde: "É nosso dever, é nossa salvação", como lhe dando o seu consentimento para que dê início à oração, em nome de todos.

O diálogo, juntamente com as saudações e as aclamações, favorece, em grande medida, a ambiência comunitária de uma celebração: "assumem grande importância os diálogos entre o sacerdote e os fiéis reunidos, bem como as aclamações, pois não constituem apenas sinais externos da celebração comum, mas promovem e realizam a comunhão entre o sacerdote e o povo" (*IGMR* 34), e "constituem o grau de participação ativa que os fiéis congregados, em qualquer forma de Missa, devem realizar, para que se promova e exprima claramente a ação de toda a comunidade" (*IGMR* 35).

dípticos

Esta palavra é de origem grega, vem de *dis* (duplo) e *ptyssein* (dobrar, fechar) e referia-se a uma tábua ou tabuinha de duas folhas ou asas, articuladas com uma espécie de dobradiça.

Na celebração litúrgica, utilizava-se para ter à mão as listas que se tinham de proclamar: por exemplo, pelos que tinham oferecido algo para a Missa (os "oferentes"), ou dos defuntos que se tinha de recordar, ou dos Santos ou bispos que se havia de nomear.

A proclamação dessas listas e intercessões, em algumas liturgias, fazia-se no ofertório, como na hispânica, e, em outras, dentro da Oração Eucarística, como na romana (*memento* dos vivos e defuntos).

Conhece-se a existência dessas tabuinhas ou dípticos desde muito cedo: São Cipriano, no século III, já comentava o seu uso: a frase "ler os dípticos" converteu-se em sinônimo de "ler as listas".

diurnal

Chama-se "diurnal" ou "diurno" ao que acontece durante o dia, em oposição a "noturno", o que acontece durante a noite. É o nome dado ao livro que contém as orações da Liturgia das Horas correspondentes ao dia: Laudes, Horas Intermédias, Vésperas e Completas. Ou seja, toda a oração menos o ofício de Leitura. As suas várias edições mostram a sua utilidade, sobretudo para os leigos e religiosos de vida ativa, que celebram em comum as duas horas principais de Laudes e de Vésperas, distribuídas por quatro semanas.

doentes

Unção dos Enfermos.

domingo

Esta palavra vem do latim *dominicus, dominica dies* (dia senhorial, do Senhor). É o nome que, pela primeira vez, o Apocalipse (1,10) dá ao "dia primeiro, depois do sábado") – em grego, *kyriake hemera* –, ou seja, o dia em que Jesus Cristo ressuscitou.

Nos primeiros séculos, teve ainda outros nomes: "dia do Sol", seguindo a terminologia romana; "oitavo dia" (*ogdóada*), assinalando que, superada a semana de sete dias, de novo é o primeiro dia, mas projetado para a frente, na marcha escatológica da história.

Na primeira comunidade já se atesta o valor que, no mistério da nossa fé cristã, tem esse dia. O episódio de Emaús (cf. Lc 24,13-35), ou as duas aparições sucessivas de Jesus aos seus, com intervalo de oito dias, a segunda vez com Tomé (cf. Jo 20,16-29), ou o que Lucas narra da reunião de Trôade (cf. At 20,7), sempre no primeiro dia depois de sábado, ressaltam os aspectos que logo se tornaram característicos deste dia: a presença do Ressuscitado, a reunião comunitária, a escuta da Palavra, a celebração da Eucaristia, a alegria, a paz, o dom do Espírito, a missão…

Ao longo dos vinte séculos da sua história, a Igreja nunca deixou de celebrar este dia como dia pascal semanal. A partir do século IV, com a paz de Constantino, foi-se-lhe acrescentando, além disso, o aspecto do descanso laboral, que até então não existia. Ultimamente, deu-se um passo significativo de adaptação às mudanças socioculturais: o domingo, incluída a sua Eucaristia, começa a celebrar-se já na tarde de sábado.

Há dois textos do Magistério – *Constituição sobre a Sagrada Liturgia* (*SC*) e o *Código de Direito Canônico* (*CDC*) – que manifestam o sentido, particularmente significativo, que a Igreja atribui ao domingo.

A Constituição conciliar, no seu n. 106: "Segundo a tradição apostólica, que teve origem no próprio dia da Ressurreição de Cristo, a Igreja celebra o Mistério Pascal de oito em oito dias, no dia que justamente se chama Dia do Senhor ou domingo. Neste dia, os fiéis devem reunir-se a fim de que, escutando a Palavra de Deus e participando na Eucaristia, recordem a Paixão, a Ressurreição e a glória do Senhor Jesus e deem graças a Deus que nos gerou de novo – através da ressurreição de Jesus Cristo de entre os mortos – para uma esperança viva. Por esta razão, o domingo é o principal dia de festa a propor e a introduzir na piedade dos fiéis, de tal modo que seja também um dia de alegria e de repouso do trabalho".

E o novo *Código de Direito Canônico*, de 1983 (c. 1247): "No domingo [...] os fiéis têm obrigação de participar da Missa; abstenham-se ainda daqueles trabalhos e negócios que impeçam o culto a prestar a Deus, a alegria própria do dia do Senhor, ou o devido repouso do espírito e do corpo".

O domingo é *um dos valores fundamentais* da comunidade cristã. É como um "sacramento" que concentra em si mesmo, a cada oito dias, as melhores riquezas da sua fé e da sua vida: a centralidade de Cristo e da sua Páscoa, a consciência da Igreja como comunidade, a escuta da Palavra e a celebração da Eucaristia, a alegria pascal que impregna toda a jornada e motiva o descanso laboral, a valorização da natureza (o domingo é também o "primeiro dia" da criação), o convite à caridade fraterna e à oração mais explícita. "A instituição do Dia do Senhor contribui para que todos gozem do tempo de descanso e lazer suficiente, que lhes permita cultivar a vida familiar, cultural, social e religiosa" (*CIC* 2184), e que se dediquem a obras de caridade fraterna (cf. *CIC* 2186), renovando cada semana o compromisso de testemunho cristão, como uma voz profética no meio do mundo.[33]

---

33 N.E.: para aprofundar: Augé, Matias. *O ano litúrgico é o mesmo Cristo presente na Igreja*. São Paulo: Paulinas, 2013. cap. V; Daniélou, Jean. *Biblia e liturgia*. A teologia bíblica dos sacramentos e das festas nos Padres da Igreja. São Paulo: Paulinas, em produção.

doxologia

Chama-se doxologia – do grego *doxa* (glória, honra) e *logos* (palavra); portanto: "palavra de glória" – ao louvor ou bênção, normalmente trinitários, com que se conclui uma oração ou um hino.

No NT, encontramos doxologias dirigidas a Cristo ou a Deus Pai: "Dele, por ele e para ele são todas as coisas. Glória a Deus para sempre. Amém" (Rm 11,36); "Ao único Deus sábio, por Jesus Cristo, a ele a glória pelos séculos! Amém" (Rm 16,27).

Na *Eucaristia*, a doxologia principal é a que conclui a Oração Eucarística: "Por Cristo, com Cristo e em Cristo, a vós, Deus Pai […] na unidade do Espírito Santo, toda a honra e toda a glória, agora e para sempre". Essa doxologia, com que o presidente exprime a glorificação de Deus, o povo a conclui e confirma com a sua aclamação do *Amém*.

Há outra grande doxologia na Missa, o hino "Glória a Deus nas alturas", no rito de entrada. Chama-se doxologia também à aclamação "Vosso é o Reino…" depois do Pai-nosso, que, provavelmente, pertencia à Oração do Senhor, como sua lógica conclusão (cf. *Didaquê* 8,2; *CIC* 2855-2856).

Na *Liturgia das Horas*, há várias doxologias: a última estrofe dos hinos, construída como louvor, normalmente "dirigida à própria Pessoa divina a quem se dirige o hino" (cf. *IGLH* 174); e o "Glória ao Pai" do final dos salmos, acrescentado pela tradição cristã e "que vem dar à oração do AT um sentido laudativo, cristológico e trinitário" (*IGLH* 123). Essa doxologia do "Glória ao Pai", chamada "doxologia menor", é uma das orações mais densas e repetidas do povo cristão.

elevação

Podem-se elevar as mãos, o olhar, a voz e, em sentido simbólico, o coração. Na liturgia, a palavra "elevação" designa normalmente a do Pão e do Vinho consagrados, por parte do sacerdote, na Oração Eucarística. Nas liturgias orientais, realiza-se a elevação em outros momentos, como gesto de "mostrar": por exemplo, quando se convida a comungar, depois de ser dito *sancta sanctis* (o Santo para os Santos).

A elevação do Pão e do Vinho, no rito romano, é de origem relativamente recente: a do Pão começou em Paris, nos começos do século XIII, e a do Vinho, mais tarde, oficialmente, pela primeira vez, no Missal de Trento.

A piedade eucarística, nos séculos XII e XIII, como reação à heresia de Berengário, que negava a presença real, sublinhava mais o fato de "ver" a Eucaristia que o de participar dela, na Comunhão. E, como o sacerdote, nessa época, celebrava de costas para a comunidade, isso contribuiu para que o gesto de elevar o Pão consagrado tivesse de fazer-se de forma a ser bem notada. Presentemente, com o celebrante voltado para a assembleia, não se justifica que a elevação seja tão evidenciada.

Na Eucaristia, há três elevações:

- no ofertório, o sacerdote toma o pão, mostra-o, elevando-o um pouco do altar (*aliquantulum elevatam*), enquanto pronuncia – em segredo ou em voz alta – as palavras de apresentação, fazendo o mesmo, depois, com o vinho;

- no relato da consagração, depois de pronunciar as palavras sobre o Pão, eleva-o um pouco (*parum elevatum*), oferecendo-o à adoração dos fiéis, e repete o mesmo gesto, para a elevação do vinho;

- e, enquanto canta ou proclama a doxologia final da Oração Eucarística, eleva o Pão e o Vinho (*utrunque elevans*). Essa última elevação é a mais antiga e a mais solene, sublinhando com esse gesto expressivo a doxologia final da oração: é por meio de Cristo Eucarístico que elevamos a Deus toda a honra e toda a glória.

embolismo

A palavra vem do grego *em-ballo* (acrescentar, introduzir) uma coisa (cf. "êmbolo", no vocabulário de mecânica). Aplica-se, por exemplo, ao acréscimo de dias ou de meses no calendário, para corrigir o seu desajustamento com outro calendário ou ciclo astral.

Na liturgia, dá-se esse nome ao comentário ou glosa que se acrescenta à oração do Pai-nosso, "Livrai-nos, Senhor, de todo o mal...": "desenvolvendo o último pedido do Pai-nosso, o embolismo suplica que toda a comunidade dos fiéis seja libertada do poder do mal" (*IGMR* 81). Cabe ao presidente dizê-lo, e o povo completa-o com a doxologia "Vosso é o reino...".

enterro

O enterro é a ação de pôr debaixo da terra ou inumar o corpo de um defunto.

Nas diversas culturas e religiões faz-se com orações e ritos, com os quais se quer exprimir o apreço pelo defunto, a recordação que dele se vai continuar a ter, a petição à divindade para que o tenha na sua paz ou, inclusive, a ajuda que se lhe quer dar na sua viagem para a eternidade.

O enterro ou inumação é a forma mais clássica preferida pelas Igrejas cristãs, seguindo o exemplo do enterro do Corpo de Cristo ao ser descido da cruz.

Cemitério. Exéquias. Funeral. Inumação.

entrada

A celebração litúrgica tem sempre alguns ritos de introdução, assim como de despedida ou conclusão. Nos primeiros séculos, a Eucaristia começava com grande simplicidade: reunida a comunidade, o presidente entrava, saudava todos e, de imediato, passava às leituras. Mais tarde, nesse momento foram-se introduzindo vários elementos pedagógicos. A solene entrada da Missa papal, nos séculos VI-VII, é um dos melhores testemunhos dessa evolução.

Nas liturgias orientais, ao princípio tem-se a "pequena entrada", com o sacerdote e os outros ministros e, sobretudo, com o evangeliário. E, ao ofertório, a "grande entrada", com a procissão dos ministros que trazem os dons para a celebração, com incenso e com o canto do *Cherubikon*.

Na liturgia romana, o rito de entrada, na última reforma (cf. *IGMR* 46-54), ficou assim configurado:

- a procissão de entrada do sacerdote e dos ministros, às vezes com incenso, cruz processional e evangeliário;

- o cântico de entrada ou introito, durante essa procissão;

- o beijo ao altar, com eventual incensação, o sinal da cruz e a saudação à comunidade;

- a monição inicial, quando se faz;

- o ato penitencial e a invocação "Senhor, tende piedade de nós" (*Kyrie eleison*);

- o cântico do Glória (*Gloria in excelsis*), nos dias mais solenes;

- e a oração Coleta do dia.

Tudo isso, segundo o Missal, tem uma dupla finalidade: "os fiéis, reunindo-se em assembleia, constituam uma comunhão e se disponham a ouvir atentamente a Palavra de Deus e celebrar dignamente a Eucaristia" (*IGMR* 46).

Há celebrações com um rito de entrada especialmente significativo: no Domingo de Ramos; nas celebrações em que o bispo preside, por exemplo, a Missa estacional, a dedicação de uma igreja, as confirmações e ordenações; a procissão de entrada dos noivos para o Matrimônio; a entrada do féretro na celebração das exéquias…

Introito.

epacta

Vem do grego *ep-ago* (introduzir, intercalar). Usa-se, sobretudo, para indicar o número de dias que deve ser acrescentado ao ano lunar, de 354 dias, para igualá-lo ao ano solar, que são 365 dias. Este número é o que ajuda a calcular a situação da Páscoa, em cada ano.

Passou a significar, então, o calendário eclesiástico, diferente para cada ano, pela mobilidade da Páscoa, e que recebe também outros nomes como "folhinha", "calendário do ano litúrgico" e *Ordo*.

epiclese

É a invocação que se eleva a Deus para que envie o seu Espírito Santo e transforme as coisas ou as pessoas. Vem do grego *epi-kaleo* (chamar sobre); em latim, *in-vocare*.

Na *Oração Eucarística da Missa* há duas epicleses (cf. *IGMR* 79c):

- a que o sacerdote pronuncia sobre os dons do pão e do vinho, com as mãos estendidas sobre eles, dizendo, por exemplo: "Santificai estes dons, derramando sobre eles o vosso Espírito, de modo que se convertam, para nós, no Corpo e Sangue de Nosso Senhor Jesus Cristo" (Oração II) – é a epiclese "consecratória"; outras Orações Eucarísticas pedem que o Espírito "torne", "abençoe", "santifique", "transforme" o pão e o vinho;

- a que o sacerdote diz na mesma Oração Eucarística, depois do memorial e da oferenda, pedindo a Deus que de novo envie o seu Espírito, desta vez sobre a comunidade que vai participar da Eucaristia, para que também ela se transforme, ou se vá construindo na unidade: "e nós vos suplicamos que, participando do Corpo e Sangue de Cristo, sejamos reunidos pelo Espírito Santo num só corpo" (Oração II) – é a epiclese "de comunhão", que, em outras Orações Eucarísticas, pede que "sejamos em Cristo um só corpo e um só espírito"; "Derramai sobre nós o Espírito… fortalecei o vosso povo com o Corpo e o Sangue do vosso Filho e renovai-nos a todos à sua imagem"…

Essas duas epicleses, nas Anáforas orientais e na da liturgia hispano-moçárabe, estão unidas e são preferidas depois do relato da instituição, enquanto na liturgia romana – e em algumas das orientais, como a alexandrina – situam-se uma antes da consagração e a outra depois.

Foi um enriquecimento que, atualmente, no rito romano, se tenha decidido nomear claramente o Espírito na primeira epiclese, nas novas Orações

Eucarísticas; na clássica, o cânone romano, existe a invocação a Deus, mas sem nomear explicitamente o Espírito.

A epiclese não faz parte só da Eucaristia. A oração consecratória central de todos os sacramentos, depois da anamnese ou memória de louvor a Deus, contém sempre a oração de epiclese:

- pede-se-lhe que santifique a água do Batismo: "Receba esta água, pelo Espírito Santo, a graça de vosso Filho Unigênito, para que o homem, criado à vossa imagem, no sacramento do Batismo seja purificado das velhas impurezas e ressuscite homem novo pela água e pelo Espírito Santo";

- na Missa crismal invoca-se o Espírito sobre os óleos para os sacramentos e, a seguir, na Confirmação, pede-se a Deus que envie o seu Espírito sobre os confirmandos para que os encha de seus dons;

- no sacramento da Reconciliação também se nomeia o Espírito: "enviou o Espírito Santo para remissão dos pecados";

- na Unção dos Enfermos, o sacerdote ora pelo doente na fé da Igreja: "é a epiclese própria desse sacramento" (*CIC* 1519);

- é no sacramento da Ordem que, talvez, com maior expressividade, o bispo, impondo as mãos sobre a cabeça dos ordenandos e pronunciando a seguir a invocação do Espírito, põe em destaque a força da epiclese;

- e, finalmente, no Matrimônio: "Na epiclese deste sacramento, os esposos recebem o Espírito Santo como comunhão do amor de Cristo e da Igreja" (*CIC* 1624).

Invocando a força do Espírito nos nossos sacramentos, reconhecemos que é Deus quem salva e que o protagonismo é da ação do seu Espírito santificador.

Como dizia São Cirilo de Jerusalém, no século IV: "Depois de santificados por esses hinos espirituais, suplicamos ao Deus benigno que envie o Espírito Santo sobre os dons colocados, para fazer do pão Corpo de Cristo e do vinho Sangue de Cristo. Pois tudo o que o Espírito Santo toca é santificado e transformado" (*Catequeses Mistagógicas* V,7). "O Pai sempre atende à oração da Igreja do seu Filho que, na epiclese de cada sacramento, exprime a sua fé no poder do Espírito. Assim como o fogo transforma nele mesmo tudo o que toca, o Espírito Santo transforma em vida divina o que é submetido ao seu poder" (*CIC* 1127).

Espírito Santo.

Epifania

É uma das festas mais importantes do ano cristão, e celebra a manifestação ou as manifestações de Cristo Jesus.

É uma palavra grega que deriva de *epi* e *faino* (brilhar, manifestar-se). Paulo diz a Tito que "manifestou-se (*epifane*) a graça de Deus… aguardando a ditosa esperança e manifestação (*epifaneia*) da glória do nosso grande Deus e Salvador, Jesus Cristo" (Tt 2,11.13).

A celebração da Epifania teve a sua origem nas Igrejas do Oriente. No século III, aparece no Egito – para dali passar facilmente a Jerusalém e à Síria, no século IV –, como festa celebrativa da manifestação do Senhor, entendida como seu nascimento, relacionada provavelmente com uma festa do Sol, época do ano em que a duração do dia começa já a triunfar sobre a da noite. Por isso, tem também o nome de "festa das luzes".

Rapidamente, passou também a Roma e ao Ocidente, apesar de, ali, nessa mesma época, ter surgido a festa da Natividade, do nascimento do Salvador. Parece ter havido um intercâmbio: no Ocidente, aceitou-se também a Epifania, dando-se-lhe o sentido da manifestação aos Magos, como representantes dos povos pagãos; e, no Oriente, foi aceita, por sua vez, a Natividade, como a festa do nascimento, passando, então, a da Epifania, a ser sobretudo o dia batismal.

Por muitos testemunhos antigos, vê-se que a Epifania tende a condensar, numa só festividade, as várias manifestações do Senhor. Ainda hoje, a antífona do *Magnificat*, nas segundas Vésperas dessa festa, anuncia: "Recordamos neste dia três mistérios: hoje a estrela guia os Magos ao presépio; hoje, nas bodas de Caná, a água se faz vinho para as bodas; hoje, Cristo no Jordão é batizado para nos salvar". O enviado de Deus, a quem, apenas há poucos dias, celebramos como criança, manifesta-se progressivamente como Messias: aos Magos, no Jordão e no seu primeiro milagre, em Caná.

Em alguns países, sobretudo se a Epifania não for dia de preceito, trasladou-se essa festa para o domingo que cai entre o dia 2 e o dia 8 de janeiro.

No dia da Epifania existe também o antigo costume de proclamar, depois do Evangelho, a calenda, ou seja, o calendário das festas móveis de todo o ano, sobretudo a data da Páscoa. Cristo, o novo Sol, a Luz que vai triunfando sobre a obscuridade, dá sentido a todo o transcorrer do tempo e do ano.[34]

Epístola

Do grego *epi* e *stello* (enviar) significa, em latim, *charta*.

Recebia este nome, em geral, toda a leitura que, na Missa, precedia a do Evangelho, mas, sobretudo – e daí vinha o nome –, as Cartas de Paulo ou dos outros Apóstolos.

Nos documentos anteriores à atual reforma (por exemplo, na Instrução *Inter Œcumenici*, de 1964), ainda costumava receber esse nome. Atualmente, dá-se-lhe o nome de "primeira" ou "segunda leitura".

escrutínio

Vem do latim *scrutari* (esquadrinhar, examinar). Aplicamos o termo, por exemplo, à recontagem de votos nas eleições. Em registro cristão, dá-se esse nome às provas e celebrações – feitas de oração, leitura e exorcismos – que se fazem, sobretudo, no caminho do catecumenato batismal.

No *Ritual da iniciação cristã de adultos* explica-se a razão de ser desses escrutínios, na Quaresma que precede o Batismo (cf. *RICA* 154-159). A sua finalidade é purificar as almas e os corações, proteger contra as tentações, retificar a intenção, conseguir um sério conhecimento de si mesmo e promover a vontade de seguir, fielmente, a Cristo. Celebram-se três escrutínios, para favorecer o progresso no conhecimento do pecado e no desejo de salvação em Cristo. Têm lugar, sendo possível, nos domingos terceiro, quarto e quinto da Quaresma, com as leituras do ciclo A (samaritana, cego e Lázaro), na presença da comunidade, que ora pelos eleitos.[35]

Também no caso de crianças em idade escolar se fazem esses escrutínios (cf. *RICA* 330-333), que se convertem praticamente em celebrações peniten-

---

34 N.E.: Recomendamos: Augé, Matias. *O ano litúrgico é o mesmo Cristo presente na Igreja.* São Paulo: Paulinas, 2013. cap. IX; Lira, Bruno Carneiro. *O ciclo do Natal:* celebrando a encarnação. São Paulo: Paulinas, 2009.

35 Assim se chamam os catecúmenos, depois do rito da inscrição do seu nome, que dá entrada ao tempo da purificação e iluminação, anterior ao Batismo.

ciais para os que vão ser batizados e seus familiares. Trata-se sempre de escrutar o coração do catecúmeno e ajudá-lo a conhecer a sua própria debilidade, a vencer o mal e a aderir a Jesus Cristo (cf. *RICA* 25).

Em outras ocasiões, o escrutínio adquire, sobretudo, o sentido de exame dos candidatos a um sacramento: por exemplo, na ordenação ministerial ou na profissão religiosa. Toma então a forma de um diálogo com eles, a respeito da sua intenção e disposições.

Exame. Exorcismo.

escutar

Do latim *auscultare* – é mais ativo que o mero ouvir: é ouvir, prestando atenção. Não é só uma atitude humana necessária – sem ela, não é possível o diálogo –, mas constitui também a atitude religiosa fundamental.

O primeiro que escuta é Deus: "Eu vi a situação miserável do meu povo, no Egito; escutei o seu clamor"; vem salvá-lo e promete, por meio de Moisés: "Se eles clamarem por mim, escutarei o seu clamor" (Ex 3,7; 22,21-22). Inculca-se no povo de Israel esta primeira disposição diante de Deus: "Escuta, Israel!" (Dt 6,4), o famoso *Shemá Israel*, que é um bom resumo da sua fé.[36] A breve oração do jovem Samuel exprime-o com elegância: "Fala, Senhor; o teu servo escuta" (1Sm 3,10).

Também no NT a atitude de escuta é a primeira resposta de acolhimento ao que Cristo anuncia. Os bons ouvintes merecem esta bem-aventurança: "Felizes, antes, os que escutam a Palavra de Deus e a põem em prática" (Lc 11,28). Com razão se louva a Virgem Maria porque acolheu a Palavra: "acolheu a vossa Palavra e guardou-a no seu coração" (Prefácio mariano IV).

Na liturgia, todos são convidados a escutar com atenção as diversas palavras que são proclamadas: orações, cânticos, homilia, salmos… Mas, sobretudo, a Palavra de Deus que as leituras bíblicas transmitem.

A introdução ao Lecionário motiva para essa disposição de escuta: "quando Deus comunica a sua Palavra, espera sempre uma resposta, que consiste em ouvi-lo e adorá-lo 'em Espírito e verdade'"; "os fiéis tanto mais participam da ação litúrgica, quanto mais se esforçam, ao escutar a Palavra de Deus nela

---

36   Oração que todo judeu recita, duas vezes ao dia, no ofício da manhã e no da tarde. A oração encadeia três textos bíblicos: *Davarim, Parashat Vaet'chanan e Parashat Ekev* (Dt 6,4-9; 11,13-21); *Bamidbar, Shelach* (Nm 15,37-41). É precedida de duas bênçãos – *Yotser Or* (Criador da luz) e *Ahavá* (Amor) – e seguida por uma bênção – *Gueulá* (Redenção).

proclamada, por aderir intimamente à Palavra de Deus em pessoa, Cristo encarnado" (*ELM* 6). Escutar é uma audição acompanhada de fé, de modo que os fiéis "escutem a Palavra de Deus com tal devoção interior e exterior que cada dia neles aumente a vida espiritual e os introduza cada vez mais no mistério que se celebra" (*ELM* 45).

Leituras bíblicas. Palavra de Deus.

espécies

Em latim, *species*, de *specere* e *spicere* (olhar). Significa o aspecto exterior, a aparência, o que se vê.

Em relação à Eucaristia, fala-se das "espécies de pão e de vinho", para indicar a matéria visível desses dois elementos: porque a presença invisível do Corpo e Sangue de Cristo, o Senhor Ressuscitado, quis-se tornar experimentável para a humanidade, "sob as espécies sacramentais" do pão e do vinho.

O Missal recomenda que a Comunhão seja recebida sob as duas espécies, em razão do seu sinal de comida e bebida (cf. *IGMR* 281) e dos diversos simbolismos, humanos e sacramentais, que ambos os elementos oferecem complementarmente.

Comunhão. Eucaristia. Pão. Vinho.

Espírito Santo

O Espírito de Deus – *spiritus, pneuma* (sopro, vento) – tem, no plano salvador trinitário, um protagonismo que nos últimos anos se está felizmente redescobrindo.

Desde o dia de Pentecostes, em que, com a sua vinda, transformou a primeira comunidade, ele é, em todos os aspectos da vida, a força viva: na evangelização, na construção da fraternidade, no testemunho de amor e de unidade. Mas o é, de modo particular, na celebração litúrgica e na oração.

O *Catecismo da Igreja Católica* dedica, além do artigo do Credo "Creio no Espírito Santo" (*CIC* 683-747), uma notável seção (cf. *CIC* 1091-1112), "O Espírito Santo e a Igreja, na liturgia") para descrever a sua atuação no plano sacramental de Deus. É ele quem nos prepara para receber Cristo, quem traz continuamente à memória dos crentes o que Cristo ensinou, e quem atualiza o seu mistério salvador da Páscoa. É ele quem, invocado pela Igreja em oração de epiclese – sobre a água, os óleos, o pão e o vinho, os ordenandos, os doentes, os noivos –, dá eficácia a todos os sacramentos. No Batismo, o ser humano é regenerado "pela água e pelo Espírito". Na Confirmação, ele é recebido como o melhor dom do Senhor Ressuscitado. Na Eucaristia, é invocado para que transforme primeiro o pão e o vinho e, depois, a própria comunidade.

A salvação que *os sacramentos* comunicam é obra do Espírito. Ele é o "artífice das obras-primas de Deus, que são os sacramentos". "A finalidade da missão do Espírito em toda a ação litúrgica é pôr em comunhão com Cristo para formar o seu Corpo", e "que vivamos da vida de Cristo ressuscitado". Por isso, pode-se resumir dizendo que "a liturgia torna-se a obra comum do Espírito Santo e da Igreja" (*CIC* 1091). "A 'graça sacramental' é a graça do Espírito Santo dada por Cristo e peculiar a cada sacramento. O Espírito cura e transforma os que o recebem, conformando-os com o Filho de Deus. O fruto da vida sacramental é que o Espírito de adoção deifica os fiéis, unindo-os vitalmente ao Filho único, o Salvador" (*CIC* 1129).

É notável a renovada consciência atual do papel do Espírito na eficácia da *Palavra de Deus*. O elenco das *leituras da Missa* apresenta "a relação entre a Palavra de Deus proclamada e a ação do Espírito Santo" [*ELM* 9]: "Para que a Palavra de Deus realize de fato nos corações aquilo que ressoa aos ouvidos, requer-se a ação do Espírito Santo". O que inspirou os livros sagrados atua agora em cada fiel que escuta essa Palavra, que por sua ação se torna viva e eficaz, dando eficácia à resposta dos fiéis (cf. *ELM* 2-6). "Alimenta a fé dos presentes acerca da palavra, que se torna sacramento pelo Espírito Santo" (*ELM* 41). Ou como diz o Catecismo, é ele "que dá aos leitores e ouvintes, segundo a disposição dos seus corações, a inteligência espiritual da Palavra de Deus" (*CIC* 1101). É, na verdade, o "exegeta da Palavra" (cf. *DV* 12). E pode se dizer o mesmo da *oração*.

Como o Espírito moveu Jesus na sua oração – "Jesus estremeceu de alegria sob a ação do Espírito Santo e disse: "Bendigo-te, ó Pai…" (Lc 10,21) –, agora ele "vem em auxílio da nossa fraqueza, […] e intercede por nós com gemidos inefáveis" (Rm 8,26) e grita dentro de nós *Abbá*, ó Pai! (Rm 8,15; Gl 4,6). Também aqui o mesmo Espírito que inspirou os salmistas inspira e dá vida à oração dos que oram com os salmos (cf. *IGLH* 100.102.104). "Nenhuma oração, portanto, se pode fazer sem a ação do Espírito Santo" (*IGLH* 8).

Todas elas são perspectivas realmente dinâmicas, profundas e cheias de consequências, que o Catecismo completa com as suas comparações muito expressivas, a do fogo e a da seiva: "Tal como o fogo transforma em si tudo o que atinge, assim o Espírito Santo transforma em vida divina tudo quanto se submete ao seu poder" (*CIC* 1127). "O Espírito Santo é como a seiva da Videira do Pai, que dá fruto nos sarmentos" (*CIC* 1108).[37]

Epiclese. Pentecostes.

estação, Missa estacional

Do latim *stare, statio* (estar de pé, deter-se). Por isso, falamos de estações de ônibus ou de trens; designam-se como estações as várias pausas e etapas da via-sacra e da procissão com o Santíssimo.

A origem de "estação" parece que é romana, de uso militar: guarda, posto de guarda. No cristianismo, já no século II, se dá esse nome à reunião da comunidade, nos dias de jejum e de oração (quarta e sexta-feira). Mas aplicava-se, sobretudo, às convocatórias comunitárias de Roma que, presididas pelo Papa, se realizavam em determinadas igrejas, na Quaresma. O Missal de Pio V ainda conservava, como recordação histórica, por exemplo, que na Quarta-feira de Cinzas havia "estação em Santa Sabina".

Depois, veio a aplicar-se a toda a reunião comunitária presidida pelo bispo, sublinhando, portanto, o sentido teológico de uma comunidade eclesial em torno do seu pastor, para celebrar a Eucaristia, com um tom itinerante de Igreja peregrina. Nos Congressos Eucarísticos internacionais, a Eucaristia conclusiva recebe o nome de *statio orbis*, a estação da Igreja Universal.

O *Cerimonial dos bispos* convida a que, acomodadas a cada localidade, se celebrem Missas estacionais, que descreve detalhadamente (*CB* 119-170), recordando que a "manifestação mais importante da Igreja local dá-se quando o bispo, na qualidade de sumo sacerdote do seu rebanho, celebra a Eucaristia, mormente na igreja catedral, rodeado do seu presbitério e ministros, com plena e ativa participação de todo o Povo santo de Deus" (*CB* 119; cf. *SC* 41).

Além dessa importante "Missa estacional", aplica-se o termo às exéquias cristãs, nas quais se recomenda fazer "três estações", na casa, na igreja e no cemitério, com as duas procissões correspondentes: de casa para a igreja e da igreja para o cemitério (*Ritual* nn. 4-9).

---

37   N.E.: Para aprofundar: Castellano, Jesus. *Liturgia e vida espiritual*. São Paulo: Paulinas, 2008. p. 189-219.

estipêndio

A palavra latina *stipendium* significa retribuição ou salário.

É costume secular "que os fiéis, impelidos pelo seu sentido religioso e eclesial, queiram dar o seu contributo pessoal para uma participação mais ativa na celebração eucarística, contribuindo assim para as necessidades da Igreja e, sobretudo, para o sustento dos seus ministros" ("motu próprio" *Firma in traditione*, Paulo VI, 1974), enquanto exprimem o desejo de que o sacerdote tenha em conta de modo especial uma intenção sua. Por isso, se fala da "intenção da Missa".

Sem ser um aspecto fundamental da Eucaristia nem da participação ativa dos fiéis, não se pode negar a sua legitimidade nem a sua conaturalidade com a fé e a religiosidade do povo cristão, salvando sempre a universalidade dos frutos da Eucaristia. Desde os primeiros séculos, sabemos que, na celebração, se lia a lista dos "oferentes", ou seja, dos que tinham pedido uma intenção especial e ofereciam algo como contributo livre. Fazia-se isso às vezes no ofertório (como na liturgia hispânica) e outras, na Oração Eucarística.

Paulo VI, no seu "motu proprio" *Firma in traditione*, de 1974, e o *Código de Direito Canônico*, de 1983 (cc. 945-958), "do estipêndio oferecido para a celebração da Missa", motivam e regulam os estipêndios da Missa: "segundo o costume aprovado da Igreja, é lícito a qualquer sacerdote, que celebre ou concelebre a Missa, receber o estipêndio oferecido para que se aplique por determinada intenção. Muito se recomenda aos sacerdotes que, mesmo sem receberem estipêndio, celebrem Missa por intenção dos fiéis, particularmente dos pobres" (c. 945). Pode-se dizer que o estipêndio é uma das formas de participação ativa na Eucaristia. "Ao oferecerem o estipêndio para que a Missa seja aplicada por sua intenção, os fiéis contribuem para o bem da Igreja e, com essa oferta, participam no cuidado dela em sustentar os seus ministros e as suas obras" (c. 946). "Evite-se inteiramente qualquer aparência de negócio ou comércio com os estipêndios das Missas" (c. 947).

A norma é que "devem celebrar-se Missas distintas pelas intenções daqueles pelos quais foi oferecido e aceito o estipêndio, mesmo diminuto" (c. 948). Perante o costume, bastante generalizado, de aplicar uma Missa por "intenções coletivas", especialmente nos locais em que há falta de sacerdotes e são muitos os pedidos de intenções, a Congregação para o Clero publicou, em fevereiro de 1991, um decreto em que se recorda da norma antes referida, não permitindo a sua transgressão sem que os oferentes o saibam, e indicando que tais Missas por "intenções coletivas" não devem celebrar-se mais de duas vezes por semana. No Código, há outra série de normas sobre os estipêndios, para quando um sacerdote celebra várias Missas por dia.

estola

É uma tira de pano, com cerca de quinze a vinte e cinco centímetros de largura, branca ou de cores, que pende do pescoço. A palavra vem do grego *stolé*. No uso latino antigo, empregava-se às vezes para designar vestes significativas ou simbólicas: assim fala-se que os batizados vão vestidos de estolas brancas (*stolis albis candidi*), ou que os mártires vão vestidos com a estola da glória imortal.

A estola é comum a todos os ministros ordenados. Com a diferença de que os sacerdotes a colocam ao redor do pescoço, caindo as suas pontas em paralelo sobre os dois ombros, sobre a túnica e debaixo da casula, e os diáconos usam-na cruzada, do ombro esquerdo para o lado direito.

É, portanto, um distintivo dos ministros e, simultaneamente, um adorno que ressalta a função sagrada que realizam. Usa-se a estola também para distribuir a comunhão ou quando se ocupa a cadeira penitencial. Na ordenação do diácono, um dos gestos complementares é o da imposição da estola.

Eucaristia

É o sacramento central dos cristãos, o alimento sacramental em que Jesus Cristo se dá à sua comunidade, sob o sinal do pão e do vinho, para torná-la participante da sua própria Pessoa Gloriosa, do seu Corpo e Sangue, entregues de uma vez por todas na cruz e, agora, na sua existência pascal escatológica.

A palavra vem do grego *eu* (bom) e *charis* (graça) = "boa graça" (em sentido descendente); ou "ação de graças" (em sentido ascendente). Quando os Evangelhos descrevem os gestos da Última Ceia, recordam que Jesus "tomou o pão e deu graças" (*eucharistesas*). Não é de estranhar, portanto, que por volta do ano 100 o nome *Eucaristia* se acrescentasse às outras denominações usadas pelas primeiras comunidades para designar esse sacramento: *Fração do Pão* e *Ceia do Senhor*. A seguir, chamar-se-ia *Synaxis* (reunião, ação conjunta), *Missa* etc.

Os Evangelhos sinóticos e Paulo (cf. 1Cor 11,17-34) transmitem-nos como Cristo, na sua ceia de despedida, encarregou a comunidade de celebrar o sacramento do seu Corpo entregue e do seu Sangue derramado, sob a forma do pão e do vinho. Como a Última Ceia foi um sacramento antecipado da sua entrega na cruz, a Eucaristia será, até o final dos tempos, o memorial do seu sacrifício pascal.

A Igreja, jubilosamente convencida, desde o princípio, de que, nesse sacramento, Cristo se torna realmente presente na comunidade reunida, na Palavra proclamada e, sobretudo, no pão e no vinho, que a palavra de Cristo e a ação do Espírito convertem no seu Corpo e Sangue, há dois mil anos que se reúne, sobretudo no domingo, no dia do Senhor Ressuscitado, para celebrar a Eucaristia. Esta, desde muito cedo, se estruturou com uma primeira parte de escuta da Palavra e uma segunda de Oração Eucarística e Comunhão: a dupla mesa para a qual Cristo convida os seus.

O Catecismo (cf. *CIC* 1391-1401) assim descreve os frutos da Comunhão eucarística: pela Eucaristia a comunidade une-se mais ao seu Senhor ("Quem come a minha Carne e bebe o meu Sangue permanece em mim e eu nele... Eu vivo pelo Pai, também o que me come viverá por mim": Jo 6,56-57); robustece-se na sua luta contra o mal e o pecado; cresce na fraternidade eclesial ("Uma vez que há um único pão, nós, embora muitos, somos um só corpo, porque participamos desse único pão": 1Cor 10,17), enquanto sente o desejo de poder celebrá-la em plena unidade com todos os cristãos. Ao mesmo tempo, sente-se interpelada pela atitude fundamental de Cristo – a sua entrega pelos outros – e procura imitá-lo com um comportamento em favor dos pobres.

Os livros litúrgicos com os quais a comunidade celebra a Eucaristia foram revistos e reformados por incumbência do Concílio (cf. *SC* 50, em 1963): o Missal de Paulo VI, editado em 1970, e o Lecionário, na sua primeira edição de 1969 e a renovada de 1981.[38]

Missa. Missal.

eucologia

Vem do grego *euche, euke* (oração) e *logia* (estudo, ciência, tratado). Portanto, seria o estudo da oração, mas usa-se também para o conjunto de orações de um livro litúrgico ou de uma celebração. Assim como as leituras repre-

---

[38]   N.E.: Para aprofundar: Lelo, Antonio Francisco (org.). *Eucaristia*: teologia e celebração. São Paulo: Paulinas, 2006; Marsili, Salvatore. *Sinais do Mistério de Cristo*. São Paulo: Paulinas, 2010. p. 278-387.

sentam o que Deus nos quer comunicar, os textos eucológicos são as orações que nós dirigimos a Deus.

A eucologia é uma das riquezas mais características de um rito ou família litúrgica. Nas liturgias orientais chama-se *Eucológio* ao seu livro oracional. Nas ocidentais, chama-se *Sacramentário* (*liber sacramentorum*), *Livro do altar* ou simplesmente *Missal*.

Fala-se de eucologia maior e menor. A *menor* são as orações breves, no princípio da Missa (a oração coleta), depois do ofertório (oração sobre as oferendas) e no final da celebração (oração depois da Comunhão), assim como a fórmula conclusiva da oração universal na Missa e as "coletas dos salmos", na *Liturgia das Horas*.

A eucologia *maior* é, sobretudo, a Oração Eucarística, com o Prefácio como sua primeira seção, as bênçãos solenes e as orações consecratórias dos vários sacramentos: por exemplo, a oração sobre a água, no Batismo, sobre os óleos e o crisma, na Missa crismal, ou sobre os ordenandos ou os noivos.

Oração. Oração Eucarística.

eulogia

Significa *bem-dizer*, *boa palavra*, do grego *eu* (bem) e *logia* (palavra). É, portanto, sinônimo de *bênção*.

Além disso, na história religiosa, chamou-se *eulogia*, em concreto, ao pão que se distribuía depois de ter sido benzido, por exemplo, nos ágapes vespertinos das comunidades dos primeiros séculos. Hipólito, na sua *Traditio Apostólica*, demonstra a preocupação de que o povo pudesse confundir esse pão bento com o eucarístico, propriamente dito: "durante a ceia, os fiéis presentes receberão das mãos do bispo um pedaço de pão, antes de partir cada um o seu próprio pão. Porque é a eulogia e não a Eucaristia, como o Corpo do Senhor" (c. 25-26).

Bendizer, bênção.

Evangelho

A leitura mais importante da Missa é a proclamação do Evangelho. Depois das leituras do AT e do NT, a comunidade cristã põe-se de pé para escutar a palavra do próprio Cristo.

Evangelho vem do grego *eu* (bom) e *angelion* (mensagem, anúncio, notícia). Significa, portanto, Boa-Notícia.

"A leitura do Evangelho constitui o ponto alto da liturgia da Palavra, para o qual a assembleia se prepara com as outras leituras, na ordem indicada, isto é, a partir do Antigo Testamento até chegar ao Novo" (*ELM* 13).

Por isso, esse momento se rodeia de vários e tradicionais sinais de especial respeito: pode-se organizar uma procissão com velas acesas, levando o Evangeliário para o ambão; os fiéis escutam-no de pé; acolhem-no com uma aclamação (o "Aleluia" ou outro breve cântico ao Senhor); a sua leitura está reservada a um diácono ou outro ministro ordenado (configurado a Cristo, pelo sacramento da Ordem, cuja palavra proclama); esse ministro prepara-se com uma oração pessoal ou pedindo a bênção ao presidente; nos dias solenes, pode-se incensar o livro; persignam-se todos no início da leitura, exprimindo o desejo de personalização da sua mensagem; volta-se a cantar outra aclamação no final; aquele que o lê beija o livro etc. (cf. *ELM* 17).

O Evangelho não é lido na Liturgia das Horas: os vários cânticos evangélicos do *Benedictus*, do *Magnificat* e do *Nunc dimittis* não se fazem como leituras, mas como cânticos. A única exceção em que se lê é a das vigílias prolongadas do domingo (cf. IGLH 73). Tradicionalmente, reserva-se o Evangelho para a celebração dos sacramentos.

Na Eucaristia, proclama-se o Evangelho inteiro, todos os anos: nos dias feriais, seguindo por esta ordem a leitura continuada de Marcos, Mateus e Lucas; aos domingos, dividido num ciclo de três anos – A, B e C –, com Mateus, Marcos e Lucas. Em ambos os casos, o de João encontra o seu lugar em dias e tempos determinados, sobretudo da Quaresma e da Páscoa.

Evangeliário

Chama-se *Evangeliário* ao livro que contém os quatro Evangelhos, distribuídos para a sua leitura na liturgia.

"Sendo sempre o anúncio evangélico o ponto alto da liturgia da Palavra, as duas tradições litúrgicas, a ocidental e a oriental, mantiveram uma diferença entre o Evangelho e as demais leituras. Com efeito, o livro dos Evangelhos era elaborado com grande cuidado, adornado e venerado mais do que qualquer outro Lecionário. Assim, pois, é muito conveniente que também em nossos dias, nas catedrais, nas paróquias e igrejas maiores e mais concorridas, haja um Evangeliário, formosamente adornado e diferente do livro das demais leituras" (*ELM* 36).

Na procissão de entrada, na Missa, o Evangeliário pode ser transportado, solenemente, por um diácono ou outro ministro, que o deixa sobre o altar, fechado. O presidente da celebração, ao chegar ao altar, beija o altar e o Evangeliário, antes de se dirigir para o seu lugar presidencial; quando chegar a hora de proclamar o Evangelho, leva-se para o ambão e ali se abre.

São vários os momentos em que se torna particularmente expressiva a entrega do Evangeliário:

- numa das etapas do processo catecumenal, juntamente com a entrega do Símbolo e do Pai-nosso;

- na ordenação dos diáconos e bispos: "com razão este livro é entregue ao diácono na sua ordenação e é imposto e sustentado sobre a cabeça do eleito na ordenação episcopal" (*ELM* 36);

- também se entrega ao novo pároco como um dos sinais do seu novo ministério;

- e pode-se colocar, além disso, sobre o féretro, nas exéquias;

- um momento muito solene é quando, nos Sínodos ou Concílios, se "entroniza" o Evangeliário, no começo de cada congregação geral, como se fazia no Vaticano II.

Lecionário.

exame

Vem do latim *ex-agmen* (fora de, rebanho) e significa revisão ou análise. Por isso, se relacionou com os vários escrutínios realizados, por exemplo, no caminho do catecumenato e para a admissão às ordens sagradas.

Há duas celebrações litúrgicas em que o exame tem particular significado: na hora de Completas e no sacramento da Reconciliação. O exame feito pessoalmente é um ótimo meio para se conhecer a si mesmo, na presença de Deus, não tanto em chave psiquiátrica, mas na da continuada conversão ao Evangelho de Cristo.

Em Completas, oração final do dia, "é louvável a prática do exame de consciência, que na celebração comunitária se faz em silêncio ou se insere no ato penitencial, de acordo com as fórmulas do Missal Romano" (*IGLH* 86). É sábio terminar a jornada confrontando a nossa atuação com a vontade de Deus.

No sacramento da Penitência, antes de nos acusarmos ao ministro eclesial, examinamos a nossa vida à luz da Palavra. Quando se trata da celebração pessoal, supõe-se que já se fez antes essa reflexão. Na comunitária, "é aconselhável observar um tempo de silêncio para se realizar o exame de consciência e despertar a verdadeira contrição dos pecados. O sacerdote, o diácono ou outro ministro podem vir em auxílio dos fiéis com breves palavras ou uma prece litânica, atendendo-se a sua condição, idade etc." (*RP* 53). No apêndice do Ritual oferecem-se esquemas para esse exame de consciência, sempre adaptáveis às circunstâncias concretas de cada grupo ou comunidade.

Escrutínio.

exéquias

Do latim *ex-sequi*, *ex-sequiae* (seguir, acompanhar), as exéquias são a série de ritos e orações com que a comunidade cristã acompanha os seus defuntos e os recomenda à bondade de Deus.

Em todos os povos e culturas se cuidou sempre, com ritos variados e expressivos, do acompanhamento dos que falecem e, depois, da sua recordação e veneração. Os cristãos, ao princípio, imitaram os usos dos judeus e dos vários povos. A primeira notícia sobre isso diz respeito ao protomártir Estêvão: "homens piedosos sepultaram Estêvão e fizeram por ele grandes lamentações" (At 8,2). Mas a novidade era a esperança pascal, desde que Jesus Cristo iluminou o mistério da morte com a sua própria experiência: "não vos [contristeis] como os outros, que não têm esperança. Se acreditamos que Jesus morreu e ressuscitou, do mesmo modo, Deus levará com Jesus os que em Jesus tiverem morrido" (1Ts 4,13-14).

Na Idade Média, sublinhou-se, no conjunto das exéquias, o aspecto mais lúgubre e trágico, com cânticos como o *Dies irae* ou o *Libera me*, pondo ênfase ao mesmo tempo na intercessão pelos defuntos. O Concílio Vaticano II determinou, explicitamente: "O rito das exéquias exprima mais claramente o sentido pascal da morte cristã e corresponda melhor, também na cor litúrgica, às condições e às tradições de cada região" (*SC* 81).

No ano de 1969, promulgou-se o novo *Ordo exsequiarum* (e no Brasil em 1970).

A forma primeira, a típica, contém três "estações": na casa do defunto, na igreja e no cemitério, com as procissões ou trasladações intermédias (da casa para a igreja e da igreja para o cemitério). A segunda forma considera só duas "estações": na capela do cemitério (velório) e junto à sepultura. E a terceira forma é quando se celebra tudo no velório, pela dificuldade das trasladações processionais, da casa para a igreja ou desta para o cemitério. Então, faz-se um acolhimento breve e, aí mesmo, a despedida, no final da celebração.

Cemitério. Enterro. Sufrágio.

exercícios piedosos

Devoções.

exorcismo

A palavra vem do grego *ex-orkizein* (conjurar, lançar fora). O Evangelho relata, com frequência, episódios em que Jesus, com o seu poder, liberta os possessos do demônio. Esse mesmo encargo foi transmitido aos discípulos, no dia da Ascensão: "Eis os milagres que acompanharão os que acreditarem: expulsarão os demônios em meu nome…" (Mc 16,17).

O exorcismo é uma ação, como a bênção, constituída de palavras e gestos – insuflação, imposição das mãos, sinal da cruz ou aspersão com a água benta –, pela qual a Igreja, em nome de Deus, liberta e protege do mal. Não é um sacramento, mas sim um sacramental que se aplica a uma pessoa ou a uma coisa (exorciza-se a água, os óleos, os lugares), que transmite o poder salvador e a vitória pascal de Cristo, libertando-as da influência do demônio (cf. Lc 8,26-39; Jo 12,31).

Na história da Igreja praticou-se o exorcismo, no processo catecumenal, sobretudo em ambientes pagãos, como se vê insistentemente no *Ordo Romanus XI*, dedicado aos sacramentos de iniciação. O ministério do exorcista pertencia às quatro ordens menores (juntamente com o ostiário, o leitor e o acólito). Paulo VI, em 1972 (*Ministeria quædam*), suprimiu essas quatro ordens e estabeleceu dois "ministérios", o de leitor e o de acólito, ainda que, onde os episcopados o julguem conveniente, pela grande influência dos cultos pagãos, possam instituir também o de exorcista.

Em 1998, correspondendo às recomendações expressas no artigo 79 da Constituição conciliar *Sacrosanctum Concilium*, sobre a necessidade de serem revistas as normas e as orações contidas no título XII do Ritual Romano, a Congregação do Culto Divino e da Disciplina dos Sacramentos procedeu à publicação da edição típica *De exorcismis et supplicationibus quibusdam*, cuja versão em língua portuguesa para o Brasil teve aprovação por Decreto da Sé Apostólica, em 2004.

Porém, o Código de Direito Canônico (c. 1172) reserva, explicitamente, ao ordinário do lugar a autorização para o exorcismo de possessos. E o novo *Ritual* adverte quanto à "necessidade de usar o rito do exorcismo após diligente investigação [...] e consultando, se for possível, peritos em assuntos espirituais e, se for necessário, em ciência médica e psiquiátrica, que tenham o senso das coisas espirituais" (n. 17).

No novo *Ritual do Batismo de crianças*, o exorcismo usa a forma deprecativa: a oração dos fiéis prolonga-se com uma oração que pede fortaleza para as crianças no caminho da vida, e proteção contra todo o mal. Este exorcismo está acompanhado pela unção pré-batismal no peito, ou, se parecer melhor, a imposição das mãos sobre a cabeça, significando, em ambos os casos, a fortaleza que se pede a Deus para essa luta.

No *Ritual de adultos* fala-se, para o tempo do catecumenato, de uns "primeiros exorcismos" ou "exorcismos menores", que se realizam com as mãos estendidas sobre os catecúmenos, pedindo a força de Deus para "a luta entre a carne e o espírito" e mostrando a necessidade e a confiança do auxílio divino (*RICA* 101 e 109-118). A seguir, na última Quaresma, na celebração dos escrutínios, volta-se a repetir esse gesto: "No rito do exorcismo, celebrado pelos sacerdotes ou pelos diáconos, os eleitos, já instruídos pela Mãe Igreja sobre o mistério de Cristo que nos livra do pecado, libertam-se de suas consequências e da influência diabólica, sendo fortalecidos em seu caminho espiritual e abrindo os corações para receberem os dons do Salvador" (*RICA* 156). A oração desse exorcismo é muito expressiva (cf. *RICA* 164).

Num tempo em que a figura do demônio é objeto de dúvidas e discussões, o exorcismo é um ato de fé no Mistério Pascal de Cristo e a aplicação da sua força vitoriosa na nossa luta contra o mal.

Escrutínio.

exposição

É o ato de "ex-pôr" algo à vista, de modo especial, o Corpo eucarístico de Cristo, para a sua adoração por parte dos fiéis. Também se chama "exposição" à do corpo do defunto ou das sagradas relíquias, ou, antigamente, às explicações doutrinais, por exemplo, sobre a Missa.

O documento que melhor descreve, motiva e regula a exposição eucarística é o *Ritual da Sagrada Comunhão e Culto do Mistério Eucarístico fora da Missa*, de 1973, nos seus números 82-100.

A exposição pode ser feita na píxide ou na custódia, sobre o próprio altar ou num ostensório. O importante é que, prolongando o clima da Missa, convidem-se os fiéis a uma atitude de oração meditativa e à união com Jesus Cristo, com espaços de silêncio, leitura bíblica, canto e oração. Às vezes, faz-se a exposição durante algum tempo mais prolongado, por exemplo, por ocasião da Festa do Corpo de Deus, ou na noite de Quinta-feira Santa, ou por decisão do bispo, em casos de necessidade grave e geral. Outras vezes, faz-se uma exposição mais breve.

Algumas das normas deste Ritual são: a) não se pode celebrar a Missa, durante a exposição, porque a exposição e o culto derivam da celebração, que é mais plena (cf. nn. 6 e 83); b) suprimiu-se a dupla genuflexão; c) a exposição é feita pelo sacerdote, pelo diácono, pelo acólito instituído, pelo ministro extraordinário da comunhão ou por outra pessoa autorizada, sobretudo nas comunidades religiosas, ou onde não haja ministros odenados.

Culto à Eucaristia.

Exsultet

(Alegre-se, exulte) é a primeira palavra do Precônio Pascal que o diácono canta, no início da Vigília Pascal, enquanto os fiéis, com as suas velas acesas na mão, escutam atentamente: *exsultet iam angélica turba colorum* ("alegre-se a multidão celeste dos anjos"). Também se chama "Angélica" ou "Precônio Pascal".

De autor desconhecido, deve ser da primeira metade do século IV, porque já é citado por Santo Ambrósio, São Jerônimo e Santo Agostinho. É um hino de louvor à noite, a Cristo, ao Círio Pascal. É como um lucernário jubiloso ou um Prefácio solene da grande festa pascal, cheio de lirismo, convidando à alegria e ao louvor, pelo que esta noite significa para a comunidade cristã. É a noite em que Deus tirou os israelitas da escravidão do Egito. E, sobretudo, a noite do êxodo e da libertação verdadeiros, realizados por Cristo para todos nós. Noite ditosa, iluminada pela Luz que é Cristo. O círio é o símbolo simples e expressivo dessa festa, em que todos participam da libertação salvadora da Páscoa.

Canta-se solenemente esse pregão, na sua versão mais longa ou na abreviada, do ambão – reservado, normalmente, para a Palavra revelada de Deus –, depois de ter incensado o Círio, e intercalando, se parecer oportuno, aclamações cantadas por parte da comunidade, que, durante o seu canto, mantém na mão as velas pessoais, que se acenderam do Círio Pascal.

Vigília Pascal.

facistol

Dá-se este nome a um atril (leitoril) grande, provido de um plano inclinado, onde se colocam os livros, sobretudo de canto, para serem vistos à distância.

Em latim medieval parece que a palavra *faldistorium* se formou a partir das línguas francas e germânicas, em que *faldistol* significa uma "cadeira" (em alemão *Falt* [prega] e *Stuhl* [cadeira]. Chamava-se faldistório a uma cadeira especial, dobrável, em forma de xis, com braços, mas sem costas, removível, em que o bispo se sentava. De *faldistorium* formou-se, mais tarde, a palavra *facistolium*, *facistol*, aplicando-a não a uma cadeira que pode ser deslocada, mas ao atril musical.

famílias litúrgicas

Ocidentais (liturgias). Orientais (liturgias, ritos). Rito.

féria

A palavra *feria* significava, para os romanos, um dia festivo. Na liturgia, ao contrário, "os dias da semana que se seguem ao domingo chamam-se dias feriais" (*NG* 16). Segundo o costume latino, a segunda-feira recebe o nome de *feria secunda*, e assim os demais, até a *feria sexta*, que é a sexta-feira, porque o sábado tem o nome herdado dos judeus, e o domingo, o de "dia senhorial, *dies dominicus*", marcado pela ressurreição do Senhor. Recordem-se dos clássicos nomes de *"feria V in Coena Domini"*, e *"feria sexta in Passione Domini"*, dados à Quinta e Sexta-feiras Santas.

Nem todas as férias na liturgia têm igual categoria. Em ordem de importância descendente catalogam-se assim: a) a quarta-feira de cinzas e as férias da Semana Santa, desde a segunda até a quinta, inclusive; b) as férias do Advento, desde o dia 17 até o dia 24 de dezembro, inclusive, e todas as férias da Quaresma; c) as férias restantes (cf. *NG* 16).

Atualmente, para a Eucaristia, as férias têm o seu Lecionário próprio, em dois ciclos, ímpar e par (I e II) – o que não sucedia antes da reforma. Além disso, para a Liturgia das Horas, têm um curso de salmodia, leituras, preces e orações, dividido em quatro semanas.

fermento, *fermentum*

A palavra latina *fermentum* (levedura) deriva de *fervere* (ferver). O pão para a Eucaristia, a partir do século IX, na Igreja ocidental, foi-se preparando sem levedura (pão ázimo), como reminiscência da celebração pascal dos judeus.

Mas, com o nome de *fermentum*, designou-se, sobretudo, o pedaço de pão eucarístico que o Papa, a partir da sua Missa, enviava a outras igrejas "titulares" de Roma.

Quando, a partir do século V, em Roma, a Missa deixou de ser única, como tinha sido nos primeiros séculos, e se celebrou também nas igrejas da periferia (*per titulos*), pensou-se neste gesto simbólico: da Missa estacional, presidida pelo Papa, enviava-se a essas igrejas, por meio de acólitos, um pedaço do Pão eucarístico, para que o misturassem no cálice das respectivas Missas. A ideia era sublinhar a unidade e a fraternidade: "para que, principalmente nesse dia [o domingo], não se sintam separados da comunhão conosco", como diz Inocêncio I, no ano 416, na sua Carta a Decêncio. O nome de *fermentum* indicava bem o carácter de "algo acrescentado" à Eucaristia da igreja periférica, para a unir à celebrada pelo Papa.

Ao princípio, fez-se em cada domingo, mas, já no século VII, só se fazia na Vigília Pascal.

Não há certeza de que a mistura atual de um pedaço do pão no cálice (*conmixtio*) tenha esse mesmo sentido; sobretudo, aponta para Cristo, a quem receberemos na Comunhão, que é o Senhor Ressuscitado, com o seu Corpo e Sangue gloriosos.

festa

As palavras latinas *festum*, *festa*, *festivitas* somam-se a outras, como *celebratio* e *sollemnitas*, para indicar os dias em que rompemos a monotonia do ordinário e celebramos algum acontecimento, com alegria, descanso e distensão.

Todos os povos têm, no seu calendário, dias de festa, com caráter não só social mas também cúltico. Umas festas são cósmicas, segundo as estações do ano; outras referem-se à história, recordando e, de certo modo, atualizando acontecimentos significativos para a comunidade. Isso sucede, por exemplo, com os judeus, com as suas diversas festas de Páscoa, Pentecostes ou Tabernáculos, que são uma mescla herdada de festas estacionais e de recordações histórico-salvíficas.

Os cristãos celebram fundamentalmente Jesus Cristo. O mistério salvador da sua Páscoa é o que vão celebrando, no decorrer do ano: o domingo semanal, a Páscoa anual, o Natal, a Epifania, o Pentecostes, a recordação da Virgem Maria e dos Santos.

A festa é feita de celebração, reunião comunitária, recordação, presença jubilosa, antecipação, espaços lúdicos e humanos, gratuidade, alegria, oração, canto, ritos simbólicos e repetição periódica, ao longo dos anos. Para os cristãos, a festa primordial é o domingo, dia do Senhor Ressuscitado, que uma vez por ano se converte na festa por excelência da Páscoa, preparada por quarenta dias na Quaresma e prolongada durante cinquenta dias, da Páscoa até Pentecostes.

As celebrações do ano cristão distinguem-se, segundo a sua importância, em solenidades, festas e memórias. Há *festas* do Senhor (Batismo, Apresentação, Transfiguração), *festas* da Virgem e dos Santos. As *festas* não têm primeiras Vésperas, como as *solenidades* (a não ser que sejam festas do Senhor, que coincidam com um domingo) e, portanto, celebram-se dentro do dia natural. Mas têm tudo próprio, tanto nas leituras e orações da Missa como da Liturgia das Horas.

fiéis

Do latim *fideles* (crentes), os que possuem a fé.

A sua definição não é negativa ("os que não são nem religiosos nem clérigos"), mas positiva: são fiéis cristãos (*christifideles*) "aqueles que, por terem sido incorporados em Cristo pelo Batismo, foram constituídos em Povo de Deus e por esse motivo se tornaram, a seu modo, participantes do múnus sacerdotal, profético e real de Cristo e, segundo a própria condição, são chamados a exercer a missão que Deus confiou à Igreja para esta realizar no mundo" (*CDC* 204).

Por esse sacerdócio batismal, os fiéis formam um povo chamado a louvar a Deus (a Liturgia das Horas incumbe primordialmente a toda a comunidade), a oferecer-lhe o sacrifício eucarístico e as suas vidas (é todo o Povo de Deus quem celebra o sacrifício memorial de Cristo: cf. *IGMR* 27), a anunciar e dar testemunho do Evangelho no meio da sociedade. Quando os fiéis se reúnem, dão visibilidade à Igreja (cf. *IGLH* 27) e são sinal e sacramento da presença de Cristo: "onde estiverem dois ou três reunidos em meu nome…".

Um dos momentos em que o nome "fiéis", na Missa, aparece mais explicitamente é na Oração Universal a que também se chama "Oração dos fiéis". Nesse momento, os catecúmenos saem da celebração, permanecendo apenas os fiéis, que fazem o exercício do seu sacerdócio comum, intercedendo com súplicas a Deus pelas necessidades de todo o mundo.

flores

A presença de flores na celebração litúrgica é um delicado e expressivo sinal de quanto se aprecia e honra o que se celebra, o espaço em que se congrega a assembleia, a imagem que se venera, o sacrário onde está a sagrada reserva eucarística, o ambão de onde se proclama a Palavra. A estética – o bom gosto, a beleza que os olhos contemplam, o perfume – enobrece e alegra a celebração cristã.

Todos entendem a linguagem das flores! Um ramo na mesa festiva, ou oferecido como presente, ou colocado diante da imagem da Virgem, ou no cemitério sobre o túmulo da pessoa querida, dispensam explicações de apresentação. A partir da exuberante oferenda floral à Virgem, em alguns santuários famosos, até a decoração generosa do Santíssimo, na noite de Quinta-feira Santa, ou que se coloca diante do sacrário, ou ainda a flor solitária que alguém oferece a outra pessoa, constitui um gesto de fé e de amor ou de gratidão: homenagem a Deus, ambientação festiva da celebração.

Há tempos, porém, em que a discrição ou a ausência de flores contribui pedagogicamente para a ambiência de gravidade e preparação da festa. Assim, no Advento, recomenda-se moderação no uso de flores, preparando a alegria plena do Natal. Enquanto na Quaresma se proíbe a sua presença, no espaço cultual (é opcional no quarto domingo – Domingo *Laetare* –, a meio do caminho quaresmal), a fim de melhor se fazer ressaltar o momento da alegria pascal que se aproxima.

fogo

Desde a Antiguidade, o fogo é considerado um dos quatro elementos da natureza e um dom altamente apreciado pelas diversas culturas e povos.

Além dos seus múltiplos – e alguns perigosos – usos práticos, o fogo assume, nas culturas, muitas vezes, a imagem simbólica do amor, do ódio, da vida, da destruição, da purificação.

Na *Bíblia*, com frequência, é símbolo da presença purificadora e "terrível" de Deus: "O Monte Sinai todo ele fumegava, porque o Senhor descera sobre ele no meio do fogo" (Ex 19,18; cf. em Ex 3, a visão da sarça ardente por Moisés). Outras vezes significa o juízo de Deus ou o seu castigo eterno.

No *Pentecostes*, o Espírito de Deus também atuou, em forma de línguas de fogo, transformando a primeira comunidade. O fogo foi sempre um dos símbolos mais expressivos da atuação do Espírito: "como o fogo transforma nele mesmo tudo o que toca, o Espírito Santo transforma em vida divina o que é submetido ao seu poder" (*CIC* 1127; cf. 696).

Na nossa liturgia, além das lâmpadas e das velas, relacionados com o fogo, esse simbolismo aparece na vigília da noite de Páscoa, com a fogueira da qual se vai acender o novo Círio, símbolo de Cristo. Na dedicação das igrejas, há um rito expressivo: sobre o altar coloca-se um braseiro, acende-se o fogo, e sobre ele se queima o incenso, significando que sobre esse altar, quando se celebrar o sacrifício pascal de Cristo, nele atuará o Espírito, transformando o pão e o vinho e, em seguida, a comunidade, que participa nesse sacrifício.

Igualmente expressivo é o simbolismo do fogo quando, em lugar da inumação ou enterro, se pratica, com espírito cristão, a cremação ou incineração. Sublinha-se assim, como já o fazem outras culturas, a força purificadora da morte e do juízo definitivo de Deus, assim como a oferenda sacrificial do próprio corpo diante de Deus.

Incineração.

fonte batismal

Também chamada "pia batismal", é o recipiente que, dentro do batistério, contém a água para a celebração do Batismo. A sua importância simbólica é evidente: nela, pela água e pelo Espírito, renascemos para uma vida nova, submergidos no Mistério Pascal da morte e ressurreição de Cristo.

Nos inícios da Igreja, certamente os Batismos realizaram-se na água corrente, em rios, piscinas e poços. Depois, criaram-se lugares específicos. Conservam-se ainda algumas fontes batismais do século III, construídas em pedra, de forma quadrada, hexagonal, octogonal, cruciforme ou circular, com simbolismos próprios em cada uma dessas formas.

As catedrais e as paróquias devem ter uma fonte batismal, assim como outras igrejas, se assim o entender o bispo do lugar. Por vezes, a água brota viva dessa fonte, em repuxo. A fonte, que é o lugar mais expressivo e recomendado para o sacramento do Batismo, deve ser fixa, digna e apta para a imersão. Em determinados casos, por razões de conveniência, sobretudo em celebrações numerosas, o sacramento pode realizar-se fora da fonte batismal, num recipiente digno, situado num lugar mais visível. A própria fonte, pelo seu simbolismo de sacramento de ingresso na comunidade e na vida de Cristo, é conveniente que continue a ter o seu lugar junto à entrada da igreja.

No *Ritual de bênçãos* (nn. 832-876), encontram-se os ritos e os textos para a bênção de uma nova fonte batismal, na presença do povo cristão, com orações e símbolos que ajudam a entender a riqueza desse lugar e do sacramento que nele se celebra: é rica, sobretudo, a oração do n. 869.

Na festa da Páscoa, além do solene rito batismal celebrado na vigília, em torno dessa fonte, também é belo o costume das *Vésperas batismais*, quando, na tarde do domingo, o povo caminha, em procissão, à fonte, entoando o canto de salmos e renovando assim, cada ano, a recordação do Batismo, com todo o seu sentido pascal.

Batistério. Pia.

Fração do Pão

Partir o pão (do latim *frangere, fractio*) não só é um gesto prático no momento da refeição, mas pode estar carregado de significado simbólico.

Para os judeus, a fração do pão era o primeiro gesto característico da ceia pascal. Foi também esse o gesto que Jesus fez, em companhia dos Doze. Os relatos da Última Ceia lembram-no: "Tomou o pão, partiu-o e deu-o." Os dois discípulos de Emaús reconheceram Jesus na fração do pão. É um gesto que de imediato passou a denominar a própria celebração: reuniam-se no primeiro dia da semana "para a Fração do Pão" (cf. At 20,7; 1Cor 10,17).

Ao longo da história, não só quando eram muitos os que comungavam – na Missa papal, o *Ordo Romanus I* descreve a longa fração realizada por numerosos ministros –, mas também quando foi diminuindo o seu número, durante o primeiro milênio, foi sempre pão partido o que se dava em Comunhão. A partir do século VII, começou-se a acompanhar o gesto com o canto do *Cordeiro de Deus*. Mais tarde, a partir dos séculos XI-XII, pensou-se nas "formas" individuais que conhecemos.

O *Missal de Paulo VI* determina que se volte ao "pão partido" e que se potencie o gesto simbólico da fração. Explica-o e motiva-o várias vezes, sempre simbolizando a fraternidade: "pela fração do pão e pela comunhão, os fiéis, embora muitos, recebem o corpo e o sangue do Senhor de um só pão e de um só cálice, do mesmo modo como os apóstolos, das mãos do próprio Cristo" (*IGMR* 72), "O gesto da fração realizado por Cristo na Última Ceia, que no tempo apostólico deu o nome a toda a ação eucarística, significa que muitos fiéis, pela comunhão no único pão da vida, que é o Cristo, morto e ressuscitado pela salvação do mundo, formam um só corpo (1Cor 10,17)" (*IGMR* 83), "O gesto, porém, da fração do pão, que por si só designava a Eucaristia nos tempos apostólicos, manifestará mais claramente o valor e a importância do sinal da unidade de todos em um só pão, e da caridade fraterna pelo fato de um único pão ser repartido entre os irmãos" (*IGMR* 321). O Missal diz ao sacerdote que, do seu próprio pão, torne participantes ao menos alguns fiéis. As hóstias pequenas admitem-se só "quando assim o exija o número dos comungantes" (*IGMR* 321).

É uma pedagogia simbólica simples e profunda: parte-se, reparte-se e partilha-se o Corpo Glorioso de Cristo. Exprime-se visualmente, compartilhando o mesmo Pão, o mistério invisível de um Cristo que se nos dá a todos em alimento, com o que se quer ajudar para que a Eucaristia vá construindo a comunidade, na linha de Paulo: porque "embora sejamos muitos, formamos um só corpo, porque participamos de um único pão" (1Cor 10,17).

funeral

A palavra latina *funus, funeris* significava uma cerimônia à volta dos defuntos. Daí *funeral*, como ofício religioso para um defunto; *fúnebre* (pompas e honras fúnebres, carro fúnebre); e *funerário* (empresa funerária).

Celebrar um funeral é sinônimo de celebrar as exéquias.

Defuntos. Exéquias.

galhetas

Chamam-se galhetas as duas jarrinhas que se utilizam, na Missa, para a água e para o vinho. Com a introdução da possibilidade da comunhão dos fiéis sob as duas espécies (cf. *IGMR* 281-283), a galheta tradicional do vinho tornou-se demasiado pequena, pelo que, nesses casos, se substitui por um recipiente um pouco maior.

Gaudete

É assim denominado o terceiro domingo do Advento.

A razão é que *gaudete!* (alegrai-vos!) é a primeira palavra, há muitos séculos, do cântico de entrada desse domingo: *Gaudete in Domino semper!* ("Alegrai-vos sempre no Senhor!"), convite tomado de Fl 4,4-5, que dá a esse domingo – justamente a meio do caminho do Advento – um tom de alegria e esperança, porque o Senhor já está próximo.

Esse domingo tem um paralelo com o quarto domingo da Quaresma, o Domingo *Laetare*. Os paramentos dos ministros, nesse dia, podem ser cor-de-rosa e pode-se dar um maior destaque aos adornos e à música, apesar de se estar num tempo caracterizado pelo uso moderado desses elementos.

genuflexão

Genua flectere significa, em latim, dobrar os joelhos. Chama-se genuflexão à flexão do joelho direito até o solo. Era um gesto já usado pelos romanos, como sinal de respeito para com as pessoas constituídas em autoridade. Tam-

bém diante de Cristo se prostravam os que o reconheciam como Deus ou lhe vinham suplicar uma graça.

A genuflexão – e o ajoelhar-se, que se pode considerar como uma genuflexão prolongada – é sinal de reverência e adoração, mostrando a própria pequenez diante da presença divina. Por isso, desde os séculos XII-XIII, se converteu no gesto mais generalizado, para mostrar a nossa adoração ao Senhor, na Eucaristia, tanto se está exposta como se se encontra reservada no sacrário. Também fazemos genuflexão ante a cruz, na solene adoração de Sexta-feira Santa (antes, fazia-se tripla genuflexão) e, ao longo desse dia e do seguinte, o Sábado Santo, diante da cruz exposta em lugar de honra. No dia da Anunciação e no dia de Natal, na recitação do Credo, sublinhamos com uma genuflexão as palavras "e encarnou pelo Espírito Santo".

Pelo novo Ritual, simplificaram-se também as genuflexões do sacerdote na celebração da Missa. As que restaram são: a) no início e no final da celebração, se, no espaço do presbitério, está o sacrário; b) depois de elevar o Pão consagrado, repetindo depois de elevar o Vinho consagrado; c) antes de comungar (gesto seguido também pelos concelebrantes); d) se tiver de guardar a reserva eucarística, depois da Comunhão, ao fechar o sacrário. Também se deve fazer uma genuflexão ao passar diante do sacrário, ou diante do Santíssimo exposto (antes, era dupla) (cf. SCCME 84).

Embora tenha diminuído o número de genuflexões, certamente não tem de diminuir o seu sentido: sublinhar com o um gesto os momentos mais transcendentes em que se reconhece a presença ativa de Cristo e do seu Espírito.

Joelhos (de).

gestos

Nas celebrações litúrgicas, de modo semelhante com o que sucede na vida social, os gestos corporais exteriorizam e exprimem os sentimentos interiores.

A liturgia não consiste apenas em sentimentos, palavras e cânticos. Com gestos, muitas vezes cheios de simbolismo, manifesta-se a atitude interior de adoração, de louvor e súplica, de oferecimento e acolhimento, de dor e alegria.

A razão de ser primordial está na própria *antropologia*, porque a pessoa humana só se exprime plenamente quando une o gesto à palavra, ou a palavra ao gesto. Por isso, todas as religiões têm uma gramática gestual para o seu culto. Também na liturgia cristã, herdeira dos gestos mais universais da humanidade, assumidos já no AT e, depois, no NT, por Cristo, com uma margem de flexibilidade para as diversas culturas, celebramos o dom de Deus e o culto com gestos variados: imposição de mãos e outros movimentos e gestos feitos com elas, posturas corporais, banho na água e unção com óleo, comida e bebida, beijos, incenso etc.

A fonte desses gestos, portanto, é, por um lado, a cultura humana e, por outro, o seu uso bíblico: "as atitudes corporais, os gestos e palavras com que exprime a ação litúrgica e se manifesta a participação dos fiéis, não recebem seu significado unicamente da experiência humana, de onde são tirados, mas também da Palavra de Deus e da economia da salvação, à qual se referem" (*ELM* 6).[39] O encargo conciliar de se fomentarem "também as ações ou gestos e as posições do corpo" (*SC* 30) que favoreçam a participação interna e externa dos fiéis teve nos documentos pós-conciliares um eco crescente e determinado.

Recorda-se ao sacerdote que preside à Missa com crianças: "tendo em conta a natureza da liturgia como ação de todo o homem e a psicologia das crianças, deve-se, nas Missas com elas e segundo a sua idade e costumes locais, favorecer grandemente a participação pelos gestos e atitudes corporais" (*DMC* 33), e, além disso, "antes de tudo, atenda à dignidade, à clareza e à simplicidade dos gestos" (*DMC* 23).

É bom que ao falar da formação seminarística dos futuros ministros da comunidade se recorde do que foi recomendado pelos Princípios Gerais (II) da *SC*, pelo Decreto *Optatiam totius*: "A solicitude pastoral, que deve animar toda a formação dos alunos, exige também que eles sejam diligentemente instruídos no que respeita particularmente ao sagrado ministério, de modo especial na catequese e na pregação" (n. 19) e na *Instructio pró institutione litúrgica in seminariis* (1979) que "é particularmente necessário que os alunos recebam lições sobre a arte de falar e de expressar-se com gestos... na celebração é da máxima importância que os fiéis compreendam não só o que o sacerdote diz ou recita, mas também aquelas realidades que o sacerdote deve exprimir com gestos e ações". Como diz o *Catecismo*, esses gestos são "sinais do mundo dos homens", agora empregados no culto cristão. "Como ser social, o homem precisa de sinais e de símbolos para comunicar-se com os outros, através da

---

39 N.E.: Economia: segundo sentido teológico, refere-se ao plano de Deus e à sua realização na história humana (v.g., "economia da salvação", "economia da revelação").

linguagem, dos gestos, de ações. Vale o mesmo para a sua relação com Deus" (*CIC* 1146).

São importantes as orientações dadas para os gestos da Missa: a postura uniforme como sinal de unidade (cf. *IGMR* 42), a obediência às monições que se tenham dado a respeito, os gestos e posturas mais adequados a cada momento da celebração, e o encargo de que as várias Conferências Episcopais os saibam adaptar à própria cultura e índole (cf. *IGMR* 43).

Sinal e símbolo.

Glória

A palavra latina *gloria* (em grego, *doxa*) tem uma densa ressonância teológica para os cristãos: a glória de Deus, a sua luz, a sua grandeza, o seu amor, manifestou-se em Jesus Cristo, esplendor da glória do Pai. Cristo é glorificado pelo Pai e, por sua vez, ele glorifica o Pai (cf. Jo 17,1). Em ambas as direções, essa glorificação sucede, sobretudo, na sua morte e ressurreição.

Com a palavra *glória* começam duas das doxologias ou cânticos de louvor mais tradicionais dos cristãos: na Missa, o hino *Glória a Deus nas alturas*; na oração em geral, e na salmodia e no rosário, em particular, o *Glória ao Pai e ao Filho e ao Espírito Santo.*

a) O *Glória a Deus nas alturas* "é um hino antiquíssimo e venerável, pelo qual a Igreja, congregada no Espírito Santo, glorifica e suplica a Deus e ao Cordeiro" (*IGMR* 53). Chama-se-lhe também "hino angélico", porque Lucas (2,14) põe o seu início na boca dos anjos, na noite do nascimento de Jesus.

É um dos poucos hinos não bíblicos que nos chegaram das primeiras comunidades, com o *Te Deum* e o *Ó luz gozosa*: o Concílio de Laodiceia, no século IV, proibiu os cânticos não bíblicos, os chamados "idióticos" ou próprios. O *Glória*, na liturgia oriental, no princípio, pertencia sobretudo à oração matutina, como continua a acontecer na liturgia bizantina. No século IV, passou à Missa, primeiro só para a festa do Natal, depois para as festas e domingos, nas Missas presididas pelo bispo. A partir do século X passou a aparecer com maior frequência.

O *Glória* está colocado, normalmente, nos ritos de entrada dos dias de festa, antes da oração coleta do dia. Mas, na Vigília da Páscoa, encontra-se no meio da liturgia da Palavra, precisamente para sublinhar a passagem das leituras do AT às do NT, e, além disso, com acompanhamento festivo de música, sinos e flores. O seu canto também é solene na Eucaristia vespertina de Quinta-feira Santa e deveria sê-lo, sobretudo, na noite de Natal. É entoado pelo sacerdote ou por um cantor e continuado, se possível, por toda a assembleia.

O seu conteúdo é um bom resumo da História da Salvação: a glória a Deus e a paz aos homens. Os louvores ao Pai, Senhor e Rei do Universo; os louvores também a Cristo, Senhor, Cordeiro, Filho, o que tira o pecado do mundo, o único Santo; tudo isso concluído com a doxologia: "Jesus Cristo, com o Espírito Santo, na glória de Deus Pai".

b) A doxologia menor *Glória ao Pai...* também é antiquíssima e resume outras que aparecem nas páginas do NT. Pelo menos desde o século VI (na *Regra de S. Bento*), já era costume, na reza do Ofício, concluir cada salmo com essa invocação de louvor. Presentemente, "no final do salmo inteiro, concluir-se-á, como é de uso, com o 'Glória ao Pai' e 'Como era'. O 'Glória ao Pai' é a conclusão tradicional muito apropriada, pois vem dar à oração do AT um sentido laudativo, cristológico e trinitário" (*IGLH* 123). Também se diz o "Glória ao Pai" no início de cada hora, depois do "Deus, vinde em nosso auxílio".

Na recitação do *rosário* mariano, cada mistério conclui-se com esse louvor: "a doxologia *Glória ao Pai*, em conformidade com uma orientação generalizada da piedade cristã, encerra a oração com a glorificação de Deus, uno e trino, do qual, pelo qual e para o qual são todas as coisas" (Paulo VI, *MC* 49).

Gradual

O lugar que o Salmo Responsorial ocupa hoje, no esquema da celebração da Palavra, ocupava-o, antes, o salmo "Gradual", canto interlecional que se cantava fora do Tempo Pascal e da Quaresma: no primeiro caso, era substituído pelo *Aleluia*, e, no segundo, pelo *Trato*.

O nome *Gradual* da Missa adveio-lhe do fato de o solista se posicionar nos degraus do altar. Também se chamam "Salmos graduais" aos Salmos 120[119] a 134[133], que os israelitas cantavam enquanto subiam os degraus do Templo de Jerusalém.

O Gradual não costumava ter apenas uma forma responsorial – forma que agora se recuperou, e em que a comunidade responde ao solista – e tampouco costumava ter relação direta com a leitura anterior. A sua música tinha-se tornado acessível só a especialistas.

A música dos graduais encontra-se, juntamente com a de outras antífonas da Missa, no *Graduale Romanum*, de que São Pio X, em 1907, mandou fazer uma edição mais cuidada, na campanha de promoção do canto gregoriano. Depois da reforma do Vaticano II, continua a possibilidade de cantar o Salmo Gradual, em ambientes preparados, embora o normal seja o Salmo Responsorial, mais popular e fiel à antiga tradição. Os beneditinos de Solesme fizeram uma nova edição crítica do *Graduale Romanum*, em 1974, fiéis à incumbência conciliar: "conserve-se e desenvolva-se com o maior cuidado o tesouro da música sacra" (*SC* 114) e "prepare-se uma edição mais crítica dos livros já editados depois da reforma de São Pio X" (*SC* 117).

Existe também, desde 1967, reeditado em 1975 e de novo em 1988, o *Graduale simplex*, com músicas mais simples em gregoriano e latim para comunidades não tão providas de cantores preparados: normalmente, cada canto consta de uma antífona e de versículos do salmo. Também aqui a determinação tinha sido do Concílio: "que se prepare uma edição que contenha melodias mais simples para uso das igrejas menores" (*SC* 117).

Salmo Responsorial.

gregoriano (canto)

O canto chamado gregoriano foi considerado como o mais próprio e característico da Igreja ocidental, sobretudo desde que São Pio X, em 1903, (*Tra le sollecitudini*) o mandou restaurar e o recomendou vivamente como canto litúrgico por excelência.

O Concílio continuou a recomendá-lo: "A Igreja reconhece o canto gregoriano como o canto próprio da liturgia romana" (*SC* 116). O mesmo fizeram os documentos que posteriormente regularam o canto litúrgico: *Musicam sacram*, de 1967, *MS* 50.52, *IGLH* (de 1971) 274… Embora também reconheçam a legitimidade do canto polifônico e do religioso popular, nas línguas vernáculas.

É obscura a *origem* do canto gregoriano. Parece que se foi formando paulatinamente, a partir de heranças tonais orientais, romanas antigas, germânicas e da Gália, onde adquiriu consistência durante a reforma carolíngia, no século VIII. Intencionalmente, os seus promotores atribuíram-no ao Papa São Gregório Magno (590-604), personalidade muito prestigiada, na organização da liturgia romana e também no seu canto, mas, evidentemente, muito anterior, e, por isso, é impossível que tenha sido o seu autor e muito menos o seu compilador ou organizador. Esse canto se estendeu rapidamente por toda a Igreja, exceto a Espanha, que tinha já a sua música própria, de que um dos melhores testemunhos é o Antifonário de Leão. Infelizmente, não se pôde ainda decifrar a chave dessa música hispânico-moçárabe.

O canto gregoriano, chamado também "cantochão", tem as seguintes *características*: é canto a uma só voz, de ritmo livre, de tonalidade diatônica (em oito tons básicos), que não necessita de acompanhamento musical. Apesar de ter perdido muito terreno a favor do canto polifônico ou popular, o gregoriano continua a ter um sentido muito notável na celebração cristã, sempre que os cantores ou a comunidade o possam cantar, pelo menos nas suas peças mais acessíveis. Também, fora da celebração, volta a ter um apreço notório, devido ao seu valor cultural e às suas qualidades de transmitir serenidade.

O adjetivo *gregoriano* é também usado em outras realidades: calendário gregoriano (1582), neste caso, devido ao Papa Gregório XIII; "Missas gregorianas", cuja origem é precisamente o testemunho que São Gregório Magno dá, nos seus *Diálogos*, de um monge falecido que alcançou a salvação por se ter beneficiado da ação de trinta Missas celebradas por sua intenção. Desde o século VIII-IX, foi-se espalhando esse costume, que ainda se mantém em muitos lugares, de celebrar por um defunto trinta Missas (um *trintário*), em dias consecutivos.

grupo (Missas de)

Muitas vezes celebra-se a Eucaristia com toda a comunidade presente, e é o que melhor exprime a identidade da Igreja, sobretudo quando a Missa é presidida pelo bispo. "A solicitude pastoral dirige-se também aos grupos particulares, não para alimentar qualquer separação, nem para constituir *capelinhas* e privilégios, mas para favorecer determinadas necessidades dos fiéis, ou para aprofundar a vida cristã de acordo com as necessidades e a formação das pessoas que compõem aqueles grupos, para benefício de todos, que derivam do mesmo ideal espiritual ou apostólico e do mesmo desejo de mútua edificação" (Instrução *Actio pastoralis*, de 1969, sobre as Missas para grupos particulares).

Na história, embora permanecendo a celebração comunitária geral, não faltam testemunhos de grupos que também têm as suas próprias Missas:

por exemplo, as comunidades religiosas. No Concílio, não se falou desse aspecto, que se desenvolveu posteriormente e suscitou a reflexão oficial na citada Instrução. Na Instrução sobre a formação dos seminaristas (1979), recomenda-se que, alguns dias, tenham também a experiência de Eucaristias em grupos menores.

Juntamente com as suas vantagens (que a Instrução de 1969 enumera oportunamente), essas celebrações em grupo mais homogêneo podem ter os seus perigos, a evitar, como o isolamento ou o elitismo, assim como a desfiguração das estruturas básicas da Eucaristia, se o grupo se separa indevidamente da ordenação eclesial dela. Trata-se de evitar tais defeitos, ao mesmo tempo em que se aproveitam as vantagens desses grupos, sabendo, além disso, compaginá-las e complementá-las com as da comunidade geral.

hebdomadário

Chama-se hebdomadário (de *hebdómada*, do grego, que significa *semana* e que, por sua vez, vem de *hebdomos*, sétimo) ao "semaneiro", ou seja, ao sacerdote ou monge a quem compete realizar, numa comunidade religiosa ou sacerdotal, durante uma semana, o ministério de direção do Ofício Divino ou a Missa conventual. Também se aplica àquele que tem a função de servir à mesa, durante o mesmo período de tempo.

hino

Dá-se o nome de *hino* (do grego *hymnein* [cantar, celebrar]) aos cânticos poéticos não bíblicos. Quando são bíblicos, chamam-se salmos, se eles se encontram no Saltério do AT, e cânticos, se não. Temos, por exemplo, cânticos do AT, em Laudes, e do NT, em Vésperas. Do Evangelho, cantamos, cada dia, três cânticos: o *Magnificat*, o *Benedictus* e o *Nunc dimittis*.

Ainda em tempos do NT parece que, além dos cânticos bíblicos, a comunidade criou outros. Paulo fala de "salmos, hinos e cânticos inspirados" (Cl 3,16). Deles encontramos fragmentos nos vários livros do NT. Restaram-nos, dos primeiros séculos, o *Faos ilarón* (*Ó luz esplendente*), o *Glória*, o *Te Deum*, as *Odes* de Salomão etc. Contudo, no século III, houve em algumas regiões uma reação contra os textos não bíblicos (os *psalmi idiotici*, não revelados, mas "próprios", que é o que significa *idios*), em parte, porque foram utilizados para transmitir os erros dos gnósticos e, depois, dos arianos.

No Oriente, compuseram-se e cantaram-se muitos hinos, sendo o seu mais conhecido autor o diácono Santo Efrém. No Ocidente, foi a Igreja de Milão, com Santo Ambrósio à frente, nos finais do século IV, a que criou e utilizou

mais hinos, pela sua eficácia popular na celebração da verdadeira fé. São Bento, no século VI, adotou para os seus monges vários hinos ambrosianos. Em Roma, até os séculos XI-XII, não se admitiram hinos. Na Igreja hispânica, o Concílio de Toledo, de 637, recomenda-os vivamente.

Na Idade Média, houve grande proliferação de hinos, que foram estudados e editados pelo beneditino de Montecassino, A. Lentini. Atualmente, para cada edição traduzida da Liturgia das Horas foi necessário criar, sob a responsabilidade das Conferências Episcopais, hinos na própria língua, de acordo com o espírito de cada hora e festa, e com dignidade na letra e na música (cf. *IGLH* 178).

A finalidade dos hinos, na nossa oração, fica bem retratada na introdução do livro oficial: "Os hinos que, segundo antiquíssima tradição, fazem parte do Ofício Divino, continuarão ocupando seu lugar. De fato, estão especificamente destinados ao louvor de Deus, não apenas por sua natureza lírica, mas porque constituem elemento popular que quase sempre expressa, mais claramente do que as outras partes do Ofício Divino, o sentido peculiar de cada Hora ou das várias festas, e movem poderosamente os ânimos a uma celebração piedosa. Essa eficácia, muitas vezes, cresce devido à beleza literária. Por outro lado, no Ofício, os hinos são o principal elemento poético de criação eclesiástica" (*IGLH* 173; cf. 42).

Na *IGLH* 173-178, dão-se orientações sobre eles: a doxologia com que concluem, as várias séries que existem etc. Antes, em Laudes e Vésperas, cantava-se o hino depois da leitura bíblica breve e seu responsório, antes do cântico evangélico. Agora, preferiu-se situá-lo no início, antes da salmodia, acentuando a sua pedagogia introdutória.

hispânica (liturgia)

Em contexto social e eclesial hispano-romano, logo em seguida misturado com povos nórdicos, suevos e com os visigodos, foi-se formando e desenvolvendo, no Ocidente, no decurso dos séculos VI e VII, a liturgia hispânica – o rito hispânico-moçárabe (também chamado moçárabe, visigótico, isidoriano, toledano, gótico…) – com influências evidentes de outras liturgias, orientais e ocidentais, mas com personalidade própria. Essa liturgia é reflexo da vitalidade da Igreja hispânica. Contou com a colaboração criadora de grandes bispos como os de Sevilha (Leandro, Isidoro), Toledo (Eugênio, Julião, Ildefonso),

Saragoça (Bráulio), Palência (Conâncio) e da área tarraconense (Justo de Urgel, Pedro de Lérida). Os abundantes concílios e sínodos (sobretudo os de Toledo e os tarraconenses) recolheram e regularam essa sensibilidade litúrgica própria, de modo particular o IV de Toledo, de 633, presidido por Santo Isidoro.

A época áurea da liturgia hispânica pode-se dizer que vai desde 589 (III Concílio de Toledo, com a conversão de Recaredo e do reino visigótico) até 711 (invasão dos árabes) e abarca toda a península e parte da Gália do sul. Nos séculos de ocupação árabe, esse rito, refugiado sobretudo em Toledo e no Norte da península, continuou florescente também entre os moçárabes (ou *muzárabes*), os cristãos que viviam em território ocupado pelos árabes, mas defendendo a sua fé e o seu culto próprio. No século XI, houve um rápido processo de absorção por parte do rito romano, sob o papa Gregório VII, favorecido em parte pela acusação de contágio da heresia adocionista. Em 1085, foi oficialmente suprimida a liturgia hispânica, à exceção de algumas paróquias de Toledo, que a conservaram.

O cardeal Cisneros, para evitar a total extinção do rito, encarregou o cônego Ortiz da preparação de uma edição dos seus livros: no ano de 1500, apareceu impresso o *Missale mixtum*[40] e, dois anos mais tarde, o *Breviarium Gothicum*. O Missal foi reeditado em 1755, preparado por Lesley, e encontra-se na Patrologia Latina de Migne, vol. 85; o *Breviário*, no vol. 86. Mais tarde, o cardeal Lorenzana, em 1804, cuidou de novas edições, que estiveram em vigor até agora.

No nosso tempo, o cardeal de Toledo, Marcelo Gonzales, por encargo da Conferência Episcopal Espanhola e da Congregação para o Culto Divino, constituiu em 1982 uma comissão para a revisão da liturgia hispano-moçárabe, dirigida tecnicamente pelo professor J. Pinnel, beneditino de Montserrat. O primeiro fruto do longo trabalho foi a edição, em 1991, do *Missale Hispano-Mozarabicum* e, imediatamente depois, do *Liber Commicus. Proprium de tempore*, o Lecionário do mesmo Missal.

No rito hispano-moçárabe há duas séries de fontes e, portanto, uma dupla organização da liturgia. A chamada "tradição A" abarca quase todos os manuscritos, e parece originária de Toledo e de outras regiões do Norte da península, enquanto a "tradição B" foi a correspondente a Sevilha, que ao fugir

---

40   Livro litúrgico hispânico que contém os textos do Ofício e da Missa.

da invasão árabe se refugiou em Toledo. Em 1500, ao se editarem os códices, imprimiram-se precisamente os da tradição B.

As peculiaridades principais da *Missa* hispano-moçárabe são:

- entre a celebração da Palavra e da Eucaristia, situa-se um bloco característico, com o ofertório, a intercessão dos dípticos (em forma litânica, que vem a ser também uma solene confissão de unidade eclesial) e o sinal da Paz;

- a Oração Eucarística compõe-se sempre de peças próprias do dia (*illatio* ou Prefácio, a *post sanctus* e a *post pridie*) entrelaçadas com as fixas (diálogo, Santo, narração, doxologia);

- a epiclese encontra-se depois da narração;

- a preparação para a Comunhão inicia-se com a confissão de fé e se conclui, imediatamente antes da comunhão, com a bênção ao povo.

O *Ofício Divino* hispânico é particularmente rico. Havia uma organização "catedralícia" e outra "monástica". A primeira, para o clero e povo, com as suas duas horas principais, matutina e vespertina, com mais ênfase nas antífonas e na eucologia do que nos salmos. A segunda, para os monges, com mais horas além das duas principais, e mais importância para a salmodia. Os livros principais eram o Saltério, o Oracional, o Antifonário e o Salmógrafo que, quando se reuniram, formaram o *Breviarium Gothicum* ou o *Liber Horarum*.

Para os vários sacramentos, o livro oficial é o *Liber Ordinum*, com certas características, como a união entre o Batismo e a atual Confirmação, a única imersão batismal em vez da tripla romana, as etapas do processo penitencial público, que desembocam no rito penitencial comunitário de Sexta-feira Santa, com o impressionante rito da "indulgência",[41] a riqueza dos gestos simbólicos e textos do Matrimônio etc.

No ano litúrgico, é característica a festa de Santa Maria, em 18 de dezembro, a importância da *Apparitio Domini* ou Epifania, e o primeiro domingo da Quaresma, em que se celebra a despedida do Aleluia.

---

41   "Indulgência é a remissão, perante Deus, da pena temporal, devida pelos pecados já perdoados quanto à culpa; remissão que o fiel, devidamente disposto e em certas e determinadas condições, alcança por meio da Igreja, a qual, como dispensadora da redenção, distribui e aplica por força da sua autoridade o tesouro de satisfação de Cristo e dos Santos" (Paulo VI, Constituição Apostólica *Indulgentiarum doctrina*, 1967).

No Concílio Vaticano II, celebrou-se a Eucaristia em rito hispânico em 15 de outubro de 1963. E, em maio de 1992, no dia da Ascensão, João Paulo II presidiu solenemente, na Basílica de São Pedro de Roma, à Missa segundo o rito revisto.

Ocidentais (liturgias).

hissopo

Planta medicinal, utilizada desde a Antiguidade, para as aspersões cultuais. Por exemplo, na saída do Egito, manda-se às famílias judaicas: "tomai um ramo de hissopo, molhai-o no sangue que estiver na bacia e marcai com o sangue a moldura das portas" (Ex 12,22). Sobretudo, usava-se para as purificações rituais. Basta recordar o versículo do *Miserere*: "Aspergi-me com o hissopo e ficarei puro" (Sl 51 [50],9).

Aplica-se também esse nome ao utensílio metálico que se emprega para as aspersões com água benta, com uma bola de buracos que retém e asperge a água. Hoje, é costume também usar-se um ramo vegetal de hissope ou de outra planta parecida para as aspersões da Noite Pascal ou dos domingos.

Asperges, aspersão.

homilia[42]

É um dos elementos mais antigos da liturgia da Palavra, herança sinagogal. Basta recordar a primeira homilia de Jesus em Nazaré (cf. Lc 4) e as de Paulo, nas diversas cidades que visitava. A partir do Concílio, revalorizou-se (cf. *SC* 52; *ELM* 24-27), tornando-a obrigatória aos domingos e festas, e muito recomendada nos outros dias.

A palavra vem do grego *homilein* (em latim, *sermo*), que significa "ter uma prática familiar", em contraposição ao *logos* (em latim, *oratio*), que aponta, sobretudo, para o discurso oratório. É a palavra de um irmão, ministro da comunidade, que ajuda a entender e a aplicar à vida o que Deus nos disse nas leituras bíblicas. Distingue-se de outros gêneros de pregação, como a "evangelização", que é o primeiro anúncio da salvação que Deus nos oferece em Cristo, e da "catequese", que é o aprofundamento sistemático dos conteúdos dessa

---

42 N.E.: Consultar com proveito: Aldazábal, José. *O ministério da homilia*. São Paulo: Paulinas, 2013.

fé. A homilia acontece dentro da celebração e é uma exortação a levar à prática o que foi ouvido. "É feita normalmente pelo celebrante principal" (*ELM* 24).

A homilia move-se em três direções:

- antes de tudo, é serviço à Palavra que se proclamou, explicando-a, se for o caso, e ajudando a captar a sua mensagem, hoje e aqui;

- é serviço à vida da comunidade, para que a Palavra incida na sua vida, iluminando a situação existencial dos presentes;

- e, finalmente, tem também uma função mistagógica: ou seja, conduz a partir das leituras escutadas até o mistério sacramental que se celebra, quer seja a Eucaristia ou os outros sacramentos, ressaltando a unidade entre as duas mesas: a da Palavra e a do sacramento.

Com a homilia, o presidente "conduz os irmãos a uma compreensão saborosa da Sagrada Escritura; abre as almas dos fiéis à ação de graças pelas maravilhas de Deus; alimenta a fé dos presentes acerca da palavra que na celebração se converte em sacramento pela intervenção do Espírito Santo; finalmente, prepara os fiéis para uma comunhão fecunda e os convida a praticar as exigências da vida cristã" (*ELM* 41).

Na sinagoga de Nazaré, Jesus sintetizou o que é a homilia, quando, depois de proclamar a passagem de Isaías, iniciou o seu comentário assim: "Cumpriu-se hoje esta passagem da Escritura, que acabais de ouvir".

Horas (Canônicas)

Liturgia das Horas.

Horas (Liturgia das)

Liturgia das Horas.

Horas (menores)

Intermédia (Hora).

Hosana

Na entrada de Jesus em Jerusalém, aparece na boca do povo esta aclamação: "Hosana!", que nós cantamos também no final do *Sanctus-Benedictus*, como aclamação, na Oração Eucarística.

Em hebraico *hosi-ah-nna* significa "da salvação, por favor", "salva, pois", com tom de urgência e confiança em Deus. É a petição que no Salmo 118[117] fazemos cada domingo: "Ajudai-me e serei salvo".

Mas, com o decorrer do tempo, essa súplica converteu-se em aclamação de alegria e entusiasmo, que se quis deixar sem tradução nas diversas línguas do mundo cristão, quase como equivalente ao "Viva!". A proximidade salvadora de Deus já a experimentamos: o que habita nas alturas, "no céu", mostrou-se-nos presente em "o que vem em nome do Senhor", Jesus (que significa "Deus salva"), e isso nos faz exclamar com júbilo: "Hosana!".

hóstia

No latim *hostia* (de *hostire*, partir, romper) significa "vítima", "oferenda". Por isso, o seu uso primordial foi aplicado a Cristo, que se entregou em sacrifício pela salvação do mundo: "Também Cristo nos amou e se entregou a Deus por nós, como oferta e sacrifício (em grego, *prosforan kai thysian*; em latim, *oblationem et hostiam*) de agradável odor" (Ef 5,2).

Desde o século VIII, no período carolíngio, começou-se a dar esse nome ao Pão consagrado, a vítima eucarística. Depois do século XII, a "elevação da hóstia" e a "visão da hóstia" convertiam-se num dos elementos mais característicos da nova espiritualidade eucarística, praticamente em substituição da Comunhão, que pouco se praticava.

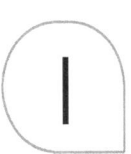

ícone

Deriva do grego *eikon* (imagem). S. Paulo (Cl 1,15) chama "imagem de Deus invisível" a Cristo, sinal visível e eficaz, sacramento do Pai.

No Oriente, sobretudo na Rússia, é onde se dá mais destaque ao culto dos ícones de Cristo, da Virgem, dos Santos e dos mistérios da nossa fé, não só como sinais pedagógicos, mas como autênticas mediações sacramentais da graça divina. Por isso, os ícones são contemplados e venerados em clima de oração e conduzem-nos à sintonia com o mistério.

Palavras derivadas: *iconostásio* (biombo, ou grade, que separa ou relaciona o altar com a nave da assembleia, e no qual há muitas imagens); e *iconoclastas* (hereges que negavam a legitimidade da veneração das imagens e que foram condenados no VII Concílio Ecumênico de Niceia, de 787).

Imagem.

igreja (lugar)

A palavra "igreja" vem do grego *ekklesía*, de *kaleo*, *ek-kaleo* (chamar: significa, portanto, convocatória, assembleia reunida). Já nas Cartas de São Paulo se encontra essa denominação para a comunidade cristã (cf. 1Cor 11,22).

Utiliza-se também o mesmo nome para designar o lugar da reunião comunitária, o templo, e é o sentido que aqui nos interessa. Segundo o *CDC* (nn. 1205), "lugares sagrados são aqueles que, mediante a dedicação ou a bênção prescrita pelos livros litúrgicos, se destinam ao culto divino e à sepultura dos fiéis".

Todas as religiões dão importância ao lugar sagrado, lugar de oração e de encontro com a divindade. Os judeus tiveram também o seu espaço cultual:

a "tenda da reunião", ao longo da sua peregrinação pelo deserto e, a seguir, o Templo de Jerusalém. A novidade radical foi a pessoa de Cristo: assim como seria para sempre o sacerdote, a vítima e o altar, que iria oferecer o sacrifício definitivo da Aliança, ele foi constituído o Templo do verdadeiro culto e do encontro com Deus: "Destruí este Templo, e em três dias eu o levantarei" (Jo 2,19). Falava do Templo do seu Corpo.

Os cristãos, desde o princípio, não deram tanta importância ao lugar, mas sim à comunidade. Ao contrário dos pagãos e dos judeus, que punham grande ênfase no Templo como lugar da presença divina, *domus Dei*, ao qual poucos tinham acesso, os cristãos entenderam o lugar de culto, sobretudo, como *domus ecclesiae* (a casa da comunidade), porquanto os ajudava a realizar melhor o seu culto a Deus; viam a própria comunidade como lugar privilegiado da presença salvadora de Cristo.

A primeira comunidade não quis cair na tendência sacralizadora dos judeus em relação a seu Templo: "O Altíssimo não habita, porém, no que é feito pela mão dos homens" (At 7,48). Os cristãos consideravam-se sempre reunidos em torno de Cristo Ressuscitado. A própria comunidade é o "lugar" preferente do encontro com Deus, porque ali, onde está a comunidade, está Cristo, segundo a sua promessa. Por isso, dedicaram para o seu culto salas dignas: "havia muitas lâmpadas na sala de cima, onde estávamos reunidos" (At 20,8); e, sobretudo, a partir do século IV, construíram igrejas e basílicas, espaços expressivos da dignidade do que se celebra e pedagogicamente propícios ao clima de oração comunitária.

Ao longo dos séculos, houve uma evolução nos critérios de construção das igrejas, desde as basílicas romanas, que sublinham a linha horizontal, ou as bizantinas, que preferem a construção central com cúpula circular, ou as góticas, que têm uma tendência vertical, ou ainda as barrocas de desmedida e encantadora beleza, até as modernas, que, sobretudo, cuidam da praticidade visual, acústica e comunitária.

O Missal pede, antes de tudo, a funcionalidade do lugar da celebração: "as igrejas e os demais lugares devem prestar-se à execução das ações sagradas e à ativa participação dos fiéis". Mas, além de funcionalidade, pede-se que a igreja manifeste a expressividade educativa do mistério que se celebra: "os edifícios sagrados e os objetos destinados ao culto sejam dignos e belos, sinais e símbolos das coisas divinas" (*IGMR* 288). De modo que "a disposição geral do edifício sagrado seja tal que ofereça uma imagem da assembleia reunida" (*IGMR* 294), porque "a casa a ser construída de pedras será sinal visível da sua Igreja viva, ou edifício de Deus, formada por eles próprios" (*Rito da Dedicação*, n.1) ao mesmo tempo em que o é também do Templo celestial, o Santuário definitivo para o qual a comunidade vai caminhando na sua existência temporal.[43]

Basílica. Dedicação.

iluminação

A luz, na liturgia, além da sua funcionalidade e do seu evidente simbolismo (cf. os termos "candeeiro", "círio", "lâmpada", "luz"), tem um sentido especial quando se refere ao Batismo.

É um dos nomes que esse sacramento recebe, desde o princípio: "Este banho é chamado *iluminação*, porque aqueles que recebem este ensinamento ficam com o espírito iluminado..." Tendo recebido no Batismo o Verbo, "luz verdadeira que ilumina todo o homem", o batizado, "depois de ter sido iluminado", tornou-se "filho da luz" e ele próprio "luz" (*CIC* 1216).

No processo da iniciação cristã, a terceira etapa (a preparação quaresmal) era chamada, pelo menos desde o século III, e volta a ser agora no *Ritual da iniciação de adultos*, etapa de purificação ou iluminação (cf. *RICA*, Preliminares 21-26), e comporta uma preparação espiritual mais intensa e vários ritos, como a eleição, os escrutínios e as entregas, preparando a iminente celebração dos sacramentos da iniciação, na Vigília Pascal (cf. *RICA* 152-159). Nessa etapa, os catecúmenos chamam-se "eleitos", "competentes" (que pedem em grupo o Batismo) e, sobretudo, "iluminados".

Batismo. Catecumenato. Iniciação.

Imaculada Conceição

Em 8 de dezembro, em pleno Advento, celebra-se a solenidade da Imaculada Conceição: a preparação radical de Maria, o sim de Deus à humanidade, na pessoa dessa jovem israelita, "a cheia de graça" (Lc 1,28), que a seguir responderia com o seu próprio sim. É a festa do começo absoluto, como a chama Paulo VI, quando Deus, por pura iniciativa sua, e preparando a chegada do seu Filho, "preservastes a Virgem Maria da mancha do pecado original, enriquecendo-a com a plenitude da vossa graça" (Prefácio).

---

43 N.E.: Consultar: Pastro, Claudio. *O Deus da beleza*. São Paulo: Paulinas, 2010.

O Papa Pio IX, em 1854, definiu como dogma de fé a Conceição Imaculada da Virgem, verdade na qual Maria se nos apresenta como a primeira redimida pela Páscoa de Cristo (cf. *CIC* 490-493).

Celebra-se esse dia também como festa de toda a Igreja e da humanidade, porque no dom gratuito que Deus faz a Maria nos abençoa a todos. Ela é "o feliz exórdio da Igreja sem mancha e sem ruga" (*MC* 3), e nela teve início a santa Igreja, esposa de Cristo, sem mancha e sem ruga, resplandecente de beleza e santidade.

imagem

A liturgia, como a religiosidade popular, emprega muito a linguagem das imagens (quadros, esculturas, vitrais…) para exprimir o mistério cristão e despertar nos crentes as atitudes de fé e de resposta à atuação salvadora de Deus.

No AT, estiveram proibidas todas as imagens (cf. Ex 20,3-5) pelo perigo que havia de o povo de Israel cair na idolatria, ou seja, de absolutizar a imagem e não chegar àquele cuja representação oferece. Durante os séculos VIII-IX, no Oriente, os iconoclastas lutaram violentamente contra as imagens. O II Concílio de Niceia (no ano de 787) e, depois, o IV de Constantinopla (869) empenharam-se em defender a sua legitimidade, no culto cristão. Mas, alguns séculos depois, no século XVI, também os que haviam aderido à Reforma se opuseram ao culto das imagens.

A Igreja, porém, desde a época das catacumbas, sempre manifestou uma clara opção em favor da imagem sagrada, reconhecendo o seu valor pedagógico e comunicativo para a fé e para a celebração. Uma imagem sagrada, de certo modo, converte-se em mediadora da proximidade de Cristo e dos Santos e, ao mesmo tempo, de veneração e de fé dos cristãos. Evitando o perigo da absolutização, que também pode acontecer, e a desproporção em número e centralidade, que poderia levar a deseducar a fé dos cristãos, "as santas imagens, presentes em nossas igrejas e em nossas casas, destinam-se a despertar e alimentar a nossa fé no Mistério de Cristo. Através do ícone de Cristo e das suas obras salvíficas, é a ele que adoramos. Através das santas imagens da Santa Mãe de Deus, dos Anjos e dos Santos, veneramos as pessoas nelas representadas" (*CIC* 1192).

No *Ritual de bênçãos* (nn. 984-1031) há textos para benzer as imagens de Cristo, da Virgem e dos Santos, e também motivações catequéticas para captar o seu sentido de fé.

Ícone.

imersão

Do latim *immergo* (submergir), a imersão constitui o modo mais expressivo de realizar a ablução batismal. É o gesto mais coerente com a graça própria do sacramento e com a catequese que São Paulo faz, em Rm 6, do Batismo cristão: "Fomos batizados em Jesus Cristo, fomos batizados [submergidos] na sua morte". No *Ritual da dedicação da igreja* ora-se assim: "quisestes que os pecadores, ao submergir-se no banho batismal, morram em Cristo e ressuscitem inocentes".

O próprio nome grego aponta para essa imersão. *Bapto, baptidzo* significa banhar, submergir(-se). E, por isso, durante séculos, assim se fez o gesto simbólico central desse sacramento, e assim o recomenda o novo Ritual.

Banho. Batismo. Infusão.

immixtio

Commixtio.

imposição das mãos

A imposição das mãos é um dos gestos mais repetidos na celebração sacramental cristã.

A Bíblia registra, abundantemente, o uso do gesto simbólico de impor as mãos – sobretudo a direita – sobre a cabeça de alguém ou sobre um objeto e com sentidos variados: para significar a transmissão de poderes, a bênção, o perdão, ou a identificação. Jacó impõe as mãos sobre os seus netos para lhes desejar a bênção de Deus (cf. Gn 48,9-20), Aarão, sobre o povo (cf. Lv 9,22), e Moisés, sobre o seu sucessor Josué, para lhe transmitir a autoridade e a sabedoria divinas (cf. Dt 34,9), ou o sumo-sacerdote sobre o bode, na festa da expiação, para carregar sobre ele os pecados do povo e expulsá-lo para o deserto.

Também Jesus abençoa, cura e perdoa com o gesto expressivo da imposição das mãos. E a comunidade cristã utiliza este mesmo gesto para transmitir o Espírito Santo aos batizados (cf. At 8,17 e 19,6), ou para confiar oficialmente uma missão, como aos diáconos ou a Paulo e Barnabé (cf. At 6,6; 13,3).

Atualmente, impõem-se as mãos:

- no Batismo, substituindo, se se preferir, a unção pré-batismal;

- na Confirmação, além da crismação, para exprimir o dom do Espírito;

- na Eucaristia, sobre o pão e o vinho, invocando sobre eles o Espírito;

- e sobre a comunidade, na bênção solene;

- na Penitência, enquanto se diz a primeira parte da fórmula de absolvição;

- na Unção dos Enfermos, para pedir sobre eles a força de Cristo;

- no Matrimônio, durante a bênção solene que se segue ao Pai-nosso;

- e, sobretudo, na ordenação de diáconos, presbíteros e bispos, em que o gesto é precisamente o sinal central, juntamente com as palavras do bispo.

Na liturgia, portanto, é muito frequente o gesto, que exprime visualmente os dons de Deus e a mediação eclesial. Em qualquer dessas ocasiões, são as palavras que especificam a graça que se invoca sobre a pessoa ou a coisa e se comunica a elas.

Também se dá o nome de "imposição" ao gesto da entrega de determinados objetos, que às vezes constitui como que um elemento pedagógico complementar para exprimir a graça de cada sacramento: a veste branca do Batismo, a estola, a dalmática, a casula ou a mitra nas ordenações, o véu na profissão religiosa etc. Também se fala de "imposição das cinzas", na quarta-feira de cinzas, que dá início à Quaresma, e de "impor o incenso", quando se deitam os grãos sobre o carvão aceso do turíbulo.

impropérios

Significa reprovação. Na liturgia, aplica-se às queixas de Jesus contra o seu povo; são entoados durante a adoração da cruz, na sexta-feira santa. O rito da adoração teve a sua origem em Jerusalém, de onde passou aos ritos galicano e hispânico e, a seguir, ao romano. O texto atual dessas lamentações ou impropérios é do século IX.

Há dois planos misturados: a queixa de Javé contra Israel, no AT, e a de Jesus crucificado dirigida ao seu povo, no NT: "Meu povo, que te fiz eu, em que te contristei? Responde-me. Eu tirei-te do Egito, submergindo o Faraó no Mar Vermelho e tu entregaste-me aos príncipes dos sacerdotes".

O canto dos impropérios conclui-se com um triságio de louvor: *Hágios o Theós* (*Deus Santo*). Além disso, o Missal convida a cantar, nesse momento, o hino *Cruz fiel e redentora*. O povo crente "desagrava" assim, expressivamente, os motivos da queixa de Jesus.

incenso

De *incendere* (acender), é uma resina que, ao arder, produz um agradável aroma. Essa palavra latina dá origem também ao termo "incensário", instrumento metálico para incensar, enquanto a raiz grega *thus*, que também significa incenso, explica as palavras *turíbulo* (incensário) e *turiferário* (aquele que o transporta).

Usa-se o incenso sobretudo no Oriente e, desde muito antigamente – no Egito, antes de chegarem os israelitas –, usava-se nas cerimônias religiosas, pelo seu fácil simbolismo de perfume e festa, de sinal de honra e respeito ou de sacrifício aos deuses. Ao redor da Arca da Aliança e, sobretudo, no Templo de Jerusalém, era clássico o rito do incenso (cf. Ex 30). A rainha de Sabá trouxe para Salomão, entre outros presentes, grande quantidade de aromas (cf. 1Rs 10). Os Magos do Oriente ofereceram incenso, além de mirra e ouro, ao Menino de Belém, como Isaías tinha anunciado (Is 60,6).

Só no século IV os cristãos introduziram a linguagem simbólica do incenso nas suas celebrações, quando se considerou superado o perigo anterior de confusão com os ritos idolátricos do culto romano.

Atualmente, quando se quer ressaltar a festividade do dia, na Missa, ao ofertório, incensa-se o altar, as imagens da cruz ou da Virgem, o livro do Evangelho, as oferendas sobre o altar, os ministros e o povo cristão, e, depois da consagração ou nas celebrações de culto eucarístico, incensa-se também o Santíssimo. Com isso quer-se significar um gesto de honra (ao Santíssimo, ao corpo do defunto nas exéquias), ou um símbolo de oferenda sacrificial (no ofertório, tanto o pão e o vinho como as pessoas).

Incensam-se os sinos, quando se benzem; o Círio Pascal, antes de cantar o Precônio; as paredes da igreja, na sua Dedicação; os sepulcros etc. Nas exéquias, incensar os restos mortais do defunto exprime o apreço que a comunidade cristã sente por esse corpo que foi templo do Espírito e está destinado à ressurreição e, ao mesmo tempo, expressa o sentido de oferenda total e definitiva que a morte supõe.

Também se usa o incenso na *Liturgia das Horas*, simbolizando a oração que sobe até Deus. Durante o cântico do *Benedictus* e do *Magnificat* "pode-se incensar o altar e, a seguir, o sacerdote e o povo" (*IGLH* 261), e também a cruz (cf. *CB* 204). A oração é algo interior, que se manifesta exteriormente com a voz, o canto, as posturas corporais, e também com a fumaça suave e o perfume do incenso. O Salmo 141 [140],2 diz: "Suba até vós a minha oração como incenso", e o Apocalipse diz que "as taças de ouro cheias de perfumes, que são as orações dos Santos" (5,8), e "Veio um anjo, com um turíbulo de ouro na mão, e colocou-se de pé junto do altar. Foram-lhe dadas muitas espécies de aromas, para que os oferecesse com as orações de todos os Santos, sobre o altar de ouro que está diante do trono. E das mãos do anjo subiu à presença de Deus a fumaça dos aromas com as orações dos Santos" (8,3-4).

incineração

Incinerar significa fazer cinzas (*cinis*, *cineris*, em latim) e aplica-se, sobretudo, à cremação dos cadáveres, costume ritual de muitas culturas e religiões, pelo seu simbolismo de destruição, purificação e sacrifício.

O costume cristão, herdado dos judeus, é o de inumar os defuntos (de *humus*, terra), ou seja, enterrá-los, rito que sempre se considerou como mais conforme com a fé na ressurreição dos corpos e mais tradicional, uma vez que o próprio Jesus foi sepultado. Mas essa sensibilidade vai mudando e já não é estranho que também os cristãos optem por incinerar os restos mortais das pessoas queridas, ou peçam para si mesmos que, à hora da sua morte, se lhes faça essa forma de exéquias, fato que, no fundo, não marca uma grande diferença, quanto ao destino dos restos mortais, que é o pó, e quanto à fé na sua futura ressurreição. Depois do laborioso processo da cremação, a família recebe uma pequena urna com as cinzas, a que, segundo a legislação de cada país, se lhe pode dar distinto destino.

O *Código de Direito Canônico* recomenda a inumação, mas não proíbe a cremação, "a não ser que tenha sido preferida por razões contrárias à doutrina cristã" (*CDC* 1176). O fogo da incineração pode exprimir com força o seu caráter de juízo divino, como no AT, e de elemento purificador, dando ao rito um tom de sacrifício do próprio corpo consumado diante de Deus, símbolo de outro sacrifício continuado que foi a vida cristã. O fogo, no AT, é símbolo da misteriosa presença de Deus; no NT, é símbolo da irrupção do Espírito no Pentecostes, e o próprio Cristo disse que tinha vindo trazer o fogo à terra.

O novo *Ritual das exéquias* fala da cremação do cadáver nas suas observações preliminares (n. 15) e dedica depois um capítulo à "celebração das exéquias no caso de cremação do cadáver", na igreja ou no crematório, com ritos e orações, antes ou também depois da incineração.

inclinação

Inclinar a cabeça ou o corpo é um gesto muito comum para exprimir humildade, respeito e reconhecimento da importância do outro. Usa-se também na vida social: ao passar diante da bandeira nacional ou diante de uma autoridade.

Na liturgia, inclina-se a cabeça, à maneira de revência, diante de uma imagem sagrada, diante do bispo, ao nomear as Pessoas divinas (por exemplo, no "Glória ao Pai"), ao pronunciar o nome da Virgem e dos Santos, nas suas festas, no *Incarnatus est* do Credo, ao dar ou receber a incensação, na confissão geral, no rito comunitário da Penitência etc.

Inclina-se profundamente – meio corpo, formando ângulo reto desde a cintura – o sacerdote, quando se acerca do altar, no princípio e no final da celebração, se não há sacrário; o diácono, quando pede a bênção para proclamar o Evangelho; o sacerdote, na oração em segredo que diz, antes do lavabo (*in spiritu humilitatis*); os concelebrantes, depois da elevação do Pão e do Vinho, enquanto o celebrante principal faz duas genuflexões; muitos monges e monjas, na oração, quando os salmos ou os hinos são concluídos com a doxologia à Trindade.

Reverência.

inculturação

O Concílio Vaticano II ofereceu "normas para uma adaptação [da liturgia] à índole e tradições dos povos" (*SC* 37-40). É uma tarefa difícil, ainda não plenamente realizada, e que João Paulo II, na sua Carta *Vicesimus quintus annus*, de 1988, assinalou como tarefa prioritária, para que os valores culturais dos povos possam harmonizar-se com a liturgia cristã.

Em 1994, a Congregação para o Culto Divino, depois de uma ampla consulta, publicou o Diretório sobre *A Liturgia romana e a inculturação*, que é a melhor reflexão e a norma mais concreta sobre o tema.

O termo "adaptação", empregado pelo Concílio, costuma reservar-se hoje para os processos mais simples e de tipo pedagógico. "Aculturação" costuma indicar a aceitação, na liturgia, de alguns elementos culturais de um povo que podem exprimir melhor o mistério que se celebra. Melhor seria uma justaposição, e não uma assimilação. Enquanto "inculturação" é o termo preferido para designar o processo mais profundo pelo qual a liturgia e a cultura se enriquecem, dinâmica e mutuamente, a liturgia evangeliza e fecunda as culturas, e, ao mesmo tempo, deixa-se enriquecer por elas, para exprimir e celebrar o Mistério de Cristo encarnado na mentalidade de um povo.

A inculturação é um processo que, inspirado na Encarnação de Cristo, se realizou continuamente na história da comunidade cristã, tanto na evangelização e na teologia como na celebração litúrgica. Foi um contínuo esforço de adaptação ao tempo, de progressiva encarnação, assumindo, assimilando, discernindo, transformando os valores culturais em que se moveu a comunidade cristã: quando do mundo cultural judaico se passou ao helênico, e depois ao romano e, a seguir, ao dos povos bárbaros e assim sucessivamente, nos diversos povos e culturas. Isso deu origem a diversificadas famílias litúrgicas, que com linguagens e estruturas notoriamente diferentes celebram o mesmo Mistério de Cristo. Hoje, continuam de pé a tarefa e a urgência dessa inculturação, por encargo do Concílio e dos regulamentos atuais.

O Diretório de 1994 assinala as exigências prévias e as motivações dessa inculturação, tendo por base a eclesiologia, a natureza da ação litúrgica como obra de Deus e como comunicação do Mistério Pascal de Cristo, a primazia da Palavra e a identidade dos diversos sacramentos da Igreja. Quando, sob a direção das Conferências Episcopais respectivas, se realizam os sérios estudos que devem configurar uma inculturação litúrgica, deve-se ter em conta que a finalidade de todo esse processo é sempre pastoral, ou seja, que a comunidade cristã possa entender e celebrar melhor o que celebra na liturgia, e, além disso, respeitando não só a identidade profunda do mistério celebrado, mas também, no âmbito da Igreja Romana, a unidade substancial do Rito Romano.

Os campos em que, prioritariamente, se convida a estudar esta inculturação, são, além da língua e suas traduções, o da linguagem, o canto e a música, os gestos e atitudes corporais, a arte etc. Na liturgia dos sacramentos, sobretudo os da iniciação cristã, o do Matrimônio e as exéquias, não só se admite essa inculturação como se fazem convites para a elaboração dos seus respectivos livros litúrgicos. Naturalmente que se exigem todas as regras de uma sã pedagogia, para realizar e introduzir essas mudanças. Para que, uma vez mais, o Rito Romano demonstre a sua vitalidade e a sua secular capacidade de se encarnar nas diferentes culturas, para celebrar e comunicar eficazmente a salvação universal de Jesus Cristo.[44]

infusão

É a ação de infundir ou verter um líquido num recipiente ou sobre uma pessoa ou um objeto. Na liturgia batismal, dá-se esse nome ao gesto de derramar água sobre a cabeça do batizando, quando não seja possível realizar a imersão, que é o gesto mais expressivo e o preferido pelo *Ritual do Batismo de crianças*: "Estão devidamente autorizados tanto o rito de imersão, que demonstra mais claramente a participação na morte e ressurreição de Cristo, como o rito de infusão" (*Observações preliminares gerais*, n. 22). Depois, no rito central, quando se batiza a criança dizendo: "N..., eu te batizo em nome do Pai", se descreve o gesto: "(mergulha a criança ou derrama (infunde) a água pela primeira vez)" (n. 74) e assim sucessivamente.

Batismo.

iniciação

Do latim *initiatio* e *in-iter*, significa introduzir num caminho, aponta para o começo, para a introdução de alguém num novo estado, numa comunidade. A iniciação é um processo presente em muitas religiões, sobretudo nas chamadas mistéricas, e compreende não só uma doutrinação, mas também uma série de ritos "iniciáticos" que exprimem um novo nascimento, pelo qual alguém é "iniciado" no mistério e admitido como membro de uma comunidade ou grupo.

Também para entrar na comunidade cristã sempre existiu um processo de iniciação. No NT era simples: evangelização, conversão à fé, rito batismal

---

44 N.E.: Consultar com proveito: Chupungco, Anscar. *Inculturação litúrgica*. Sacramentais, religiosidade e catequese. São Paulo: Paulinas, 2008; CNBB. *Animação da vida litúrgica no Brasil*. São Paulo: Paulinas, 1988 (Documentos da CNBB, n. 43).

e agregação à Igreja. Aos poucos, porém, esse caminho de iniciação foi-se desenvolvendo em ritos e em textos. Santo Hipólito, no início do século III, descreve, na sua *Traditio apostólica*, as diversas etapas em que, pedagogicamente, se organizou o catecumenato, concluindo com a celebração unitária, na Vigília Pascal, dos três sacramentos da iniciação: o Batismo, a Confirmação e a Primeira Eucaristia. Nota-se com mais clareza essa organização, nos livros litúrgicos que aparecem a partir dos séculos V-VI, como o *Ordo Romanus XI*, que, com detalhes, recolhe o itinerário da iniciação.

"Os seres humanos, libertos do poder das trevas, graças aos sacramentos da iniciação cristã, mortos com Cristo, com ele sepultados e ressuscitados, recebem o Espírito de filhos adotivos, e celebram com todo o Povo de Deus o memorial da morte e da ressurreição do Senhor. O Batismo os incorpora a Cristo... Assinalados na Crisma pela doação do mesmo Espírito... Finalmente, participando do sacrifício eucarístico" (*RICA, Observações preliminares gerais*, nn. 1-2). Aquilo que, durante séculos, foi um processo unitário dos três sacramentos, culminando na Primeira Eucaristia, pouco a pouco foi-se fragmentando, no Ocidente, com o Batismo nos primeiros meses de vida; mais tarde, a Confirmação, cuja administração foi sendo reservada ao bispo; e a Primeira Eucaristia, recomendada para a idade do uso da razão. Atualmente, por motivos pastorais, a Confirmação tende a diferir-se ainda para mais tarde, mantendo-se a idade da Primeira Eucaristia entre os dois sacramentos. Na Igreja do Oriente, conserva-se a unidade dos três sacramentos.

O Concílio (cf. *SC* 64-71) determinou que se revisse todo o processo, que se criasse um ritual próprio para crianças e se restabelecesse o catecumenato dos adultos. Os novos livros litúrgicos resultantes são o *Ritual do Batismo das crianças* (1969), o *Ritual da Confirmação* (1971) e o *Ritual da iniciação cristã dos adultos* (1972). É possível que se prepare um ritual unificado, com uma introdução geral, além das próprias de cada Ritual.

É no *Ritual de adultos* (*RICA*) que melhor se veem as etapas do caminho de iniciação crista: pré-evangelização, evangelização, catecumenato, período de iluminação ou eleição, celebração dos três sacramentos na Noite Pascal, e o tempo de "mistagogia" ou aprofundamento.[45]

Batismo. Catecumenato. Confirmação. Eucaristia.

---

45 N.E.: Recomendamos: Lelo, Antonio Francisco. *A iniciação cristã*. Catecumenato, dinâmica sacramental e testemunho. São Paulo: Paulinas, 2005; Almeida, Antonio José de. *ABC da iniciação cristã*. São Paulo: Paulinas, 2009; Marsili, Salvatore. *Sinais do Mistério de Cristo*. São Paulo: Paulinas, 2010. p. 181-190; Oñatibia, Ignacio. *Batismo e confirmação*: sacramentos de iniciação. São Paulo: Paulinas, 2007; Caspani, Pierpaolo. *Renascer da água e do Espírito*. Batismo e crisma, sacramentos da iniciação cristã. São Paulo: Paulinas, 2012.

In persona Christi

A expressão *in persona Christi* ("na pessoa de Cristo") é a melhor chave para entender e exercer o ministério de quem preside à celebração litúrgica: atua, personificando Cristo. Prega, perdoa, consagra, ora, abençoa em nome dele. O autêntico presidente que convoca e anima a comunidade cristã é Jesus Cristo, mas está invisível. O ministro que preside presta à comunidade o grande serviço, teológico e pedagógico, de visibilizar Cristo, ser como seu sacramento. "O presbítero... tem o poder sagrado da ordem para oferecer o sacrifício em nome de Cristo (*in persona Christi*), também está à frente do povo fiel reunido... Portanto, quando celebra a Eucaristia, ele deve servir a Deus e ao povo com dignidade e humildade, e, pelo seu modo de agir e proferir as palavras divinas, sugerir aos fiéis uma presença viva de Cristo" (*IGMR* 93).

Presidente, presidir.

insígnias pontificais

Dá-se este nome aos objetos que se tornam distintivos do "pontífice", ou seja, do bispo.

Em concreto, trata-se do anel (antigo sinal de poder, porque com ele se selavam os documentos, convertido, depois, em símbolo do vínculo do bispo à sua Igreja), da cruz peitoral (pendente do pescoço por um cordão), da mitra, do báculo, do pálio etc. Originalmente, também faziam parte das insígnias as luvas e as sandálias.

Báculo. Bispo. Mitra. Pálio.

instituição

Instituere significa, em latim, estabelecer alguém num determinado estado, ou melhor, estabelecer algo, iniciando-o oficialmente.

Fala-se da *instituição dos sacramentos*, remetendo para a sua origem e legitimação inicial. No NT, aparece com clareza que o Batismo, a Eucaristia e a Penitência são sacramentos que, explicitamente, são instituídos pelo próprio Jesus Cristo. Dos outros, faltam textos explícitos, mas a sua origem só podia provir do próprio Cristo, já que, desde o princípio, todos eles têm a força salvadora que emana da Páscoa do Senhor. Foi a Igreja, ela mesma sacramento primordial da salvação de Cristo, que os foi especificando na sua compreensão e celebração. Por isso, pode dizer-se, claramente, que todos os sacramentos foram instituídos pelo Senhor, embora a concretização e a diversificação ulterior a deixasse à sua Igreja, uma vez que ele continua a atuar, ao longo da história, pela mediação eclesial (cf. *CIC* 1113-1121).

Na denominação de *palavras da instituição* – palavras de Cristo sobre o pão e o vinho, na Última Ceia, também conhecidas por "relato da instituição" ou "palavras da consagração" –, que o sacerdote pronuncia na Oração Eucarística, temos uma aplicação concreta e apropriada deste termo.

Atualmente, também se fala dos *ministérios instituídos*. Quando Paulo VI, em 1972, na sua Carta Apostólica *Ministeria quædam*, suprimiu as ordens menores (ostiário, exorcista, leitor e acólito), conservou para a Igreja universal dois ministérios, o de leitor e o de acólito, um, relacionado à Palavra, e outro, aos sacramentos, e estabeleceu "que a sua colação não se chame 'ordenação', mas 'instituição'. "O leitor é instituído para a função que lhe é própria, ler a Palavra de Deus nas assembleias litúrgicas." "O acólito é instituído para ajudar o diácono e para servir o sacerdote." Junto aos ministérios "ordenados" (bispo, presbítero, diácono) estão, pois, os dois ministérios "instituídos", o de leitor e o de acólito. No *Ritual de ordenação*, há um apêndice "para instituir leitores" e outro "para instituir acólitos".

Ministérios. Ordens menores.

instrumentos

Na liturgia usa-se o termo "instrumentos" em vários sentidos.

Antes de tudo, no sentido próprio e direto de *úteis ao trabalho humano*. O *Ritual de bênçãos* (nn. 678-781) oferece as orações e os gestos com que se podem benzer, para que o seu uso seja sempre conforme ao caráter evangélico cristão. De igual modo se podem benzer os instrumentos técnicos e de trabalho (nn. 678-702).

Outras vezes, fala-se de instrumentos simbólicos para exprimir, com uma pedagogia complementar, a missão que alguém recebe na comunidade eclesial. Assim, quando, num sacramento, se fala da *entrega de instrumentos ou de insígnias*, quer-se exprimir simbolicamente o encargo de que se reveste alguém: ao bispo faz-se-lhe a entrega do livro dos Evangelhos, do anel, do báculo, da mitra; ao diácono, além de o revestir com a dalmática e a estola, faz-se-lhe a entrega do livro dos Evangelhos; ao presbítero, a quem se reveste da casula, entrega-se-lhe a patena e o cálice com pão e vinho. Da mesma forma, na profissão religiosa, as medalhas, o crucifixo, os hábitos, ou, na bênção de um abade ou abadessa, o livro da Regra, o anel, a mitra, o báculo.

Mas, na liturgia, também se fala dos *instrumentos musicais*, que têm um papel muito importante na celebração cristã. O Concílio exprimiu-o claramente: "Na Igreja latina tenha-se em grande consideração o órgão de tubos, instrumento musical tradicional, cujo som é capaz de acrescentar um esplendor notável às cerimônias da Igreja e de elevar poderosamente os ânimos para Deus e para as realidades celestes. No culto divino podem admitir-se outros instrumentos... desde que sejam aptos ou possam adaptar-se ao uso sagrado, convenham à dignidade do templo e favoreçam verdadeiramente a edificação dos fiéis" (*SC* 120). "Os instrumentos musicais podem ser de grande utilidade nas celebrações sagradas, quer acompanhem o canto, quer intervenham sós" (*MS* 62).

Foi já tardiamente que se introduziram os instrumentos musicais na liturgia da Igreja, pois no princípio estavam ausentes das celebrações. No Oriente, ainda hoje, não são aceitos. Essa resistência deveu-se talvez a justificadas cautelas, pois sempre se temeu a sua capacidade de concentrar atenções, e que pudessem adquirir uma autonomia tão exagerada que acabassem por adulterar a sua função própria, "ministerial". Ou seja, os instrumentos na celebração cristã, tanto na criação de ambiências, tocados a sós, como no acompanhamento do canto dos solistas, do coro ou da comunidade, não são "independentes", motivados meramente pelo seu valor artístico, como num concerto, mas têm a finalidade de ajudar os fiéis a celebrarem melhor e a expressarem os seus sentimentos de fé. O organista e os outros instrumentistas têm o nobre ministério de ajudar a comunidade, num clima de oferenda espiritual e expressão de louvor e de súplica diante de Deus.

Inclusive, quando os instrumentos musicais são silenciados, eles realizam uma das suas funções. No Advento, pede-se que o seu uso seja moderado, e que, na Quaresma, e sobretudo no Tríduo Pascal, antes do Glória da Vigília, só soem enquanto se prestem para acompanhar ou sustentar o canto. O silêncio do seu som festivo sublinha assim o caráter de recolhimento que esses tempos têm como prepração de uma grande festividade.

Música. Órgão, organista.

insuflação

Insuflar significa "soprar dentro" (em latim, *in-sufflare*). Desde a cena da criação primordial, quando Deus soprou sobre o homem, modelado da argila, convertendo-o em ser vivo (cf. Gn 2,7), até Cristo Ressuscitado que sopra sobre os seus discípulos, para lhes dar o seu Espírito (cf. Jo 20,22), a insuflação tem um rico sentido simbólico. É o mesmo sentido que tem o "ar", suave ou impetuoso, e o "Espírito" (em grego, *pneuma*).

O gesto de soprar sobre um objeto ou uma pessoa foi, na história da liturgia, um dos sinais para expressar o exorcismo, o afastamento de todo o mal, transmitindo o espírito do bem. Presentemente, é um gesto pouco usado. Na Missa crismal, o bispo, se lhe parece expressivo, sopra sobre o recipiente que contém o crisma que vai consagrar. O *Cerimonial* diz, em latim, *halat super ampullam chrismatis* (exala, sopra).

intercessão

Interceder significa mediar ou advogar entre dois. Por isso, os fiéis se dirigem a Deus, confiantes na "intercessão da Virgem ou dos Santos" e, sobretudo, na do Sumo Sacerdote, Jesus Cristo.

Também se "intercede", diante de Deus, pela humanidade ou por uma pessoa determinada ou pelos defuntos. É uma forma importante e antiquíssima de oração. Os crentes não só louvam a Deus e o invocam por si mesmos, mas também lhe pedem pelos outros, ou seja, intercedem sacerdotalmente, como mediadores, pela salvação do mundo (cf. *IGLH* 17 e 179).

Na Oração Universal ou dos Fiéis, na *Eucaristia*, "o povo […], exercendo a função do seu sacerdócio batismal, apresenta preces a Deus pela salvação de todos" (*IGMR* 69). Na Oração Eucarística, desde o louvor inicial, brota espontânea a petição, as "intercessões" que, na segunda parte, se fazem pela Igreja, pelos oferentes, os presentes e os que de alguma maneira foram protagonistas da celebração (batizados, confirmados, esposos, professos, ordenados, defuntos).

Na *Liturgia das Horas* também as intercessões têm especial significado, sobretudo nas Vésperas: "nas Laudes, terminado o cântico, seguem-se as preces, para consagrar a Deus o dia e o trabalho; nas Vésperas, seguem-se as intercessões" (*IGLH* 51). Nas Laudes, essas preces são "invocações" por nós. Nas Vésperas, como na Eucaristia, são "intercessões" pelos outros.

"Sendo a Liturgia das Horas, de modo especial, a oração de toda a Igreja por toda a Igreja e ainda para a salvação do mundo inteiro, convém que, nas preces, as intenções universais ocupem absolutamente o primeiro lugar, quer se reze pela Igreja com suas diversas ordens, quer pelas autoridades civis, pelos que vivem na pobreza, pelos que padecem enfermidade ou tristeza, e pelas necessidades do mundo todo, tais como a paz e outras intenções semelhantes" (*IGLH* 187). Nas preces de Vésperas, a última intenção é sempre pelos defuntos (cf. *IGLH* 186).

Oração universal (ou dos fiéis). Preces.

Intermédia (Hora)

Chamamos Horas Intermédias às horas de Tércia, Sexta e Noa, chamadas também "horas menores".

Embora as Laudes e as Vésperas, já desde os primeiros séculos, fossem as horas de oração comunitária mais significativas, no período diário, foram-se acrescentando, primeiro por devoção monástica, e, depois, por extensão, outras horas intermédias na jornada, para dar cumprimento ao preceito evangélico de "orar sempre, sem desfalecer" (cf. Lc 18,1), ligando-as, além disso, a acontecimentos da Paixão de Cristo ou a momentos particularmente expressivos da comunidade apostólica (cf. *IGLH* 1 e 74-75). Assim:

- *Tércia* – para as nove da manhã, segundo o horário romano – relacionava-se com a vinda do Espírito, no dia do Pentecostes, ou com o início do caminho da cruz, por parte de Cristo; é característico dessa hora o hino *Nunc Sancte nobis Spiritus*;

- *Sexta* – para o meio-dia –, relacionava-se de novo com a cruz de Cristo e as trevas (cf. Jo 19,28), e também com a visão de Pedro sobre os alimentos, em Jope (cf. At 10,9);

- *Nona* (ou *Noa*) – às primeiras horas da tarde – relacionou-se com a morte de Cristo (cf. Lc 23,44) e também com a oração de Pedro e João, no Templo, à hora do sacrifício vespertino (cf. At 3,1).

Dessa oração, ao longo das horas do dia, são testemunhas Tertuliano e, sobretudo, Hipólito, na sua *Traditio apostólica* (c. 41), nos princípios do século III.

Na reforma pós-conciliar, mantiveram-se essas três horas no ofício coral na vida contemplativa (cf. *SC* 89; *IGLH* 76). No entanto, "fora do coro, salvo direito particular, é permitido escolher, entre as três horas, a que mais corresponde ao tempo do dia, para que se conserve a tradição de orar durante o dia, em meio aos trabalhos" (*IGLH* 77). Aos ministros ordenados recorda-se-lhes de que rezem essa Hora Intermédia com sumo interesse, "para melhor santificarem o dia" (*IGLH* 29).

A estrutura da Hora Intermédia (cf. *IGLH* 78-83) consta de hino, salmodia, leitura breve e oração.

Liturgia das Horas.

intinção

Do latim *intingere* (molhar, submergir algo num líquido). Chama-se intinção, na Eucaristia, a uma das formas para participar do Sangue do Senhor; não bebendo diretamente, mas molhando, no cálice que o ministro correspondente oferece, um fragmento do pão consagrado. Os orientais, normalmente, utilizam uma colherzinha para realizar essa intinção.

Nos primeiros séculos, não se fazia uso dessa maneira de comungar sob as duas espécies, simplesmente bebia-se do cálice. Por exemplo, o Concílio de Braga (de 675), em Portugal, proibia a intinção, por ser pouco expressiva.

Com efeito, a intinção é mais prática, mas torna-se menos expressiva. O gesto de beber do cálice é mais expressivo, mas pode tornar-se menos prático. Por vezes, por razões pastorais, pode ser oportuna a comunhão sob as duas espécies, por meio de intinção, feita pelo ministro ou pelo próprio fiel, com o máximo cuidado e delicadeza.

Introito

Significa entrada, e vem do latim *introire*. Na liturgia, refere-se à entrada processional, mais ou menos solene, do presidente e demais ministros, no começo da celebração. Antigamente, esse nome era, sobretudo, mais usado para indicar o cântico de acompanhamento dessa entrada. Não se sabe quando e por obra de quem se introduziu esse cântico na Missa, porque nos primeiros séculos ele não existia. Sabe-se, porém, que, no *Ordo Romanus I*, já se descreve o introito da Missa papal. Portanto, no século IV, pelo menos em Roma, já era cantado.

O Introito tinha um texto fixo, com música gregoriana. Alguns tornaram-se famosos e são conhecidos pela sua primeira palavra em latim, como o *Requiem* da Missa de defuntos, ou deram nome a domingos determinados, como o de *Laetare* ou o de *Gaudete*. Atualmente, tanto o texto como a realização musical do "cântico de entrada" admite bastante flexibilidade (cf. *IGMR* 48), desde que cumpra a função que se lhe pede: "A finalidade desse canto é abrir a celebração, promover a união da assembleia, introduzir no mistério do tempo litúrgico ou da festa, e acompanhar a procissão do sacerdote e dos ministros" (*IGMR* 47).

Entrada.

inumação

Vem do latim *humus* (terra). Portanto, é sinônimo de "enterro".
Enterro. Incineração.

Invitatório

O lugar do Invitatório – o salmo "que convida" – é "no começo de todo o ciclo da oração cotidiana, ou seja, ele precede as Laudes ou o Ofício das Leituras, conforme o dia comece com a primeira ou a segunda dessas ações litúrgicas" (*IGLH* 35). Consiste numa invocação dialogada ("Abri, Senhor, os meus lábios. E a minha boca anunciará o vosso louvor"), seguida de um salmo com sentido de convite ao louvor, intercalando uma antífona própria do dia (por exemplo, "Vinde, adoremos o Senhor, que vem salvar o mundo"). O Invitatório deve ser dito, sempre que precede o Ofício de Leitura, podendo suprimir-se, se a primeira oração é a de Laudes, porque supõe certa duplicata com o hino, que também inicia e ambienta a celebração (cf. *IGLH* 35).

O Salmo Invitatório clássico é o Salmo 95[94]: "Vinde, exultemos de alegria no Senhor", já testemunhado pela *Regra de São Bento*, século VI; "com esse invitatório os fiéis são convidados cada dia a cantar os louvores de Deus e a escutar sua voz" (*IGLH* 34). Também se podem cantar: o Salmo 100 [99]

– "Aclamai o Senhor, terra inteira"; o Salmo 67 [66] – "Os povos vos louvem, ó Deus"; ou o Salmo 24 [23] – "Do Senhor é a terra e o que nela existe". As atitudes que esses salmos suscitam são de admiração e louvor, por um lado, e também de disponibilidade para escutar a a voz do Senhor. Nos tempos fortes e nas festas, a antífona reflete a espiritualidade própria do tempo ou do dia, com a pedagogia de a ir repetindo entre as estrofes do salmo.

invocação

Epiclese. Intercessão. Preces.

Ite, Missa est

As palavras com que se dá por concluída a celebração – *Ite, Missa est* –, e que já se encontram no *Ordo Romanus I*, do século IV, significam exatamente "Ide, é a despedida", ou então, "Ide, a Missa terminou". Nas línguas modernas, preferiu-se traduzi-las livremente, incorporando o conceito de paz que os orientais recordam sempre: "Ide em paz"; "Ide em paz, a Missa terminou"; *La Messa é finita, andate in pace*; *Allez, dans la paix du Christ*; *Go, the Mass is ended*; *Germans, aneu-vos en pau*; *Zoaste Jaunaren pakean*; *Podéis ir en paz*; "Ide em paz e o Senhor vos acompanhe".

É a "despedida do povo [...] para que cada qual retorne às suas boas obras, louvando e bendizendo a Deus" (*IGMR* 90c).

Despedida. Missa.

jejum

Às vezes, deixar de comer obedece a motivos de saúde, regime alimentar ou necessidade e, então, não tem uma dimensão simbólica, a não ser que se faça para chamar a atenção da sociedade para algum ideal ou decisão (por exemplo, a "greve de fome"). A palavra "jejuar" facilmente se aplica em sentidos figurados: abster-se do pecado, ou do ódio, ou estar "em jejum" de algo, por falta de cultura ou de informação etc.

Aqui, chamamos "jejum" (do latim *ieiunium*) à privação voluntária de comida durante algum tempo por motivos religiosos, como ato de culto diante de Deus.

Na Bíblia, o jejum pode ser sinal de *penitência*, expiação dos pecados, oração intensa ou vontade firme de conseguir algo. Outras vezes, como nos quarenta dias de jejum de Moisés, no monte, ou de Elias, no deserto, ou de Jesus, antes de começar a sua missão, sublinha a preparação intensa para um acontecimento importante.

A *Didaquê*, dos fins do primeiro século, conhece esse sentido preparatório e de culto do jejum quando o prescreve para o batizando, durante um ou dois dias, e o recomenda também para o ministro e outros que o acompanham (VII, 7). Desde os primórdios do cristianismo, fazia-se jejum, semanalmente, às quartas e sextas (VIII, 1). À sexta-feira, como recordação da morte de Cristo e, à quarta, "porque quando começava este dia, o Senhor foi detido" (ou seja, na noite de terça-feira), como diz Santo Epifânio (*De fide*) nos princípios do século V, citando a *Didascália dos Apóstolos*, do século III. Em Roma, além desses dias, jejuava-se também ao sábado. Depois, mudou-se o jejum para abstinência e, posteriormente, ficou só à sexta-feira.

O jejum eucarístico foi sendo adotado, desde cedo, como manifestação do apreço especial e da preparação para a Eucaristia: abster-se antes de outros alimentos, para dar destaque à excelência do alimento eucarístico. Pio XII, em 1953, mitigou notavelmente a prática anterior, que tinha chegado a prescrever o jejum desde a meia-noite. A partir desse ano, ao poder celebrar-se a Eucaristia também à tarde, a norma estabeleceu um jejum de três horas e, mais tarde, o mesmo Pio XII reduziu-a para uma hora, tanto para alimentos como para bebidas. Para os doentes, a redução foi ainda maior (*Immensæ caritatis*, de 1973, III), deixando-o para um quarto de hora ou menos, redução extensiva também aos que querem comungar com o doente.

Desde o século IV, na Quaresma – período em que fazia mais sentido o jejum –, os cristãos praticavam-no com a privação voluntária de comida, fazendo uma só refeição completa ao dia e em dias determinados. Essa prática existe em outras culturas e religiões, com os mesmos motivos, por exemplo, os muçulmanos, no mês do Ramadã. O jejum, assim como a oração e a caridade, foi desde muito cedo, uma "prática quaresmal", como sinal da conversão interior aos valores fundamentais do Evangelho de Cristo e à relativização de outros valores não tão centrais. Atualmente, os cristãos abstêm-se de carne todas as sextas-feiras da Quaresma que não coincidam com alguma solenidade. Fazem abstinência e, além disso, jejum (uma só refeição ao dia) na Quarta-Feira de Cinzas e na Sexta-feira Santa.

A Constituição apostólica de Paulo VI, *Pænitemini*, de 1966, explica bem a finalidade dessas práticas penitenciais, especificando a flexibilidade que pode ter o jejum, segundo as condições socioeconômicas de um país, como já insinuava a *SC* 110.

Mas, desde muito cedo (século II), adquiriu um sentido de culto, sobretudo o jejum pascal de Sexta-feira Santa e de Sábado Santo. Não é um jejum de tristeza ou *penitência*, mas de início da Páscoa. Um jejum que marca, nesses dois dias, a primeira fase da Páscoa, como passagem através da cruz e da morte à vida: "Tenha-se como sagrado o jejum pascal, a observar em toda a parte na sexta-feira da Paixão e Morte do Senhor e a prolongar também no Sábado Santo, se for oportuno, para se chegar às alegrias do domingo da Ressurreição com elevação e abertura de espírito" (*SC* 110). Recomenda-se de modo especial que façam jejum no Sábado Santo os que, na Vigília Pascal, vão receber o Batismo (cf. *RICA*, observações preliminares 26).[46]

---

46 N.E.: CNBB. *Guia litúrgico-pastoral*. Brasília: Edições CNBB, 2007. p. 17: "Estão obrigados à lei da abstinência aqueles que tiverem completado catorze anos de idade; estão obrigados à lei do jejum todos os maiores de idade (quem completou 18 anos) até os sessenta anos começados [...] 'No Brasil, toda sexta-feira do ano é dia de penitência, a não ser que coincida com solenidade do calendário litúrgico.

Jesus Cristo

Na liturgia, Cristo é o centro, o protagonista absoluto, assim como o é, em geral, no mistério da salvação cristã. O *Catecismo da Igreja Católica*, depois de ter dedicado um longo capítulo, na primeira parte, à fé em Jesus Cristo, na segunda, dedicada à celebração litúrgica, enfoca tudo a partir de Jesus Cristo, sua Páscoa e sua presença hoje na Igreja, sobretudo no momento privilegiado da celebração sacramental.

Depois de ter realizado historicamente a obra da Redenção, agora, Jesus Cristo, Ressuscitado, a partir da sua existência gloriosa junto do Pai, atua por meio dos sacramentos, instituídos por ele para nos comunicar a sua graça e a força salvadora do seu Mistério Pascal, que há dois mil anos realizou de uma vez para sempre, mas que continua presente e vivo nele mesmo. Os sacramentos – e os outros momentos celebrativos da comunidade – são "forças que saem do Corpo de Cristo, sempre vivo e vivificante" (*CIC* 1116), são eficazes porque continuam a ser ações de Cristo Ressuscitado, que atualiza misteriosamente a sua Páscoa, aqui e agora, para nós.

O Concílio (cf. *SC* 5-7) colocou a compreensão da liturgia na perspectiva da participação da comunidade na Páscoa de Cristo; agora, o Catecismo afirma-o mais acentuadamente. A partir do Concílio, repete-se a enumeração das várias maneiras de presença que Cristo Glorioso exerce para a sua comunidade: está presente na própria comunidade, na pessoa do presidente que o representa, na sua Palavra proclamada, em todos os sacramentos, que são "ações de Cristo" e devem a ele a sua eficácia salvadora e, sobretudo, na Eucaristia, em que se nos dá no pão e no vinho como alimento de vida eterna. Está presente também na Liturgia das Horas como orante supremo, que junto com a sua comunidade eleva ao Pai os louvores e as súplicas dos salmos. Está presente, ao longo de todo o ano litúrgico, que é uma graça cíclica pela qual ele mesmo nos torna partipantes da graça salvadora dos seus mistérios.

Jesus é, ao mesmo tempo, o protagonista (é ele quem rende culto ao Pai, associando-nos, agora, a ele, e continua a comunicar-nos a sua graça e a sua

---

Os fiéis nesse dia se abstenham de carne ou outro alimento, ou pratiquem alguma forma de penitência, principalmente obra de caridade ou exercício de piedade. A Quarta-feira de Cinzas e a Sexta-feira Santa, memória da Paixão e Morte de Cristo, são dias de jejum e abstinência. A abstinência pode ser substituída pelos próprios fiéis por outra prática de penitência, caridade ou piedade, particularmente pela participação nesses dias na Sagrada Liturgia'" (Legislação complementar da CNBB quanto aos cânones 1251 e 1253 do *CDC*).

Palavra profética), o destinatário do nosso culto (porque muitas vezes lhe dirigimos o nosso louvor, a nossa invocação e o nosso culto de adoração) e, sobretudo, nosso Mediador e Sacerdote (por meio dele é que temos acesso ao Pai, que podemos dirigir-lhe o nosso louvor e que podemos receber a graça e o perdão do Pai).

Ao longo do ano, domingo após domingo, e na sucessão dos tempos e das festas, Cristo nos comunica os mistérios da sua vida. Centrados, todos eles, no seu Mistério Pascal.

joelhos (de)

Entre as posturas corporais que se devem adotar na celebração litúrgica e na oração, uma das mais clássicas e conhecidas é a "de joelhos". É algo mais que fazer uma genuflexão pontual.

Orar de joelhos é a postura mais espontânea de adoração e de súplica humilde. É a atitude que encontramos tantas vezes na Bíblia, quando alguém quer expressar a sua veneração e súplica: em Jope, antes de ressuscitar a mulher, "Pedro [...] pôs-se de joelhos e orou" (At 9,40); Paulo, ao despedir-se dos seus discípulos em Mileto, "ajoelhou-se com todos eles e orou" (At 20,36). Tinha sido também a atitude de Jesus quando, na sua agonia do Horto, "pondo-se de joelhos, começou a orar, dizendo: Pai, se quiseres..." (Lc 22,41-42).

Nos primeiros séculos, não era usual que os cristãos orassem de joelhos. Essa postura reservava-se só para os dias penitenciais. Por isso, no Concílio de Niceia proíbe-se explicitamente essa postura nos domingos e no Tempo Pascal. Mais tarde, a partir dos séculos XIII-XIV, a postura de joelhos converteu-se na mais usual para a oração, sublinhando, sobretudo, o caráter de adoração à Eucaristia. Na Missa, praticamente desde o *Sanctus* até o final, permanecia-se de joelhos, incluindo o momento da Comunhão.

Atualmente, só se indica esse gesto durante o momento da consagração, embora seja geralmente adotada desde a invocação do Espírito ou epiclese: expressa-se, desse modo, a atitude de veneração no momento em que, por obra do Espírito, se realiza o mistério eucarístico da identificação do pão e do vinho com o Corpo e Sangue de Cristo. O Missal permite que, por causas razoáveis, a comunidade fique de pé (cf. *IGMR* 43). Para a Comunhão, a postura é de pé: aproximando-se em procissão e recebendo, de pé, o Corpo e também o Sangue de Cristo (cf. *IGMR* 286).

A postura de joelhos continua a ser a mais pedagógica para a oração pessoal, sobretudo, diante do Santíssimo. Também para a oração penitencial, quando, por exemplo, nas celebrações penitenciais, se reza o "Confesso a Deus…" e, sobretudo, quando o penitente, depois da sua acusação, recebe do ministro eclesial a absolvição.

Orar de joelhos ajuda-nos a reconhecer a nossa pobreza diante de Deus e a nos sentir pequenos na sua presença.

Genuflexão. Posturas.

Kyrie

É o vocativo da palavra grega *Kyrios*, que significa "Senhor". No NT, aplica-se sobretudo a Jesus Cristo. Na liturgia, é o nome com que se designam as invocações do rito de entrada da Missa: *Kyrie, eleison; Christe, eleison* ("Senhor, tende piedade de nós; Cristo, tende piedade de nós").

Essas invocações, inicialmente, estavam relacionadas com a Oração dos Fiéis, que agora se recuperou. Nos primeiros séculos – segundo o relato da peregrina Etéria, de finais do século IV –, depois das leituras bíblicas e da homilia, a cada petição da Oração dos Fiéis, a assembleia respondia *Kyrie, eleison*. Talvez tenha sido o Papa Gelásio, em finais do século V, ou pelo menos a ele se atribui a mudança, quem passou essa invocação para o rito inicial, com a famosa *deprecatio Gelasii*.

Mais tarde, no século VI, já não se intercalavam as frases de invocação, mas dizia-se apenas a resposta ou aclamação. Foi variando o número das aclamações, até que se estabilizou em três *Kyries*, três *Christes* e de novo três *Kyries*. Apesar da interpretação trinitária bastante divulgada, parece que todas tinham, ao princípio, um sentido cristológico.

A reforma atual – a não ser por razões de ordem musical – deixou dois *Kyries*, dois *Christes* e dois *Kyries*, cantados primeiro pelo coro ou pelo solista e repetidos pela comunidade. Os *Kyries* encabeçam também as invocações das ladainhas.

O *Kyrie* não tem tanto um tom penitencial – embora com frequência se intercale, entre as invocações penitenciais –, mas de aclamação a Cristo como Senhor e Messias: "tratando-se de um canto em que os fiéis aclamam o Senhor e imploram a sua misericórdia, é executado normalmente por todos, tomando parte nele o povo e o grupo de cantores ou o cantor" (*IGMR* 52).

O *Kyriale* recolhe a música dos cânticos do Ordinário da Missa (*Kyrie, Gloria, Credo, Sanctus, Agnus Dei* etc.), paralelo, portanto, ao Gradual e ao Antifonário.

Laetare

A palavra latina *laetare* (alegra-te) designa, classicamente, o quarto domingo da Quaresma, porque assim começa o texto do seu cântico de entrada ou Introito: *Laetare, Jerusalem*, texto de Isaías (66,10): "Alegra-te, Jerusalém; rejubilai, todos os seus amigos…"

Dava-se a esse domingo um tom de alegria porque coincide com o meio da Quaresma e, portanto, introduz a perspectiva de proximidade do final do jejum e a alegria da Páscoa. Também se chamava *Dominica in mediana*. Nesse domingo, a meio do jejum, sublinhava-se o tom de alegria e de respiração, ao permitir-se a música instrumental e as flores. Os paramentos dos ministros podem ser cor-de-rosa.

lâmpada (lamparina)

Esta palavra vem do latim *lampas, lampadis*, e recorda-nos não só da utilidade prática do círio ou da luz acesa, mas também do seu simples e profundo simbolismo de luz espiritual ou de adoração.

A lâmpada que se coloca junto do sacrário é a que continua a ter mais sentido de fé e presença: "Diante do tabernáculo em que se conserva a santíssima Eucaristia, brilhe continuamente uma lâmpada especial com a qual se indique e reverencie a presença de Cristo. Segundo antigo costume, a lâmpada, na medida do possível, seja alimentada com azeite ou cera" (*SCCME*, n. 11).

Candeias, candelabros, candelária. Luz.

latim

Língua.

Laudes

Em latim significa "louvores". É o nome que se dá à oração eclesial que se faz pela manhã, *laudes matutinae.*

Já no judaísmo antigo, os crentes se reuniam para a oração matutina e vespertina, e tinham salmos e cânticos adequados a essas horas. Também os cristãos, inicialmente, talvez por devoção pessoal e, mais tarde, como oração oficial da comunidade, organizaram a oração matutina de Laudes, sobretudo a partir do século IV.

O último dos salmos dessa hora toma-se de entre os chamados *laudes* ou louvores (sobretudo, os Salmos 148-150), que assim dão o seu tom laudativo, enquanto o primeiro costuma ser um dos que falam da manhã ("Senhor, sois o meu Deus: desde a aurora ansioso vos busco [...]").

O *Concílio* recomendou que "as Laudes, como oração da manhã, e as Vésperas, como oração do entardecer, duplo eixo do ofício quotidiano segundo a venerável tradição de toda a Igreja, devem considerar-se as Horas principais e celebram-se como tais" (*SC* 89) e, sendo possível, com a participação do povo, de modo que se convertam em oração da comunidade cristã (cf. *IGLH* 40).

"As Laudes se destinam e se ordenam à santificação do período da manhã... Essa hora é celebrada ao despontar a luz do novo dia e evoca a ressurreição do Senhor Jesus, que é "a luz de verdade, que ilumina todo ser humano (cf. Jo 1,9); é o 'Sol da justiça' (Ml 3,20) 'que nasce do alto' (Lc 1,78)" (*IGLH* 38).

Na estrutura atual das Laudes (cf. *IGLH* 41-45) refletem-se bem essas conotações da luz, da ressurreição, do início da jornada: nos hinos, nos salmos, nas leituras breves, no cântico do *Benedictus* (o Sol que nasce do alto), nas preces de invocação e oferecimento da jornada e na oração conclusiva, depois do Pai-nosso. Antes, se não se fez já no Ofício de leitura, pode-se rezar ou cantar o Salmo Invitatório.

Benedictus. Liturgia das Horas.

lavabo, lavar, lava-pés

A lavagem com água, além do seu uso prático, tem também um claro simbolismo de purificação espiritual, empregado em todas as religiões e culturas.

Aqui, recordamos em concreto o gesto simbólico do *lavabo*, pelo qual o sacerdote lava as mãos, antes de proceder à Oração Eucarística. O seu nome vem-lhe da primeira palavra latina do versículo 6 do Salmo 26[25] que o sacerdote, antigamente, recitava: *lavabo inter innocentes manus meas* ("lavarei as minhas mãos entre os inocentes"). Não é um gesto prático, necessário pelo fato de se ter as mãos sujas, mas, desde os primeiros testemunhos da sua introdução na Missa, aparece com um sentido simbólico. São Cirilo de Jerusalém, no século IV, na sua catequese sobre a Eucaristia, fala desse gesto do lavar das mãos do bispo e dos presbíteros que o rodeiam, dizendo: "de nenhuma maneira, por alguma sujeira corporal. Mas o lavarmo-nos é o símbolo de que convém que nos limpemos de todos os pecados e iniquidades. Porque as mãos são símbolo do agir, ao lavá-las manifestamente significamos a pureza e integridade das obras".

O Missal explica por que manteve esse gesto: "o sacerdote lava as mãos, ao lado do altar, exprimindo por esse rito o seu desejo de purificação interior" (*IGMR* 76). O sacerdote faz, portanto, um gesto extra de humildade, embora já tenha começado a celebração, juntamente com os fiéis, com um ato penitencial. Agora, ao encarnar de modo especial Cristo Sacerdote, na parte central da Eucaristia, pede a Deus uma pureza interior, e manifesta-o com esse gesto simbólico, enquanto diz em segredo: "Lavai-me, Senhor, de minhas faltas e purificai-me de meus pecados".

Outro momento em que esse gesto tem particular significado é no *lava-pés* de Quinta-feira Santa. É o gesto que Jesus fez na sua Ceia de despedida, dando assim aos seus discípulos uma lição modelar de serviço (cf. Jo 13). Ele já havia dito que tinha vindo não para ser servido, mas para servir e dar a vida pelos outros. Antes de se dirigir para a cruz, onde se daria totalmente a si mesmo, quis fazer esse gesto simbólico, quase como um adiantamento simbólico da sua Paixão e Morte.

O lava-pés foi celebrado durante alguns séculos, em algumas regiões da Igreja, como em Milão, sobretudo como sinal da purificação batismal. Mas, mais geral e duradoura, até os nossos dias, foi a interpretação, e precisamente na Quinta-feira Santa, da lição de caridade por parte daquele que é pastor e animador da comunidade.

Ablução. Água.

Lecionário

Chama-se Lecionário ao livro que contém um sistema organizado de leituras bíblicas para uso nas celebrações litúrgicas, embora também se aplique esse nome à parte das leituras patrísticas do Ofício de Leitura.

A princípio, a comunidade cristã lia diretamente da Bíblia, com ampla liberdade de seleção, "enquanto o tempo o permite", como dizia São Justino, pelo ano 150. Mas depressa se viu a conveniência de uma seleção de leituras para os diversos tempos e festas. Segundo o modo de indicar as várias perícopes ou unidades de leitura bíblica, esse livro foi-se chamando *capitulare*, que assinalava as primeiras e as últimas palavras de cada passagem, ou, então, *comes* ou *liber comitis* – na liturgia hispânica *liber commicus* (de *comma*, seção, inciso) –, em que constam as leituras íntegras. Segundo os conteúdos, mais tarde, diversificaram-se o *Epistolário* e o *Evangeliário*, quando se organizaram separadamente essas leituras.

As diversas famílias litúrgicas do Oriente e do Ocidente foram configurando, com critérios de seleção próprios, os seus Lecionários. Foram quase sempre fiéis às três leituras: o profeta, o apóstolo e o Evangelho, para a Eucaristia. Alguns dos mais antigos e famosos são o *Comes de Würzburg*, o mais antigo no Ocidente, e o *Lecionário armênio de Jerusalém*, no Oriente.

Na reforma do Vaticano II, um dos elementos que mais riqueza trouxe à celebração foram os novos Lecionários. Antes, tínhamos um "Missal plenário", com leituras e orações juntas. Agora, o *Missal Romano* consta de dois livros: o Missal, que é o livro do altar ou das orações, e o Lecionário, o *Ordo Leccionum Missae* (= ELM). Este último está dividido em vários volumes: o Lecionário dominical, em três ciclos; o Ferial, em dois; o Santoral; o ritual para os sacramentos; o das Missas diversas e votivas; seguindo assim a orientação do Concílio de oferecer ao povo cristão uma seleção mais rica e variada da Palavra de Deus (cf. *SC* 51). A primeira edição latina do novo Lecionário apareceu em 1969. Em 1981, ao publicar-se a segunda, enriqueceu-se notoriamente a sua introdução.

Há também um Lecionário bíblico para o Ofício de Leitura da Liturgia das Horas, com a particularidade de que, para além da série de leituras que consta no livro oficial, se anunciava já desde o princípio, ainda que se tenha tardado muito a realizar oficialmente a ideia, um Lecionário bienal que permite ler toda a Bíblia, integralmente, em dois anos, exceto o Evangelho, reservado para a Missa (cf. *IGLH* 140-158).

Para as Missas com crianças, o seu Diretório (cf. *DMC* 43) sugere às Conferências Episcopais que, se o entenderem conveniente, confeccionem um Lecionário para essas Missas. Para as quarenta e seis Missas votivas da Virgem Maria (1987) foram também feitos dois livros: o Missal com as orações e o Lecionário.

O Lecionário usado na celebração litúrgica deve ser digno, decoroso, que manifeste, na sua própria aparência, o respeito que o seu conteúdo merece por parte da comunidade cristã: a Palavra que Deus nos dirige (cf. *ELM* 35-37). Por isso, é rodeado de sinais de apreço: o que proclama o Evangelho beija o livro, que antes se pode levar em procissão, no início da Missa, e incensar, nos dias festivos etc.

O Lecionário proclamado, domingo após domingo, ou dia após dia, à comunidade cristã, é o melhor catecismo aberto, que continuamente alimenta e ajuda a aprofundar a fé (cf. *ELM* 61).[47]

leigos

A palavra leigo vem do grego *laikos* (de *laos*, povo) e significa, portanto, a pessoa que pertence ao povo.

Embora tenha, por vezes, um sentido pejorativo (escola "laica"), a palavra em si, aplicada ao povo cristão, está cheia de apreço e dignidade. São leigos os *christifideles* (os fiéis cristãos) que, pelo Batismo e pela Confirmação, ficaram integrados na comunidade cristã. "Por 'leigos' entende-se aqui todos os fiéis, com exceção daqueles que receberam uma ordem sacra ou abraçaram o estado religioso aprovado pela Igreja, isto é, os fiéis que – por haverem sido incorporados em Cristo pelo Batismo e constituídos em Povo de Deus, e por participarem a seu modo do múnus sacerdotal, profético e real de Cristo – realizaram, na Igreja e no mundo, na parte que lhes compete, a missão de todo o povo cristão" (*LG* 31). O *Catecismo* fala da dignidade e das funções dos leigos na Igreja (cf. *CIC* 897-913). Na comunidade de fiéis ou leigos, alguns recebem

---

47 N.E.: Ler com proveito: *A mesa da Palavra I. Elenco das leituras da Missa.* (Comentário de J. Aldazábal.). São Paulo: Paulinas, 2007; Farnés, Pedro. *A mesa da Palavra II. Leitura da Bíblia no ano litúrgico.* São Paulo: Paulinas, 2008.

a vocação especial para a vida religiosa e outros para o ministério ordenado, formando todos eles o único Povo de Deus.

Além de participarem na missão profética da Igreja (evangelização, catequese etc.), os leigos têm também na liturgia um papel muito importante. São chamados, antes de tudo, a participarem nas celebrações, orando, celebrando os sacramentos, cantando, acolhendo a Palavra, rezando, pessoal ou comunitariamente, a Liturgia das Horas etc. Mas também se lhes podem confiar ministérios de animação para com a comunidade, como os de leitores, monitores, cantores, músicos, acólitos etc. Um dos mais recentemente reconhecidos é o de poderem ser ministros extraordinários da distribuição da Eucaristia, tanto na celebração como levando-a aos doentes.

Há outros ministérios litúrgicos que são confiados aos leigos: podem ser instituídos, sem deixar de ser leigos, nos ministérios estáveis de leitor e acólito; presidir ou dirigir as assembleias dominicais, na ausência de presbítero; abençoar os próprios filhos, em momentos significativos da sua própria vida…

Tudo isso tem a sua justificação, não tanto na necessidade da colaboração de leigos na Igreja de hoje ou na pedagogia que trata de os corresponsabilizar, mas sobretudo na compreensão teológica conciliar do que é a Igreja, que sublinhou a dignidade de filhos de Deus e membros da Igreja, junto com o sacerdócio batismal pelo qual cada cristão participa no sacerdócio de Cristo e na sua missão salvadora (cf.. *Ministeria quaedam*).

Assembleia.

leitor

O ministério de leitor é um dos mais importantes: com a sua proclamação das leituras ajuda a comunidade a captar, nas melhores condições possíveis, o que Deus lhe diz.

Em 1972, Paulo VI (*Ministeria quædam*) suprimiu as quatro ordens menores (em que se incluía a de leitor) e, em seu lugar, estabeleceu dois ministérios instituídos: o de leitor e o de acólito, relacionados com a Palavra e com o altar. Ambos são próprios de leigos. O ministério de ler na assembleia não é presidencial. Proclamar o Evangelho foi reservado, desde o princípio, a um ministro ordenado (não ao presidente, se for possível), mas as leituras anteriores e o Salmo Responsorial, assim como as intenções da Oração Universal, são ministério de leigos.

O leitor é instituído pelo bispo ou pelo superior maior dos institutos religiosos clericais. O breve rito dessa instituição está incluído no *Ritual de ordenação* (Apêndice, *Instituição de leitores*). Ao leitor não só lhe incumbe a proclamação das leituras, de um modo oficial e estável, mas também o encargo de formar os leitores não instituídos, organizar a catequese etc. Aquele que os institui ora, dizendo: "concedei que, meditando sem cessar vossa Palavra, possam impregnar-se dela e anunciá-la fielmente a seus irmãos" (ibidem, n.6). E faz-lhes a entrega do livro das Escrituras, com as seguintes palavras: "Recebe este livro da Sagrada Escritura e transmite com fidelidade a Palavra de Deus, para que ela frutifique cada vez mais no coração dos homens" (ibidem, n.7).

Além dos leitores instituídos, que são exclusivamente varões, nas comunidades cristãs exercem esse ministério, de uma maneira mais ou menos estável, homens e mulheres, que não necessitam para isso de um encargo tão oficial e permanente. O que se pede é que sejam "aptos para o desempenho desta função e se tenham cuidadosamente preparado" (*IGMR* 101 e *ELM* 55). E que realizem o seu ministério com dignidade, na sua postura e porte, e com preparação técnica, para que a sua leitura comunique bem a Palavra de Deus à comunidade, "em voz alta e de forma clara e inteligente" (*ELM* 14). O Lecionário, na sua introdução, dedica vários números para descrever a técnica, a preparação e a atitude espiritual do leitor (cf. *ELM* 51-55).

Ministérios. Ordens menores.

leituras bíblicas

Palavra de Deus. Lecionário.

leitura breve

A Palavra de Deus é comunicada à assembleia: às vezes em passagens mais longas, como na Eucaristia e no Ofício de Leitura; e outras, como em Laudes, Vésperas, Hora Intermédia e Completas, em passagens mais breves.

A leitura breve – *capitulum* – está assinalada de acordo com as características do dia, do tempo ou da festa. "Deve ser lida e ouvida como verdadeira proclamação de Palavra de Deus, frisando algum pensamento bíblico. Ajudará a destacar alguns pensamentos breves que na leitura contínua da Sagrada Escritura poderiam passar despercebidos" (*IGLH* 45).

A introdução à Liturgia das Horas explica as quatro séries semanais de leituras breves para o Tempo Comum, além das próprias dos tempos fortes e do Santoral; assim como os critérios da sua seleção e a flexibilidade para seu uso (cf. *IGLH* 156-158).

Essas leituras breves têm depois um espaço de reflexão que pode tomar a forma de uma breve homilia ou comentário, ou de um cântico breve adequado, ou então do responsório breve que consta no livro da Liturgia das Horas.

Capítulo.

leitura contínua

A *lectio continua* ou leitura continuada é um sistema de leitura dos livros bíblicos, na assembleia litúrgica, de modo seguido, continuando a leitura no ponto em que, anteriormente, se deixou. Esta era uma prática de leitura já seguida no culto da sinagoga, e também nos primeiros séculos cristãos.

Essa leitura pode também ser organizada de forma "temática", procurando uma composição harmônica de leituras em torno de um tema. É isso que se faz, por exemplo, quando se selecionam as leituras para uma solenidade ou festa, ou para a celebração de um sacramento. Mas o critério prevalente do atual Lecionário, sobretudo para o Tempo Comum, é o de seguir de modo continuado – embora, de fato, seja semicontínuo, porque raramente a continuidade é estrita – por exemplo, um Evangelho, ao longo de um ano, nas Eucaristias, ou assinalar certos tempos em diversos livros, como os Atos dos Apóstolos, no Tempo Pascal, ou uma dupla série de leituras seguidas, como no Lecionário ferial. Prefere-se esse modo semicontinuado de leitura à seleção por temas, porque a liturgia "por tradição própria, usa a Palavra de Deus, movida não só por algumas inquietações de ordem racional ou externa, mas pela preocupação de anunciar o Evangelho e levar os fiéis para a verdade plena" (*ELM* 68), seguindo o que Deus quis revelar na dinâmica da História da Salvação, e não tanto seguindo esquemas próprios.

leitura hagiográfica

Hagios, em grego, significa "santo". Leitura hagiográfica é a referida aos Santos. No Ofício de Leitura, a primeira leitura é bíblica. A segunda costuma ser patrística, com passagens de Santos Padres ou de outros autores: mas esta, quando se celebra a festa ou a memória de um Santo, substitui-se pela leitura hagiográfica, ou seja, um texto "que fala expressamente do Santo celebrado ou a ele se pode muito bem aplicar, quer algum trecho tirado dos escritos do mesmo Santo, quer ainda a sua biografia" (*IGLH* 166).

É muito antigo, na Igreja, o costume de ler as atas dos mártires, sobretudo no Ofício Divino e concretamente nas vigílias. Na liturgia hispânica, liam-se essas páginas tomando-as do *Passionário*, livro que contém o relato da vida e, sobretudo, da morte ou "paixão" de cada Santo, começando a leitura no Ofício e reservando o seu ponto culminante para a Missa. Em Roma, essas leituras foram aceitas mais tarde, mas só no Ofício Divino.

O Vaticano II (cf. *SC* 92) deu a orientação de evitar passagens alegóricas ou lendárias, buscando a verdade histórica e o bem espiritual dos leitores ou ouvintes (cf. *IGLH* 167-168). Por isso, não costumam ser numerosas as passagens biográficas, mas as de conteúdo espiritual ou as que refletem o carisma próprio do Santo.

Ofício de Leitura.

leitura patrística

"Segundo a tradição da Igreja Romana, no Ofício das Leituras, após a leitura bíblica, segue uma leitura dos Padres ou de escritores eclesiásticos, acompanhada de seu responsório, a não ser que haja uma leitura hagiográfica" (*IGLH* 159).

"São apresentados nessa leitura textos tirados de escritos dos Santos Padres, Doutores e outros escritores eclesiásticos, pertencentes tanto à Igreja oriental como à ocidental, dando-se, porém, preferência aos Santos Padres que gozam de autoridade especial na Igreja" (*IGLH* 160; cf. 163-165). Os Padres são mestres brilhantes na leitura da Bíblia, testemunhas privilegiadas da tradição eclesial, mestres de vida espiritual, pedagogos na aplicação da palavra revelada aos diversos tempos e situações culturais e guias ótimos para a vivência do ano litúrgico.

A nova Liturgia das Horas, fruto da última reforma, oferece uma seleção bastante distinta da anterior, e a tendência é a de ampliar a oferta destas leituras, fazendo um Lecionário complementar livre, e convidando, além disso, as Conferências Episcopais a organizar outros mais apropriados à sua região.

Ofício de Leitura.

língua

A língua em que uma comunidade cristã celebra a sua liturgia foi e continua a ser um fator importante para a sua vida de fé. Quando as primeiras gerações passaram do hebraico ou do aramaico para o grego e, a partir do século IV, com o Papa Dâmaso, ao latim, que no Ocidente foi a língua litúrgica até os nossos dias – apesar de, durante séculos, já não coincidir com a do povo –, sempre houve problemas e tensões, porque, por um lado, pretende-se conservar as heranças recebidas – e a língua é uma das mais sagradas, para cada povo e cultura – e, por outro lado, é fundamental que a comunidade celebrante entenda o que Deus lhe diz e o que ela própria reza e canta.

O ideal é que todos os povos, línguas e nações, tal como no Pentecostes, se encontrem unidas, na hora de celebrar a salvação de Deus. São Paulo já no seu tempo reagia em favor da compreensão da língua usada no culto em 1Cor 14,19. O que Trento não pôde conseguir no século XVI, em parte pela agressividade dos reformadores quanto a esse tema, o pôs em prática progressivamente o Concílio Vaticano II, que, em princípio, afirmou a sobrevivência do latim e, ao mesmo tempo, admitiu a sua convivência, com uma gradual introdução das línguas vivas na liturgia, começando pelas leituras, monições, algumas orações e cânticos (cf. *SC* 36.54).

Em 1967, passou-se à introdução da Oração Eucarística e, passados poucos anos, "se passou a autorizar a língua vulgar em todas as celebrações litúrgicas com a participação do povo, a fim de permitir uma compreensão mais plena do mistério celebrado" (*IGMR* 12); isso tanto para a Eucaristia como para os outros sacramentos e para a Liturgia das Horas. Isso foi em grande parte motivado pela tomada de consciência da própria personalidade das diversas culturas e povos.

O ingente trabalho da tradução dos novos livros litúrgicos, em mais de trezentas e cinquenta línguas oficiais, realizou-se com grande mérito e eficácia por parte das diversas Conferências Episcopais, convencidas do bem espiritual e evangelizador que esse empenho comportava.

litania

Chama-se "litania" ou "oração litânica" à forma de rezar em que a comunidade responde, com uma invocação breve e repetida, às várias preces que vai desfiando quem dirige a oração.

Vem da palavra grega *litaneia* (súplica comunitária), que deriva de *lite* (súplica), e do verbo *litaneuein* (orar insistentemente).

É uma das formas mais populares e antigas de oração, já usada na sinagoga judaica, e presente, depois, sobretudo na Igreja oriental, com a repetida invocação do *Kyrie eleison*, e também na ocidental, tanto na Eucaristia (por exemplo, com a antiga *"deprecatio Gelasii"*, preces de petição), como na Liturgia das Horas (nas "preces" com que, pelo menos desde o século VI, com São Bento, terminavam as Laudes e as Vésperas).

A oração litânica pode ser de petição, de louvor, de penitência ou de ação de graças. O exemplo mais típico é o da *Litania dos Santos*, que se reza em várias celebrações: Vigília Pascal, Batismo, ordenações, bênção do abade ou da abadessa, consagração das virgens, profissão perpétua, dedicação das igrejas, sínodos ou concílios, e também como cântico de entrada das Missas quaresmais, sobretudo as estacionais. E, ainda, em todo o tipo de procissões.

As mais breves são:

- na Missa, a oração litânica penitencial, a Oração Universal ou dos Fiéis e o *Cordeiro de Deus*, cântico de acompanhamento à Fração do Pão;

- na Liturgia das Horas, além das mencionadas preces no final de Laudes e Vésperas, recomenda-se rezar em forma litânica aqueles salmos e cânticos que já na sua estrutura apresentam essa forma, como o cântico de Daniel nas Laudes ("Bendizei o Senhor") ou o Salmo 136[135] ("Porque é eterna a sua misericórdia");

- o *Ritual da Penitência* oferece uma oração litânica para pedir perdão e outra de ação de graças;

- no *Ritual da Unção dos Enfermos* sobressai a "encomendação da alma", oração litânica com a qual se encomenda a Deus o moribundo.

Das ladainhas *marianas* as mais famosas são as "lauretanas", ou seja, as de Loreto (Itália). Publicaram-se outras, como as do Ritual da Coroação de imagens marianas, e outras não tão oficiais, a partir da linguagem mariana do Concílio ou dos últimos papas. Nelas se vai respondendo com a invocação *ora pro nobis* ("rogai por nós"), a uma série de títulos ou louvores à Virgem. Também se rezam ladainhas do mesmo gênero em honra do Sagrado Coração, de São José e de outros Santos.

liturgia

Vem do grego *leitourgia*, que por sua vez é composta das palavras *leitos* (popular, do povo) e *ergon* (ação, obra, trabalho). Portanto, referia-se, já desde o seu uso grego, a uma ação, a um trabalho, que não visa à utilidade privada, mas à da comunidade, tanto no terreno social como no religioso.

A Bíblia, na sua tradução grega do AT, aplicou o termo, sobretudo, ao serviço cúltico do Templo. No NT, fala-se também dessa liturgia judaica do Templo (por exemplo, referindo-se ao ministério de Zacarias, pai de João Batista, como sacerdote no Templo: cf. Lc 1,8), mas, quando se aplica às próprias realidades cristãs, chama-se "liturgo" a Cristo, Sumo Sacerdote (sobretudo na Carta aos Hebreus, por exemplo, cf. Hb 8,1-6), e também à "liturgia da vida", como o ministério de um apóstolo (cf. Rm 15,16), ou à caridade fraterna (cf. Rm 15,17; cf. Fl 1,15).

Para designar as celebrações cristãs empregaram-se, ao longo dos séculos, outros termos, como "ofício", "sagrados ritos", "celebração", "ação" etc. Na linguagem das Igrejas orientais, "liturgia" costuma denominar estritamente a Eucaristia ("a liturgia de São João Crisóstomo", por exemplo). Na Igreja ocidental, só no século XIX – e nos documentos oficiais praticamente só no século XX – usa-se a palavra "liturgia" com o sentido que lhe damos agora. Com esse nome se designam as celebrações que a Igreja considera como suas e estão contidas nos seus livros oficiais, e se realizam pela comunidade e ministros assinalados para cada caso: assim, é "litúrgica" a celebração da Eucaristia e dos demais sacramentos, a Liturgia das Horas, os sacramentais etc. Enquanto não o são, embora sejam muito dignos e louváveis, o rosário, a via-sacra e outras devoções pessoais e populares.

Passou-se a entender a liturgia cristã com muito mais profundidade desde que o Vaticano II empreendeu a sua reforma, e os novos livros litúrgicos a apresentaram nos seus melhores valores, superando certas definições que a identificavam, sobretudo com as cerimônias ou rubricas externas. Pela liturgia, "se realiza a obra da nossa Redenção" (*SC* 2). Pela celebração, sobretudo dos sacramentos, Cristo Glorioso comunica a força salvadora do seu Mistério Pascal, tornando-se presente na comunidade, na pessoa do ministro, na proclamação da Palavra, na ação de todos os sacramentos, sobretudo da Eucaristia, em que, identificado com o pão e o vinho, se nos dá, ele mesmo, como alimento (cf. *SC* 7).

"Realmente, nesta obra tão grande, pela qual Deus é perfeitamente glorificado e os homens são santificados, Cristo associa sempre a si a Igreja, sua esposa muito amada, a qual invoca o seu Senhor e por meio dele presta culto ao Eterno Pai. Com razão, pois, se considera a liturgia como o exercício da função sacerdotal de Jesus Cristo; nela, através de sinais sensíveis, cada qual a seu modo, é significada e realizada a santificação dos homens, e o Corpo Místico de Jesus Cristo – a Cabeça e os seus membros – presta a Deus o culto público integral»" (*SC* 7).

"Por isso, toda a celebração litúrgica, por ser obra de Cristo sacerdote e do seu Corpo, que é a Igreja, é ação sagrada por excelência, cuja eficácia, com o mesmo título e no mesmo grau, nenhuma outra ação da Igreja pode igualar" (*SC* 7). "A liturgia é o cume para o qual se dirige a atividade da Igreja e, ao mesmo tempo, a fonte de onde provém toda a sua força" (*SC* 10).

O *Catecismo da Igreja Católica* dedica a sua segunda parte à "Celebração do Mistério Cristão" (*CIC* 1066-1690) e é, atualmente, a melhor apresentação que a Igreja oferece das suas celebrações sacramentais. Nela, antes de tudo, aparece a liturgia como obra de Deus Trino, que nos comunica a graça da Páscoa, e, por outro lado, como obra da comunidade cristã, presidida e animada pelos seus ministros, nas diversas celebrações.

Costuma-se chamar também "liturgia" à "ciência litúrgica", à qual seria melhor dar outro nome, por exemplo, "litúrgica", para distinguir o que é ciência – conhecimento e ensino da celebração litúrgica, com a sua teologia, a sua história, a sua pastoral – daquilo que é o ato mistérico da celebração.

Liturgia das Horas

Chama-se "Liturgia das Horas" à oração que, ao longo dos séculos, a Igreja organizou, seguindo o ritmo do dia e da noite, da manhã e da tarde. Quando se celebram Laudes e Vésperas ou as outras horas, não só se reza, mas participa-se na oração de toda a Igreja. Mais ainda, entra-se na oração de Jesus Cristo. E, assim, santifica-se a jornada inteira, ou seja, é orientada para Deus, dando um tom de louvor e de súplica ao correr das horas do dia.

Todos os povos, e sobretudo o de Israel, deram um tom de oração ao decorrer da jornada. No Templo, ou nas sinagogas, ou em suas casas, os judeus faziam oração três vezes ao dia – pela manhã, ao meio-dia e à tarde –, com salmos e cânticos.

Cristo, o melhor mestre, também deu o exemplo de oração, na solidão do deserto ou em companhia dos discípulos, na sinagoga ou no Templo, seguindo os ritmos de oração herdados do seu povo (cf. os números que o *Catecismo* dedica à oração de Jesus: *CIC* 2599-2615). Aprendeu a oração do seu povo, mas sobretudo fez-nos participantes da sua oração divina: "O Sumo Sacerdote da nova e eterna Aliança, Cristo Jesus, assumindo a natureza humana, trouxe a este exílio terrestre aquele hino que se canta eternamente na morada celeste" (*SC* 83).

E agora como Senhor Ressuscitado, na sua existência pascal, continua orando. Louva o seu Pai e intercede continuamente por nós, exercendo o seu papel de Mediador e Sacerdote diante do Pai. Agora "o louvor a Deus ressoa no coração de Cristo com palavras humanas de adoração, propiciação e intercessão. Tudo isso ele dirige ao Pai, como Cabeça que é da humanidade renovada e mediador entre Deus e os homens, em nome de todos e para o bem de todos" (*IGLH* 3).

A nossa oração das Horas não é só nossa. É *oração com Cristo*: "Ele incorpora a si toda a comunidade humana, de modo que existe íntima relação entre a oração de Cristo e a oração de todo gênero humano" e de uma maneira especial associa a si os que formam parte do seu Corpo, a Igreja (cf. *IGLH* 6-7). A nossa oração é assim "a voz da Esposa que fala com o Esposo, ou melhor, é a oração de Cristo com o seu Corpo que é dirigida ao Pai" (*SC* 84). "É necessário, portanto, que, enquanto celebramos o Ofício, reconheçamos o eco das nossas vozes na de Cristo e a voz de Cristo em nós. A nossa oração recebe a sua unidade do coração de Cristo" (Paulo VI, *Laudis canticum*).

A Liturgia das Horas é *a oração que a Igreja fez sua*. Ao longo dos séculos, foi variando o número de horas, ou a distribuição dos salmos, ou os textos das preces. Mas esta é a oração que a Igreja considera como sua e, portanto, tem a eficácia e a dignidade de ser a oração eclesial por excelência, unida à de Cristo.

Além disso, a Liturgia das Horas, que antes se considerava quase como a oração própria dos cônegos, dos ministros ordenados ou dos religiosos obrigados ao coro, agora, a Igreja considera-a como *a oração de todo o Povo de Deus*. Todos são convidados idealmente a essa oração litúrgica, sobretudo nas duas horas fundamentais de Laudes e Vésperas: é a oração comunitária do Povo de Deus unido a Cristo.

Na comunidade cristã que, toda ela, é convidada a unir-se à oração de Cristo e da Igreja, há duas categorias de pessoas que o são de modo muito particular: *os ministros ordenados e os religiosos*. Os *ministros ordenados*, porque representam de um modo especial Cristo como orante e sacerdote, e os *religiosos porque devem ser*, na comunidade eclesial, sinal e fermento (cf. *IGLH* 23-32).

A estrutura que se foi configurando, ao longo dos séculos, para a Liturgia das Horas, visa ajudar-nos a *santificar o tempo*, ou seja, a orientá-lo para Deus e para o bem dos outros. O nome agora preferido – em vez de *Breviário* ou *Ofício Divino* – é o de "Liturgia das Horas": "Liturgia", porque é uma celebração; "das Horas", porque segue o ritmo do dia e da noite, a luz e a escuridão, a manhã e a tarde e, assim, abarca na sua dinâmica de louvor ou de súplica toda a jornada.

As duas horas fundamentais são as de *Laudes e Vésperas*, consideradas, desde os primeiros séculos, como as mais apropriadas a toda a comunidade cristã, no princípio e no final das atividades do dia. Eram as horas do "ofício eclesial", a cuja celebração estavam presentes o bispo, os outros ministros, os monges mais próximos e o povo, como nos testemunha, por exemplo, o relato da peregrina Etéria em Jerusalém.

A essas se acrescentaram, com o decorrer dos séculos, sobretudo em ambiente monástico, outras horas diurnas e noturnas, para ajudar a cumprir, com maior generosidade ascética, o mandamento da oração incessante (cf. Lc 18,1). Assim, surgiram Prima, Tércia, Sexta, Nona e Completas. De noite, organizou-se também a oração de vários modos, como vigílias e noturnos, que depois se fizeram antes do amanhecer e se chamaram Matinas.

O Concílio Vaticano II deu normas para a revisão e a reforma dessa oração oficial da Igreja (cf. *SC* 83-101): deu prioridade a Laudes e Vésperas, suprimiu Prima, permitiu que das horas intermédias, fora das comunidades corais, se possa escolher uma só, indicou que Completas seja sempre oração do fim da jornada, enquanto o Ofício de Leitura (que ainda se chama Matinas) não se sujeite necessariamente à hora noturna, recomendou a "verdade do tempo" (*veritas temporis*) na reza de cada Hora, e apresentou outra série de critérios para a reza de salmos, hinos e leituras.

Em 1971, precedida pela Constituição Apostólica de Paulo VI, *Laudis canticum*, apareceu a *Institutio Generalis Liturgiae Horarum*, com a motivação e as orientações para a celebração da Liturgia das Horas, nos seus diversos aspectos.[48]

Completas. Intermédia (Hora). Laudes. Matinas. Nona (noa). Prima. Salmos. Sexta. Vésperas. Vigília.

livros litúrgicos

Chamam-se "livros litúrgicos" aos que contêm os textos e as indicações para a celebração litúrgica, oficialmente editados na Igreja.

Na história da liturgia, depois do período de criatividade por parte dos bispos ou comunidades, chegou-se, mais ou menos a partir do século VI, à etapa de recompilação e fixação dos livros litúrgicos, que, no Rito Romano, são: o Sacramentário (livro do presidente, com a eucologia ou orações que deve dizer), o Lecionário, o Antifonário, o Pontifical (com as celebrações reservadas ao bispo), os *Ordines* (rituais de sacramentos: na liturgia hispânica *Liber ordinum*). Mais tarde, chegou-se aos livros "mistos" ou "plenários": o Missal (na liturgia hispânica, *Liber sacramentorum*) e o Breviário (a Liturgia das Horas).

Depois da reforma do Vaticano II, renovaram-se totalmente esses livros, tendo a celebração ficado enriquecida com a variedade e a linguagem dos seus textos e também com as motivações teológicas e pastorais dos seus "preliminares" ou da *institutio* que os precede.

Estes livros são agora:

- o calendário e o Martirológio;

- o Missal, em dois volumes (Dominical e Ferial): o Livro das Orações e o Lecionário;

- a Liturgia das Horas, em quatro volumes, e o volume da edição abreviada, sem as leituras do Ofício;

- o Pontifical Romano, com celebrações próprias do bispo, composto de diversos volumes: Ordenações, Confirmação, Dedicação da igreja e do altar, Cerimonial dos bispos, Instituição de leitores e acólitos, Bênção de abades e abadessas, Bênção dos óleos e consagração do crisma;

---

48   N.E.: Recomendamos: *Instrução geral sobre a liturgia das horas.* (Comentário de J. Aldazábal.) São Paulo: Paulinas, 2010; Costa, Valeriano Santos. *Liturgia das horas.* Celebrar a luz pascal sob o signo da luz do dia. São Paulo: Paulinas, 2005.

- o Ritual dos sacramentos e sacramentais: Iniciação cristã dos adultos, Batismo, Matrimônio, Unção dos Enfermos, Penitência, Exéquias, Profissão religiosa, Culto eucarístico, Ritual de bênçãos e Celebração dos exorcismos;

- o Gradual, com a música dos cânticos interlecionais;

- o Rito da coroação das imagens da Virgem.

lucernário

É um rito de várias culturas e religiões e, em particular, do judaísmo, sobretudo na entrada do *Sabath* e das grandes festas. Consiste em acender as luzes, ritualmente, ao cair da tarde. Em latim, dizia-se *lucernare* (de *lucerna*, lâmpada).

Os cristãos celebraram-no desde muito cedo, como no-lo descreve Hipólito, nos princípios do século III. No ágape comunitário, diziam-se orações de louvor a Deus, porque nos fez chegar ao início da noite "cheios da luz do dia, criada por vós para nossa plenitude, e também porque agora, graças a vós, não temos falta da luz do entardecer. Nós vos louvamos pelo vosso Filho Jesus Cristo…" (*Trad. Apostólica* 25). Jogando com o rico simbolismo da luz, passa-se muito facilmente da luz cósmica à luz que é Cristo.

Na liturgia bizantina e na ambrosiana ou milanesa, ainda hoje as Vésperas começam com um rito lucernário, com orações e cânticos referentes à luz. Na liturgia romana, a Vigília Pascal inicia-se assim mesmo com um solene rito lucernário, ao redor do fogo novo, no qual se acende o Círio Pascal que, em seguida, comunica a sua luz aos círios particulares, como símbolo da nossa participação na luz de Cristo. O lucernário termina com o Precônio Pascal.

Não seria mal que, na oração vespertina familiar ou mesmo na oficial de Vésperas, o rito inicial fosse um lucernário, procurando formas apropriadas e pedagógicas para aproveitar o simbolismo da luz de Cristo, ao cair da tarde. O cântico mais apropriado seria *Luz esplendente da santa glória*, o antiquíssimo *Phos hilarón*, cantado a Cristo como luz esplendente do Pai.

Vésperas.

lustração

Lustrar, lustração ou água lustral são palavras que vêm do latim *lustrare* (purificar), de *luere* (desligar, expiar). Empregam-se quando se quer exprimir a ablução batismal e, sobretudo, quando a ablução tem um tom de purificação cúltica, quase à maneira de exorcismo, aspergindo um lugar ou objeto do qual se quer expulsar todo o mal, por exemplo, do edifício da igreja ou do altar.

luz

Também na nossa civilização da luz artificial, a luz continua a exercer uma grande pedagogia e simbolismo: a luz das velas ou de uma lâmpada, mesmo quando não é necessária para ver, pode significar muito expressivamente a festa, a atenção, o respeito, a oração, a presença do invisível, a felicidade, a passagem a uma nova existência iluminada por Cristo. Por isso, pomos uma lâmpada diante do sacrário e velas acesas na mesa, onde celebramos a Eucaristia, ou diante da imagem de Cristo ou da Virgem ou de um Santo, para exprimir a nossa fé, o nosso amor e a nossa petição.

Ao longo do ano, há dias em que esse simbolismo tem particular destaque. Na *Noite Pascal*, celebramos com o simbolismo da luz a Ressurreição de Cristo. O Círio Pascal, aceso em todas as celebrações do Tempo Pascal, será uma recordação do motivo da nossa festa principal.

Mas também celebramos, ajudados por esse simbolismo da luz, a Epifania do Senhor (a luz da estrela), a Apresentação do Senhor (a popular festa da Candelária, pelas palavras de Simeão, "luz para iluminar as nações"), a dedicação das igrejas, o dia do Batismo e das exéquias, em que se acende o Círio Pascal, no princípio e no final do nosso caminho cristão.

Esse simbolismo da luz leva-nos a chamar "Luz esplendente" a Cristo, como o faz um hino das primeiras gerações. Queremos participar dessa luz, porque ele é, como se nos apresentou no Evangelho, a Luz do mundo, a manifestação da Luz do próprio Deus, e todo aquele que caminha nele não caminha nas trevas. Além disso, estamos destinados a viver como "filhos da luz": na verdade, no amor, na felicidade.

Candeias, candelabros, candelária. Círio Pascal. Lâmpada (lamparina).

Magnificat

É a primeira palavra latina do cântico que o Evangelho de São Lucas põe na boca da Virgem Maria, em casa de sua prima Isabel (cf. Lc 1,46-55). Nós o cantamos nas Vésperas de cada dia e, além disso, num lugar de honra – depois dos salmos do AT e de outros cânticos e leituras do NT. O *Magnificat* pertence ao Evangelho, e por isso – como fazemos com o *Benedictus*, nas Laudes, e com o *Nunc dimittis*, nas Completas – nós o cantamos de pé e nos benzemos com o sinal da cruz, como quando, na Missa, escutamos o Evangelho.

O *Magnificat* exprime, em nome do Povo de Israel e da Igreja, o louvor a Deus pela sua obra salvadora, e é bom que Lucas o coloque na boca da Virgem Maria, que "conservava todas estas coisas, ponderando-as no seu coração" (Lc 2,19.51) e foi testemunha privilegiada dos acontecimentos centrais da salvação. A perspectiva fundamental é a de todo o povo, porque Deus "tomou a seu cuidado Israel, seu servo, recordando-se da sua misericórdia". Mas este cântico também está impregnado de uma alegria pessoal de Maria: "exulta o meu espírito… olhou para a humildade da sua serva… me chamarão bem-aventurada".

O *Magnificat*, verdadeiro resumo de todo o Evangelho, louva a Deus porque salva os humildes, derruba do trono os poderosos e aos famintos os enche de bens. Maria converte-se aqui em porta-voz de todos os humildes e, por isso, se alegra em todo o seu ser e prorrompe nesse louvor. Com razão os cristãos fizeram seu e rezam esse cântico desde há dois mil anos: "O cântico do *Magnificat*, que, tendo jorrado da profundidade da fé profunda de Maria na Visitação, não cessa de vibrar no coração da Igreja, ao longo dos séculos. Prova-o a sua recitação quotidiana na liturgia das Vésperas" (João Paulo II, *Redemptoris Mater* 35).

Quando se quer solenizar a celebração, pode-se utilizar o incenso durante o canto do *Magnificat*. Assim, o altar, a cruz e também o sacerdote e todo o povo ficam envoltos nesse símbolo de oração e oferenda, que prolonga as atitudes da Eucaristia celebrada nesse mesmo altar.

Maria. Vésperas.

mandato

Cristo, na sua Última Ceia com os discípulos, depois de lhes ter lavado os pés, recomendou-lhes que agissem eles próprios da mesma forma. O mandamento do amor prestativo era o seu testamento, juntamente com a Eucaristia: *"mandatum novum do vobis"* (Jo 13,34). Chama-se "mandato" ao lava-pés de Quinta-feira Santa.

A palavra "mandato" também se pode referir a outros aspectos da celebração que comportam uma ordem ou uma obrigatoriedade. Assim, fala-se de "mandato" quando a Liturgia das Horas é confiada de modo obrigatório, pela sua própria identidade na comunidade, aos ministros ordenados e aos religiosos (cf. *IGLH* 28-32).

Quinta-feira Santa. Lavabo, lavar, lava-pés.

manhã (Oração da)

Laudes.

manípulo

Era um tira estreita de pano que o sacerdote celebrante levava dependurada no pulso esquerdo, apertada com fitas ou cordão. Em latim, chamavase *mappula* e, provavelmente no princípio, tinha a função de um lenço ou toalhete para limpar o suor, ou, então, na sociedade romana, para dar aos cônsules o sinal do começo dos jogos (à semelhança do pano que, também hoje, o diretor da corrida de touros agita para as mudanças de tércio ou para a concessão de troféus). Como tantas outras coisas, mais tarde, o manípulo não se manteve pela sua utilidade prática, mas como um pequeno símbolo honorífico, como mais um adorno das vestes litúrgicas.

No nosso tempo, apesar de ter perdido, há muito, o seu sentido simbólico e a sua utilidade prática, manteve-se até o ano de 1967, data em que a instrução *Tres abhinc annos* o suprimiu.

mãos

As mãos têm a sua linguagem própria, como prolongamento dos nossos sentimentos interiores e do sentido das nossas palavras. Isso acontece na nossa vida social e também na celebração litúrgica.

Todos entendemos a gramática de umas mãos que se estendem para pedir, que ameaçam, que mandam parar o tráfego, que saúdam, que se levantam com o punho fechado, que fazem o gesto da vitória, que se oferecem abertas ao amigo, que desenham no ar uma despedida.

Do mesmo modo, nas celebrações, podem tornar-se muito expressivas das atitudes interiores umas mãos elevadas ao céu com as palmas abertas, ou unidas em sinal de oração e recolhimento, ou que traçam o sinal da cruz, ou batem no peito dizendo "por minha culpa", ou que se estendem abertas e serenas para receber o Corpo do Senhor.

De modo particular, as mãos do presidente devem ser expressivas na sua elevação para Deus, quando proclama as orações presidenciais, ou quando abençoa a comunidade, ou ainda quando oferece aos seus irmãos o Corpo e o Sangue de Cristo.

Imposição das mãos.

Maranatha

Marana tha ou *Maranatha* é uma aclamação em língua aramaica, e significa "o Senhor vem", ou então, "Senhor nosso, vem". Na boca da comunidade cristã, é uma confissão de fé na vinda do Senhor Jesus que, num primeiro momento, se acreditava estar iminente.

Vê-se que, desde muito cedo, a expressão entrou na oração dos cristãos: aparece no final da Primeira Carta de Paulo aos Coríntios (cf. 1Cor 16,22) e no epílogo do Apocalipse (cf. Ap 22, 20). Também no livro da *Didaquê* (cf. X, 6).

Na liturgia do Tempo do Advento, têm particular sentido os cânticos que contêm essa aclamação, perante a perspectiva da vinda sacramental de Cristo, no Natal, sobretudo pela orientação escatológica que esse tempo tem, nas suas primeiras semanas, para a vinda última e gloriosa do Senhor.

Maria

Os cristãos, e de modo particular os católicos e os ortodoxos, dedicam uma atenção muito especial à Virgem Maria, não só na sua oração ou devoção pessoal, como também na celebração litúrgica.

Os últimos documentos do magistério e da liturgia, purificando-a e enriquecendo-a ao mesmo tempo, renovaram a linguagem mariana: o Concílio, com os documentos sobre a liturgia, *Sacrosanctum Concilium*, e sobre a Igreja, *Lumen Gentium*; mais tarde, em 1974, a *Marialis cultus*, de Paulo VI, e, em 1987, a *Redemptoris Mater*, de João Paulo II; e também os livros litúrgicos renovados, com os seus novos textos.

Celebra-se a memória da Virgem Maria, ao longo do ano litúrgico, porque ela esteve sempre unida a seu Filho, na obra da Redenção, que ocupa o lugar central de toda a celebração cristã: "Neste ciclo anual da celebração dos mistérios de Cristo, a Santa Igreja venera com amor especial a Bem-aventurada Virgem Maria, Mãe de Deus, indissoluvelmente unida à obra de salvação do seu Filho; admira e exalta o fruto mais excelso da Redenção e contempla com alegria, como numa imagem puríssima, o que ela mesma, toda ela, deseja e espera ser" (*SC* 103).

Aqui, aparecem os dois motivos fundamentais desse culto à Virgem: embora o centro da nossa fé e da nossa celebração seja Jesus Cristo, mas como sua Mãe, pelo desígnio de Deus, esteve indissoluvelmente unida a ele em todo o caminho da nossa salvação, nós a recordamos também ao lado de Jesus. Além disso, ela é a melhor imagem da própria Igreja no seu caminho de fé e destino de glória.

Foi o Concílio de Éfeso (431) que deu o impulso decisivo ao culto de Maria, como "*Theotokos*, Mãe de Deus". Depressa apareceu na liturgia romana a primeira festa mariana, que atualmente voltamos a celebrar em 1 de janeiro – Santa Maria, Mãe de Deus. No Oriente (Jerusalém, século V), celebrava-se a Assunção de Maria (a "Dormição"), que rapidamente passou também ao Ocidente. Posteriormente, foram-se introduzindo, quase sempre por iniciativa do Oriente, as festas da Anunciação, da Apresentação e da Natividade de Maria (séculos VI-VII).

Segundo a atual reforma do calendário, o tempo mariano por excelência é o Advento e o Natal, como ensina Paulo VI (cf. *MC* 4): Maria foi a que melhor esperou, deu à luz e mostrou o Salvador do mundo, seu Filho.

Mas, além disso, celebramos quatro *solenidades* marianas: a Imaculada (8 de dezembro), a Maternidade Divina (1 de janeiro), a Anunciação do Senhor (25 de março) e a Assunção (15 de agosto); e três *festas*: a Apresentação de Jesus (2 de fevereiro), a Natividade de Maria (8 de setembro), a Visitação a Isabel (31 de maio). Em cada país, além disso, e em cada localidade ou família religiosa, há festas marianas com categoria de solenidade ou festa. Existem também outras memórias, algumas delas muito recentes na história, como a do Rosário, das Dores, do Carmo, Maria Rainha, Coração Imaculado etc.

Na celebração da Eucaristia de cada dia, recorda-se a Virgem na Oração Eucarística e, muitas vezes, no Ato Penitencial ("Confesso... E peço à Virgem Maria...") e no Credo ("nasceu da Virgem Maria"). Em 1987, nas vésperas do Ano Santo Mariano, publicou-se oficialmente a coleção de quarenta e seis *Missas da Virgem Maria*, com o seu correspondente Lecionário, para a celebração da memória livre de "Santa Maria, no sábado" ou para os santuários. Mas, sobretudo, são os novos textos do Missal e do Lecionário para as festas da Virgem que assinalam os novos caminhos do culto mariano na Igreja.

Na Liturgia das Horas também se faz memória dela em cada dia, cantando o *Magnificat*, nas Vésperas, às vezes invocando a sua intercessão, nas preces de Laudes e Vésperas, e, no final de todo o Ofício, nas Completas, cantando uma das antífonas marianas, por exemplo, a Salve-rainha.

Na celebração do Batismo, o Ritual propõe que se faça livremente um ato de oração, canto ou oferenda diante do altar da Virgem.[49]

mártir, martirológio

"Mártir" significa, em grego, "testemunha". Com esse termo nomeamos, sobretudo, os inumeráveis cristãos que, ao longo dos séculos, deram e continuam a dar testemunho de Cristo com a sua vida.

É antiquíssimo o costume de recordar e venerar os mártires da própria comunidade com uma Eucaristia, no lugar da sua sepultura. Depois, espalhou-se o culto aos mais conhecidos, no calendário da Igreja universal. O "comum dos mártires", na Eucaristia e na Liturgia das Horas, exprime nos seus textos – e na cor vermelha dos paramentos – o valor que esses Santos representam para a comunidade cristã.

---

49 N.E.: para aprofundar: Augé, Matias. *O ano litúrgico é o mesmo Cristo presente na Igreja*. São Paulo: Paulinas, 2013. cap. XII.

Chama-se *Martirológio* ao livro que contém, segundo a ordenação do ano, os nomes dos Santos – não só os mártires – que a comunidade cristã recorda, embora não os celebre todos (enquanto o "calendário" contém só aqueles Santos cuja memória se celebra liturgicamente, na Igreja universal ou nas locais). O Martirológio é um livro litúrgico, que, antes, se lia no coro, em cada manhã, na hora de Prima, ou no refeitório, conforme as comunidades.

O primeiro Martirológio que conhecemos no Ocidente data do século V e chama-se *Martirológio Jeronimiano*, que se foi completando ao longo dos séculos. O *Martirológio Romano*, que tínhamos antes da última reforma, datava de 1584.

Seguindo as orientações da reforma litúrgica conciliar, levou-se a cabo, em relação a esse livro, um sério trabalho de depuração histórica e de enumeração exaustiva, com dados científicos e indicações precisas sobre a existência – e em cada caso, ao culto tributado – de cada Santo.

Santos.

matinas

A palavra "matinas" relaciona-se com manhã: *matutina sollemnitas, matutina laus*, e referia-se inicialmente à oração da manhã que agora chamamos Laudes. Mais tarde, aplicou-se ao ofício noturno, que os monges celebravam antes da aurora.

Assim permaneceu até que o Concílio deu a orientação de que "a hora designada por Matinas, embora na recitação coral mantenha o seu caráter de louvor noturno, seja adaptada de modo a poder recitar-se a qualquer hora do dia, tenha menos salmos e leituras mais longas" (*SC* 89).

Atualmente, recebe outro nome: "Ofício de Leitura" (cf. *IGLH* 55-69), e os que não têm a obrigação do coro podem rezá-lo à hora do dia que mais favoreça esse momento de oração meditativa.

Ofício de Leitura. Vigília.

matrimônio

Todas as religiões deram um sentido sagrado à união do homem e da mulher, origem da vida e colaboração explícita com a obra criadora de Deus.

No AT, o Matrimônio foi visto a partir da perspectiva do amor de Javé a Israel, sua esposa. E no NT, a partir da chave do amor de Cristo à sua esposa, a Igreja.

Nos primeiros séculos, não parece ter existido um rito especial para o Matrimônio dos cristãos. O bispo de Antioquia, Santo Inácio, por volta do ano 110, diz que seria bom que se casassem com a aprovação do bispo, mas não fala de ritos. Seguindo os costumes dos judeus e de outras culturas, "casam-se como todos", como dizia Diogneto, a partir do consentimento mútuo e, progressivamente, de algum sinal de oficialidade perante a sociedade.

Desde o século IV, temos indícios de uma bênção do sacerdote, em nome da Igreja. Ao mesmo tempo, foram-se desenvolvendo alguns ritos simbólicos, tomados de entre os mais expressivos da Bíblia e das diversas culturas: anéis, coroas, vestes, arras, beijos, véu, presentes, esponsais prévios, união das mãos etc. Também se foram criando textos eucológicos para que o Matrimônio tivesse um sentido mais explicitamente cristão e eclesial, até se formarem, aos poucos, os Rituais, diversos nos vários ritos ou famílias litúrgicas do Oriente e do Ocidente. Só a partir de Trento (com o decreto *Tametsi*, em 1563), considera-se necessária a bênção do sacerdote como condição de validade.

O Concílio Vaticano II (cf. *SC* 77-78) deu orientações para a revisão do *Ritual do Matrimônio*, pondo-o mais em relação com a Eucaristia e com a Palavra de Deus, e convidando as Conferências Episcopais a que o adaptassem às próprias culturas.

Em 1969, apareceu o novo Ritual oficial latino. Em 1990, publicou-se em latim a segunda edição típica e, em 1993, a edição remodelada em português para o Brasil.[50] Na sua introdução geral, expõem-se os valores teológicos e litúrgicos do sacramento: "A aliança matrimonial, pela qual o homem e a mulher constituem entre si uma comunhão para toda a vida, recebe da criação seu vigor e sua força, bem como é levada a uma dignidade mais alta em favor dos fiéis, uma vez que se inclui entre os sacramentos da Igreja" (n. 1). Assim, o amor entre o homem e a mulher, sinal magnífico do amor de Deus à humanidade e da entrega total de Cristo pela sua Esposa, a Igreja, celebram-no os cristãos como um dos sacramentos em que Deus comunica a sua vida e a sua salvação.

---

50 N.E.: "A Conferência Nacional dos Bispos do Brasil apresentou um 'Rito Adaptado do Matrimônio', elaborado por liturgistas brasileiros a partir de consultas às bases interessadas. Foi aprovado pela 29ª Assembleia Geral da Conferência Nacional dos Bispos do Brasil e, posteriormente, confirmado pela Congregação para o Culto Divino e a Disciplina dos Sacramentos. Trata-se de um rito opcional, cujo uso é permitido a todos. Devemos reconhecer que a forma adaptada acrescentou muito pouco ao Rito Romano. Infelizmente nem um nem o outro rito é tomado a sério" (Fr. Alberto Beckhäuser).

"No rito latino, a celebração do Matrimônio entre dois fiéis católicos normalmente ocorre dentro da santa Missa, em vista do vínculo de todos os sacramentos com o Mistério Pascal de Cristo. Na Eucaristia se realiza o memorial da Nova Aliança, na qual Cristo se uniu para sempre à Igreja, sua esposa bem-amada, pela qual se entregou" (*CIC* 1621).

Na celebração sacramental, os elementos mais característicos são, depois da escuta da Palavra de Deus, o diálogo de consentimento dos contraentes, que pede e recebe aquele que a ele assiste, e a oração em que se invoca a bênção de Deus sobre os esposos, concluindo com a Comunhão eucarística.[51]

Anel. Arras.

memento

Memento ("lembra-te") é a primeira palavra latina da oração pelos vivos e defuntos que se eleva a Deus na Oração Eucarística: "Lembrai-vos, Senhor, da vossa Igreja…", "lembrai-vos dos nossos irmãos que adormeceram na esperança da ressurreição". Assim, na oração central da Missa manifesta-se a unidade que formam os membros de toda a Igreja: quer os defuntos quer os vivos, todos unidos aos bem-aventurados do céu.

Atualmente, a este *memento* dá-se o nome de "comemoração dos defuntos", ou então, "intercessões".

Dípticos. Intercessão.

memória

Na hierarquia das festas do calendário litúrgico, chama-se "memória" à terceira categoria, depois das solenidades e das festas.

As memórias podem ser *obrigatórias*, se foram consideradas importantes para toda a Igreja, ou, então, *facultativas*, quando se tratar de Santos ou celebrações que têm interesse mais local ou para uma determinada família religiosa.

Além disso, "nos sábados do Tempo Comum, em que não ocorre uma memória obrigatória, pode celebrar-se a memória facultativa da Virgem Santa Maria" (*NG* 15). Essa memória mariana do sábado, antiga e discreta,

---

51 N.E.: para aprofundar o tema: Flórez, Gonzalo. *Matrimônio e família*. São Paulo: Paulinas, 2007.

celebra-se como uma introdução ao dia do Senhor e como uma recordação da proximidade da Mãe de Jesus, aquela que, no grande sábado, esperou vigilante, sustentada pela fé e pela esperança, a Ressurreição de seu Filho.

memorial

O nome de "memorial" (em hebraico *zikkaron*; em grego *anamnesis*) foi o primeiro adotado pelas comunidades cristãs para definir a Eucaristia. O mandato de Jesus foi: "Fazei isto *em memória* de mim".

O memorial não é entendido pela Igreja como uma mera recordação subjetiva ou um aniversário. Ele é uma recordação *eficaz*, uma celebração que *atualiza* o que recorda: ou seja, é um *"sacramento"* do acontecimento passado. Para os judeus, o memorial da sua Páscoa não é só o aniversário da sua saída do Egito, mas a renovação atualizada da aliança que Deus lhes ofereceu então e lhes continua a oferecer agora. Para os cristãos, o memorial da Morte de Cristo, agora Ressuscitado, atualiza e comunica, em cada celebração, a força salvadora do acontecimento da cruz. Além disso, o memorial visa também ao futuro: em certo sentido, adianta-o e garante-o. Em cada Missa, ao comer o Pão e o Vinho, que são o Corpo de Cristo (presente), proclama-se a morte do Senhor (passado) "até que ele venha" (futuro). É assim que São Paulo descreve a Eucaristia (cf. 1Cor 11,26).

É desta forma também que o Concílio define a Eucaristia: como memorial da Morte e Ressurreição de Cristo (cf. *SC* 47). O mesmo fazem, desde então, todos os documentos: a instrução *Eucharisticum Mysterium*, de 1967, intitula toda a sua segunda parte "A celebração do memorial do Senhor". O *Catecismo* explica a Eucaristia a partir dessa chave (cf. *CIC* 1362-1372).

Os próprios textos do Missal são os que exprimem, sobretudo, a identidade da Eucaristia como memorial da Páscoa de Cristo: "celebrando, pois, a memória da morte e ressurreição do vosso Filho..." (Oração Eucarística II).

Anamnese. Eucaristia.

mesa

Altar.

mestre de cerimônias

O mestre de cerimônias, em colaboração com o presidente e os outros ministros, prepara e dirige a celebração (cf. *IGMR* 106). É o *Cerimonial dos bispos* (cf. *CB* 34-36) o que melhor descreve a sua missão, precisamente nas celebrações presididas pelo bispo, que podem ser mais complexas e requerem mais cuidado no seu ritmo e realização.

O mestre de cerimônias prepara tudo detalhadamente e, depois, dirige os diversos momentos da celebração, coordena os ministérios e ajuda para que o ritmo da ação litúrgica seja o mais adequado possível para a participação ativa de toda a comunidade. E realiza isso com discrição, paciência, diligência e fé profunda, participando ele mesmo, em primeiro lugar, no mistério que se celebra. Por isso, além de conhecer a técnica e dinâmica da celebração, deve estar imbuído de espírito litúrgico e de sentido pastoral.

Fundamentalmente, é o diácono quem assume esse ministério nas celebrações e, na falta de monitor ou animador da celebração, é ele quem, de uma maneira mais discreta, realiza essa função.

milanesa (liturgia)

Ambrosiana (liturgia). Ocidentais (liturgias).

ministérios

Para o bem da comunidade cristã, por vontade do próprio Cristo e, a seguir, pela evolução interna da vida eclesial, existem alguns ministérios que prolongam e desenvolvem o ministério que Cristo confiou aos Apóstolos.

Em latim, *ministerium* significa "serviço", e *minister*, "servidor". Aquele que, por antonomásia, aparece como "ministro" é Jesus Cristo, que "não veio para ser servido, mas para servir e dar a sua vida para resgatar a multidão" (Mt 20,28) – *non venit ministrari sed ministrare*, em latim; *diakonesthai, diakonesai*, em grego.

Há ministérios *ordenados*: o diaconato, o presbiterato e o episcopado, pelos quais uma pessoa é configurada a Cristo como pastor e mestre, por meio de um sacramento especial, o da Ordem. Na celebração litúrgica, o seu ministério, sobretudo o presidencial, é o mais importante.

Há outros ministérios *instituídos*, segundo a terminologia que Paulo VI estabeleceu, em 1972, com o documento *Ministeria quaedam*, suprimindo as "ordens menores" e deixando dois "ministérios instituídos", o do leitor e o do acólito, para ajudar a comunidade cristã, em relação à Palavra (leitor) e ao altar (acólitos). Esses ministérios são próprios de leigos: aquele que é instituído não passa ao estado clerical, mas recebe esse encargo oficial a partir da sua identidade de leigo. Há a possibilidade de as Conferências Episcopais, se o julgarem conveniente para as suas regiões, pedirem a instituição de outros ministérios (catequistas, sacristães, exorcistas, salmistas, ministros da Eucaristia...).

Há ainda ministérios não instituídos estável e oficialmente, mas de alguma maneira *reconhecidos*. Tal é o caso daquelas pessoas que, por um período de tempo, são nomeadas *ministros extraordinários da distribuição da Eucaristia*, dentro e fora da Missa.[52]

Os mais numerosos, porém, são os leigos que, na liturgia, exercem *de fato* os ministérios da proclamação das leituras, da animação do canto e da oração, do serviço em torno do altar, das monições etc. Nesses casos, os ministérios *"de fato"* ou "reconhecidos", podem ser exercidos tanto por homens como por mulheres, enquanto os ministérios *"ordenados"* ou *"instituídos"*, de acordo com a tradição da Igreja romana, só o podem ser por varões.

No Pontifical Romano das Ordenações, antes da ordenação dos ministros ordenados – bispo, presbítero, diácono –, há dois capítulos: "para instituir leitores" e "para instituir acólitos" (também constam no *Ritual de ordenações*). A nomeação e exercício dos ministros extraordinários da Eucaristia é regulada pela instrução *Fidei custos*, de 1969, e a *Imensae caritatis*, de 1973.[53]

Instituição. Ordem, ordenação.

miserere

É a primeira palavra, em latim, do Salmo 51[50], o mais conhecido dos salmos penitenciais. Nós o rezamos em cada semana, como primeiro salmo de Laudes de sexta-feira: "Ó Deus, tem piedade de mim, conforme a tua misericórdia; no teu grande amor cancela o meu pecado". Embora seja atribuído a Davi, depois da sua culpa e da sua conversão, não é segura essa paternidade.

---

52   N.E.: Cf. CNBB. *Guia litúrgico-pastoral*. Brasília: Edições CNBB, 2007. p. 94-100.

53   N.E.: A *Instrução Immensae caritatis* pode ser encontrada em: Lelo, Antonio Francisco (org.). *Eucaristia: teologia e celebração*. São Paulo: Paulinas, 2006. p. 449-456.

O que na realidade se pode afirmar é que se trata de um salmo que exprime muito bem os sentimentos de humildade e arrependimento de todas as pessoas que, ao longo dos séculos, se reconhecem culpados diante de Deus e que imploram a sua misericórdia.

missa

Do latim *mittere* (enviar, despedir), a palavra "Missa", com o tempo, converteu-se no nome dado à celebração que, nos primeiros tempos, se tinha chamado "Fração do Pão", "Ceia do Senhor" e a que, agora, chamamos "Eucaristia". Os orientais dão-lhe o nome de "Liturgia".

O termo, provavelmente, teve a sua origem na despedida que se fazia dos catecúmenos (*Missa catecumenorum*), depois da liturgia da Palavra e, no final, na despedida dos fiéis (*Ite, Missa est*). Mas, a partir do século IV, pouco a pouco, passou a chamar-se "Missa" não à despedida, mas a tudo o que a precedia ("Missa dos catecúmenos"). E, a partir do século VI, definitivamente, deu-se o nome de "Missa" a toda a celebração.

Outra etimologia poderia estar relacionada com a oferenda, o "envio" (*mittere*) a Deus, da oblação do sacrifício eucarístico. Assim, a frase mais expressiva não seria *"fit missa"* (fez-se a despedida), mas *missa acta est* (fez-se a oblação). A "Missa" seria assim, sobretudo, a segunda parte, enquanto a primeira seria, como se chamou, "antemissa". Santo Isidoro, nas suas *Etimologias* (6,19), explica esse nome relacionando-o com a despedida dos catecúmenos, precisamente ao começar a liturgia eucarística, na qual oferecemos a Deus o sacrifício. "Missa" seria a oferenda eucarística, uma tradução popular da *prosforá* grega.

Na liturgia hispânica, chamava-se "missa" a várias realidades: à monição com que o presidente no Ofertório introduz o rito de Comunhão com a Igreja (agora chama-se *oratio admonitionis*); também a um conjunto de textos eucológicos: assim, uma "missa" no Ofício Divino são, por exemplo, três salmos com as suas antífonas e orações sálmicas; e, finalmente, a toda a celebração eucarística.

O *Catecismo* prefere a etimologia do envio: a celebração eucarística chama-se "*Santa Missa*, porque a liturgia em que se realiza o mistério da salvação termina com o envio dos fiéis (*missio*), para que vão cumprir a vontade de Deus na sua vida quotidiana" (*CIC* 1332). Mas esse significado não parece estar muito provado na história dos documentos.

Atualmente, continua-se a chamar Missa a toda a celebração, não tanto nas orações e textos, mas nas rubricas e títulos; assim, fala-se de Missa solene, Missa da comunidade, Missa ritual, Missa votiva, Missa exequial, Missa estacional, Missas com crianças, Missa crismal, *Ordo missae* etc. No entanto, é preferível o nome *Eucaristia*.[54]

Despedida. Eucaristia.

missa estacional

Estação. Missa.

missal

Em sentido genérico, é o livro oficial, segundo o qual a Igreja celebra a sua Eucaristia. Tem uma primeira parte com as orações que se dirigem a Deus, comumente chamado *Missal* ou livro do altar, e uma segunda com as leituras bíblicas para todo o ano, o *Lecionário*.

Quando a comunidade, a partir dos séculos V e VI, sentiu necessidade de organizar, em livros litúrgicos, tanto as orações como as leituras e cânticos para a sua celebração, os livros para a Eucaristia receberam diversos nomes, segundo as famílias litúrgicas: chamou-se *Sacramentário* ao livro dos textos eucológicos ou orações (por exemplo, o *Sacramentário Veronense, Sacramentário Gregoriano, Sacramentário Gelasiano* e muitos outros das igrejas particulares), enquanto os *Lecionários* estavam editados à parte. Aos *Sacramentários* também se lhes chamou *Missale*: o *Missal Ambrosiano*, o *Missal Gótico* etc. Na liturgia hispânica, chamava-se *Liber Sacramentorum* ou também *Missale*, enquanto ao Lecionário se lhe chamava *Liber Commicus*. Mais tarde, unificou-se o livro das orações com o das leituras, formando-se os "Missais plenários", sobretudo a partir do Missal da Cúria Romana, dos séculos XII e XIII. Era o tipo de livro

---

54 N.E.: Recomendamos: Marsili, Salvatore. *Sinais do Mistério de Cristo.* São Paulo: Paulinas, 2010, p. 278-387; Buyst, I. *A missa.* Memória de Jesus no coração da vida. São Paulo: Paulinas, 2008; Melo, José Raimundo. *A missa e suas partes.* Para celebrar e viver a eucaristia. São Paulo: Paulinas, 2011; Turra, Luiz. *Vamos participar da missa?* Para entender os ritos da missa. São Paulo: Paulinas, 2012; Costa, Valeriano Santos. *Celebrar a eucaristia.* São Paulo: Paulinas, 2006.

que nós conhecíamos antes da última reforma. O Missal continha tudo: as orações, os cânticos e as leituras.

Como consequência da revisão recomendada pelo Concílio de Trento, em 1570, publicou-se o Missal que, desde então, se chamou "Missal de São Pio V". Exatamente quatro séculos mais tarde, em 1970, e como fruto da revisão determinada pelo Concílio Vaticano II, publicou-se a primeira edição típica do "Missal de Paulo VI" ou "do Vaticano II", que deu lugar às diversas traduções oficiais aprovadas para as Igrejas locais, em mais de 350 línguas. Paulo VI promulgou o Missal com a Constituição Apostólica *Missale Romanum*, em 1969, e apresentava-o "como um instrumento valioso para testemunhar e confirmar entre todos a mútua unidade. Por variadas que sejam as línguas, uma só e mesma oração, mais fragrante que o incenso, subirá ao Pai dos Céus, pelo nosso Sumo Pontífice Jesus Cristo, no Espírito Santo". Entrou em vigor no primeiro domingo do Advento de 1969.

O novo Missal tem a particularidade de uma longa introdução, chamada *Institutio generalis Missalis Romani* (3ª edição, 2002), com 399 números, incorporando o Proêmio de Paulo VI que agora estão na mesma *Institutio* (nn. 1-15).[55]

Embora, em rigor, o *Lecionário* e o *Livro de Cânticos* (*Graduale simplex*) também pertençam ao *Missal Romano*, costuma-se chamar *Missal*, sobretudo, ao livro do altar, que contém as orações da celebração. Nas edições mais manuseáveis, para os fiéis, de grande utilidade para preparar e prolongar a audição da Palavra e a sintonia com as orações da celebração, o Missal costuma conter também as leituras, pelo que, devido à sua extensão, se costuma dividir em *Missal Dominical* e *Missal Ferial*.

Sacramentário.

mistagogia

A palavra "mistagogia" e seus derivados, "mistagogo, mistagógico", vêm do grego: a raiz *myst-* que indica o mistério, o oculto, e *agagein*, guiar, conduzir. Refere-se, portanto, a tudo o que ajuda a conduzir ao mistério. No nosso caso, ao Mistério de Cristo, celebrado na liturgia e vivido na existência cristã.

---

55   N.E.: cf. *Instrução Geral sobre o Missal Romano*. 3. ed. (Comentário de J. Aldazábal.) São Paulo: Paulinas, 2007.

O que na verdade nos guia e faz entrar em sintonia com o mistério salvador de Cristo é o Espírito Santo. Mas também se chama mistagogia à dinâmica interior e à pedagogia com que a própria celebração litúrgica e os seus agentes nos ajudam a celebrar em profundidade e, depois, a viver esse mistério.

Nos primeiros séculos, eram famosas as "catequeses mistagógicas" que os bispos, como Cirilo de Jerusalém, João Crisóstomo, Ambrósio de Milão e Teodoro de Mopsuéstia, dirigiam aos neófitos, na semana da Páscoa, depois de celebrados os sacramentos da iniciação, na Vigília Pascal, para ajudá-los a penetrar em profundidade no que tinham celebrado.

Nos documentos eclesiais da atualidade utilizou-se este termo, sobretudo, em duas ocasiões: a) referido à "formação mistagógica" dos seminaristas (*Instrução da Congregação da Educação Cristã*, de 1979), entendendo por tal que sejam conduzidos, através da docência e pela prática celebrativa, a uma mais profunda sintonia com o Mistério de Cristo; b) e falando do caminho da iniciação cristã, no qual, depois do catecumenato e da celebração dos sacramentos na noite pascal, se chama "tempo de mistagogia" às semanas seguintes, o Tempo Pascal, em que se quer favorecer nos neófitos a experiência dos sacramentos e da vida comunitária, progredindo assim no conhecimento e na vivência do Mistério Pascal (cf. *RICA* 235-239).[56]

mistério

A palavra "mistério" vem do latim *mysterium*; em grego *mysterion*, do verbo *myo* (fechar, ocultar). Daí que, no uso normal, significa algo escondido, difícil de entender.

Mas, no uso religioso, esse termo é aplicado, sobretudo, nas religiões chamadas "mistéricas" – gregas, orientais ou egípcias –, à celebração cúltica de um acontecimento salvador divino, celebração pela qual os iniciados entram em comunhão com esses fatos passados, mais ou menos históricos ou míticos, mas que se crê que transmitem a salvação.

Para São Paulo, o "mistério" é um conceito-chave para entender Cristo e a salvação que ele nos comunicou. Mistério é o desígnio eterno de Deus pelo qual nos quer salvar e que se nos manifestou em plenitude em Cristo Jesus.

---

[56] N.E.: Recomendamos as obras: Daniélou, Jean. *Bíblia e liturgia*. A teologia bíblica dos sacramentos e das festas nos Padres da Igreja. São Paulo: Paulinas, 2012. Scouarnec, M. *Símbolos cristãos*. Os sacramentos como gestos humanos. São Paulo: Paulinas, 2005; Buyst Ione. *Símbolos na liturgia*. São Paulo: Paulinas, 2003; Id. *Celebrar com os símbolos*. São Paulo: Paulinas 2007.

Mas o mistério não consiste tanto numa verdade oculta, nem muito menos num rito celebrativo, mas na atuação salvadora de Deus: mais ainda, o mistério é o próprio Cristo, em pessoa (cf. Cl 1,27; 2,2; Ef 1,4-9; 3,4.9). "Mistério" refere-se à celebração cúltica – celebrar os mistérios –, mas, sobretudo, ao acontecimento salvífico por excelência, a morte e ressurreição de Cristo. Que se comunica, isso sim, visível e sacramentalmente no rito litúrgico cristão.

Por isso, como participação nesse mistério central que é Cristo e a sua Páscoa, chama-se "mistério", no uso cristão e na liturgia atual, a várias realidades: por exemplo, os "mistérios da vida de Cristo", celebrados ao longo do ano litúrgico. Mas, sobretudo na linguagem dos Padres e dos textos litúrgicos, antigos e atuais, "mistério" é muitas vezes sinônimo de "sacramento", e quer indicar que na nossa celebração litúrgica se torna presente o acontecimento salvador de Cristo, desde o seu Nascimento até a sua Páscoa e à sua Ascensão. "Celebrar os santos mistérios" é celebrar a liturgia, sobretudo por sua sacramentalidade, pela qual entramos em comunhão privilegiada com o Mistério Pascal de Cristo. De modo particular, aplica-se à Eucaristia, os "Mistérios do Corpo e Sangue de Cristo". Uma das aclamações que, no coração da Eucaristia, sublinha a sua centralidade é a do "Mistério da fé!" (*Mysterium fidei!*), porque é a celebração que culmina e condensa a nossa salvação por Cristo e a sua comunicação a nós por parte do mesmo Senhor Jesus, agora Ressuscitado e realmente presente em toda a celebração.

A "teologia dos mistérios" é a perspectiva do liturgista alemão O. Casel, que fez estudos profundos a partir dos cultos mistéricos pagãos, que ajudaram a Igreja, sobretudo a partir do Concílio, à compreensão da liturgia como atualização sacramental do mistério salvador de Cristo.

O *Catecismo da Igreja Católica* intitula assim a segunda parte – "A celebração do mistério cristão" –, pois "é este o Mistério de Cristo que a Igreja proclama e celebra na sua liturgia, para que os fiéis dele vivam e dele deem testemunho no mundo" (*CIC* 1068), porque, por meio da liturgia, "se realiza a obra da nossa Redenção" e assim contribui "para que os fiéis testemunhem no seu viver e manifestem aos outros tanto o Mistério de Cristo como a natureza genuína da verdadeira Igreja" (*SC* 2).

mistério pascal

O Mistério Pascal de Cristo, quer no seu fato histórico, de há dois mil anos, como na sua permanência viva no Senhor Ressuscitado e na sua comunicação à Igreja, mediante, sobretudo, a celebração sacramental, é a realidade básica de toda a liturgia e de toda a vida cristã. É uma das convicções que o Concílio Vaticano II mais claramente formulou.

"Esta obra da Redenção humana e da perfeita glorificação de Deus [...] realizou-a Cristo Senhor, principalmente pelo Mistério Pascal" (*SC* 5). "Pelo Batismo os homens são introduzidos no Mistério Pascal de Cristo [...] Desde então, nunca mais a Igreja deixou de se reunir em assembleia para celebrar o Mistério Pascal: lendo, em todas as Escrituras, tudo que lhe dizia respeito, celebrando a Eucaristia, na qual 'se torna presente o triunfo e a vitória da sua morte'" (*SC* 6).

Tudo, na liturgia e na vida cristã, é iluminado e recebe pleno sentido desse Mistério Pascal, sempre presente em nós:

- nos sacramentos: "a liturgia dos sacramentos e sacramentais faz com que, para os fiéis que têm boas disposições, todos os acontecimentos da vida sejam santificados pela graça que provém do Mistério Pascal da Paixão, Morte e Ressurreição de Cristo, do qual todos os sacramentos e sacramentais recebem o seu poder" (*SC* 61).

- no ano litúrgico: o *Motu proprio*, com que Paulo VI aprovou, em 1969, o novo calendário romano, intitulou-o expressamente *Mysterii Paschalis*, porque, como ele mesmo afirma, "a celebração do Mistério Pascal, como claramente ensina o Concílio Vaticano II, constitui o momento privilegiado do culto cristão, no seu desenvolvimento quotidiano, semanal e anual. Por isso, na reforma do ano litúrgico, segundo as normas dadas pelo Concílio, é necessário que se dê o maior relevo ao Mistério Pascal de Cristo"; daí que se destaque, no ano litúrgico, o Tríduo Pascal como momento culminante: "porque a obra da redenção humana e da perfeita glorificação de Deus foi realizada por Cristo especialmente no seu Mistério Pascal" (*NG* 18); o mesmo ponto de referência têm as festas dos Santos e da Virgem, "porque ao celebrar os dias natalícios [isto é, da morte] dos Santos, ela [a Igreja] proclama o Mistério Pascal realizado neles" (*SC* 104); assim como, cada semana, ao domingo: "a Igreja celebra o Mistério Pascal de oito em oito dias, no dia que justamente se chama dia do Senhor" (*SC* 106);

- do mesmo modo fica rica de conteúdo, pelo Mistério Pascal, a celebração da Liturgia das Horas e qualquer outra experiência pessoal ou comunitária de oração ou devoção.

Quando João Paulo II, em 1988, quis destacar os "princípios diretivos da Constituição", nos 25 anos da sua aprovação, não teve dúvidas em colocar, como primeiro deles, "a atualização do Mistério Pascal de Cristo na liturgia da Igreja" (*VQA* 6).

Mas, como a finalidade da liturgia é a vida cristã, e esta também está impregnada da vida pascal de Cristo, já desde a primeira instrução pós-conciliar, em 1964, a *Inter oecumenici* (n. 6): a Igreja lembra-nos de que "o esforço desta ação pastoral centrada na liturgia deve tender a fazer viver o Mistério Pascal" (*ut mysterium paschale vivendo exprimatur*).

No *Catecismo da Igreja Católica* toda a apresentação da vida litúrgica e sacramental é baseada nesta perspectiva. Na primeira seção da segunda parte, o enfoque é claro: "O Mistério Pascal no tempo da Igreja" (*CIC* 1077ss). O que Cristo realizou há dois mil anos em Jerusalém agora permanece nele e, pelo seu Espírito, o atualiza no tempo da Igreja, sobretudo por meio dos sacramentos. À liturgia chama-lhe "A celebração sacramental do Mistério Pascal" (*CIC* 1135ss). E afirma que "na liturgia da Igreja, Cristo significa e realiza principalmente o seu Mistério Pascal" (*CIC* 1085).

mitra

Em grego, *mitra* pode significar uma touca, um gorro ou uma faixa para a cabeça, à maneira de tiara, cinturão ou diadema. No AT, aparece várias vezes referido às vestes sacerdotais (cf. Ex 29,9; 39,28-31).

A sua origem parece ter sido persa, sendo adotada, mais tarde, também pelos romanos. Era usada por algumas pessoas distintas, como sinal de honra e nobreza. De uma forma natural, passou ao uso eclesiástico. Primeiramente, era reservada ao papa e, em seguida – a partir dos séculos X-XI –, foi também concedido o seu uso aos bispos e abades. A sua forma inicial era a de uma taça, de pouca altura (cerca de 20 centímetros) e, a seguir, pontiaguda, com as pontas para cima, de maior altura (cerca de 50 centímetros) e duas faixas ou tiras de tecido caindo pelas costas.

Atualmente, a mitra é característica dos bispos e dos abades mitrados. O *Ritual* da ordenação episcopal não acompanha a imposição da mitra com nenhuma fórmula, mas nos Preliminares (n. 26) interpreta o seu simbolismo como "a incessante procura da santidade".

Os bispos costumam ter uma mitra mais simples e outra mais adornada, chamada "preciosa", que é usada segundo a gradação da festa.

O bispo, ou o abade, põe a mitra nos momentos mais significativos das celebrações a que presidem: "quando está sentado, quando faz a homilia, quando faz as saudações, as alocuções e os avisos, quando abençoa solenemente o povo, quando executa gestos sacramentais, quando sai nas procissões"; não a põe "nas preces introdutórias, nas orações, na Oração Universal, na Oração Eucarística, durante a leitura do Evangelho, nos hinos, nas procissões do Santíssimo ou diante do Santíssimo Sacramento exposto" (cf. *CB* 60).

Insígnias pontificais. Bispo.

monição, monitor

Vem do latim *monere* (exortar, advertir). Fora do uso litúrgico, a palavra tem certo tom pejorativo: "admoestar", isto é, dar um aviso à maneira de repreensão. Na liturgia, chama-se "monição" às palavras que se dirigem não a Deus (essas são "orações"), mas à comunidade, à maneira de explicação ou de convite.

No Concílio (cf. *SC* 29), fala-se de "comentadores" (*commentatores*), designação também encontrada na introdução ao Missal (cf. *IGMR* 105b).

Há monições de tipo indicativo, que assinalam as posições ou dão normas para organizar uma procissão; há outras explicativas, como as que se dão, antes da leitura, com o fim de situá-la no seu contexto para que seja mais bem entendida; outras são exortativas, convidando a fazer algo (um cântico, uma oração, a comunhão), a partir de uma atitude espiritual determinada.

Esse é um ministério litúrgico muito antigo, que o diácono assumia normalmente, atuando de intermediário entre o presidente e a comunidade, e ajudava a participar na celebração com as convenientes atitudes interiores e exteriores. Só no nosso tempo, a partir da *Instrução* sobre a música litúrgica de 1958, a figura do monitor tomou uma forma mais concreta. O Missal define-o como "comentarista que, oportunamente, dirige aos fiéis breves explicações e exortações (*admonitiones* indicaria algo mais que "avisos"), visando a introduzi-los na celebração e dispô-los para entendê-la melhor" (*IGMR* 105b).

Algumas monições são mais próprias do presidente, como a da entrada e o convite aos diversos momentos de oração ou à Comunhão. Outras costumam ser assumidas pelo diácono, quando existe, como as organizativas, as intenções da Oração Universal, o convite a dar o abraço da Paz e o "Ide em paz" final. Há monições que se podem entregar a outros ministros, como as que ambientam uma leitura ou um cântico, ou as de tipo organizativo, se não houver diácono.

O monitor ou comentarista não ocupa o ambão para desempenhar sua função, mas outro lugar diferente ou usando um microfone lateral. O ambão é reservado para a proclamação da Palavra (cf. *IGMR* 105).

As monições na celebração deveriam ter as qualidades que o Concílio pede: ser "breves", e feitas "só nos momentos mais oportunos, com as palavras prescritas ou semelhantes" (*SC* 35), e também o Missal: "as exortações do comentarista sejam cuidadosamente preparadas, sóbrias e claras" (*IGMR* 105b); no caso das monições às leituras, "sejam simples, fiéis ao texto, breves, preparadas com diligência" (*ELM* 15), "breves" (*ELM* 19); "oportunas, claras, sóbrias, cuidadosamente preparadas, normalmente escritas e previamente aprovadas pelo celebrante" (*ELM* 57).

Animação, animador. Comentarista.

morte

Exéquias.

movimento litúrgico

Chama-se "Movimento Litúrgico" ao processo de "recuperação" dos valores da vida litúrgica da comunidade cristã, que se deu entre meados do século XIX e princípios do século XX.

Quando o Concílio Vaticano II, com a Constituição *Sacrosanctum Concilium* (1963), deu luz verde à reforma litúrgica, esta pôde programar-se e realizar-se graças à preparação e à maturação do Movimento Litúrgico, fenômeno tão vasto, que comportou a atividade dos mosteiros, centros de estudo, estudiosos, pastores, congressos e intervenções magisteriais de diversos papas.

Vale a pena recordar, como *nomes importantes* nesse Movimento, Dom Guéranger, que, a partir de Solesmes (por si restaurado em 1833), despertou o amor à liturgia romana, com a publicação de *O ano litúrgico* e suas *Insti-*

tutions Liturgiques; Dom Lambert Bauduin, já no século XX, que, com uma intenção mais pastoral, impulsionou a formação litúrgica dos sacerdotes e dos fiéis, particularmente a partir do Congresso de Malines de 1909, com os seus escritos, sobretudo *A piedade da Igreja* e a revista *Les Questions Liturgiques et Paroissiales*; Pius Parsch, em Klosterneuburg (Áustria); Odo Casel, do mosteiro Maria Laach, na Alemanha; José Antônio Jungmann, com os seus estudos sobre a história da Missa; Romano Guardini, por exemplo, com as suas reflexões sobre *O Espírito da liturgia*; Mario Righetti, com a sua *História da liturgia*; a *Rivista liturgica* italiana, fundada em 1914. E também os nomes de centros como os grandes mosteiros de Solesmes, Maria Laach, Mont-César, Beuron, Maredsous, o Instituto Litúrgico de Paris, de Trier (Alemanha) e Santo Anselmo, em Roma...

Também foram decisivas *as intervenções dos papas* do século XX, ao "apadrinharem" oficialmente a iniciativa. São Pio X, em 1903, com o seu Motu proprio *Tra le sollecitudine*, fez um chamamento à purificação do canto e da música na liturgia, e deu a orientação de que "os fiéis devem encontrar o verdadeiro espírito cristão na sua fonte primeira e indispensável, a participação ativa nos sacrossantos mistérios e na oração pública e solene da Igreja".

Pio XII escreveu as suas grandes encíclicas, *Mystici Corporis*, de 1943, sobre a Igreja, e a *Mediator Dei*, de 1947, sobre a liturgia, que foi a *magna carta* da liturgia até o Concílio e inspirou, em grande parte, a Constituição litúrgica deste. Em 1948, nomeou uma comissão para a reforma da liturgia; em 1951, reformou a Vigília Pascal; em 1955, a Semana Santa; em 1955, simplificou rubricas e textos da Liturgia das Horas; em 1956, introduziu a Missa vespertina; e, em 1955 e 1958, publicou duas instruções sobre a música sagrada.

Também há que nomear João XXIII, que, ainda antes de anunciar e convocar o Concílio, em 1959, já tinha dado mostras de um espírito pastoral e litúrgico, sobretudo com as suas visitas às paróquias e a celebração das "estações quaresmais".

Toda essa série de pessoas e ações que constituem o Movimento Litúrgico, com estudos históricos e teológicos, com esforços de divulgação entre o clero e o povo, com reformas parciais dos cânticos e das celebrações, e com tentativas também de introdução das línguas vivas (por parte de Pio XII), preparou os ânimos e os materiais para o que a seguir ia ser a obra magna do Concílio, a reforma litúrgica.[57]

Reforma litúrgica.

---

57   N.E.: Para o estudo do movimento litúrgico no Brasil, consultar: Silva, J. A. *O movimento litúrgico no Brasil. Estudo histórico*. Petrópolis: Vozes, 1983.

mozárabe

Hispânica (liturgia).

mozeta

Murça.

mulher

O papel da mulher na comunidade cristã foi sempre importantíssimo, nas diversas missões que a Igreja tem no mundo, com especial destaque para a evangelização, a catequese, a solidariedade, o serviço diaconal, a educação na fé, a pastoral com os pobres e doentes, o trabalho missionário etc. Tem um valor inestimável o testemunho de vida evangélica das religiosas. Os ritos da profissão religiosa e da consagração das virgens exprimem muito bem os valores e a qualidade desse testemunho e dessa tarefa eclesial da mulher.

É, pois, coerente que, também na celebração litúrgica, além da sua participação pessoal, possam assumir serviços e ministérios para o bem da comunidade celebrante.

Ultimamente, muitos se interrogam sobre a admissão da mulher a determinados ministérios. Em relação aos ministérios ordenados (episcopado, presbiterato e diaconato), a Igreja, seguindo a tradição, reserva-os só aos homens. Renovou-se a decisão explicitamente na *Declaração sobre a admissão da mulher aos ministérios*, da Congregação para a Doutrina da Fé (1976), em que se dão as razões sobre o papel da mulher na sociedade atual, conjugado com a tradição, a atitude de Cristo, a prática dos Apóstolos e o valor dessa postura ao longo dos séculos. A conclusão é que "a Sagrada Congregação para a Doutrina da Fé reputa ser seu dever recordar que a Igreja, por um motivo de fidelidade ao exemplo do seu Senhor, não se considera autorizada a admitir as mulheres à ordenação sacerdotal".

Em maio de 1994, o Papa João Paulo II, na sua Carta Apostólica *Sobre a ordenação sacerdotal reservada somente aos homens*, reafirma essas considerações e argumentos: "Declaro que a Igreja não tem absolutamente a faculdade de conferir a ordenação sacerdotal às mulheres" (n. 4). Valoriza "a presença e o papel da mulher na vida e na missão da Igreja, mesmo não estando ligados ao sacerdócio ministerial, permanecem, no entanto, absolutamente necessários e insubstituíveis" (n. 3). Por outra parte, "o fato de Maria Santíssima, Mãe de Deus e Mãe da Igreja, não ter recebido a missão própria dos Apóstolos nem o sacerdócio ministerial, mostra claramente que a não admissão das mulheres à ordenação sacerdotal não pode significar uma sua menor dignidade nem uma discriminação a seu respeito, mas a observância fiel de uma disposição que se deve atribuir à sabedoria do Senhor do universo" (n. 3).

Quanto à admissão da mulher a ministérios próprios de leigos, vai-se dando progressivamente uma maior abertura, de modo que os diversos ministérios de leitura, animação, oração e distribuição da Eucaristia se realizam agora sem distinção entre homem e mulher. Mas há que reconhecer que esse passo se deu não sem dúvidas e indecisões, que se refletiram na primeira edição do Missal, e que depois foram, em parte, corrigidas na de 1975, que já permite, por exemplo, que as mulheres possam proclamar as leituras bíblicas do próprio ambão, no presbitério e não fora dele, como no princípio se havia estabelecido. A exclusão das mulheres do serviço de acólitos ou ajudantes de altar, que recordava, por exemplo, a Instrução de 1980, *Inaestimabile donum*, baseando-se no Missal e em outros documentos posteriores, só em março de 1984 foi mudada, interpretando-se agora o cânone 230 do *CDC* num sentido amplo e, portanto, admitindo a existência de "acólitas".

Teria sido razoável – já houve petições muito autorizadas em tal sentido – que os "ministérios instituídos" de leitor e de acólito, próprios de leigos, pudessem ser conferidos também às mulheres.

murça

Murça ou mozeta, veste coral do prelado, em forma de capa, é uma espécie de capa curta ajustada aos ombros, que cobre as costas e o peito, usada sobre o roquete e sob a cruz peitoral. Como distintivo de autoridade, sua cor varia de acordo com o grau hierárquico do clérigo. É avermelhada, se usada pelos bispos, e escarlate, se pelos cardeais. Faz parte do hábito dos cônegos; também o reitor de uma basílica pode usar uma murça preta com botões vermelhos. Nos eventos sociais e acadêmicos, vestem-na os doutores, os catedráticos, os juízes e magistrados.

Mozeta.

música

A música, tanto a instrumental como, sobretudo, a vocal, é um dos elementos mais válidos na celebração litúrgica e "sobressai entre outras expressões de arte" (SC 112). O Concílio dedicou-lhe o capítulo VI da sua Constituição sobre a liturgia (cf. SC 112-121), estabelecendo os princípios básicos do seu papel na celebração.

Destaca-se, sobretudo, o seu papel ministerial, ou seja, o serviço para que a comunidade cristã possa participar mais em profundidade no mistério divino que acontece em cada celebração. O Concílio assinala os valores da música: "a música sacra será tanto mais santa quanto mais intimamente estiver unida à ação litúrgica, quer expressando mais delicadamente a oração ou favorecendo a unanimidade, quer enriquecendo de maior solenidade os ritos sagrados" (SC 112).

Apesar de reconhecer como próprio da liturgia romana o canto gregoriano, o Concílio afirma que "a Igreja aprova e admite no culto divino todas as formas de verdadeira arte, desde que dotadas das qualidades necessárias" (SC 112), e explicitamente, junto com a polifonia, nomeia o canto religioso popular (cf. SC 118). Igualmente, ainda dando prioridade ao órgão de tubos, acrescenta que "podem admitir-se outros instrumentos, segundo o parecer e com o consentimento da competente autoridade eclesiástica territorial [...], desde que estejam adaptados ou possam adaptar-se ao uso sagrado, convenham à dignidade do templo e favoreçam verdadeiramente a edificação dos fiéis" (SC 120).

A Igreja continuou a orientar sobre a música na liturgia, por meio da Instrução *Musicam sacram* de 1967, que fala das "normas gerais", dos "atores da celebração", do "canto na celebração da Missa", do "canto do Ofício Divino", da "música sacra na celebração dos sacramentos e sacramentais...", da "língua a empregar nas ações litúrgicas celebradas com canto...", da "preparação de melodias para os textos elaborados em vernáculo", da "música sagrada instrumental" e das "comissões formadas para desenvolvimento da música sacra". No mesmo ano de 1967, editou-se o *Graduale simplex* para as igrejas menores. Em 1970, a Introdução ao Missal Romano fala do canto e da música na Missa. E, em 1971, a *Institutio* da Liturgia das Horas dedica os seus números 267-284 ao canto no Ofício Divino.[58]

Canto. Gregoriano (canto). Instrumentos. Órgão, organista.

---

58   N.E.: Cf. CNBB. *Guia litúrgico-pastoral*. Brasília: Edições CNBB, 2007. p. 85-90.

Natal

Em cada ano, em 25 de dezembro, a comunidade cristã celebra o Natal do Filho de Deus, preparado por quatro semanas de Advento e prolongado pela oitava do Natal, até 1º de janeiro, e o restante do Tempo do Natal, até o domingo seguinte à Epifania, o domingo do Batismo do Senhor.

As origens do Natal não são muito conhecidas. Assim como no Oriente, no século IV, surgiu a festa da Epifania em 6 de janeiro, que, de imediato, passou ao Ocidente, assim também, em Roma, no século IV, surgiu o dia 25 de dezembro como festa do Natal do Senhor, que cristianizava e substituía, ao que parece, as festas pagãs do "Sol invicto": ao Sol cósmico, que já começa a triunfar sobre o inverno e a noite, substitui-o, como motivo de festa, o Sol que nasce das alturas, Jesus Cristo.

O primeiro testemunho dessa festa encontra-se no calendário filocaliano, no ano 354: *octavo kalendas ianuarii, natalis (solis) invicti, natus Christus in Bethlem Iudae.* Testemunhos de São João Crisóstomo, nos finais do século IV, dão fé de que a celebração do Natal foi também rapidamente integrada na liturgia do Oriente. Certamente, influíram para afiançar essa festa as controvérsias cristológicas do século IV: no Concílio de Niceia (ano de 325) definiu-se, contra Ário, a fé na divindade de Jesus Cristo e, passados poucos anos, já aparece a festa do Natal.

A data de 25 de dezembro, além da coincidência com as festas pagãs do Sol, pode ter também relação com a distância de nove meses que existe entre essa data e a de 25 de março, na qual, por tradição, se acreditava que tinha acontecido quer a criação do mundo (na primavera) como a concepção de Jesus e também a sua morte. No calendário hispânico-moçárabe, em relação a 25 de março, dizia-se: *octavo kalendas aprilis: equinoxis verni et die mundi prima, in qua Dominus et conceptus et passus est* (dia oitavo antes das calendas de

Abril: equinócio da primavera e dia primeiro do mundo, no qual também foi concebido e morreu o Senhor). Já Santo Agostinho aduzia essa tradição para o dia 25 de março.

As celebrações do Natal abarcam a Missa da vigília, de 24 de dezembro, a recomendada vigília prolongada de oração – a "Missa do Galo", à meia-noite –, a Missa da Aurora e a Missa do Dia. No Missal Romano, temos agora três Prefácios, cujos títulos indicam as dimensões teológicas que a comunidade cristã sublinha nessa celebração: "Cristo, luz do mundo", "A restauração universal na Encarnação" e "Intercâmbio no mistério da Encarnação".

Celebramos essa festa não tanto como um carinhoso aniversário histórico, mas sobretudo como a presença viva do mistério desse nascimento em Belém: o Deus-conosco, agora ressuscitado e glorioso, continua a estar no meio do seu povo e comunica-lhe a graça específica do seu nascimento, acontecimento novo em cada ano: "que o Salvador do mundo hoje nascido, como nos fez nascer para a vida divina, nos conceda também sua imortalidade" (Pós-comunhão da Missa do dia), com a convicção de que há um admirável intercâmbio: Deus faz-se homem para que o homem chegue a partilhar a vida de Deus (cf. oração da Missa do dia).[59]

Epifania.

nave

Chama-se "nave" à parte central de uma igreja, que vai da porta de entrada até o espaço do presbitério, destinada à assembleia, o povo sacerdotal que celebra a liturgia sob a presidência do ministro que representa Cristo. Chama-se assim pela forma de nau que se pode ver nas igrejas clássicas, que recorda também o simbolismo da Igreja como a nau de Pedro no mar deste mundo.

No Missal, recordam-se as características que esta nave ou espaço da comunidade deve ter: "Disponham-se os lugares dos fiéis com todo o cuidado, de sorte que possam participar devidamente das ações sagradas com os olhos e o espírito. Convém que haja habitualmente para eles bancos ou cadeiras [...] de tal forma que os fiéis possam facilmente assumir as posições requeridas pelas diferentes partes da celebração e aproximar-se sem dificuldade da sagrada

---

59   N.E.: Recomendamos: Augé, Matias. *O ano litúrgico é o mesmo Cristo presente na Igreja*. São Paulo: Paulinas, 2013. cap. IX; Lira, Bruno Carneiro. *O ciclo do Natal*: celebrando a encarnação. São Paulo: Paulinas, 2009.

Comunhão. Cuide-se que os fiéis possam não só ver o sacerdote, o diácono ou os leitores, mas também, graças aos instrumentos técnicos modernos, ouvi-los com facilidade" (*IGMR* 311).

naveta

Chama-se "naveta", ou seja, "navezinha" (do latim *navicula*), ao pequeno recipiente que contém o incenso e que tem, precisamente, forma de nave pequena.

neófito

A palavra "neófito" significa "recém-nascido" ou "recém-chegado". Do grego *neos* (novo) e *phyo* (chegar a ser) ou, mais provavelmente, de *phyton* (planta), em cujo caso significaria, sobretudo, "novo plantado, recém-enxertado (em Cristo)".

Aplica-se aos recém-batizados, que antes do Batismo se chamam "catecúmenos e depois eleitos", e, durante as primeiras semanas, "neófitos". É aos neófitos que, na época patrística, se dirigiam as "catequeses mistagógicas", começadas logo no próprio dia da Páscoa, depois de terem celebrado, na vigília noturna, os três sacramentos da iniciação: o Batismo, a Confirmação e a Primeira Eucaristia.

O *Ritual da iniciação cristã dos adultos* (*RICA*) fala desses neófitos, a partir da Primeira Eucaristia, na qual participam "de pleno direito", uma vez batizados, e na qual "encontram a consumação da sua iniciação" (*RICA* 36). O "tempo da mistagogia" para os neófitos descreve-se nos números 37-40, e as "Missas dos neófitos" nos domingos da Páscoa, no número 57.

Iniciação.

nona (noa)

Intermédia (Hora).

nunc dimittis

São as duas primeiras palavras em latim do cântico evangélico que Lucas (2,29-32) põe na boca do ancião Simeão: "Agora, Senhor, segundo a vossa palavra, deixareis ir em paz o vosso servo".

Recita-se ou canta-se esse cântico muito oportunamente na hora final do dia, a de Completas, quando a pessoa se dispõe para o descanso noturno, dando a esse momento um tom de gratidão, serenidade e confiança em Deus. Na liturgia bizantina diz-se nas Vésperas. Reza-se com as mesmas características de respeito e dignidade que os outros cânticos evangélicos, o *Magnificat* e o *Benedictus*.

Completas. Apresentação do Senhor.

O

"Ó" (antífonas)

As chamadas "Antífonas do Ó" são as sete antífonas que se cantam antes do *Magnificat* nas Vésperas, nos dias 17 a 23 de dezembro, em que se prepara mais diretamente a festa do Natal do Senhor. Começam todas com "Ó" (em latim, "O"): "Ó Sabedoria do Altíssimo, que tudo governais com firmeza e suavidade...", "Ó Chefe da Casa de Israel, que no Sinai destes a Lei a Moisés...", "Ó Rebento da raiz de Jessé, sinal erguido diante dos povos...", "Ó Chave da Casa de Davi, que abris e ninguém pode fechar...", "Ó Sol nascente, esplendor da Luz eterna e Sol de justiça...", "Ó Rei das nações e Pedra angular da Igreja...", "Ó Emanuel, nosso rei e legislador...".

Em latim, as iniciais das primeiras palavras (*Sapientia, Adonai, Radix Iesse, Clavis, Oriens, Rex gentium, Emmanuel*), lidas ao contrário, dão origem ao acróstico *ero cras*, que significa "serei amanhã, estarei, virei amanhã", jogo de palavras que a Idade Média tanto apreciava e que alguém não tardou a interpretar como uma misteriosa resposta do Messias, assegurando a sua vinda.

A origem dessas antífonas deve ser Roma, nos séculos VII-VIII, mas, a partir da época carolíngia, na Gália, espalharam-se por todas as nações. O seu conteúdo, tomado dos profetas, sobretudo de Isaías, pode dizer-se que é a síntese da espera messiânica do AT e da espiritualidade do Advento atual. Dirigem-se ao próprio Messias, designando-o com títulos bíblicos e terminando sempre numa oração ou grito de ternura: "vinde", pedindo-lhe que venha de novo à nossa história. Relativas a essas antífonas, chegou até nós uma formosa melodia gregoriana, assim como, presentemente, nas várias línguas vernáculas, há diversas musicalizações polifônicas.

Além de serem cantadas antes do *Magnificat*, também são ditas ou cantadas como aclamação, antes do Evangelho na Eucaristia desses mesmos dias

(de 17 a 23 de dezembro), favorecendo assim, com a sua música e o seu rico conteúdo messiânico, uma mais consciente preparação do Natal.

Advento.

oblação, oblata

São termos que vêm do latim *offerre*, de *ob-ferre* (levar, apresentar, doar), e *oblatus* (oferecido). A oblação é o ato de oferecer, e "oblata" ou "oblatas", os dons que se oferecem na Eucaristia.

Fala-se da oblação que Cristo fez da sua vida na cruz, da oblação memorial que a comunidade eclesial – sobretudo na Prece Eucarística, depois do relato da Última Ceia – faz, em cada Eucaristia, do próprio sacrifício de Cristo, e também da oblação que são convidados a fazer das suas vidas, todos os que participam da Eucaristia (cf. *IGMR* 79f).

Fala-se também da incensação da oblata ou das oferendas, no momento do Ofertório da Missa: é a incensação do pão e do vinho, os dons que se trazem do mundo e do trabalho e que se converterão nos dons que Deus faz do Corpo e do Sangue de Cristo. Também há a "oração sobre as oferendas", que, em latim, se chama *oratio super oblata*.

ocidentais (liturgias)

A celebração litúrgica, desde muito cedo e, sobretudo, a partir do século IV, foi-se diferenciando nas suas estruturas e na sua linguagem, conforme se desenvolvia no Oriente e no Ocidente, e também segundo os centros geográficos e as personalidades que a foram criando. "As diversas tradições litúrgicas surgiram justamente em razão da missão da Igreja. As Igrejas de uma mesma área geográfica e cultural acabaram celebrando o mistério de Cristo através de expressões particulares tipificadas culturalmente" (*CIC* 1202).

Das "famílias" ou "ritos litúrgicos" assim surgidos no Ocidente, os principais são:

- a *liturgia romana*, a principal, centrada em Roma, a que mais se espalhou e influência foi tendo na Itália, no norte de África, no norte da Europa e, a partir do tempo carolíngio, no século VIII, em toda a Europa. Os seus textos e organização foram obra de grandes papas, como Dâmaso, Leão Magno, Gelásio, Vigílio e Gregório

Magno, nos séculos IV-VI. É a que mais e melhor conhecemos e a que foi objeto, no Concílio Vaticano II, da mais ampla e profunda reforma, com a revisão e edição de todos os seus livros litúrgicos;

- mas, além dessa, surgiram outros ritos litúrgicos ocidentais, alguns dos quais, depois, apenas deixaram marca ou desapareceram; uns tinham maior independência em relação ao Rito Romano, outros eram mais próximos dele; todos eles receberam influxos das liturgias orientais e influenciaram-se mutuamente; a sua instituição sempre dependeu muito da ação e influência dos primeiros agentes da evangelização, assim como das características políticas e culturais de cada região;

- assim, no norte de África, parece que houve uns primeiros desenvolvimentos peculiares da celebração, a partir do século III, que desapareceram de imediato; no norte de Itália, surgiram a *Liturgia de Aquileia* e a *Liturgia de Ravena (Coletânea de Ravena)* e, no sul, a *Liturgia de Benevento*; em Portugal, a *Liturgia de Braga*; e a *Liturgia Céltica*, nas ilhas britânicas, da qual restam poucos livros (por exemplo, o *Antifonário de Bangor*);

- dessas liturgias desaparecidas, a principal foi a *liturgia galicana*, que não sobreviveu à unificação carolíngia, anulada pelo influxo da *liturgia romana*, mas que, anteriormente, teve vida e tinha influenciado fortemente, com seus livros litúrgicos que ainda se conservam em parte, outras regiões e liturgias; as suas características principais eram a mobilidade de algumas partes da Prece Eucarística – não só do Prefácio, como na romana, das orações dirigidas a Cristo, que nesta só se dirigem ao Pai –, uma linguagem mais longa e desenvolvida (em face da concisão dos textos romanos), e o modo de recitar o Pai-nosso, no qual a comunidade vai respondendo com um "Amém" a cada uma das petições do presidente;

- mas, além da romana, as duas liturgias ocidentais mais importantes, que ainda sobrevivem e cujos livros litúrgicos já foram revistos, são a *liturgia ambrosiana* ou *milanesa*, no norte de Itália, e a *liturgia hispânica* (cf. entradas correspondentes).

Devemos referir também, por outro lado, as liturgias das Igrejas Reformadas que, apesar de derivadas claramente da romana, a partir do século XVI, ao se separarem, foram-se diferenciando nos seus textos e ritos, sobretudo em alguns sacramentos.

O Concílio Vaticano II, em 1963, declarou que "a Santa Mãe Igreja considera iguais em direitos e honra todos os ritos legitimamente reconhecidos, quer que no futuro se mantenham e se promovam por todas as formas e deseja ainda que, onde for necessário, sejam prudente e integralmente revistos, segundo o espírito da sã tradição, e lhes seja dado novo vigor de acordo com as circunstâncias e necessidades do nosso tempo" (SC 4). É que "a riqueza insondável do mistério de Cristo é tal, que nenhuma tradição litúrgica pode esgotar sua expressão. A história do surgimento e do desenvolvimento desses ritos atesta uma complementaridade surpreendente. Quando as Igrejas viveram essas tradições litúrgicas em comunhão na fé e nos sacramentos da fé, enriqueceram-se mutuamente e cresceram na fidelidade à tradição e à missão comum à Igreja toda" (CIC 1201).

Porque "a Igreja é Católica: pode integrar na sua unidade, purificando-as, todas as verdadeiras riquezas das culturas" (CIC 1202).

Ambrosiana (liturgia). Hispânica (liturgia). Orientais (liturgias, ritos).

ocorrência

Em liturgia, chama-se "ocorrência" à coincidência no mesmo dia de várias celebrações ou festas. Nesse caso, segue-se a "tabela de precedência dos dias litúrgicos" (NG 59-61): "Quando no mesmo dia coincidem várias celebrações, faz-se aquela que na tabela dos dias litúrgicos têm precedência". Por exemplo, quando uma féria da Quaresma coincide com a solenidade de São José, celebra-se esta última, e não a féria. A celebração impedida suprime-se nesse ano. Mas, quando a celebração suprimida é uma 'solenidade' (que 'ocorre' com outra de nível superior, por exemplo, se São José coincide com um domingo da Quaresma, ou a Anunciação cai na semana da Páscoa), a solenidade impedida é trasladada para o dia mais próximo que estiver livre.

Também pode haver *ocorrência* quando as segundas Vésperas de uma festa coincidem com as primeiras Vésperas do dia seguinte, de categoria superior: prevalecem estas (cf. NG 61). Nesse caso, é melhor dizer-se "concorrência".

Concorrência.

odor

Todos os sentidos têm a sua função e o seu simbolismo na celebração litúrgica, e não apenas a audição e a vista.

O bom odor traz também pedagogia e sentido à celebração do mistério cristão: a estética e o perfume das flores, diante do sacrário ou diante da imagem da Virgem ou adornando o altar; o sentido dos óleos frescos e perfumados para as várias unções sacramentais; o bom odor do incenso, com cuja fumaça se incensa o altar, a cruz ou as pessoas ou o defunto...

Na linguagem bíblica, muitas vezes, associa-se o perfume com a unção. É eloquente a passagem de Ex 30,22-25, onde se enumeram os vários aromas escolhidos para confeccionar o óleo para as várias unções: aroma, mirra, cinamomo, cana aromática, cássia, azeite de oliva. No NT, recordamos a cena, cheia de amor e ternura, em que a mulher de Betânia ungiu os pés de Jesus e toda a casa se encheu de aroma de perfume (cf. Jo 12,3).

O bom odor produz uma sensação de agrado, exprime o apreço em que se tem o lugar sagrado e os conteúdos da celebração. Na monição do *Ritual da Confirmação* que motiva a crisma "com óleo perfumado" passa-se, de imediato, ao simbolismo: "o batizado recebe um caráter indelével, sinal do Senhor, juntamente com o dom do Espírito, que o configura mais perfeitamente ao Cristo e lhe confere a graça de difundir o 'bom odor' entre os homens" (n. 9). Como tinha afirmado São Paulo: "Porque somos para Deus o bom odor de Cristo" (2Cor 2,15).

oferendas

Do latim *offerenda* (as coisas a oferecer). Refere-se, sobretudo, ao pão e ao vinho que se levam ao altar, para serem consagrados como Corpo e Sangue do Senhor.

O Missal Romano dá um valor simbólico a essas oferendas: "A seguir, trazem-se as oferendas. É louvável que os fiéis apresentem o pão e o vinho [...] Embora os fiéis já não tragam de casa, como outrora, o pão e o vinho destinados à liturgia, o rito de levá-los ao altar conserva a mesma força e significado espirituais" (*IGMR* 73). No Ordinário da Missa, diz-se: "Convém que os fiéis manifestem a sua participação, trazendo o pão e o vinho para a celebração da Eucaristia e os outros dons para auxílio da comunidade e dos pobres".

O conceito de oferendas amplia-se, portanto, aos dons para os pobres ou para a Igreja: "Também são recebidos os dinheiros ou outros donativos oferecidos pelos fiéis para os pobres ou para a igreja, ou recolhidos no recinto dela; serão, no entanto, colocados em lugar conveniente, fora da mesa eucarística" (*IGMR* 73).

Nos primeiros séculos, os fiéis traziam de suas casas as oferendas de pão e vinho para a Eucaristia, assim como também outros dons para socorrer a Igreja ou os pobres. Aos poucos em algumas regiões – sobretudo em Roma e na África – organizou-se a "procissão dos dons". O seu simbolismo foi sempre duplo: a participação na Eucaristia e a intenção de partilhar fraternalmente com os mais pobres os próprios bens. Os "oferentes", ou seja, o nome das pessoas que tinham dado algo para a Eucaristia, constavam, em algumas igrejas, de listas ou "dípticos", que se liam, às vezes, no Ofertório (como na liturgia hispânica) e, outras vezes, dentro das intercessões da Prece Eucarística (como na liturgia romana). Contudo, hoje, na Prece IV do Missal pede-se a Deus, nas intercessões finais, que se recorde "dos fiéis que apresentam as suas ofertas", bem como de todos os que se encontram na celebração.

A procissão das oferendas, com o seu sentido de participação dos fiéis, não convém, no entanto, que se exagere, incluindo nela todo o tipo de "dons", mais ou menos simbólicos. Os que Cristo "tomou" nas suas mãos, e que têm a ver diretamente com a Eucaristia, são o pão e o vinho, frutos da terra e do trabalho: símbolos bem expressivos da existência e da inserção de todos no sacrifício de Cristo. À procissão desses dons irá corresponder a outra procissão, quando a comunidade se aproximar do altar para a Comunhão, a fim de receber esses mesmos dons, agora convertidos no Corpo e Sangue de Cristo.

As duas orações com que se apresentam o pão e o vinho o sacerdote as diz normalmente *em silêncio*, segundo o Missal, embora também possa dizê-las em voz alta. A que se diz em voz alta, como presidente da comunidade, é a oração que dá sentido à apresentação das oferendas e prepara a Prece Eucarística: "a oração sobre as oferendas", antes chamada "secreta".

Oblação, oblata. Ofertório. Oração sobre as oferendas.

ofertório

Chama-se "Ofertório" – "tempo ou ação de oferecer" – à parte da Missa em que, depois da liturgia da Palavra, se preparam o altar e os dons para a liturgia eucarística.

A introdução ao Missal Romano descreve os diversos elementos do Ofertório: a procissão dos dons para o altar, as orações da sua apresentação, a coleta na comunidade, o canto do Ofertório, o incenso, o lavabo e a oração sobre as oferendas (cf. *IGMR* 72-77).

Essa estrutura conheceu evoluções muito notórias, ao longo da história. No século II, o testemunho de Justino (na sua *Apologia*, por volta de 150) descreve esse momento de um modo muito simples: "apresenta-se, àquele que preside sobre os irmãos, pão e uma taça de água e vinho misturado: depois de o receber, eleva ao Pai de todas as coisas louvor e glória". Nos séculos seguintes, foram-se desenvolvendo alguns aspectos, sobretudo a procissão dos dons por parte dos fiéis, a coleta em favor da Igreja e dos pobres, cantos de Ofertório e várias orações pessoais ou "apologias" com as quais o sacerdote professa a sua indignidade diante do santo mistério a que vai presidir.

O *Missal de Paulo VI* não chama "Ofertório" a esse momento, mas, com mais propriedade, "preparação das oferendas" ou "preparação dos dons", e suprimiu algumas das orações pessoais, como a "*Suscipe sancta Trinitas*", diminuindo assim o tom excessivamente ofertorial que se tinha acrescentado a ele e recordando que a verdadeira oferenda e, portanto, o "Ofertório" da Missa, não é o do pão e do vinho, mas o do Corpo e do Sangue de Cristo, e isso acontece na Prece Eucarística: "Celebrando, pois, a memória [...] nós vos oferecemos, ó Pai, o pão da vida e o cálice da salvação". Por isso também, nas traduções das orações de apresentação do pão e do vinho, se há de evitar traduzir o *offerimus*, que aparece em latim, por "vos oferecemos", reservando esta expressão para a outra oblação, na Prece Eucarística; usa-se então "vos apresentamos", nas diversas línguas.

Contudo, *tem também sentido* que o pão e o vinho, frutos da terra e do trabalho, assim como o "dinheiro ou outros dons para os pobres e para a Igreja" (*IGMR* 73), se apresentem com intenção ofertorial, não só como algo funcional e prático, mas também simbólico, a modo de preparação e de incorporação por parte dos fiéis à oferenda sacrificial que de si mesmo fez Cristo na cruz e que se atualiza na Eucaristia. Assim, a Igreja, ao mesmo tempo em que "oferece a Deus Pai, no Espírito Santo, a hóstia imaculada", deseja que os fiéis "aprendam a oferecer-se também a si mesmos" (*IGMR* 79f).

Sem adiantar ideias próprias da Prece Eucarística, exprime-se que, de um modo simbólico, já começa aqui a nossa inserção no ofertório de Cristo e da Igreja. A mesma intenção têm as orações pessoais que ficaram: a da mistura da água e do vinho, o *in spiritu humilitatis* e a do lavabo do sacerdote. Assim, o pão e o vinho são símbolo dos fiéis e da sua existência, que se une à oferenda de Cristo.

Oblação, oblata. Oferendas. Oração sobre as oferendas.

ofício

A palavra "ofício" deriva do latim *opificium*, por sua vez formada de *opus* (obra) e de *facere* (fazer). Portanto, designa a atividade da pessoa que realiza a sua obra, o seu "ofício", o seu dever ou incumbência.

Em liturgia, chama-se "ofício" ao ministério ou serviço de alguém na celebração, por exemplo, o ofício do presidente, do diácono. Também se fala de assistir aos "ofícios da Igreja", ou aos "divinos ofícios" (também "funções da Igreja") ao que hoje chamamos *celebrações litúrgicas*.

Em particular, presentemente, fala-se de *Ofício Divino* para designar a "Liturgia das Horas". O Concílio, no capítulo IV da *Sacrosanctum Concilium*, intitulou-o *De Officio Divino* e, em geral, assim o fizeram todos os documentos, até que o novo livro da oração eclesial, em 1971, preferiu o nome de "Liturgia das Horas", que exprime melhor o seu conteúdo e finalidade.

O *Oficio Parvo* é um Ofício Divino simplificado – atual "Liturgia das Horas Abreviada". Desde o século X, para colocar ao alcance dos fiéis essa oração, se lhes ofereceu uma mais curta, em plano devocional, em honra da Trindade, ou da santa Cruz, ou dos Santos e, a partir do século XII, sobretudo, em honra da Virgem Maria. Segundo o Concílio, também os que rezam esse *Ofício Parvo*, desde que esteja estruturado como o Ofício Divino e aprovado pela Igreja, "fazem a oração pública da Igreja" (*SC* 98).

O *Ofício de Trevas* era o nome que recebia a oração de Matinas e Laudes de Quinta-Feira, Sexta-Feira e Sábado Santos; iam se apagando sucessivamente, à medida que se cantavam os diversos salmos, as catorze velas do candelabro triangular, deixando finalmente acesa uma vela, a número quinze, que se escondia atrás do altar até que voltava a aparecer como símbolo da Ressurreição de Cristo.

Liturgia das Horas. Ofício de Leitura.

Ofício de Leitura

A hora de oração, que antes se chamava *Matinas,* agora recebe o nome de "Ofício de Leitura" (*Officium Lectionis*) ou ainda "Ofício de Leituras", porque são duas, a bíblica e a patrística ou hagiográfica.

Essa hora "é por excelência uma celebração litúrgica da Palavra de Deus" (*IGLH* 29) e "quer apresentar ao Povo de Deus, mui especialmente aos que de modo peculiar estão consagrados ao Senhor, meditação mais substanciosa da Sagrada Escritura e as melhores páginas de autores espirituais" (*IGLH* 55). Recorda-se aos ministros ordenados, de modo especial, que "devem procurar aproveitar-se destas riquezas, de modo que a Palavra de Deus que em si mesmos receberam a possam dispensar a todos" (*IGLH* 55). Assim "se desempenharão cada dia do múnus que por título peculiar lhes incumbe, que é o de acolher a Palavra de Deus, a fim de se tornarem mais perfeitos discípulos do Senhor e mais profundamente saborearem as insondáveis riquezas de Cristo" (*IGLH* 29).

Antes da reforma, essa hora canônica tinha caráter noturno. Agora, "embora na recitação coral mantenha o seu caráter de louvor noturno, seja adaptada de modo a poder recitar-se a qualquer hora do dia, tenha menos salmos e leituras mais longas" (*SC* 89). Por isso, há uma dupla série de hinos: para os que celebram essa hora em horas noturnas e para os que o fazem durante o dia.

Na *IGLH* 60-69 descreve-se a *estrutura* do Ofício de Leitura: invitatório, versículo, hino, salmodia, leitura bíblica, leitura patrística ou hagiográfica, *Te Deum* e oração própria do dia. Pretendeu-se que, no seu conjunto, esta hora não só tenha leituras, mas que elas se façam em clima de oração, com salmos e orações (cf. *IGLH* 56).

Na *IGLH* 143-155, descrevem-se, além disso, os princípios pelos quais se organizou a leitura bíblica no Ofício de Leitura, com a dupla finalidade de alimentar a fé dos orantes com a Palavra revelada e adaptar a sua leitura aos diversos tempos litúrgicos e festas. Nesse documento oferecia-se e motivava-se um "duplo ciclo de leitura bíblica", com a finalidade de que nos dois anos se pudesse ler praticamente toda a Bíblia. Mas depois, na prática, editou-se o livro oficial da Liturgia das Horas apenas com um ciclo. A situação corrigir-se-á com a aparição do "tomo V" da Liturgia das Horas, com a organização bienal das leituras bíblicas e a oferta de outras leituras patrísticas alternativas, o que corresponde melhor à disposição conciliar de uma mesa mais abundante da Palavra de Deus também fora da Missa.

Leitura patrística. Leitura hagiográfica. Matinas. Ofício.

ogdôada

A palavra grega *ogdôada* (oitava de dias) é a que, nos tempos patrísticos, se utilizava para se referir ao domingo cristão, que, por sua vez, é o "dia primeiro" e "dia oitavo", sublinhando com este segundo nome a sua marcha dinâmica para a escatologia, porque cada dia oitavo supera a "semana" de sete dias.

Domingo. Oitava.

oitava

Um primeiro significado do adjetivo latino *octavus, octava* é o referido ao domingo, que, nos tempos patrísticos, se denominava "dia primeiro" e também "dia oitavo" (ogdôada).

Aqui, falamos de "oitava", referindo-nos à semana que se segue às festas muito importantes, prolongando a sua celebração (cf. *NG* 12). "Oitava" tanto pode indicar o oitavo dia depois da festa como toda a semana: "hoje é a oitava da Páscoa" ou celebrar a oitava da Páscoa, durante oito dias.

No AT, os judeus já celebravam as festas solenes, durante oito dias, por exemplo, a Festa das Tendas (cf. Lv 23,33-44) ou a Festa da Dedicação (cf. 2Cr 7,9 e 1Mc 4,59).

No calendário renovado ficaram apenas duas oitavas:

- a *Oitava do Natal*, de 25 de dezembro a 1 de janeiro, em que, além da Circuncisão do Senhor, do início do ano civil e do Dia Mundial da Paz, se celebra, sobretudo, a solenidade de Santa Maria Mãe de Deus. Essa oitava parece que se foi organizando a partir do século VII e na qual foram se acrescentando outras, como a da Sagrada Família, de Santo Estêvão, de São João Evangelista e dos Santos Inocentes (cf. *NG* 35), os chamados *"comites Christi"* (a comitiva ou séquito de Cristo);

- sobretudo a *Oitava da Páscoa*, a mais antiga, já do século IV, com categoria de solenidade para todas as férias, até o segundo domingo da Páscoa, ou *Domingo in Albis*, em que os neófitos batizados na noite pascal depunham as suas vestes brancas, depois de terem recebido, durante toda a semana, as *catequeses mistagógicas* (cf. *RICA* 37-40).

Foi suprimida a oitava do Pentecostes, que existiu até 1969, e que se tinha criado por paralelismo com a da Páscoa, prolongando desnecessariamente o Tempo Pascal, que atualmente termina no próprio dia de Pentecostes. Além disso, já não existem outras oitavas como a da dedicação da igreja ou de determinados Santos.

Ogdôada.

óleos

Do latim *oleum* e do grego *elaion* (azeite), os "óleos" são um elemento importante em vários sacramentos.

O azeite, pelas suas propriedades naturais, simboliza facilmente a paz, o alimento, a suavidade, a alegria, a saúde e a força. Por tudo isso, até já se empregou na Bíblia para exprimir a força de Deus e a cura do mal.

Atualmente, são quatro os sacramentos em que os óleos são a matéria para as diversas unções, mais ou menos centrais: no Batismo, há uma primeira unção no peito e outra, com o crisma, sobre a cabeça; na Confirmação, a unção é sobre a fronte; na Unção dos Enfermos, sobre a fronte e nas mãos; e, no sacramento da Ordem, nas mãos do presbítero ou na cabeça do bispo. Tudo isso, com uma significação simbólica que as fórmulas ou palavras com que se acompanha o gesto se encarregam bem de expressar.

São três os *tipos de óleos*: o dos catecúmenos (para a primeira unção do Batismo), o crisma (para a segunda unção do Batismo, para a Confirmação, para as ordenações e para a dedicação de igrejas e altares) e o dos doentes. Todos eles procedem da Missa crismal de Quinta-feira Santa (ou de algum dia anterior): nela, é consagrado o crisma e benzidos os outros óleos, como manifestação da comunhão existente entre o bispo e os seus presbíteros, no único sacerdócio de Cristo. Todos os sacramentos têm o seu ponto de referência no bispo, pastor supremo e representante genuíno de Cristo para a diocese. Além disso, são novos em cada Páscoa, porque da Páscoa esses óleos e os sacramentos recebem a sua eficácia salvadora.

Os óleos são normalmente de azeite de oliveira. Mas, desde 1972, por decisão de Paulo VI, para a Unção dos Enfermos (*Sacram Unctionem* n. 20), podem-se utilizar óleos de outras plantas. Normalmente, têm de ser benzidos pelo bispo, ou, em caso de necessidade, pelo próprio presbítero, dentro da celebração. O *Ritual da Unção dos Enfermos* encarrega-se de recordar que os recipientes que contêm esses óleos devem ser "de matéria própria para conservar o óleo, esteja limpo e contenha óleo suficiente, com algodão, se for conveniente, embebido nele" (n. 22).

Crisma, Missa crismal. Unção.

olhar

Os olhos são um meio importantíssimo para a nossa comunicação com o mundo exterior, com as pessoas e com as coisas. São como janelas do nosso interior: com eles nos apropriamos do que nos rodeia e exteriorizamos os nossos sentimentos.

O olhar de Jesus produzia uma impressão profunda nos seus discípulos: o olhar afetuoso dirigido ao jovem que o interrogava, o olhar irado dirigido aos fariseus, que não eram capazes de socorrer um doente. O seu olhar dirigido ao céu é recordado pelos Evangelhos, em momentos como a multiplicação dos pães, a ressurreição de Lázaro ou a oração sacerdotal na Última Ceia.

Na liturgia, pedimos pelos defuntos: "admiti-os na luz da vossa presença" (*Oração Eucarística* II).

Na celebração litúrgica, é importante o "saber olhar" do presidente e dos outros ministros, quando saúdam e quando fazem uma monição ou uma homilia, dirigindo-se à comunidade. A primeira comunicação, antes do gesto ou da palavra, é o olhar.

Quando, na Oração Eucarística I – o cânone romano – se recorda de que Jesus tomou o pão e elevou os olhos ao céu, o Missal diz ao sacerdote que também ele eleve os seus olhos.

Também os fiéis olham com os seus olhos as imagens sagradas ou o espaço onde acontece a ação sagrada, olham o presidente que lhes fala ou que em seu nome dirige a oração a Deus, olham para o leitor que lhes proclama a Palavra, olham para o Pão e para o Vinho que são elevados depois da sua consagração ou que recebem na Comunhão. É um olhar de atenção e de fé.

oração

"Orar, oração", vêm do latim *orare* (falar, dizer) e *oratio* (palavra, discurso, súplica), que, por sua vez, deriva de *os, oris* (boca). Significa a palavra que dirigimos a Deus, louvando-o e suplicando-lhe.

No *Catecismo da Igreja Católica*, na sua última parte (*CIC* 2558-2865), encontramos o melhor tratado sobre a oração cristã, que a descreve desde o princípio como "uma relação viva e pessoal com o Deus vivo e verdadeiro" (*CIC* 2558). Esse tratado dedica uma primeira seção à "Oração na vida cristã" e uma segunda à "Oração do Senhor, 'Pai Nosso'". Quanto à oração litúrgica das Horas, a melhor introdução continua a ser a do próprio livro da Liturgia das Horas (*IGLH*), de 1971.

O verdadeiro orante é Jesus Cristo: não só durante a sua vida terrena, tal como aparece nos Evangelhos (apresentam-no bem a *IGLH* 3-4 e o *CIC* 2598-2616), mas agora, como Senhor Glorioso: ele louva o Pai e intercede pela humanidade. Nós nos unimos à sua oração. Essa oração, tanto a de Cristo como a da sua comunidade, é movida pelo Espírito Santo. Continua a cumprir-se o que disse São Paulo: nós não sabemos orar, mas o Espírito ora em nós e move-nos a dizer do fundo do nosso ser: *Abbá*, ó Pai (cf. Rm 8,15.26).

A oração cristã, além de pessoal, é também eclesial: e, à parte a Eucaristia e os outros sacramentos, a oração eclesial por excelência é a Oração ou a Liturgia das Horas, na qual de modo privilegiado participamos da oração de Cristo Sacerdote (cf. *IGLH* 1-9).

Concretamente, quando falamos de *orações da Missa*, referimo-nos, antes de tudo, às que o sacerdote recita na sua qualidade de presidente em nome de toda a comunidade: a oração coleta (ou "do dia"), a oração conclusiva da Oração Universal ou dos Fiéis, a oração sobre as oferendas, a oração depois da Comunhão (ou pós-Comunhão) e a oração sobre o povo, antes da bênção final. Há outra oração do presidente que tem ainda mais importância, a "Prece Eucarística". "O sacerdote, presidindo a comunidade como representante de Cristo, dirige a Deus essas orações em nome de todo o povo santo e de todos os circunstantes" (*IGMR* 30).

Há orações que o sacerdote não diz em nome de toda a comunidade, mas "em nome pessoal, para despertar maior atenção e piedade no exercício do seu ministério" (*IGMR* 33). Das muitas que se tinham acrescentado na Eucaristia, ao longo dos séculos (por exemplo, as orações enquanto se paramentava na sacristia, ou as que dizia com o acólito ao pé do altar etc.), ficaram apenas algumas: por exemplo, antes de proclamar o Evangelho, ou enquanto lava as mãos, ou se prepara para a Comunhão etc.

Também a comunidade inteira intervém recitando orações: o ato penitencial, com as suas invocações; a litania da Oração Universal ou dos Fiéis; o Pai-nosso; os salmos; as preces de Laudes e Vésperas... Até se restabelecer a

Oração Universal, esse gênero de oração conservava-se, todavia, na Sexta-feira Santa: nesse dia chamava-se "orações solenes".

Oração depois da Comunhão

Pós-comunhão.

Oração do Senhor

Pai-nosso.

Oração Eucarística

A "Oração Eucarística" é a oração central da Missa, que o presidente proclama em nome de toda a comunidade (cf. *IGMR* 78-79).

Antes de mais, contém um louvor a *Deus Pai*, pela História da Salvação, variável segundo os tempos e as festas: o chamado "Prefácio". A comunidade intercala a aclamação do *Sanctus*, e o sacerdote presidente prolonga ainda – às vezes bastante demoradamente, como na IV Oração Eucarística– esse louvor a Deus, que não só se refere à criação e ao AT, mas também alcança Jesus Cristo.

Seguem-se a memória e o oferecimento do que Jesus realizou no seu Mistério Pascal; em relação à sua entrega sacrificial, recita-se o relato da instituição da Eucaristia na Última Ceia, repetindo as palavras que ele pronunciou sobre o pão e o vinho.

Essa oração contém uma dupla epiclese ou invocação do *Espírito*, para que transforme os dons do pão e do vinho e também a comunidade que vai recebê-los na Comunhão. Essa dupla epiclese ocupa um lugar diferente, segundo os vários ritos litúrgicos: nos orientais (e no hispânico) as duas invocações estão juntas, depois do relato da instituição. Na liturgia romana (e na alexandrina) a primeira invocação precede o relato (chama-se pré-consecratória ou sobre os dons) e a segunda vem depois (pós-consecratória ou de comunhão).

Conclui-se a Oração com uma prece de intercessão e comunhão com a Igreja dos bem-aventurados, dos defuntos e das comunidades cristãs dispersas por todo o mundo.

A comunidade vai sublinhando com as suas *aclamações* os diversos momentos da oração proclamada pelo presidente: o louvor ao Pai com o " Santo", a memória pascal de Cristo com o "Anunciamos a vossa morte" ou equivalentes, e com o "Amém" depois da doxologia conclusiva.[60]

Com claros antecedentes judaicos – na bênção (*berakah*) ou na ação de graças da ceia pascal (a *birkhat há-mazon*) ou a oração sacrificial de louvor (*todah*) – a Oração cristã teve, nos primeiros séculos, um desenvolvimento variado segundo as diversas regiões da Igreja, até chegar às formulações que já conhecemos: por exemplo, no Ocidente, a Oração de Hipólito (ano 220) – agora assumida em grande parte como a Oração Eucarística II do Missal – e, no Oriente, várias das anáforas siríacas e alexandrinas: de Basílio, Serapião, Marcos, das *Constituições Apostólicas* etc. No Ocidente, cristalizou já no século IV a Oração que ainda se chama "Cânon romano".

No Oriente, a característica foi a variedade das Orações, mas, ao mesmo tempo, a invariabilidade dentro de cada uma delas. Em Roma, o que era móvel era a primeira parte da Oração, o Prefácio, enquanto a partir do "*Santo*" sempre foi invariável, até que, em 1967, Paulo VI publicou as três novas Orações do Missal, deixando intata praticamente a primeira, o "Cânon romano". Em 1973, com a Carta *Eucharistiae Participationem*, desautorizaram-se as orações privadas que se iam publicando, deixando a criatividade futura nas mãos das Conferências Episcopais, com aprovação de Roma. Assim, em 1974, apareceram outras Orações, como as duas da Reconciliação, as três para as Missas com crianças, e outras aprovadas por diversos episcopados.[61]

Anáfora. Cânon. Epiclese. Eucaristia. Memorial.

oração sálmica

Entre as coisas que, "dentro da tradição latina, muito contribuem para a inteligência dos salmos ou para fazer deles oração cristã", junto com os títulos e as antífonas têm particular destaque as "coletas salmódicas" (*IGLH* 110).

Pelo menos desde o século IV sabe-se que, em diversas regiões da Igreja, se iniciou este costume: depois de recitar o salmo, e após um momento de silêncio, recitava-se uma oração sálmica, dando assim à salmodia um tom meditativo e, sobretudo, ajudando a "cristianizar" os salmos, a partir da perspectiva de fé e das circunstâncias da vida de cada um. Chamavam-se também

---

60 N.E.: No Brasil, cada parte de todas as orações eucarísticas contém uma aclamação.

61 N.E.: No Brasil, temos no Missal a Oração Eucarística V – do Congresso de Manaus – própria do país. Também nosso Missal inclui as quatro orações para as diversas circunstâncias, do Sínodo Suíço.

"coletas sálmicas", porque o que a pronunciava "recolhia" a oração que silenciosamente cada membro da comunidade tinha feito depois do salmo.

Talvez tenha sido a antiga liturgia hispânica a mais rica de orações sálmicas, compostas por bispos como Leandro de Sevilha ou Conâncio de Palência, e em que duraram mais tempo até, também estas, se perderem.

Na Liturgia das Horas, reformada depois do Vaticano II, no seu tomo V, oferecem-se orações para cada salmo, a fim de que sirvam de "auxílio para quem recita os salmos os entender num sentido predominantemente cristão" e possam "ser usadas livremente, conforme antiga tradição: concluído o salmo e após certa pausa de silêncio, a oração resuma e conclua os sentimentos dos participantes" (*IGLH* 112).

Coleta. Salmos.

oração sobre as oferendas

A "Oração sobre as oferendas" recebeu na história vários nomes. O *Sacramentário Gregoriano* chama-a *super oblata*, mas, mais tarde, o *Gelasiano* antigo lhe dá o nome de *secreta*, porque participava já da "voz baixa" que ia ter a Prece Eucarística. Atualmente, diz-se de novo em voz alta e designa-se "Oração sobre as oferendas".

Essa oração conclui o momento do Ofertório, fazendo referência aos dons do pão e do vinho que já estão sobre o altar, com o seu simbolismo, e adiantando já, em muitas ocasiões, o destino sacramental que os espera, pelo poder do Espírito: converter-se no Corpo e Sangue de Cristo. Em princípio, a comunidade escuta e responde a esta oração de pé – como sempre que o sacerdote ora a Deus, na qualidade de presidente e porta-voz de todos.

oração sobre o povo

É uma oração que, em dias determinados, precede a bênção e a despedida. É uma antiga tradição romana, que se conservou, sobretudo, na Quaresma, prolongando a bênção em forma de oração. Pode fazer-se segundo o critério do presidente, no final da Missa, de uma celebração da Palavra, da Liturgia das Horas, ou dos sacramentos, antes da bênção final e da despedida.

O diácono ou o próprio sacerdote podem convidar, dizendo: "Inclinai-vos para receber a bênção" (*Inclinata capita vestra Deo*), depois se diz a oração, com as mãos estendidas sobre o povo, todos respondem "*Amém*" e dá-se a bênção. No Ordinário da Missa, existem 26 formulários de "orações sobre o povo" como há também 26 modelos de "bênção solene".

oração universal (ou dos fiéis)

A Oração Universal, na atual estrutura da Eucaristia romana, conclui a liturgia da Palavra. Depois de Deus ter dirigido a sua Palavra ao povo cristão, e este a ter acolhido, a comunidade presente ora para que a salvação que as leituras anunciaram se torne eficaz e se cumpra na nossa geração, na Igreja e na humanidade inteira.

Seguramente, foi sob a influência da liturgia judaica, que continha também orações de intercessão em forma litânica, que, desde cedo, apareceram na história da Eucaristia alusões concretas a essa oração pela humanidade. Paulo, em 1Tm 2, recomendava que a comunidade orasse "por todos os homens, pelos reis e por todas as autoridades". Justino, no ano 150, afirma: "fazemos as orações comuns por nós mesmos, pelo que foi iluminado (batizado) e por todos os outros que há em todas as partes" (*Apologia* I, 65).

Temos poucas notícias seguras sobre a forma como essa oração evoluiu, ao longo dos séculos e, por que razão, a partir do século V, com a introdução da *deprecatio Gelasii* no começo da Missa, desaparece a Oração Universal, com exceção das "orações solenes" de sexta-feira santa, que chegaram até os nossos dias. Não se sabe com segurança se o *Kyrie*, no princípio da Missa, é fruto da "trasladação" para esse momento da litania de oração, ou se são independentes.

Na liturgia hispânica, este é um dos momentos mais característicos: a oração litânica chamada dos "dípticos" pela Igreja, pela hierarquia em comunhão com os Santos e a recordação dos defuntos, assim como a oração *post nomina*, depois de ter nomeado os oferentes da Missa.

O nome de "Oração dos Fiéis" faz referência ao tempo em que se fazia a despedida dos catecúmenos, nesse momento da celebração, depois da homilia, e ficavam só os "fiéis" para a Eucaristia, começando precisamente a sua atuação com essa oração. Agora, chama-se "Oração Comum" ou "dos Fiéis" (*SC* 53), ou melhor, "Oração Universal" ou "Oração dos Fiéis" (*IGMR* 69). O Concílio recomendou que se restabelecesse essa oração, "para que, com a participação do povo, se façam preces pela santa Igreja, pelos que nos governam, por aqueles que estão abatidos por várias necessidades, por todos os homens e pela salvação de todo o mundo" (*SC* 53).

A *motivação teológica* é clara: "Na Oração Uuniversal ou Oração dos Fiéis, o povo responde de certo modo à Palavra de Deus acolhida na fé e, exercendo a sua função sacerdotal, eleva preces a Deus pela salvação de todos" (*IGMR* 69). A comunidade cristã situa-se, pois, como mediadora entre Deus e o resto da humanidade e da Igreja, para interceder por elas.

O presidente, da sua cadeira, convida a orar; outro ministro ou leitor enuncia as intenções; e a comunidade responde, sendo possível, cantando, uma invocação como "Ouvi-nos, Senhor". Esta resposta é a verdadeira "Oração dos Fiéis", a intervenção que a comunidade protagoniza, e que se dirige a Deus (enquanto as intenções são sugestões à comunidade). O Concílio assinalou as grandes direções em que se costumam agrupar essas intenções (cf. *SC* 53).

O Lecionário acrescenta outro matiz. Essa Oração Universal, por um lado, é fruto da audição da Palavra e, por outro, preparação para a passagem à Eucaristia, "de modo que, recolhendo o fruto da liturgia da Palavra, a assembleia poderá passar mais adequadamente para a liturgia eucarística" (*ELM* 30).

Assim, a Oração Universal aparece como um nobre exercício do sacerdócio batismal dos fiéis, que, de pé, se dirigem a Deus, mostrando ao mesmo tempo a sua sintonia com o que lhes comunicou na Palavra e a sua solidariedade com os seus irmãos, os homens, sobretudo os que sofrem.

oracional

É o nome que se dá ao livro que contém as orações do Ofício Divino, embora estas se possam encontrar também nos Sacramentários e Antifonários. Conservam-se alguns exemplares preciosos do *Oracional*, sobretudo da liturgia hispânica antiga.

orate, frates (orai, irmãos)

"Depositadas as oferendas sobre o altar e terminados os ritos que as acompanham, conclui-se a preparação dos dons e prepara-se a Oração Eucarística com o convite aos fiéis a rezarem com o sacerdote, e com a oração sobre as oferendas" (*IGMR* 77).

Orate, frates são as duas primeiras palavras, em latim, deste convite a orar. Provém do tempo carolíngio, no século VIII, e tinha um caráter essencialmente privado: uma oração na qual o sacerdote se reconhece indigno do mistério que vai celebrar e pede para si a oração da comunidade. Em vários Sacramentários e Missais, o texto latino diz: *orate, frates et sorores* ("orai, irmãos e irmãs").

No Missal castelhano, presentemente, diz-se: "Orai, irmãos, para que o meu e vosso sacrifício seja aceito por Deus Pai todo-poderoso". Há quem não aprecie muito a expressão "meu e vosso", que parece acentuar a distância entre o sacerdote e os fiéis. Embora não se possa entender bem esta alteridade, porque aquele que preside o faz em nome de Cristo, o sacrifício eucarístico é de Cristo, antes de mais, e depois da comunidade.[62]

oratório

Chama-se "oratório" a todo o espaço dedicado à oração e ao culto, mas de modo mais exato a um "lugar destinado, com licença do Ordinário, ao culto divino, em favor de alguma comunidade ou grupo de fiéis" (*CDC* 1223), ou seja, mais particular, enquanto o nome de "igreja" se reserva para o lugar onde se realizam celebrações públicas do culto.

Na música, "oratório" é uma composição do gênero da cantata ou da opereta, mas com assunto religioso. Outros sentidos de "oratório" são, por exemplo, a congregação religiosa fundada por São Filipe Néri, que tem o nome de "Oratório", assim como o "oratório festivo", promovido por São João Bosco e pelos salesianos, para entreter as crianças nos dias de festa.

Capela. Igreja (lugar).

ordem, ordenação

A palavra *ordo*, ordem, aplicava-se no uso civil romano, com um sentido colegial, a um grupo social, distinto do restante do povo: a ordem dos senadores, dos cavaleiros.

---

62 N.E.: No *Missal Romano* traduzido para o Brasil temos a expressão: "para que *o nosso* sacrifício seja aceito por Deus..." e mais outras três possibilidades. Ressalta o sacrifício de Cristo unido ao sacrifício da comunidade celebrante.

Muito cedo passou a usar-se em registro cristão para designar os ministros dentro da comunidade: a ordem dos bispos, dos presbíteros, dos diáconos. E chamou-se "ordenação" à celebração sacramental, na qual, com orações e gestos simbólicos, se conferem a graça e o poder dos diversos ministérios, introduzindo uma pessoa na "ordem" correspondente.

"Mediante o sacramento da Ordem, por divina instituição, alguns entre os fiéis, pelo caráter indelével com que se assinalam, são constituídos ministros sagrados, e assim são consagrados e deputados para que, segundo o grau de cada um, apascentem o Povo de Deus, desempenhando na pessoa de Cristo Cabeça [*in persona Christi Capitis*], as funções de ensinar, santificar e reger" (*CDC* 1008). No capítulo III da *Lumen Gentium*, o documento do Concílio sobre a Igreja define a identidade do sacramento da Ordem nos seus três graus: no n. 21, diz-se claramente "que, pela consagração episcopal, é conferida a plenitude do sacramento da Ordem", resolvendo assim, afirmativamente, depois das negações e titubeios dos últimos séculos, o caráter sacramental do episcopado. No Concílio, sublinhava-se o caráter colegial destas ordens: o colégio episcopal (*LG* 22), o presbiteral (*PO* 1.8) e o diaconal (*AG* 16.28).

O rito da ordenação foi conhecendo estruturas e textos muito variados, ao longo dos séculos e nos diversos ritos litúrgicos do Oriente e do Ocidente. São testemunhos documentais a *Traditio Apostólica* de Hipólito, dos princípios do século III, em que já se descrevem essas ordenações, os textos do livro VIII das *Constitutiones Apostolorum*, os *Ordines Romani* dos séculos VI-VII, os *Sacramentários Veronense* e *Gelasiano*, o *Pontifical Romano-Germânico* do século X e, finalmente, o *Pontifical Romano*, que durou até a última reforma.

O Concílio Vaticano II estabeleceu o encargo de rever esse Ritual, tanto nas suas cerimônias como nos seus textos (cf. *SC* 76). E, com efeito, em 1968, com a Constituição Apostólica *Pontificalis Romani*, Paulo VI publicou o novo *Ritual de ordenação*. O Ritual contém capítulos sucessivos para a instituição de leitores e acólitos, a admissão de candidatos ao diaconato e presbiterato, a ordenação de diáconos, a de presbíteros e a de bispos.

Na segunda edição típica latina, de 1989, acrescentaram-se a esse Ritual uns Preliminares Gerais, que a primeira edição não tinha. Alguns, de caráter mais geral, sobre a identidade do sacramento e a estrutura da sua celebração, e outros, particulares para cada capítulo, começando pela ordenação do bispo.

O elemento essencial do Rito de ordenação é a imposição das mãos por parte do bispo e a prece de ordenação, distinta para cada grau. É precisamente assim, com a imposição das mãos e a oração, que se percebe como, desde o NT, se conferia o sacramento: cf. At 6,6 e 1Tm 4,14. No *Ritual*, depois da liturgia da Palavra, há, antes de tudo, toda uma série de gestos simbólicos preparatórios, como o chamamento e apresentação dos candidatos, a homilia, as promessas dos eleitos, a ladainha da comunidade orando por eles; vem então o gesto central e a oração consecratória; e, depois, uns ritos que explicitam algum dos aspectos do sacramento recebido, diversos segundo a diversidade de ordens, com unções, imposição do livro dos Evangelhos sobre a cabeça do bispo, entrega de instrumentos, insígnias e vestes distintivas, gestos que ilustram o ministério que têm de exercer em favor da comunidade etc.

Bispo. Diácono. Presbítero.

ordens menores

Dentre os ministérios que, desde os primeiros séculos, eram confiados aos cristãos, a serviço da comunidade, alguns foram considerados como "ordens maiores", o sacramento da Ordem – episcopado, presbiterato e diaconato. Mas, desde muito cedo (já no século III), há, além disso, subdiáconos, acólitos, leitores, ostiários e exorcistas, além de outros ministérios que não tiveram tanta importância. Nos *Ordines Romani* (34 e 35) estão as estruturas da sua ordenação. O subdiaconato considerou-se, a partir do século XII, como pertencente às "ordens maiores", enquanto se denominavam "ordens menores" o leitorado, o acolitado, o ostiariado e o exorcistado.

Paulo VI, em 1972, com o seu Motu proprio *Ministeria quaedam*, decidiu rever essa prática. Estabeleceu que se suprimissem o subdiaconato, a tonsura e as "ordens menores", e que ficassem com a qualidade de "ministérios" para a Igreja universal – deixando às Conferências Episcopais o poder de pedir a instituição de outros – o do leitor e o do acólito, realacionados à Palavra e ao altar. Esses ministérios são para leigos, ou seja, não supõem a entrada no ministério ordenado, que se inicia com o diaconato. As funções dos ministérios, substitutos das ordens menores, passaram a ser conferidas por "instituição", em vez de "ordenação", que se reserva exclusivamente a bispo, presbítero e diácono.

Acólito. Exorcismo. Instituição. Leitor. Ministérios. Ostiário.

ordinário *(ordo)*

A "ordenação", além de ser a introdução sacramental de uma pessoa na ordem dos ministros eclesiais, é também a regulação de um rito. O *ordo*, ou "ordem" ou "rito", de uma celebração está contido no livro ou parte do livro que recebe o nome de "Ordinário": assim, no "Ordinário da Missa" encontramos o que é comum a todas as Missas, a parte fixa (o Glória, o Pai-nosso etc.), em oposição ao "Próprio da Missa" com as orações e antífonas variáveis de uma solenidade, de uma festa ou da memória de um Santo.

Em latim, os diversos livros utilizam esta expressão: Ordo Missae, Ordo Dedicationis, Ordo Baptismi, Ordo Confirmationis, Ordo Poenitantiae, Ordo Lectionum Missae etc.

Nas traduções em português chama-se "Introdução Geral" ou "Instrução Geral" às introduções, feitas de orientações teológicas e pastorais, de alguns livros litúrgicos que, em latim, se intitulam *Institutio Generalis*. Assim, chama-se "Introdução Geral ao Missal Romano", ou a "Instrução Geral sobre a Liturgia das Horas", com as suas siglas *IGMR* e *IGLH*. Também o *Ordo Lectionum Missae* se traduz como Ordenamento das Leituras da Missa" ou "Elenco das Leituras da Missa" (*ELM*).

Chama-se "Tempo Comum" – "Tempo ordinário, durante o ano" (*Tempus per annum*) – à sucessão de trinta e quatro semanas e domingos que não fazem parte dos tempos "fortes" e que constituem a trama da maior parte do ano cristão.

Outro sentido da palavra *Ordinário* é o referido ao bispo diocesano ou a quem, mesmo que interinamente, foi designado para governar uma diocese ou comunidade equivalente, e também aos que nela têm poder executivo ordinário, como os vigários-gerais ou episcopais. Também é Ordinário, para os seus súbditos, o superior de um instituto religioso clerical de direito pontifício. Quando se fala de "Ordinário do lugar" entende-se os antes referidos, exceto o Superior religioso (cf. *CDC* 134).

Comum. Próprio. Tempo.

ordines romani

Assim como os Sacramentários continham os textos eucológicos das celebrações litúrgicas, e os Lecionários as leituras, os *Ordines* transmitem-nos as rubricas, o ordenamento dos ritos das diversas celebrações, sobretudo sacramentais.

Foi M. Andrieu quem editou criticamente os cinquenta *Ordines* romanos conhecidos, material precioso para conhecer a evolução da celebração cristã, sobretudo nos séculos VI-X.

órgão, organista

O Concílio Vaticano II, embora tenha admitido no culto divino outros instrumentos aptos ou que possam adaptar-se ao uso sagrado e ajudem o povo cristão na sua celebração, manteve, no entanto, clara preferência pelo órgão: "Na Igreja latina tenha-se em grande estima o órgão de tubos, instrumento musical tradicional, cujo som é capaz de acrescentar um esplendor notável às cerimônias da Igreja e de elevar poderosamente os ânimos para Deus e para as realidades celestes" (SC 120).

O órgão é um instrumento musical de vento, com tubos de distintos calibres, linguetas, teclado e pedal. Existia já antes de Cristo, sobretudo no Egito, mas, então, era hidráulico: produzia o som por efeito da água nos tubos. O seu uso era, sobretudo, profano, para danças e festas, pelo que, durante muitos séculos, não foi admitido nas celebrações cristãs. No Oriente ortodoxo, ainda hoje não são admitidos nem este nem outros instrumentos musicais, só se aceitando a música do canto humano.

No Ocidente, pouco a pouco, desde o século VIII, foi-se utilizando o órgão de tubos, agora de vento (pneumático), até chegar a ser proclamado, no Concílio de Trento, no século XVI, como o instrumento mais apto para a liturgia. O Vaticano II, como vimos, confirma essa predileção.

Os instrumentos musicais, e sobretudo o órgão, "podem ser de grande utilidade nas celebrações sagradas, quer acompanhem o canto, quer intervenham sós" (MS 62). O organista realizará assim um nobre ministério ou serviço à comunidade celebrante, favorecendo com o seu som e a sua arte o clima de sintonia espiritual com o mistério celebrado e expressando ou apoiando o louvor ou a súplica que a comunidade dirige a Deus. Inclusive, quando o órgão silencia, como por exemplo na Quaresma e, sobretudo, no Tríduo Pascal, até o Glória da Vigília Pascal, o seu próprio silêncio constitui uma ajuda pedagógica para o clima de oração.

Antes, certamente, o organista tinha mais protagonismo. "O uso do órgão durante as celebrações litúrgicas limita-se hoje a algumas intervenções. No passado, o órgão substituía a participação ativa dos fiéis e encobria a assistência daqueles que 'eram espectadores mudos e inertes' da celebração" (n. 7 da Carta da Congregação para o Culto Divino sobre os concertos nas igrejas, de 1987). Mas também agora, além de acompanhar com o seu som o canto da comunidade ou do coro, pode muito bem preparar e prolongar a celebração com as suas intervenções, assim como no Ofertório ou na Comunhão, se não houver outros cânticos.

O *Ritual de bênçãos* (nn. 1163-1179) oferece ideias e textos para a bênção do órgão. Na sua oração diz-se: "apresentamo-vos este órgão para que o abençoeis e para que, com a sua ajuda, unamos harmonicamente as nossas vozes ao cantar os vossos louvores e ao apresentar-vos os nossos desejos".

Instrumentos. Música.

orientação

Chama-se "orientação", em arquitetura e na liturgia cristã, ao fato de construir as igrejas ou de orar em direção ao Leste, ao Oriente. Parece que, já no século II, em algumas regiões, se dava sentido simbólico a essa postura, vendo no Oriente a representação de Cristo como Sol que nasce. Não é estranho que assim fosse, pois os judeus já conheciam o costume de orar voltados para Jerusalém, postura que, mais tarde, também será adotada pelos muçulmanos, orientados para Meca. Em várias culturas e religiões, acontecia o mesmo com o olhar voltado para a saída do Sol, embora não se tenha muita informação sobre esse tema.

Discute-se, por exemplo, se a frase *conversi ad Dominum*, de Santo Agostinho, quando no final de alguns sermões convida a orar, voltados para o Senhor, signifique "voltados para o Oriente" ou simplesmente refira-se a uma atitude espiritual de súplica ao Senhor.

Em Roma, não parece que a construção das igrejas tenha sido muito influenciada por esse costume, contrariamente ao que sucedeu, mais tarde, na época franca. "Orientar" as igrejas às vezes supunha que todos, fiéis e sacerdote, estivessem na mesma direção, ficando, portanto, o sacerdote de costas para a comunidade. Outras vezes, era só o sacerdote quem ficava de frente para o Leste, e a comunidade de costas, e, nesses casos, o celebrante olhava, simultaneamente, para o Oriente e para a comunidade.

Hoje, não se dá importância a esse simbolismo, nem no momento da construção nem no momento de celebrar. Unicamente está determinado que se possa dar a volta ao altar e celebrar *versus populum*, de frente para o povo (cf. *IGMR* 299).

Houve um tempo em que esse gesto chegou a ter certo simbolismo expressivo, quando, na caminhada catecumenal, para realizar as renúncias e a

Profissão de Fé, se teatralizava pedagogicamente: a renúncia ao demônio era feita olhando-se para o Ocidente (direção do sol poente, lugar da escuridão) e a profissão de fé em Cristo, olhando-se para o Oriente (direção do sol nascente, lugar da origem da luz). Isso pode ser visto, por exemplo, em São Cirilo, na sua catequese mistagógica (I,9).

orientais (liturgias, ritos)

O cristianismo, cujo berço estava no Oriente, estendeu-se, nos primeiros séculos, em torno das grandes metrópoles, com organização patriarcal e grande influência centralizadora nas suas regiões, como Jerusalém, Antioquia, Alexandria do Egito, Bizâncio ou Constantinopla e Roma. Desde o século III, mas sobretudo a partir da liberdade de culto no século IV, quer no Oriente quer no Ocidente, foram-se configurando famílias ou ritos litúrgicos bastante diferentes, tanto nos textos e estruturas, como na sensibilidade teológica e espiritual, sempre com evidentes influxos políticos, geográficos e culturais, e também doutrinais, era o caso das heresias e das lutas pela ortodoxia, conforme aceitavam ou não, por exemplo, o concílio de Calcedônia.

As famílias litúrgicas *orientais*, embora diferentes entre si, apresentam algumas características comuns bastante denunciadas, se comparadas com as ocidentais, sendo a sua liturgia mais cheia de simbolismo, de sentido do mistério e de participação da comunidade. As línguas em que se celebram são muito variadas, segundo as regiões a que pertencem os vários ritos. As mais comuns são: o grego, as línguas eslavas, o siríaco, o árabe, o armênio e o copta.

As principais famílias litúrgicas do Oriente são a antioquena e a alexandrina.

O grupo *antioqueno* é formado pelo rito:

- siro-ocidental, chamado também jacobita, sob a influência de Jerusalém e de Antioquia; foi organizado sobretudo por Severo de Antioquia; a sua anáfora mais conhecida é a de São Tiago; é riquíssimo em hinos e orações;

- siro-oriental, na esfera de influência de Edessa, que se estende pela Mesopotâmia e Pérsia (Iraque e Irã); é, talvez, o rito que sofreu menos influências ocidentais e latinas e que se conserva numa forma mais arcaica e sóbria, como a famosa anáfora de Addai e Mari; os que se uniram a Roma são chamados caldeus;

- siro-malabar, que se estende pela Índia, é muito próximo do si-ro-oriental; o malankar; o maronita, que é o dos unidos a Roma, no Líbano; o armênio; o nestoriano, caracterizado pelos textos de Teodoro de Mopsuéstia e Nestório;

- bizantino ou constantinopolitano, o mais espalhado pelas Igrejas albanesa, bielorussa, búlgara, grega, greco-melquita, ítalo-albane-sa, romena, russa, rutena, eslovaca, ucraniana e húngara.

O grupo *alexandrino* é formado pelo rito copta, que se estende por Alexandria e baixo Egito e usa, por exemplo, as anáforas de São Marcos e de São Basílio; e o etíope, que são monofisistas, no restante do Egito.

Ocidentais (liturgias).

ornamentos

O que antes se chamava "ornamentos", referindo-se às vestes litúrgicas dos ministros, chama-se agora muito mais apropriadamente "vestes sagradas". Assim as denominou o Concílio (cf. *SC* 128: *indumentorum*), embora o Código de Direito Canônico continue a usar o nome antigo (cf. *CDC* 929: *ornamenta*). "Ornamento" e "ornato" reservam-se para os elementos que adornam o presbitério ou o altar (cf. *IGMR* 288.304).

Vestes.

ostensório

Chama-se "ostensório" ao recipiente ou custódia em que se expõem umas relíquias ou um fragmento da cruz ou, sobretudo, o Santíssimo, nas celebrações de culto eucarístico e nas procissões. O nome lhe vem do verbo latino *ostendere* (mostrar). Pode ter formas variadas, desde a de cruz até a circular, como um Sol com raios em cujo centro é colocado o Pão eucarístico para exposição.

Custódia. Exposição.

ostiário

Do latim *ostium* (porta), é equivalente a "porteiro". É um dos ministérios mais antigos nas assembleias litúrgicas: o de atender à porta do lugar da celebração, com o que isso supõe de acolhimento e também de manutenção da ordem na assembleia, procurando, por exemplo, que não entrem pessoas pagãs na reunião, ou que os catecúmenos abandonem a sala depois da liturgia da Palavra.

O ostiário era uma das quatro ordens menores. Além da oração e bênção própria, o bispo fazia o gesto de lhe confiar as chaves da igreja, que, a partir daí, levava a servir aquele que recebia essa ordem menor. Agora, a partir do *Ministeria quaedam*, de Paulo VI (1972), ficou suprimido o ostiariado, a não ser que algum episcopado prefira que, em vez de ser um ministério ocasional, seja mais estável e pense em "instituir" de novo ostiários ou equivalentes.

Acolhida. Ordens menores.

P

padrinhos

Na celebração dos sacramentos, às vezes são os pais que têm o protagonismo, quando os que acedem a eles são crianças de tenra idade. Assim, na celebração do Batismo de uma criança, o diálogo inicial interpela os pais sobre as disposições e o seu compromisso de ajudar o seu filho a viver como cristão.

Mas, ao lado dos pais, também os padrinhos exercem um protagonismo de testemunho e de ajuda. A palavra vem do latim *patrinus* (aquele que, sem ser pai, exerce certa função paterna). Desde os primeiros séculos, aparecem esses padrinhos: por exemplo, Tertuliano fala do *sponsor* ou garante (como o *sponsor* atual de um grupo desportivo, no aspecto econômico). Essa pessoa, homem ou mulher, apresenta à comunidade o aspirante à iniciação cristã e promete que ajudará os pais ou a própria pessoa batizada na sua caminhada de fé. No século III, é Hipólito quem fala de tal ministério, ao descrever o caminho catecumenal na sua *Traditio Apostólica*, n. 15.

Atualmente, o papel dos padrinhos continua a ser valorizado. "Dê-se quanto possível ao batizando um padrinho, cuja missão é assistir na iniciação cristã ao adulto batizando, e, conjuntamente com os pais, apresentar ao Batismo a criança a batizar e esforçar-se por que o batizado viva uma vida cristã consentânea com o Batismo e cumpra fielmente as obrigações que lhe são inerentes" (*CDC* 872). Os padrinhos, no Batismo das crianças, respondem às perguntas dirigidas a eles, no início da celebração e, a seguir, professam a fé eclesial, junto com os pais.

O padrinho ou madrinha deve ter a maturidade necessária para essa função, e tem de ter recebido os três sacramentos da iniciação (Batismo, Confirmação e Eucaristia) (cf. *CDC* 874), e ser escolhido não tanto por motivos sociais ou familiares, mas por um desejo sincero de assegurar aos seus filhos uns padrinhos que, pela sua idade, proximidade, formação e vida cristãs, sejam capazes de influenciar, no seu dia a dia, eficazmente na educação cristã daqueles. Talvez seja melhor prescindir do padrinho a escolher um para mero cumprimento ou sem as qualidades requeridas.

Também no caso do Batismo de adultos, o seu Ritual descreve as qualidades do padrinho (cf. *RICA* 42-43). Na Confirmação, segundo o costume, "cada confirmando é habitualmente assistido por um padrinho que o conduzirá para receber o sacramento e o apresentará ao ministro da Confirmação e para a sagrada unção, assim como o ajudará a cumprir fielmente, segundo o Espírito Santo que recebeu, as promessas feitas no Batismo" (*Ritual* 5). O ideal é que o padrinho do Batismo seja também o mesmo da Confirmação, para manifestar uma união dinâmica entre esses dois sacramentos. Pode ser também outra pessoa, e inclusive podem ser os próprios pais que apresentem o seu filho a esse sacramento: neste caso não se chamarão padrinhos, evidentemente.

Pai-nosso

A "Oração do Senhor", o Pai-nosso, que o próprio Jesus ensinou aos seus discípulos (cf. Mt 6,9-13 e Lc 11,2-4), é uma oração que tem particular destaque não só na oração pessoal, como também na oração litúrgica: "a Oração Dominical ou Pai-nosso, que, pelo seu imenso valor, está na base da oração cristã e a nobilita nas suas diversas expressões" (Paulo VI, *Marialis cultus*, 49, falando da recitação do rosário). Tertuliano chamou a esta oração *breviarium totius Evangelii* (resumo de todo o Evangelho) (*De oratione*, 1,6).

A Igreja conservou e rezou, desde sempre, com venerável apreço, essa oração. A *Didaquê*, dos finais do século I, afirmava que os cristãos a rezavam três vezes ao dia (VIII, 2-3). Na caminhada catecumenal, um dos momentos mais pedagógicos era o ensino do Pai-nosso aos que se preparavam para o Batismo. No terceiro escrutínio da quarta semana (*Ordo Romanus* XI, 69-71), explicava-se-lhes e "entregava-se" essa oração (*traditio orationis dominicae* [entrega da oração dominical]).

Na celebração da Eucaristia, reza-se esta oração, pelo menos desde o século IV: a quinta catequese mistagógica de São Cirilo de Jerusalém oferece uma detalhada explicação dela, precisamente no momento da preparação da Comunhão (*Cat. Mist.* V, 11-18).

Os motivos dessa inclusão na Eucaristia podem ser vários. Antes do momento em que a comunidade se dispõe a participar na mesa comum é convidada a dizer a oração da família dos filhos de Deus. E, para preparar a comunidade para a Comunhão, nada melhor que uma atitude de mútuo perdão fraterno: "perdoai-nos como nós perdoamos".

Além disso, nessa oração, "pede-se o pão de cada dia, que para os cristãos evoca principalmente o Pão eucarístico; igualmente se pede a purificação dos pecados, de modo que efetivamente 'as coisas santas sejam dadas aos Santos'" (*IGMR* 81). Portanto, os motivos seriam a alusão ao Pão eucarístico, o tom penitencial pedindo o perdão e a dimensão fraterna, oferecendo o perdão aos outros, que o gesto da Paz tornará mais explícito.

No Missal atual a estrutura da oração do Pai-nosso é a seguinte:

- o presidente convida a orar ("Fiéis aos ensinamentos do Salvador…" ou outra das monições que agora o Missal oferece);

- todos rezam a seguir o Pai-nosso;

- o presidente diz o embolismo ou glosa ("Livrai-nos de todo o mal, Senhor…"), ampliando a última das petições;

- e, por fim, a comunidade aclama com a doxologia ("Vosso é o reino e o poder…"), que pode ter sido muito bem parte do Pai-nosso nas primeiras gerações, como aparece na *Didaquê*.

Na Liturgia das Horas, o Pai-nosso tem um lugar ainda mais importante. "Em Laudes e Vésperas, [...], a seguir às preces, de acordo com uma venerável tradição, recita-se, pela sua especial dignidade, a Oração Dominical" (*IGLH* 194); "foi restabelecida a Oração Dominical"; "deste modo, tendo em conta a oração que dela se faz na Missa, fica restabelecido na nossa época o uso da Igreja antiga de recitar esta oração três vezes ao dia" (Paulo VI, *Laudis Canticum* 8; cf. *IGLH* 194-196). O Pai-nosso é o culminar destas duas horas, unindo-se a comunidade, depois dos hinos, salmos e cânticos, à oração do próprio Cristo: por isso, é o momento mais propício para ser cantada.

Outras celebrações, em que a recitação do Pai-nosso é especialmente significativa, são:

- no *Ritual da iniciação cristã de adultos* (*RICA*): a "entrega" do Pai-nosso, no processo catecumenal (n. 188-192: motivação e textos);

- no Batismo de crianças, a oração do Pai-nosso é o termo lógico da liturgia do Batismo. A criança, que se tornou filha de Deus pelo

Batismo, chama de Pai a Deus pela voz dos seus pais e padrinhos, com as mesmas palavras de Jesus. Como membro da família dos filhos de Deus, reza a oração com a qual a família saúda o mesmo Pai. Além disso, esse Pai-nosso, no final do rito do Batismo, quer de alguma maneira prefigurar a futura participação na Eucaristia (cf. a monição do Ritual: *RBC* 90; 162);

- na celebração sacramental da Penitência, o Pai-nosso tem um sentido preferente, porque também inclui a petição de perdão: nas celebrações comunitárias, antes das confissões, "diz-se a Oração Dominical, que nunca se há de omitir" (*RP* 27). O mesmo nas celebrações penitenciais não sacramentais (cf. *RP* 36);

- nas Assembleias dominicais sem presbítero: depois da celebração da Palavra, e antes da Comunhão, todos recitam ou cantam o Pai--nosso.

Paixão (domingo da)

"O sexto domingo da Quaresma, que inicia a Semana Santa, denomina-se 'Domingo de Ramos na Paixão do Senhor'" (*NG* 30).

Esse domingo caracteriza-se pela comemoração da entrada do Senhor em Jerusalém e a solene proclamação da Paixão.

Na procissão de entrada sublinha-se que já chegou "a hora" em que Jesus, como Messias e Servo, entra em Jerusalém e realiza a sua entrega pascal para salvar a humanidade. A comunidade cristã, com cânticos ao Messias e agitando palmas, professa a sua fé, em que a cruz e a morte de Cristo são definitivamente uma vitória. A cor vermelha dos paramentos desse dia aponta para a morte do Mártir e para a sua Vitória. Une-se, portanto, a entrada de Jesus com a sua morte e ressurreição.

Sabemos, pela peregrina Etéria, que já em fins do século IV, em Jerusalém, se comemorava com uma procissão, a partir do Monte das Oliveiras, a entrada triunfal de Jesus na cidade. Dali, esse costume passou ao Oriente, à Gália e à Península Ibérica, mas só chegou a Roma por volta do século IX, onde incluía o hino característico *Gloria Laus*, de Teodulfo de Orleans.

Atualmente, segundo o Missal, há *três formas* para realizar essa entrada: uma procissão em torno da igreja, com todo o povo, a partir do lugar onde se benzem os ramos; entrada solene para o presbitério, com início à porta da igreja; e entrada simples, com destaque para o cântico de entrada.

A proclamação do *Evangelho da Paixão* – a outra grande característica desse domingo – faz-se, desde a última reforma, com a seguinte distribuição: no Domingo de Ramos ou da Paixão proclama-se, em cada ano, o relato segundo o "evangelista do ano" (ano A, Mateus; ano B, Marcos; ano C, Lucas) e, na Sexta-feira Santa, o Evangelho de João. Desde muito cedo, adotou-se o costume da proclamação desse Evangelho da Paixão do Senhor – momento enternecedor para a fé do povo cristão nesses dias – feita com três leitores distintos: um representa Jesus, outro atua como cronista e o terceiro personifica todos os outros interlocutores da Paixão.

Antes da última reforma do calendário (1969), as últimas duas semanas da Quaresma chamavam-se "Tempo da Paixão", e chamava-se "Domingo da Paixão" ao quinto domingo da Quaresma, designação dada agora ao Domingo de Ramos. A reforma preferiu, seguindo o costume de séculos mais remotos, suprimir esse tempo, dando assim maior unidade interna a toda a Quaresma.

Semana Santa.

pala

Do latim *palla* (manto, banda) ou *pallium* (coberta), é um pedaço de tecido endurecido (engomado), de forma quadrada ou redonda. A pala de forma quadrada serve, a partir do Ofertório, para cobrir o cálice que contém a água e o vinho para a consagração; a de forma redonda serve para cobrir a patena, por cima da hóstia do celebrante, para evitar o roçar do pano que cobria o cálice, e que se retirava da patena ao começar o Ofertório.

Palavra de Deus

A Palavra de Deus é vital para a comunidade cristã: "a Igreja cresce e se constrói ao escutar a Palavra de Deus" (*ELM* 7). Por isso, "a Igreja venerou sempre as Sagradas Escrituras, como venera o próprio Corpo do Senhor, não deixando, sobretudo, na Sagrada Liturgia, de tomar e distribuir aos fiéis o Pão da vida, tanto da mesa da Palavra de Deus como do Corpo de Cristo" (*DV* 21).

No Concílio, os documentos sobre a revelação (*DV*), sobre a Igreja (*LG*) e a liturgia (*SC*) foram os que mais sublinharam essa renovada estima pela

Palavra. No magistério posterior destacam-se, nesse sentido, a Exortação Apostólica *Evangelii Nuntiandi* (*A evangelização no mundo contemporâneo*), de Paulo VI (1975), a Exortação Apostólica *Catechesi Tradendae* (*A catequese do nosso tempo*), de João Paulo II (1979) e, do mesmo Papa, a Encíclica *Redemptoris missio* (*A missão do Redentor*), em 1990. Confiram-se também as páginas que João Paulo II dedica à Palavra de Deus, nas suas Cartas *Vicesimus quintus annus*, de 1988, n. 8, e *Dominicæ Coenae*, de 1980, n.10.[63]

O apreço e a celebração da Palavra de Deus eram já um *valor herdado dos judeus*: desde as grandes assembleias do AT para a escuta da Palavra (Ex 19,-24 Ne 8-9) e a estrutura da celebração no culto sinagogal, centrado nas leituras bíblicas e na oração dos salmos. Foi fácil, então, a passagem para a celebração cristã, com a consciência de que Deus, que tinha falado ao seu povo pela boca dos profetas, agora nos dirigiu a Palavra por meio de seu Filho (cf. Hb 1,1-2), a Palavra feita pessoa (Jo 1,14).

Os primeiros testemunhos (cf. At 20, Lc 24 e depois Justino, pelo ano 150, na sua *Apologia* I,65-67) dão conta de que a comunidade cristã organizou a sua celebração com as duas partes integradas: *a palavra e o sacramento*. A compreensão da sua íntima relação tornou-se agora mais clara: "tão intimamente unidas entre si que constituem um só ato de culto. De fato, na Missa se prepara tanto a mesa da Palavra de Deus como a do Corpo de Cristo, para ensinar e alimentar os fiéis" (*IGMR* 28; *SC* 56).

A comunidade cristã, antes de tudo, *escuta* essa Palavra de Deus, deixando-se evangelizar por ela. A seguir, *prega-a* à humanidade, dando testemunho dela, por todos os meios de comunicação. A comunidade, evangelizada, converte-se em evangelizadora. De crente, em testemunho missionário.

No meio desse processo, a comunidade cristã *celebra* essa Palavra na sua liturgia, deixando-se iluminar e alimentar continuamente por ela. Para essa celebração litúrgica, o Concílio determinou que "nas celebrações sagradas seja mais abundante, mais variada e mais adequada a leitura da Sagrada Escritura" (*SC* 35). E "para que a mesa da Palavra de Deus seja preparada para os fiéis com maior abundância, abram-se mais largamente os tesouros da Bíblia, de modo que, dentro de um determinado número de anos, sejam lidas ao povo as partes mais importantes da Sagrada Escritura" (*SC* 51).

---

63   N.E.: Acrescentar à lista: Bento XVI. *Exortação apostólica pós-sinodal* Verbum Domini. Sobre a Palavra de Deus na vida e na missão da Igreja. São Paulo: Paulinas, 2010.

Ultimamente, na consciência eclesial foi amadurecendo uma convicção: a de que *Jesus Cristo, Palavra vivente* do Pai à humanidade, está presente na proclamação da Palavra na liturgia. Cristo "está presente na sua Palavra, pois, quando na Igreja se lê a Sagrada Escritura, é ele quem fala" (*SC* 7; *IGMR* 29), e os fiéis "reconhecem e confessam que é Cristo presente no meio deles quem lhes fala" (*IGMR* 60), porque "é uma só a presença de Cristo, quer na Palavra de Deus [...] quer 'principalmente, sob as espécies eucarísticas'" (*ELM* 46). Quando a comunidade escuta o Evangelho, que é o momento culminante da celebração da Palavra viva de Deus, multiplicam-se os sinais de respeito: os fiéis "escutam a leitura de pé" (*IGMR* 60).

O documento que melhor exprime as riquezas da Palavra na celebração e os critérios com que se dispôs a sua distribuição, nas diversas celebrações ao longo do ano, é a Introdução ao *Elenco das Leituras da Missa* (*ELM*), de 1981. À proclamação da Palavra responde a comunidade cristã com uma audição cheia de fé, para se deixar interpelar pelo Deus que fala e traduzir o que escutou na realidade da vida. A obediência à Palavra é, no fundo, "aderir ao próprio Verbo de Deus encarnado em Cristo" (*ELM* 6). Também ela, a comunidade, dirige então a sua "palavra" de louvor ou de súplica ao Deus que lhe dirigiu a sua Palavra. Conforme ensina o *Catecismo da Igreja Católica* (nn. 1099-1102), tanto a eficácia da Palavra descendente como a da palavra ascendente, da comunidade a Deus, atribui-se claramente à ação do Espírito Santo.

A Palavra de Deus ocupa também um lugar importante na celebração da *Liturgia* das Horas, com as leituras breves de Laudes, Vésperas e horas menores, e a leitura bíblica mais prolongada no Ofício de Leitura. A distribuição dessas leituras bíblicas está pensada para o maior proveito espiritual dos que celebram essa oração eclesial (cf. *IGLH* 140-158).

Em outras celebrações tem ainda destaque e sentido a leitura da Palavra: em todos os sacramentos (também na celebração da Penitência, tanto comunitária como pessoal), nas bênçãos (que agora seguem sempre uma leitura bíblica), nas celebrações da Palavra etc.[64]

Lecionário. Leitura breve. Leitura contínua. Ofício de Leitura.

---

64 N.E.: Para aprofundar: *A mesa da Palavra I. Elenco das leituras da Missa*. (Comentário de J. Aldazábal.) São Paulo: Paulinas, 2007; Lopes, Geraldo. *Dei Verbum*. Texto e comentário. São Paulo: Paulinas, 2012; Castellano, Jesus. *Liturgia e vida espiritual*. São Paulo: Paulinas, 2008. p. 283-313.

pálio

O pálio é uma insígnia que atualmente é colocada ao redor do pescoço por todos os arcebispos, nas celebrações mais solenes. É uma tira de lã branca, com seis cruzes negras, imposta sobre os ombros, deixando duas faixas pendentes sobre o peito e uma sobre as costas. No Império Romano, era um distintivo para aqueles que o imperador queria honrar; passou, depois, a honrar o papa e os bispos a quem este o concede. Hoje, impõe-se aos arcebispos, como "sinal da autoridade metropolitana e símbolo de unidade e estímulo de fortaleza" (*CB* 1154). No Oriente, há uma insígnia análoga, o *omophorion*, mais adornado, mas que é usado por todos os bispos. Além disso, desde há séculos, existe o costume de enviar de Roma o pálio aos patriarcas e metropolitas orientais católicos.

No *Cerimonial dos bispos*, esse rito de imposição do pálio está descrito como um dos gestos rituais da ordenação episcopal, que tem lugar após a entrega do anel e antes da imposição da mitra (cf. *CB* 1149-1155).

Também se dá o nome de pálio ao baldaquino (dossel móvel) sustentado por seis varas, e que é usado nas procissões do Santíssimo Sacramento.

Baldaquino.

palmatória

Chama-se "palmatória" a uma candeia ou castiçal portátil, em forma de prato, com uma pequena asa e suporte para uma vela. Caída em desuso, antigamente era usada para alumiar o Missal durante a Missa ou no momento de dar a Comunhão.

pão

"Seguindo o exemplo de Cristo, a Igreja utilizou sempre o pão e vinho com água para celebrar o banquete do Senhor." "A verdade do sinal exige que a matéria da celebração eucarística pareça realmente um alimento" (*IGMR* 319.321).

O pão – fabricado à base de trigo, de arroz, de milho ou de outras substâncias parecidas – é o alimento básico da humanidade. Satisfaz a fome, dá fortaleza e pode ser tomado como símbolo da própria vida. É, como diz a oração de apresentação no Ofertório, "fruto da terra e do trabalho do homem". Ao mesmo tempo em que é dom de Deus, "os sinais do pão e do vinho continuam a significar também a bondade da criação" (*CIC* 1333). "Ter pão para a família", ou "ganhar o pão com o suor do rosto" são símbolos de todo um tecido de valores para o sustento e desenvolvimento humanos.

Não é de estranhar que, tanto na Bíblia como no uso humano, apareça como símbolo de outros alimentos para a humanidade: "não só de pão vive o homem". Sobretudo, para os cristãos, o pão é um dos melhores símbolos para entender Jesus Cristo: "Eu sou o pão da vida" (Jo 6). E foi ele quem na Última Ceia estabeleceu o pão como sinal sacramental da sua doação eucarística aos seus. À Eucaristia, no primeiro século, chamou-se "Fração do Pão".

O pão da Eucaristia deve ser de trigo, e para a Igreja ocidental, ázimo, sem fermento (cf. *IGMR* 320). Mas, sobretudo, diz-se no Missal, que deve aparecer como alimento: o sinal de um sacramento deve ajudar expressivamente a entender o mistério que se celebra, que neste caso é que o próprio Cristo se quis fazer alimento sobrenatural para os seus crentes.

Desde Pio XII (cf. *Mediator Dei*, 1947), recorda-se que se consagre pão novo em cada Missa, "para que a Comunhão se manifeste, de forma mais clara, nos própios sinais, como participação no sacrifício que nesta se celebrará" (*IGMR* 85; cf. *EM* 31).

Ázimo. Comer. Fração do Pão.

paraliturgia

Chamava-se "paraliturgia" a uma celebração paralela à liturgia: uma celebração piedosa que não pertence propriamente ao que a Igreja chama liturgia (sacramentos, Liturgia das Horas, sacramentais etc.), mas que se lhe assemelha na sua estrutura e textos. Durante alguns anos, deu-se esse nome ao que hoje se prefere chamar "atos de piedade" (cf. *SC* 13): a via-sacra, o rosário e outros.

paróquia

Esta palavra vem do grego *par-oikía* (vizinhança), que, por sua vez, é formada de *para* (próximo) e *oikía* (casa). *Paroikos* é quem vive próximo e frequenta uma casa. Podendo também referir-se àquele que, embora não sendo de determinada cidade, foi viver nela e se tornou vizinho. É isso o que diz a Carta aos Hebreus acerca de Abraão, que "pela fé emigrou (em grego, *parókesen*) para a terra da Promessa, como terra estranha, habitando (em grego, *katoikésas*) em tendas de campanha" (Hb 11,9). Aos cristãos em geral, Paulo diz: "já não sois estrangeiros (em grego, *xenoi*) nem imigrantes (*pároikoi*), mas sois concidadãos dos Santos e membros da casa de Deus (*oikeioi tou theou*)" (Ef 2,19). Os cristãos são, ao mesmo tempo, cidadãos de uma Igreja local e peregrinos para a Igreja definitiva, porque "a cidade a que pertencemos está nos céus" (Fl 3,20).

Chamamos "paróquia" tanto ao edifício como à comunidade. Paróquia é "uma certa comunidade de fiéis, constituída estavelmente na Igreja particular, cuja cura pastoral, sob a autoridade do bispo diocesano, está confiada ao pároco, como seu pastor próprio", o qual a exerce cumprindo "o múnus de ensinar, santificar e governar, com a cooperação ainda de outros sacerdotes ou diáconos e com a ajuda de fiéis leigos" (*CDC* 515.519).

Como diz o *Catecismo*, "a paróquia é a comunidade eucarística e o coração da vida litúrgica das famílias cristãs; é o lugar privilegiado para a catequese dos filhos e dos pais" (*CIC* 2226; cf. também 2179). Além do espaço mais adequado para a celebração dos sacramentos (uma paróquia distingue-se pela pia batismal, por exemplo) é também o espaço para todo o tipo de reuniões catequéticas, formativas e comunitárias dos cristãos.

Normalmente, a paróquia é "territorial", isto é, compreende todos os fiéis de um determinado território. Mas onde convier, constituem-se paróquias "pessoais", em razão do rito, da língua ou da nacionalidade dos fiéis de um território, ou por outras razões (cf. *CDC* 518).

participação

Vem do latim *partem* e *capere* (tomar parte). Corresponde ao grego *koinonia*, *methexis* (comunhão). Pode aplicar-se em muitos casos: participar numa festa, num trabalho, num acontecimento. No sentido teológico, Cristo quis participar na nossa natureza humana e nós somos convidados, no plano da salvação de Deus, a participar da sua natureza divina.

Em liturgia, é uma das palavras mais repetidas na reforma pós-conciliar do Vaticano II: "Muito deseja a Mãe Igreja que todos os fiéis sejam formados para aquela consciente e animada participação nas celebrações litúrgicas que a própria natureza da liturgia exige e é para o povo cristão, […] um direito e um dever em virtude do Batismo. Ao reformar e promover a sagrada liturgia deve dar-se a maior atenção à plena e animada participação de todo o povo, pois é ela a primeira e necessária fonte onde os fiéis hão de ir beber o espírito verdadeiramente cristão; e, por essa razão, os pastores de almas devem procurá-la com o máximo empenho, em toda a sua atuação pastoral, através de uma formação adequada" (*SC* 14).

Neste número realmente programático, o Concílio mostrou a necessidade de recuperar a participação ativa do povo na celebração litúrgica, que, durante séculos, se tinha empobrecido até afastá-lo da compreensão e da vivência da ação sagrada. Em 1925, queixava-se Pio XI, e repete-o o Concílio, de que muitos cristãos estão na celebração "como estranhos e mudos espectadores" (*SC* 48).

Aduzem-se aqui dois *argumentos básicos* dessa prioridade: a) a própria natureza da liturgia, que é participação eclesial no mistério salvador de Cristo; b) a identidade do povo cristão, que, pelo seu sacerdócio comum, recebido no Batismo, se associa ao sacerdócio de Cristo e deve, portanto, tomar parte na ação sagrada. Esta é a razão e o critério fundamental de toda a reforma ulterior, como o tinha sido do Movimento Litúrgico anterior ao Concílio, e o tinha urgido São Pio X com a expressão "participação ativa", e concretizado Pio XII na sua *Mediator Dei*, de 1947: favorecer a participação ativa e plena da comunidade cristã no mistério celebrado. E a perspectiva final é que uma liturgia participada assim levará ao que é a finalidade última de tudo: a vivência existencial do mistério cristão na vida dos fiéis.

Nos diversos documentos da *reforma* insiste-se nesta perspectiva: os fiéis "participem ativamente na Missa pela adesão interior do espírito e pela execução exterior dos ritos" (*EM* 12), e "levando em conta a natureza e as circunstâncias de cada assembleia litúrgica, toda a celebração for disposta de tal modo que leve os fiéis à participação consciente, ativa e plena do corpo e do espírito, animada pelo fervor da fé, da esperança e da caridade. Esta é a participação ardentemente desejada pela Igreja e exigida pela própria natureza da celebração; ela constitui um direito e um dever do povo cristão em virtude do seu Batismo" (*IGMR* 18), porque "na celebração da Missa os fiéis constituem o povo santo, o povo adquirido e o sacerdócio régio, para dar graças a Deus e oferecer o sacrifício, não apenas pelas mãos do sacerdote, mas também juntamente com ele, e aprender a oferecer-se a si próprios" (*IGMR* 95).

Os adjetivos e os advérbios sucedem-se já no documento conciliar, matizando essa participação da comunidade: "consciente, animada e frutuosamente" (*SC* 11), "plena e animada participação" (*SC* 14), "interna e externa" (*SC* 19), "plena, animada e comunitária" (*SC* 21), "participem na ação sagrada consciente, piedosa e animadamente" (*SC* 48), "torne-se mais fácil a piedosa e animada participação dos fiéis" (*SC* 50), "consciente, animada e fácil participação dos fiéis" (*SC* 79).

Páscoa

É a festa mais importante dos judeus e tem raízes muito antigas e complexas, provenientes das suas festas já dos tempos de Canaã e dos patriarcas, como a imolação dos cordeiros na primavera, rito próprio dos pastores nômades, e a festa dos pães ázimos, rito mais próprio dos povos agrícolas, sedentários. Ambos os ritos servem para oferecer a Deus as primícias dos rebanhos e das colheitas. Mas, desde cedo, Israel uniu a recordação da libertação e saída do Egito e a aliança no Monte Sinai a essas festas cósmicas. A festa natural converteu-se em "memorial" da salvação operada por Deus em favor do seu povo. A Páscoa enriqueceu-se assim de conteúdo. Os textos de Ex 12 e Dt 16 já supõem a fusão de todos os elementos, naturais e salvíficos, dando lugar à grande festa judaica, que nos séculos anteriores a Cristo acentuou cada vez mais o seu caráter escatológico e messiânico.

A palavra "Páscoa" vem do hebraico *pesah*, que parece significar "coxear, saltar, passar por cima", talvez aludindo a algum "salto" ritual e festivo. Mas bem rápido passou a referir-se ao fato de que Javé "passou ao largo" pelas portas dos israelitas, no último castigo infligido aos egípcios e, mais tarde, à passagem do Mar Vermelho, no trânsito da escravidão para a liberdade. A *Vulgata* traduziu essa passagem por *transitus Domini*.[65] No aramaico, a palavra é *pas.ha*, que deu origem ao grego *pascha*. Outra interpretação propagada durante séculos foi a de "Páscoa-Paixão", de "padecer"; em grego, *paschein*.

A Páscoa, no NT, é uma categoria fundamental para entender a obra salvadora de Cristo e da Eucaristia. Como diz João (Jo 13,1), "antes da festa da Páscoa, Jesus, sabendo bem que tinha chegado a sua hora da passagem deste mundo para o Pai...": portanto, agora é o êxodo, o salto, a passagem de Cristo

---

65 Nome que, desde o séc. XVI é dado à tradução latina da Bíblia. A primeira tradução para o latim é da autoria de São Jerônimo, que nela trabalhou de 382 a 406. Por determinação do Concílio de Trento (séc. XVI) procedeu-se à revisão dessa tradução que se prolongou até o Pontificado de Clemente VIII (1592-1605), passando a chamar-se Bíblia Clementina. Depois do Concílio Vaticano II, Paulo VI promoveu uma última revisão.

para o Pai na sua hora crucial de morte e ressurreição, o que dá sentido novo e pleno à Páscoa judaica. Na morte e ressurreição, em que Cristo é o verdadeiro Cordeiro pascal, ele ofereceu o sacrifício definitivo e conseguiu a Nova Aliança, a reconciliação de Deus com a humanidade, e deu origem ao novo povo da Igreja. São Paulo dá a entender claramente que a Páscoa tem agora um sentido novo para os cristãos: Cristo nossa Páscoa foi quem se imolou (cf. 1Cor 5,7-8).

E assim como os judeus, cada ano, fazem o memorial da sua Páscoa-Êxodo, sobretudo na ceia pascal, também os cristãos recebem o encargo de celebrar – com um ritmo mais frequente – o memorial da Páscoa de Cristo, que é a Eucaristia. Fosse ou não fosse pascal – no seu sentido histórico judaico – a ceia de despedida de Jesus, o que é certo é que a comunidade cristã entendeu que ele dava novo e definitivo sentido pascal à sua morte e, portanto, também à celebração da Eucaristia.

Parece que, em meados do século II, a comunidade cristã, além do domingo semanal, celebrava cada ano a *Festa da Páscoa*, como centro de toda a sua memória de Cristo, mas com a diferença de que, enquanto na Ásia Menor e no Oriente, a celebravam sempre em 14 de Nisã, em Roma e no Ocidente tinha-se estabelecido o domingo seguinte a essa data, dando prioridade à tradição dominical, em vez da data celebrada pelos judeus. Os orientais, apelando à tradição do Apóstolo João, sublinham mais a Paixão e Morte de Cristo, enquanto os ocidentais, apelando ao Apóstolo Pedro, celebram mais a Ressurreição. As controvérsias durarão muito tempo, primeiro com o Papa Aniceto e o Bispo Policarpo e, a seguir, com o Papa Vítor. O Concílio de Niceia, em 325, estabeleceu para todos a norma romana: a Páscoa celebrar-se-á no domingo seguinte à lua cheia, depois do equinócio da primavera, data que pode cair entre 22 de março e 25 de abril. Mas, como sucedeu que, no século XVI, os orientais não aceitaram a reforma "gregoriana" do calendário, continua ainda a haver uma diferença na data da Páscoa entre as duas Igrejas.

Pio XII empreendeu, em 1951, *a reforma* da celebração da Páscoa, que tinha chegado a um grau muito pobre de expressividade e participação. Por exemplo, a Vigília celebrava-se às primeiras horas de sábado, e ele passou-a para a noite de sábado para domingo.

Agora, no calendário renovado, a Páscoa ocupa o lugar central de todo o ano: "Em cada semana, no dia a que foi dado o nome de 'domingo' comemora a Ressurreição do Senhor, que é celebrada também em cada ano, juntamente com a sua bem-aventurada Paixão, na grande solenidade da Páscoa"

(*NG* 1). "O sagrado Tríduo da Paixão e Ressurreição do Senhor é o ponto culminante de todo o ano litúrgico" (*NG* 18; cf. *SC* 5.106). "É a Festa das festas", a "Solenidade das solenidades". "O Mistério da Ressurreição, em que Cristo aniquilou a morte, penetra no nosso velho tempo com a sua poderosa energia, até que tudo lhe seja submetido" (*CIC* 1169). A festa prolonga-se, antes de tudo, numa oitava solene, que termina no Domingo *in albis*, e, depois, em outras seis semanas, até completar o número de cinquenta, com a festa de Pentecostes.[66]

Tempo Pascal. Tríduo Pascal. Vigília Pascal.

patena

É uma pequena bandeja ou um pratinho pouco profundo, ligeiramente côncavo, normalmente dourado, onde se deposita o pão consagrado da Eucaristia. Nos primeiros séculos era mais profundo e amplo, por causa do número de comungantes e da qualidade do pão, que não era tão estilizado.

"O cálice e a patena, em que se oferecem, consagram e consomem o pão e o vinho, tornam-se 'vasos sagrados' por se destinarem exclusivamente à celebração da Eucaristia" (*Ritual da dedicação da igreja e do altar*, VII, 1). Por isso, recebem uma bênção especial, que se costuma fazer dentro da Missa. Os textos dessa bênção estão contidos no *Ritual de bênçãos* (Apêndice II, pp. 510-517). A melhor bênção para a patena é que contenha o Corpo de Cristo pela primeira vez. Por isso, na oração se pede a Deus que: "o Corpo e o Sangue do vosso Filho, que neles são oferecidos e consumidos, os tornem santos" (*Ritual de bênçãos* 102).

Na ordenação dos presbíteros, um dos gestos complementares é a entrega da patena com pão destinado à Eucaristia, como sinal do mistério que lhe competirá realizar. A patena costumava ser coberta por uma pala de tecido engomado, de forma circular.

Paz (gesto da)

O gesto da Paz é o segundo elemento de preparação para a Comunhão, depois do Pai-nosso. É um gesto simbólico "no qual a Igreja implora a paz e

---

66   N.E.: Para aprofundar: Augé, Matias. *O ano litúrgico é o mesmo Cristo presente na Igreja*. São Paulo: Paulinas, 2013. cap. VI; Daniélou, Jean. *Bíblia e liturgia*. A teologia bíblica dos sacramentos e das festas nos Padres da Igreja. São Paulo: Paulinas, 2013. cap. XVII.

a unidade para si mesma e para toda a família humana e os fiéis exprimem entre si a comunhão eclesial e a mútua caridade, antes de comungar do sacramento" (*IGMR* 82). Na última reforma situou-se esse gesto imediatamente depois do Pai-nosso, enquanto antes se intercalava no meio da fração do Pão. Agora é mais lógica a linha dinâmica da celebração. Precede-o uma oração que prepara o sentido do gesto, "Senhor Jesus Cristo, que dissestes aos vossos Apóstolos…", e o convite: "Saudai-vos na paz de Cristo".

O gesto da Paz entre os cristãos é muito antigo (cf., por exemplo, Rm 16,16). Não é estranha, por isso, a sua introdução na Eucaristia. Mas houve diversos lugares e modos de realizá-lo. Em muitas liturgias, por exemplo, na hispano-moçárabe, o gesto continua a fazer-se depois da liturgia da Palavra, como "selo" da Oração Universal, antes da preparação dos dons sobre o altar, continuando assim expressamente a recomendação de Mt 5,23s sobre a reconciliação antes do Ofertório. Em Roma, também se fez desse modo nos quatro primeiros séculos. Assim o atesta Justino, no século II: "Terminadas as orações, saudamo-nos com o ósculo" (*Apologia* I, 65,2; In: *Ant. Lit.* 395). Tem sentido que assim se faça: a paz, com tudo o que tem de compromisso fraterno, é uma boa resposta à Palavra proclamada e celebrada em comum.

Mas, em finais do século IV e princípios do V, em Roma (e no norte de África), preferiu-se mudar o lugar desse gesto. O papa Inocêncio I parece interpretá-lo como conclusão da anáfora e do Pai-nosso, e não gosta que se faça antes: "Quanto à paz, dizes tu que é antes da celebração dos mistérios que alguns a anunciam ao povo e que os ministros sacerdotes a trocam entre eles. Ora, a paz deve ser proclamada depois daquelas coisas que eu não devo revelar. Com efeito, é claro que, através dela, o povo dá o seu consentimento a tudo aquilo que é posto em evidência pela paz que a conclusão vem selar" (*Carta a Decêncio*, n. 4). No entanto, Gregório Magno, em finais do século V, relaciona o gesto da paz diretamente com a Comunhão. Prevaleceu esta última interpretação. O sentido profundo do gesto da paz fica muito bem ressaltado na proximidade da Comunhão: antes de acorrer à mesa comum, para receber o mesmo pão da vida, a comunidade faz um gesto de reconciliação, como que colocando em ato, simbolicamente, o que acaba de pedir e prometer no Pai-nosso: ser perdoados e perdoar.

O gesto conheceu uma história de decadência e, antes da última reforma, fazia-se praticamente só nas Missas solenes, entre os membros do clero, enquanto fora do presbitério se "enviava a paz", não a todo o povo, mas, por exemplo, às autoridades ou aos cantores, por meio do *porta-paz*, um recipiente plano de formas diversas, à semelhança de relicário, que, por detrás de um cristal, conservava uma imagem sagrada ou uma relíquia. Agora, a paz é simultânea, horizontal e ascendente: antes de acorrer à Comunhão, dá-se a paz aos que estão mais próximos, como sinal da fraternidade a que nos leva o participar todos na mesma Comunhão com Cristo. Para o modo de dar a paz, entre os fiéis, "as Conferências Episcopais determinarão como se há de fazer, tendo em conta a mentalidade e os costumes dos povos" (*IGMR* 82).

Também em outras celebrações tem particular destaque o gesto da Paz: por exemplo, quando o bispo abraça os confirmados ou os ordenados; ou quando os presbíteros abraçam e acolhem os novos ordenados como presbíteros, os bispos aos novos bispos, os diáconos aos novos diáconos, os abades ao novo abade, os professos perpétuos aos que acabam de fazer votos perpétuos etc.

Beijar, beijo.

pé (de)

A posição "de pé" é a característica do homem, o *homo erectus*: postura vertical, símbolo da sua dignidade como rei da criação.

Foi a postura de oração mais clássica, tanto para os judeus como para os cristãos dos primeiros séculos. Salomão diz, de pé, a oração de ação de graças, ao dedicar o Templo (cf. 1Rs 8); Jesus, na sinagoga, põe-se de pé para fazer a leitura (cf. Lc 4,16); e no Apocalipse (7,9) descreve-se: "uma multidão imensa, que ninguém podia contar [...]. Estavam de pé, em frente do trono e diante do Cordeiro".

Essa postura reúne em si uma série de significados que a tornam a mais coerente para expressar a atitude de um cristão em muitos momentos de oração, diante de Deus:

- de pé, expressamos o respeito a uma pessoa importante;

- é a atitude que melhor indica a atenção, a prontidão, a disponibilidade, a tensão para uma ação ou uma marcha;

- as ações importantes são realizadas de pé: um político que jura, ao ser investido no seu cargo, ou os noivos que dão o "sim";

- é sinal de liberdade para um cristão, redimido por Cristo, que participa da dignidade do Ressuscitado;

- e é a postura típica de um sacerdote-mediador, que atua em nome de outros.

Por isso, nas nossas celebrações nos pomos de pé para a entrada do sacerdote presidente e no começo da celebração; para a escuta do Evangelho, como Palavra específica de Cristo; para a Oração Universal (ou dos Fiéis), na qual "o povo, exercitando o seu ofício sacerdotal, roga por todos os homens"; o presidente, quando ora a Deus em nome da comunidade, o faz sempre de pé, e a comunidade, por sua vez, também lhe corresponde com a mesma postura; todo o processo da comunhão, desde a Oração Eucarística, a comunidade o faz de pé, assim como o próprio ato de comungar, que tem mais sentido que se faça também de pé, como a Igreja em marcha que recebe de Cristo o alimento para o seu caminho (cf. *IGMR* 286).

Em outras celebrações tem também particular sentido que os protagonistas estejam de pé: no momento de fazer os votos religiosos, no consentimento dos noivos para o Matrimônio, ou quando os candidatos se apresentam para a ordenação.

Posturas.

peixe

As refeições com peixe parecem ter tido, na primeira comunidade cristã, certa significação. O peixe (em grego, *ichthys*: daí a "ictiologia") foi um símbolo religioso em muitas culturas. Para os judeus parece ter tido, sobretudo na literatura extrabíblica, uma conotação messiânica e escatológica: o ato de comê-lo, de alguma maneira, antecipava os tempos messiânicos.

Se isso fosse demonstrado, entender-se-iam melhor as passagens da multiplicação dos pães e dos peixes (cf. Mc 6,41-43) ou o alimento de peixe e pão que Jesus oferece aos seus depois de ressuscitado (cf. Jo 21,9), assim como a persistência, nos primeiros séculos, do simbolismo do peixe aplicado a Cristo, simbolismo que, em todo o caso, parece anterior à "descoberta" do famoso acróstico que as palavras formavam: "*Iesus Christos Theou HYios Soter*": (Jesus Cristo, Filho de Deus, Salvador), cujas iniciais formam a palavra *I-CH-TH-Y-S* que, em grego, significa peixe.

Por isso, o símbolo do peixe foi uma contrassenha secreta, entre os cristãos, como se vê nas gravações das catacumbas. Tertuliano viu outro simbolismo: "Nós, peixinhos, como o nosso Peixe, Jesus Cristo, nascemos na água batismal, e não nos salvamos senão permanecendo na água" (*De Baptismo* 1). Usa-se muito, ainda agora, o simbolismo do peixe e do pão para significar a Eucaristia.

penitência

Vem do latim *paenitere* (arrepender-se).

O seu primeiro sentido é o da "virtude da penitência", como atitude interior de arrependimento, que é a fundamental: a conversão continuada a Deus e a Cristo. Esse aspecto foi extensamente desenvolvido por Paulo VI, na sua Constituição Apostólica de 1966, *Paenitemini* (sobre a reforma da disciplina eclesiástica da Penitência). Aqui, falamos, sobretudo, da Penitência como sacramento, tratado, teológica e liturgicamente, sobretudo no novo *Ritual da Penitência* (*RP, Ordo Paenitentiae*).

A primeira mensagem de Jesus, e, depois, da comunidade apostólica, foi a conversão e o perdão dos pecados. A reconciliação que Deus nos concedeu em Jesus Cristo, sobretudo na sua morte e ressurreição, agora no-la comunica por meio do ministério da Igreja, para que os penitentes se tornem participantes da vitória pascal de Cristo sobre o mal e o pecado. Isso acontece inicialmente pelo sacramento do Batismo e, posteriormente, de modo específico, pelo da Penitência (Reconciliação).

"A Igreja jamais deixou de convidar os homens do pecado à conversão e a manifestarem a vitória de Cristo sobre o pecado pela celebração da Penitência" (*RP* 1).

Ao longo dos séculos, foi-se organizando o processo da reconciliação sacramental com diferentes formas, nas diversas regiões da Igreja. Mas era comum considerar que as situações graves (sobretudo a idolatria, o homicídio e o adultério) requeriam uma reconciliação explícita com Deus e com a Igreja.

No princípio, segundo as informações de que dispomos desse caminho penitencial (séculos III-IV), tratava-se da chamada "penitência pública". Desde a acusação até a absolvição sacramental havia um período mais ou menos longo em que os penitentes, agrupados no *Ordo paenitentium*, faziam obras de conversão e a comunidade acompanhava-os com a sua oração e acolhimento. Concluía-se com uma explícita reconciliação com a Igreja e com Deus, nas Vésperas da Páscoa, pelo ministério do bispo e na presença da comunidade: no Rito Romano, na Quinta-feira Santa, e, na liturgia hispânica, na Sexta-feira Santa.

Esse processo penitencial, que se fazia uma só vez na vida – os monges e clérigos não eram admitidos a ele – logo foi considerado demasiado rigoroso. Além disso, ia crescendo a convicção de que não só os pecados graves, mas também os menos graves requeriam a reconciliação. Ao longo dos séculos VII-XI, organizou-se a chamada "penitência tarifada": com um processo penitencial segundo a gravidade dos pecados, mais personalizado, com o ministério reconciliador de um sacerdote, no final, e com a possibilidade de o repetir mais de uma vez na vida. Depressa se chegou à "penitência privada", na qual se realizava o caminho de conversão e de reconciliação com maior brevidade, seguindo a absolvição imediatamente à acusação pessoal, e com uma frequência que admitia também a "confissão devocional". Já no século XIII, o sacramento tinha evoluído para a forma que nós conhecemos, antes da atual reforma.

O Concílio Vaticano II incumbiu que se revissem: "o rito e as fórmulas da Penitência, de modo a que exprimam mais claramente a natureza e o efeito do sacramento" (*SC* 72). Após uma longa elaboração, em 1974, publicou-se o novo *Ordo Paenitentiae*, o *Ritual da Penitência* (ed. brasileira 1975).

Este Ritual apresenta o sacramento em *três formas* ou estruturas diversas: a) rito para reconciliar um só penitente, com confissão e absolvição pessoais; b) rito para reconciliar vários penitentes, comunitariamente, com confissão e absolvição individual; c) e um terceiro rito para reconciliar muitos penitentes, com confissão e absolvição geral.

As duas primeiras formas apresentavam-se já, desde o princípio, como o único modo *ordinário* para a reconciliação dos fiéis com Deus e com a Igreja (cf. *RP* 31). A terceira, considerada *extraordinária*, quando é, física ou moralmente, impossível realizar as formas anteriores do sacramento.

Em todos os casos, por parte do penitente, o sacramento pressupõe o arrependimento interior, a confissão das culpas graves e a disposição de fazer as obras de satisfação. Por parte do ministro da Igreja, além do acolhimento e dos oportunos conselhos, sobretudo a absolvição.

O novo Ritual usa uma linguagem que destaca estes valores no processo sacramental da Penitência:

- por parte de Deus, a misericórdia e o perdão;

- um claro sentido trinitário: o Pai que acolhe e perdoa, Jesus Cristo que nos comunica a sua vitória pascal sobre o pecado, e o Espírito que nos move à conversão e nos comunica a graça de Cristo;

- a importância da Palavra de Deus que nos anuncia o perdão e nos convida à conversão;

- o papel da comunidade eclesial em todo o processo da reconciliação;

- o carácter mais celebrativo do sacramento, comparado com o anterior.

Na introdução ao Ritual, explica-se e descreve-se bem todo o processo sacramental da Penitência. Podem ler-se as páginas que o *Catecismo* dedica ao artigo do Credo "Creio na remissão dos pecados" (*CIC* 976-987) e, sobretudo, ao "sacramento da Penitência e da Reconciliação" (*CIC* 1422-1498).[67]

Absolvição. Confissão.

Pentecostes

Pentekoste hemera significa, em grego, "dia quinquagésimo". Os judeus chamavam "Pentecostes" ou "Festa das Semanas" à festa agrícola dos primeiros frutos (cf. Ex 23,14), que a seguir uniram à recordação festiva da aliança com Javé no Sinai, cinquenta dias após a saída do Egito (2Cr 15,10-13).

Os cristãos, desde muito cedo, deram esse nome tanto ao Tempo Pascal (as sete semanas de prolongamento da Páscoa) como ao último dia, o quinquagésimo. Esse dia esteve sempre marcado pela vinda do Espírito Santo sobre a comunidade apostólica, cinquenta dias após a ressurreição de Jesus (cf. At 2,1). É, portanto, a plenitude e a maturidade da Páscoa, o melhor dom que o Senhor Ressuscitado fez e continua a fazer à sua comunidade: o seu Espírito. Naquele dia ficou cheia de vida a comunidade cristã e começou a sua abertura missionária, animada pelo Espírito, pregando a mensagem de Cristo a todas as nações.

Ao longo dos últimos séculos, esse dia de Pentecostes vinha-se isolando, pouco a pouco, convertendo-se em "Festa do Espírito Santo", e acrescentando-lhe, além disso, uma oitava, como a das grandes festas. A reforma do calendário corrigiu essa tendência. Suprimiu a oitava (que alongava desnecessariamente o Tempo Pascal e, sobretudo, deu a Pentecostes o seu verdadeiro caráter

---

67 N.E.: Para aprofundar: Flores, Gonzalo. *Penitência e unção dos enfermos*. São Paulo: Paulinas, 2007; Marsili, Salvatore. *Sinais do Mistério de Cristo*. São Paulo: Paulinas, 2010. p. 389-447.

de plenitude e de conclusão da Páscoa. Na coleta da Missa da Vigília diz-se: "Deus eterno e todo-poderoso, quisestes que o Mistério Pascal se completasse durante cinquenta dias até a vinda do Espírito Santo…". E o Prefácio: "para levar à plenitude os mistérios pascais, derramastes, hoje, o Espírito Santo prometido, em favor de vossos filhos e filhas".

O Missal oferece *duas Missas*: para a vigília e para o dia. As leituras, tanto do AT como do NT, e a rica eucologia, ajudam a entender o mistério do Espírito infundido à comunidade pelo Senhor Ressuscitado. Na vigília, lê-se a cena de Babel com a sua dispersão de línguas (o contrário de Pentecostes, em que todos entendiam a partir da sua própria língua), a experiência do Sinai (cuja linguagem de fogo e vento serve a Lucas para descrever os efeitos do Espírito no Pentecostes), a visão de Ezequiel sobre os ossos que revivem, o anúncio de Joel de que o Espírito é infundido a jovens e adultos, uma passagem de Paulo que fala de como o Espírito anima a Igreja, e o Evangelho sobre a promessa de Jesus de que nos dará o seu Espírito como corrente de água viva. Na Missa do dia escutamos leituras, segundo o ciclo anual, em que ainda se centra mais o sentido de Pentecostes e a promessa de Cristo de enviar o Espírito aos seus.

É característica desse dia a "Sequência" *Veni, Sancte Spiritus*, atribuída ao arcebispo Langton, de Cantuária (século XIII). Além disso, "favoreça-se a celebração prolongada da Missa da vigília, que não tem caráter batismal como a Vigília da Páscoa, mas de oração intensa, segundo o exemplo dos Apóstolos e discípulos, que perseveravam unânimes em oração juntamente com Maria, a Mãe de Jesus, esperando a vinda do Espírito Santo" (*CFP* 107).[68]

Os textos para essa Vigília estão no Missal Romano.

Tempo Pascal. Confirmação. Espírito Santo.

perícope

Vem do grego *peri-kopto* (cortar ao redor).

Usa-se para designar as passagens bíblicas que se selecionam para a sua leitura, sobretudo litúrgica, nos sacramentos ou na Liturgia das Horas. Ou também os trechos dessas passagens, as frases que estão sendo comentadas.

A uma leitura "continuada" diretamente da Bíblia, seguiu durante séculos a leitura de "capítulos", que tinham marcado o início e o final de cada pas-

---

68 N.E.: Recomendamos: Daniélou, Jean. *Bíblia e liturgia*. A teologia bíblica dos sacramentos e das festas nos Padres da Igreja. São Paulo: Paulinas, 2013. cap. XIX.

sagem a se ler. A seguir, preferiu-se escrever por extenso as leituras inteiras, as "perícopes" já selecionadas, como temos agora nos Lecionários.

Capítulo.

persignação

Sinal da cruz.

pia

A "pia batismal" é o equivalente ao batistério e à fonte batismal. Uma pedra grande, côncava, profunda, na qual se guarda a água para o Batismo.

Também se dá esse nome ao recipiente, mais ou menos fundo, de água benta, que se coloca à entrada das igrejas, para que os fiéis se benzam com a água e recordem assim a sua condição de batizados, ao iniciar a celebração.

Batistério. Fonte batismal.

píxide

Ou cibório significa "caixa". Vem do grego *pyxis* (caixa de madeira). Nos livros litúrgicos, é mais ou menos sinônimo de patena, o vaso sagrado coberto com uma tampa, para conservar o sagrado reserva (Pão eucarístico). Também se chama "píxide" (ou *teca*) à caixinha menor, com tampa, que se utiliza para levar a comunhão aos doentes.

Cibório. Vasos sagrados.

pluvial

Capa pluvial.

pontifical

A palavra significa "relativo ao pontífice", portanto, ao bispo. E pode ter vários sentidos. "Celebrar um pontifical" diz-se de uma celebração solene presidida pelo bispo. Atualmente, não é tão notória, como antes, a diferença entre essa celebração e a que é presidida, também solenemente, por um presbítero.

Mas chama-se "Pontifical", sobretudo, ao livro litúrgico do Rito Romano que contém os textos e as rubricas das celebrações próprias do bispo. Ao longo da história e, sobretudo, por influência do chamado *Pontifical Romano-Germânico*, composto na Alemanha, no século X, foi-se verificando a utilidade de reunir num livro à parte esses textos. Mais tarde, surgiram outros livros semelhantes: no século XII, o *Pontifical da Cúria Romana*; no século XIII, o de Guilherme Durando; depois de Trento, o Papa Clemente VIII publicou o *Pontifical Romano*, que esteve em vigor praticamente até o Concílio Vaticano II.

O Pontifical contém os rituais da Confirmação, das Ordenações, da Dedicação da igreja e do altar, da Consagração das virgens, da Consagração dos óleos, da Instituição dos leitores e dos acólitos etc.

Livros litúrgicos.

pós-comunhão

Dá-se o nome de "pós-comunhão" ou "depois da Comunhão", em português, ao Rito Romano da *"Oratio post communionem"* e, em outras liturgias, à *Oratio ad complendum* ou *Completuria*. Nela, o sacerdote, depois do convite *Oremos*, "e de mãos estendidas recita a oração depois da Comunhão, que pode ser precedida de um momento de silêncio, a não ser que já se tenha guardado silêncio após a Comunhão. No fim da oração, o povo aclama: *Amém*" (*IGMR* 165).

Como oração conclusiva da Missa, costuma fazer referência ao que se recebeu na Comunhão (recebemos, fomos alimentados, comungamos, saciamo-nos), referindo-se ao Corpo e Sangue de Cristo (comida, bebida, viático, alimento, medicina, sustento), e pede que a Eucaristia tenha consequências na nossa vida presente (uma vida mais cheia de fé e de esperança, uma vivência mais clara do mistério de Cristo) e na eterna (a perspectiva escatológica entre a refeição eucarística de agora e o banquete festivo do céu).

posturas

Na celebração litúrgica, expressamos os nossos sentimentos diante de Deus e da comunidade, além de palavras e gestos, também com a linguagem das posturas corporais.

Não é indiferente com que postura se participa numa ação, ou se diz uma oração, ou realiza um gesto simbólico religioso: por exemplo, na escuta do

Evangelho, na Consagração da Missa, no momento de comungar ou de receber a bênção.

O corpo também "fala", tem a sua linguagem, tanto na vida social como na litúrgica. É a pessoa inteira, com sua interioridade e sua corporeidade, que se encontra diante de Deus e lhe exprime a sua súplica, o seu louvor ou a sua alegria; ou realiza uma ação conjunta com a comunidade a que pertence. Por isso, um dos critérios fundamentais que o Missal recorda é que toda a comunidade adote, nos momentos culminantes, uma postura uniforme: "A posição comum do corpo, que todos os participantes devem observar, é sinal da unidade dos membros da comunidade cristã, reunidos para a sagrada liturgia, pois exprime e estimula os pensamentos e os sentimentos dos participantes" (*IGMR* 42).

As posturas corporais, por um lado, expressam a atitude da fé de cada pessoa e, por outro, alimentam e favorecem essa mesma atitude. O mesmo sucede no nível comunitário.

E como a linguagem corporal depende muito da cultura própria e da sua sensibilidade, a liturgia deixa uma margem de flexibilidade e criatividade: "Compete, porém, à Conferência dos Bispos adaptar, segundo as normas do direito, à índole e às legítimas tradições dos povos os gestos e posições do corpo descritos no *Ordinário da Missa*. Cuide-se, contudo, que correspondam ao sentido e à índole de cada parte da celebração" (*IGMR* 43).

Pé (de). Prostração. Joelhos (de). Sentados.

povo

Assembleia. Fiéis. Participação.

preces

A palavra latina *prex, preces* significa "oração, orações". Assim, por exemplo, à Oração Eucarística chama-se *Prex eucharistica*.

Mas designam-se de modo particular como "preces" as orações litânicas que se fazem em Laudes e Vésperas, depois do cântico evangélico. Já por volta do ano 400, segundo o testemunho da peregrina Etéria, em Jerusalém, as Vésperas concluíam com umas preces. Nas diversas liturgias, foi-se desenvolvendo esse gênero de preces, quase sempre litânicas e diaconais, até que, nos séculos posteriores, se foram perdendo, da mesma forma que se perderam as orações universais da Missa. Antes da atual reforma, só se rezavam preces nas quartas e sextas-feiras do Advento, da Quaresma e das Quatro Têmporas.

Na atual Liturgia das Horas, tanto as Laudes como as Vésperas são concluídas diariamente com as preces, que, em ambas, têm uma estrutura similar, mas com um tom distinto: nas Laudes, são invocações por nós mesmos e pela jornada que oferecemos a Deus, e, nas Vésperas, adquirem sobretudo um caráter de intercessão pelos outros, como na Oração Universal da Missa.

Há formulários distintos para os dias das quatro semanas da Liturgia das Horas, formulários que abarcam as várias circunstâncias das pessoas e dos tempos. Pode acrescentar-se alguma intenção particular. As preces são precedidas de um breve convite feito pelo sacerdote ou ministro, depois se enunciam as intenções em linguagem dirigida a Deus (de forma que também se possam dizer quando se reza só), e a resposta da comunidade pode ser, ou a frase ali indicada, ou a segunda parte de cada uma das intenções (cf. *IGLH* 179-193).

Intercessão.

prefácio

Do latim *prae-fatio* (de *fari* [dizer]; em grego, *pro-logo*): o que se diz antes, o que se pronuncia primeiro, preâmbulo. Ou também o "dito diante de outros", a proclamação diante de uma audiência.

Na liturgia romana, designa-se assim a primeira parte da Oração Eucarística, o louvor a Deus Pai, que se conclui com a aclamação do *Sanctus* por parte da comunidade. Mas o Prefácio não é um preâmbulo, já faz parte da Oração.

É uma característica da liturgia romana que essa primeira parte da Oração Eucarística, o Prefácio, seja móvel, segundo as festas e tempos litúrgicos. Nas liturgias orientais constitui um todo invariável com o restante da anáfora.

Agora, no Missal Romano, ampliou-se notavelmente o número de Prefácios, até chegar a mais de cem, além dos quarenta e seis que fazem parte da coleção das Missas da Virgem Maria.

Oração Eucarística.

pregação

Homilia.

Pregão (Precônio)

Do latim *prae-conium* (anúncio solene ou pregão) de um acontecimento importante, proclamado diante da comunidade. Um pregão pode ser notificação oficial por parte da autoridade, ou inauguração solene de algumas festas populares.

Na liturgia, refere-se, sobretudo, ao anúncio gozoso que, na Vigília Pascal, o diácono faz, no começo da celebração, proclamando os louvores da noite enternecedora que a comunidade começa a celebrar, e na qual se anunciará, a seu tempo (no Evangelho), a grande notícia da Ressurreição do Senhor. O nome de "pregão pascal" é mais feliz do que "bênção do círio" que se lhe dava em outros tempos.

O pregão pascal é proclamado do ambão – com categoria importante, portanto – e, se parecer oportuno, depois de se ter incensado o Círio, símbolo de Cristo-Luz. A comunidade escuta-o, tendo nas mãos as velas acesas.

"As Conferências Episcopais podem introduzir no Precônio certas aclamações para serem ditas pelo povo" (*CFP* 84).

Também se poderia paralelamente organizar um pregão na noite de Natal, no começo da "Missa do Galo", com uma fórmula bem preparada, a partir da "calenda" que, antes, se dizia na hora Prima.

Calenda.

presbitério

Chama-se "presbitério" ou "colégio presbiteral" ao conjunto dos presbíteros que foram ordenados como colaboradores do bispo, na pastoral da diocese, e que estão unidos entre si por particulares vínculos de caridade apostólica, de ministério e de fraternidade (cf. *LG* 28, *PO* 8).

Presbítero, em grego, significa "ancião"; por isso se trata de um "conselho de anciãos", pessoas peritas e sensatas que assessoram. Dessa função já se encontram ecos no AT, quando Moisés, para governar o povo numeroso, fez-se coadjuvar, no seu ministério, por setenta "anciãos" (cf. Ex 18,21).

Os presbíteros exprimem, explicitamente, o seu caráter colegial – união entre si e com o bispo, para o bem da diocese – na Missa crismal, nas Vésperas da Páscoa, ou em outras celebrações presididas pelo bispo, sobretudo para as ordenações ou para a dedicação de uma igreja. Nessas ocasiões, é mais manifesta a imagem" teológica e vivencial da comunidade eclesial, sob a presidência do bispo, rodeado dos seus presbíteros (cf. *SC* 41).

Também se chama "presbitério" à área, em volta do altar, um pouco elevada e distinta da "nave", reservada ao corpo presbiteral e a outros ministérios envolvidos na direção e presidência das celebrações. É um espaço particularmente digno e significativo, dentro da igreja, e, por isso, o Missal pede que o presbitério deve "distinguir-se oportunamente da nave da igreja, ou por uma certa elevação, ou pela sua estrutura e ornamento especial", e pede que seja "suficientemente espaçoso para que a celebração da Eucaristia se desenrole comodamente e possa ser vista" (*IGMR* 295).

No presbitério, têm um lugar particularmente importante o altar, como mesa à qual Cristo nos convida para a sua refeição eucarística; o ambão do qual se nos proclama a Palavra de Deus; e a presidência, de onde, na primeira parte da Missa, o celebrante que faz as vezes de Cristo preside à comunidade, *in persona Christi*.

presbítero

A Ordem é o sacramento que permite o ingresso de alguns cristãos no ministério do episcopado, do presbiterato ou do diaconato.

"Presbítero" vem do grego *presbyter*, que significa "ancião", e se relaciona com o nome dado, pelos primeiros cristãos, aos encarregados da comunidade.

Os presbíteros são ordenados como colaboradores dos bispos, no cumprimento da sua missão pastoral: "O ministério dos presbíteros, enquanto está unido à ordem episcopal, participa da autoridade com que o próprio Cristo edifica, santifica e governa o seu Corpo. O sacerdócio dos presbíteros [...] é conferido por um sacramento próprio, pelo qual os presbíteros, por meio da unção do Espírito Santo, ficam marcados com um caráter especial que os configura com Cristo-Sacerdote, a fim de poderem agir em nome de Cristo-Cabeça" (*PO* 2).

O seu *papel ministerial* na comunidade fica bem expresso nos novos Preliminares do Ritual: "Participando, no grau próprio de seu ministério, da função de Cristo, único Mediador (cf. 1Tm 2,5), anunciam a todos a Palavra de Deus. [...] exercem, no mais alto grau, o ministério da reconciliação e do alívio e levam até Deus Pai as necessidades e preces dos fiéis (cf. Hb 5,1-4). Exercendo, dentro do âmbito que lhes compete, o múnus de Cristo, Pastor e

Cabeça, eles congregam a família de Deus como uma fraternidade em busca da unidade e a conduzem a Deus Pai, por Cristo, no Espírito Santo. No meio da grei, adoram-no em espírito e verdade (cf. Jo 4,24). Afinal, esforçam-se na pregação e no ensino (cf. 1Tm 5,17), acreditando no que leem, quando meditam na lei do Senhor, ensinando o que creem e praticando o que ensinam" (*ROBPD*, n. 102).

Quando se lhes encomenda, de modo peculiar, a *oração das Horas*, completa-se a descrição do seu papel na comunidade cristã: "Unidos ao bispo e a todo o presbitério, os presbíteros, representantes especiais, também eles, de Cristo sacerdote, participam da mesma função, rogando a Deus por todo o povo que lhes foi confiado e mesmo pelo mundo inteiro. Todos esses desempenham o serviço do Bom Pastor, que roga pelos seus, para que tenham vida e sejam perfeitos na unidade. Na Liturgia das Horas, que a Igreja lhes oferece, não só encontrem uma fonte de piedade e alimento de sua oração pessoal, mas nutram e incentivem, através de intensa contemplação, sua atividade pastoral e missionária para proveito de toda a Igreja de Deus" (*IGLH* 28).

O mesmo acontece quanto ao valor das celebrações eucarísticas de domingo, cuja importância é nuclear na vida de fé das comunidades, mas que também porta uma marca simbólica de pausa temporal saudável das rotinas diárias do trabalho: "Em várias regiões, cada paróquia já não pode usufruir da celebração da Eucaristia em cada domingo, porque o número dos sacerdotes diminuiu. [...] Por tal motivo, a muitos presbíteros foi entregue o encargo de celebrar a Missa várias vezes no domingo, em igrejas diversas e distantes entre si". "'Nenhuma comunidade cristã se edifica sem ter a sua raiz e o seu centro na celebração da santíssima Eucaristia' [*PO* 6] ... Devem ser examinadas, além do estado das paróquias, as possibilidades de recorrer a presbíteros mesmo religiosos."

No *Ritual de ordenação*, publicado por Paulo VI em 1968, os ritos e os textos expressam a especificidade do sacerdócio presbiteral. O gesto central da sua ordenação é a imposição das mãos, feita em silêncio pelo bispo – e também por todos os presbíteros concelebrantes –, e as palavras que a seguir o bispo diz: "Nós vos pedimos, Pai todo-poderoso, constituí estes vossos servos na dignidade de presbíteros; renovai em seus corações o Espírito de santidade; obtenham, ó Deus, o segundo grau da Ordem sacerdotal que de vós procede, e a sua vida seja exemplo para todos".

A teologia e a dinâmica da celebração desse sacramento estão bem determinadas na Introdução geral da segunda edição típica desse Ritual (1989).

Ordem, ordenação.

presidente, presidir

A palavra latina *prae-sedere* (sentar-se diante) corresponde à grega *pro-estos*, empregada por São Justino na sua *Apologia*, no ano 150 (cf. I, 65-67), para designar aquele que preside à celebração eucarística.

Dentro de uma comunidade que celebra o mistério salvador de Cristo, há um ministro que preside, fazendo as vezes de Cristo. Os motivos desse ministério presidencial não são meramente funcionais ou de dinâmica de grupos. São teológicos.

Antes de tudo, o presidente é o sacramento da *presença de Cristo* no meio da sua comunidade. O *Catecismo* chama-o "'ícone' de Cristo-Sacerdote" (*CIC* 1142). Cristo é o autêntico guia, mestre e animador da celebração: o presidente, atuando *"in persona Christi capitis"* (na pessoa de Cristo-Cabeça), exerce o ministério de visibilizar essa presença misteriosa e oculta de Cristo, que continua a atuar, a ensinar, a perdoar e a orar, agora, por meio do seu ministro.

Em segundo lugar, o presidente, representando Cristo-Cabeça, completa a comunidade e torna-a sinal vivo e realização concentrada da *Igreja*. Toda a comunidade tem caráter sacerdotal, pelo Batismo, mas só alcança a plenitude de Povo de Deus com o presidente que faz as vezes de Cristo e, assim, pode celebrar os sinais sacramentais centrais da sua salvação.

Além disso, o presidente expressa de modo explícito a comunhão dessa assembleia concreta com o próprio bispo e com os outros bispos da Igreja universal, unidos ao Papa. O presidente é uma testemunha vivente da catolicidade e da sucessão apostólica da Igreja: ou seja, da comunhão, no espaço e na história. "Toda celebração legítima da Eucaristia é dirigida pelo bispo, pessoalmente ou através dos presbíteros, seus auxiliares [...] Isto faz-se, não para aumentar a solenidade externa, mas para significar de forma mais clara o mistério da Igreja, que é sacramento de unidade" (*IGMR* 92).

O presidente de uma celebração é, em alguns casos mais centrais e expressivos da comunhão eclesial, o bispo (ordenações, dedicação das igrejas etc.), em outros, um presbítero (Eucaristia, Penitência), ou um diácono (Matrimônio, Batismo) e, em outros casos, um leigo (celebrações da Palavra ou de oração, ou algumas bênçãos).

As *atuações* mais especificamente presidenciais, na Eucaristia, são:

- a homilia, na qual o presidente, personificando Cristo-Mestre, explica e aplica à comunidade a Palavra que se acaba de proclamar;

- a Oração Eucarística, na qual, em nome de todos, bendiz a Deus, faz memória e oferece o sacrifício pascal de Cristo e invoca a vinda do Espírito sobre os dons da comunidade;

- há outras orações nas quais o presidente também atua (a Coleta, a conclusão da Oração Universal, a Oração sobre as oferendas e a Pós-comunhão);

- também na saudação inicial e na bênção final: em nome de Cristo recebe e despede a comunidade.

In persona Christi. Ministérios. Sede.

pré-santificados

Chamam-se "pré-santificados" os dons eucarísticos consagrados numa celebração anterior. Portanto, "Missa de pré-santificados" é aquela celebração em que se comunga do Pão consagrado numa Eucaristia anterior.

No Oriente, esse tipo de celebrações teve lugar, sobretudo, na Quaresma, em que não se celebrava a Eucaristia todos os dias. A participação na Comunhão do "pré-santificado" unia-se normalmente à recitação das Vésperas.

Na liturgia romana, o exemplo mais claro é o de Sexta-feira Santa. Nesse dia, só há celebração da Palavra, com as suas orações solenes, seguida pela adoração da cruz. Nos séculos V-VII, não havia comunhão nesse dia. Por volta do século VIII, introduziu-se a comunhão da assembleia, nos países francos, e a seguir espalhou-se para outros lugares. No século XIII, em Roma, apenas o sacerdote começou a comungar, até que, em 1955, Pio XII, na reforma da Semana Santa, estabeleceu que podia comungar de novo toda a comunidade, participando assim do Pão consagrado ("pré-santificado") na Quinta-feira Santa. Atualmente, esse nome caiu em desuso.

Também já não se diz "pré-santificado", embora corresponda à realidade, quando uma comunidade que não tem Eucaristia – por exemplo, por falta de presbítero – comunga do Pão, consagrado anteriormente, e reservado no sacrário.

Prima

A hora da recitação de Prima – antes, contada entre as "horas menores" – ficou suprimida pelo Concílio, por se considerar uma duplicação das Laudes (cf. *SC* 89d).

Parece que essa oração matutina – a hora de Prima era, no horário romano, por volta das seis da manhã – teve a sua origem, cerca do ano 400, em ambientes monásticos da Palestina.

procissão

Vem do latim *pro-cedere* (marcha para frente). Em muitas culturas religiosas tem sentido simbólico caminhar juntos com uma finalidade religiosa, unindo a oração e o movimento. Também na liturgia e na religiosidade popular cristãs tem um lugar destacado esse gênero de movimento, que expressa o sentido dinâmico da Igreja em marcha, ou que visibiliza exteriormente os caminhos internos da conversão ou da festa. A procissão, como "caminhar com outros", de um lugar a outro, manifesta claramente a vontade comum de avançar para uma meta.

Na Bíblia têm especial significado as grandes marchas do êxodo ou do regresso do desterro, no AT, e também a subida de Jesus para Jerusalém, à qual Lucas dá tanta importância e, em concreto, a sua entrada na cidade santa, já na preparação da sua próxima Paixão.

Na história da liturgia, basta recordar a entrada do bispo de Roma nas "Missas papais", depois do percurso percorrido da sua residência até a igreja estacional.

Ao longo do ano, são muito expressivas as procisões de 2 de fevereiro, rememorando a Apresentação do Senhor no Templo, "luz para as nações"; a do Domingo da Paixão ou de Ramos, celebrando a entrada de Jesus em Jerusalém; a de Quinta-feira Santa, levando solenemente o Santíssimo para o lugar da reserva eucarística, para a Comunhão de Sexta-feira Santa; a de Sexta-feira Santa para adorar a cruz; e a da Vigília Pascal, seguindo o Círio, símbolo de Cristo Luz…

Na celebração da Eucaristia, há também algumas "procissões", normalmente mais reduzidas, mas com uma intenção muito expressiva:

- a de entrada, quando entram na igreja o presidente e os outros ministros, enquanto a comunidade entoa o cântico de entrada; às vezes, essa entrada é mais solene, como nas confirmações, primeiras comunhões, ordenações, profissões religiosas, Missas estacionais;

- a do Evangelho, acompanhando o diácono, que irá proclamá-lo, com círios e incenso, nos dias solenes;

- a do Ofertório, sobretudo quando se faz o oferecimento do pão e do vinho como oferendas da comunidade, vindo, deste modo, do fundo da igreja;

- a da Comunhão, em que a comunidade se encaminha para as proximidades do altar para participar do Corpo e Sangue de Cristo;

- nas Missas da liturgia oriental tem especial destaque a pequena e a grande entrada, no princípio e no Ofertório.

Há procissões realizadas fora da igreja, às vezes pelas ruas de uma povoação, se a sensibilidade social o torna aconselhável: em honra do Santíssimo, como na festa do Corpo e Sangue de Cristo; em honra da Virgem e dos Santos; como rogações, pedindo por uma grave necessidade; as procissões da Semana Santa etc. Entre as procissões de religiosidade popular cabe recordar a da via-sacra, a procissão das velas, em Lourdes ou em Fátima, as peregrinações aos santuários marianos ou outros.

Há celebrações sacramentais em que a procissão ocupa um lugar privilegiado, como a marcha para o batistério, para o Batismo, depois da celebração da Palavra. E, sobretudo, nas exéquias, que, quando se podem celebrar com todas as "estações", contêm uma procissão, da casa para a igreja, e outra depois, da igreja para o cemitério. A primeira é acompanhada, sendo possível, pelo canto do Salmo 114[113A] ("Quando Israel saiu do Egito"), "recorda as sucessivas entradas do defunto na assembleia cristã, e também o seu acolhimento definitivo na assembleia dos Santos (*Celebração das exéquias*). A segunda é o símbolo da sua orientação para a assembleia do céu, com o canto do Salmo 118[117] ("Dai graças ao Senhor porque é bom"): é a última viagem do defunto.

Entrada. Oferendas. Paixão (Domingo da)

Profissão de Fé

"Profissão" vem da palavra latina *pro-fateri* (de *fari*, dizer, dar testemunho diante de outros). Aplica-se, sobretudo, à "Profissão de Fé" e à "profissão dos votos religiosos". No *Catecismo da Igreja Católica* toda a primeira parte se intitula "A Profissão de Fé", seguindo os artigos do Credo.

No AT, já o povo de Israel tinha fórmulas breves e densas em que manifestava a sua fé em Javé e na sua atuação salvadora: por exemplo, a recitação diária do *Shemá Israel* ("Escuta, Israel"). No NT, sobretudo as Cartas de São Paulo estão cheias de formulações breves da fé cristã, quase sempre concentradas em Jesus Cristo. Além de fórmulas catequéticas, são um autêntico ato de culto e de adesão, à maneira de doxologias. Depois, as comunidades cristãs formularam a sua fé de uma forma mais desenvolvida.

O lugar mais próprio da Profissão de Fé foi, desde o princípio, o da iniciação cristã. No Batismo de adultos, são os próprios candidatos que, pessoalmente, professam a sua fé, diante da comunidade, renunciando ao demônio e ao mal, e professando a sua fé e adesão a Deus e a Cristo. No Batismo de crianças, as perguntas de renúncia e Profissão de Fé dirigem-se aos pais e padrinhos, que são os garantes da educação e formação da criança na fé, em lugar de quem dão o seu assentimento pessoal. Depois, a comunidade inteira faz também a sua Profissão de Fé, a fé eclesial, na qual tem sentido todo o sacramento de iniciação: "Esta é a nossa fé"…

Nesse mesmo quadro da iniciação cristã ou da sua recordação, cada ano, na Vigília Pascal, renova-se a renúncia ao mal e faz-se a Profissão de Fé em Cristo e em Deus. Também na Confirmação se faz essa renovação, e aconselha-se que se faça também antes da Primeira Comunhão, culminação da iniciação cristã que começou no Batismo.

Foi no século V ou VI que, em algumas Igrejas do Oriente, se introduziu a Profissão de Fé na celebração eucarística.

"O Símbolo ou Profissão de Fé, dentro da Missa, quando as rubricas o indicam, tem como finalidade que a assembleia reunida dê seu consentimento e sua resposta à Palavra de Deus, ouvida nas leituras e na homilia, e traga à sua memória, antes de começar a celebração do mistério da fé na Eucaristia, a norma de sua fé, segundo a forma aprovada pela Igreja" (*ELM* 29; cf. *IGMR* 67). É, portanto, conclusão da Palavra escutada e antecipação da segunda parte eucarística da celebração.

Atualmente, são três as "formas aprovadas pela Igreja": o Símbolo dos Apóstolos, o mais breve, que foi o primeiro "catecismo" batismal da fé; o Símbolo de Niceia-Constantinopla, mais longo; e o dialogado da Vigília Pascal e da celebração do Batismo. Evidentemente, numa celebração eclesial não podem ser proferidos "credos" ou profissões de fé de invenção particular ou de grupo.

Além disso, há outras ocasiões em que a Profissão de Fé tem um lugar destacado. Assim, o *Código de Direito Canônico* (*CDC* 833) exige que façam uma profissão pública de fé os participantes nos Sínodos e Concílios, os novos cardeais e bispos, os párocos, os professores de Teologia e Filosofia nos seminários etc.

Credo. Símbolo.

profissão religiosa

Desde os primeiros séculos sempre houve, na Igreja, formas diversas de vida religiosa, embora só mais tarde encontremos testemunhos de ter havido um rito litúrgico de pedido e compromisso, perante os superiores, para admissão daqueles que pretendiam abraçar esse gênero de vida. Os textos e ritos dessa "profissão religiosa" são variados, segundo as comunidades que se iam formando, no Oriente e no Ocidente, no deserto ou nas cidades, em comunidades monásticas ou mendicantes etc.

Na história desses ritos, temos, por exemplo, a *professio in manibus*, nas mãos do superior ou superiora; a *professio super altare*, se estava ligada à Missa; a *professio super hostiam* (a dos jesuítas, no século XVI, imediatamente antes de comungar) etc.

A profissão religiosa significa que uma pessoa faz pública "profissão" de que quer viver os conselhos evangélicos numa comunidade religiosa, compromete-se por alguns anos ou para toda a vida, e é aceita pelos superiores dessa comunidade, em nome da Igreja.

Alguns textos e ritos, com o decorrer dos séculos, chegaram a constituir fórmulas pouco dignas ou consentâneas com os verdadeiros textos litúrgicos. Por isso, o Concílio Vaticano II determinou que se revisse o rito de consagração das virgens e, além disso, que se redigisse "um rito de profissão religiosa e de renovação de votos, que contribua para uma maior unidade, sobriedade e dignidade" (*SC* 80).

De acordo com essas orientações, publicou-se em 1970 o *Ordo professionis religiosae*: *Ritual da profissão religiosa* e *Ritual da consagração das virgens*. Na sua introdução descreve o caminho de preparação e a celebração dessa profissão religiosa nas suas diversas etapas: a primeira profissão (temporal), a sua renovação e, sobretudo, a profissão perpétua, que é a mais solene e à qual se dá maior significado. Esse Ritual Romano propõe-se como um marco e ponto de referência, para que cada família religiosa o adapte ao seu próprio carisma, em ritos e textos, respeitando a estrutura fundamental.

O rito da profissão perpétua tem o seu lugar dentro da Missa, depois da liturgia da Palavra. Se a categoria do dia o permite, usam-se os textos da Missa própria da profissão perpétua. A estrutura da celebração é a seguinte:

- chamamento dos candidatos;

- homilia, que explica e aplica as leituras escutadas à situação das pessoas que abraçam a vida religiosa;

- interrogatório sobre as intenções das pessoas;

- oração litânica da comunidade sobre elas;

- profissão, segundo a fórmula de cada família religiosa;

- bênção e consagração dos recém-professos;

- entrega de símbolos (vestes e insígnias);

- abraço do superior ou superiora e dos professos perpétuos.

Consagração das virgens. Religiosos.

próprio

Em linguagem litúrgica, chama-se "próprio" àquilo que não é comum ou geral, mas específico de uma comunidade ou festa.

Assim, "próprio da Missa" são aqueles elementos que não são de cada dia, mas próprios da festa: orações, Prefácio, antífonas de entrada e comunhão, bênção final e leituras. Enquanto são fixos outros elementos como o Glória, o

Credo, o Santo, o Cordeiro de Deus, ou seja, o "Ordinário da Missa" ou *Ordo Missae*.

Igualmente, serão "próprio do Ofício" aquelas leituras, invitatórios, hinos, antífonas ou preces que são peculiares da festa do Santo ou do tempo litúrgico.

Também existe o calendário próprio, complementar do universal: as festas próprias (padroeiros, titulares, fundadores etc.) de uma nação, diocese ou família religiosa.

No conjunto do calendário, fala-se do "próprio do Tempo" ou temporal, quando nos referimos às celebrações do mistério salvador de Cristo, ao longo do ano: domingos, ciclo do Natal ou da Páscoa, Tempo Comum etc. E de "próprio dos Santos" ou Santoral aos textos específicos de cada Santo, que também têm o seu "comum dos Santos" (mártires, doutores etc.).

Comum. Ordinário (ordo).

prostração

Uma das posturas mais impressionantes empregadas na nossa linguagem litúrgica é a da "prostração": quando uma pessoa se estende no solo e ali permanece durante um determinado espaço de tempo. A palavra vem do latim, *pro-sternere* (estender por terra).

Na Sexta-feira Santa, o sacerdote que preside à celebração – se a isso não estiver impedido, por mal físico – prostra-se no solo, em silêncio, enquanto a comunidade se ajoelha. É um rito muito expressivo de entrada para a celebração especial desse dia.

Nas ordenações para diácono, presbítero ou bispo também os candidatos se prostram no solo, enquanto a comunidade entoa as ladainhas dos Santos, suplicando por eles. De igual modo, faz-se o gesto de prostração na bênção do abade ou da abadessa. Quando se conservou o costume, também se pode fazer nas profissões solenes dos religiosos.

É um sinal claro de humildade e de súplica diante de Deus. Como o de Abraão que "prostrou-se com o rosto por terra e Deus disse-lhe: ..." (Gn 17,3), como os irmãos de José que "prostraram-se diante dele com o rosto por terra" para lhe mostrar respeito e pedir-lhe perdão (Gn 42,6; 43,26-28; 44,14), como o de Moisés que "curvou-se imediatamente até o chão e prostrou-se em adoração" diante do Deus da Aliança (cf. Ex 34,8), ou como faziam os que queriam mostrar diante de Cristo os seus sentimentos de adoração (cf. Mt 14,33; 28,9).

púlpito

A palavra vem do latim *pulpitum* e significa "tribuna". Aplicava-se, em princípio, a um lugar mais elevado, à maneira de estante inclinada ou plataforma da qual se proclamava uma leitura ou discurso. No livro de Neemias (8,4) diz-se que "o escriba Esdras subiu para um estrado de madeira, mandado levantar para a ocasião".

Chama-se "púlpito", sobretudo, ao lugar elevado, adossado a uma coluna ou a uma parede lateral da igreja, construído no meio da nave onde está a comunidade e do qual se pregava nas celebrações. É um elemento arquitetônico pensado para favorecer a escuta das leituras e da homilia. Está dotado de uma escada de acesso e, por vezes, sobrepõe-se-lhe uma cobertura que o protege, mas, sobretudo, direciona o som da voz para a assembleia. Alguns púlpitos são verdadeiramente artísticos, e ainda se conservam. Em muitas igrejas, há dois: um para proclamar a Epístola e o outro para o Evangelho e a pregação.

Atualmente, com os meios modernos de ampliação sonora, a homilia já não se faz do púlpito, mas do presbitério e, de forma mais coerente, da sede presidencial, enquanto as leituras proclamam-se do ambão.

Ambão. Bema.

purificação

Do latim *purum-facere* (purificar). É uma realidade que, na liturgia, pode ter diferentes sentidos.

No processo catecumenal, há um período que se chama "de purificação" ou de "iluminação", e coincide normalmente com a última Quaresma, antes da celebração dos sacramentos da iniciação. Antes, está o catecumenato e, depois, o tempo da "mistagogia". Esse período de purificação e iluminação está descrito e explicado no *Ritual da iniciação cristã dos adultos*: RICA 21-26.152-159.

Num sentido mais concreto, fala-se de purificação das mãos e dos vasos sagrados depois da Comunhão; atualmente diz-se, mais apropriadamente, "ablução".

Do mesmo modo, chama-se "purificatório" ou "sanguínio" ao pequeno pano branco que se utiliza para purificar os dedos (depois da fração ou da distribuição da Comunhão), para limpar o cálice, para limpar a patena ou o relicário ou a cruz que se apresenta para ser beijada.

Antigamente, também se falava da "purificação da mãe" – ainda se faz em alguns ritos orientais –, quando esta fazia a entrada na igreja, imitando o costume judaico da purificação das mães, aos quarenta dias do nascimento do seu filho. Daí que a festa da Apresentação do Senhor tenha se chamado "Purificação de Nossa Senhora". O *Ritual de bênçãos* oferece belas fórmulas para a "bênção da mulher antes ou depois do parto" (nn. 215-257).

Ablução. Apresentação do Senhor. Lavabo, lavar, lava-pés. Sanguíneo ou sanguinho.

Q

quarenta horas

Esta expressão é usada para designar o ato de adoração eucarística que decorria com a exposição do Santíssimo, por um período de quarenta horas. Agora, tanto na Instrução de 1967 *Eucharisticum Mysterium*, como no *Ritual da Comunhão e do culto da Eucaristia*, de 1974, não se nomeia explicitamente, ainda que se fale de uma exposição anual prolongada, ou quando o bispo julgue conveniente, em casos de necessidade grave, "durante algum tempo, mesmo que estritamente não seja contínuo". Em geral, as várias formas de prestar culto público à Eucaristia reservam-se ao critério do Ordinário.

A origem dessa prática talvez se deva procurar nas quarenta horas de oração feitas em alguns lugares, diante do sepulcro, após a celebração de Sexta-feira Santa até a madrugada do Domingo de Páscoa. Só no século XVI se conheceu o costume das quarenta horas eucarísticas, começando em Milão e passando, a seguir, a Roma e, a pouco e pouco, a toda a Igreja, sobretudo, por obra de Santo Antônio M. Zacarias e São Filipe Néri. No período barroco, tornou-se muito popular, sobretudo como ato de reparação dos excessos do Carnaval.

Culto à Eucaristia.

Quaresma

Vem do latim *quadragesima dies* (o dia quadragésimo antes da Páscoa). É o tempo de preparação "pelo qual se sobe ao monte santo da Páscoa", como o descreve o *Cerimonial dos bispos* (CB 249). Começa na Quarta-Feira de Cinzas e termina na tarde de Quinta-feira Santa, antes da Missa vespertina da Ceia do Senhor, com que se inaugura o Tríduo Pascal.

Organizou-se a Quaresma a partir do século IV. A sua história anterior não é muito clara. Parece que o seu germe original foi o jejum pascal de dois dias, na Sexta e no Sábado antes do Domingo da Ressurreição, espaço que, pouco a pouco, se alargou para uma semana, depois para três e, segundo as diversas regiões, sobretudo nas do Oriente, como o Egito, até para seis semanas ou quarenta dias. Em Roma, a Quaresma já estava constituída entre os anos 350 e 380.

Para dar sentido a esse período, como preparação da Páscoa, teve certamente grande influência o *simbolismo bíblico do número quarenta*: os episódios de quarenta dias do dilúvio, antes da aliança com Noé; de Moisés e os seus quarenta dias no monte; do Povo de Israel e os seus quarenta anos pelo deserto; de Elias caminhando quarenta dias para o monte do encontro com Deus; e, sobretudo, os quarenta dias de Jesus no deserto, antes de começar a sua missão messiânica. Esses episódios têm em comum o significado de um tempo de prova, de purificação e de preparação para um acontecimento importante e salvador. "Todos os anos, pelos quarenta dias da *Grande Quaresma*, a Igreja une-se ao mistério de Jesus no deserto" (*CIC* 540).

A Quaresma começava originariamente no domingo. Mas, mais tarde – séculos VI-VII –, acentuou-se como característica determinante o jejum, e como, aos domingos, não se jejuava, adiantou-se o seu início para a quarta-feira anterior ao primeiro domingo, a que de imediato se chamou "de Cinzas", para que a Páscoa fosse precedida de quarenta dias de jejum efetivo. E, ainda se foi antecipando mais a preparação com os domingos da Quinquagésima, Sexagésima e Septuagésima, que, na última reforma, foram suprimidos.

Na liturgia hispano-moçárabe, a Quaresma começa no primeiro domingo com uma festiva despedida do Aleluia. A segunda parte, que começa no terceiro domingo, recebe o nome de "*De Traditione*" (a Paixão).

Neste contexto de Quaresma, tinha lugar a última etapa do catecumenato: os que se preparavam para serem batizados, na Noite Pascal, tinham, nessas semanas anteriores, reuniões de oração, escrutínios e exorcismos.

O Concílio Vaticano II determinou expressamente que se acentuasse o caráter batismal e penitencial da Quaresma, "sobretudo através da recordação ou da preparação para o Batismo e através da Penitência, dispõe os fiéis, que com mais frequência ouvem a Palavra de Deus e se entregam à oração, para a celebração do Mistério Pascal" (*SC* 109). Agora "a liturgia quaresmal prepara para a celebração do Mistério Pascal tanto os catecúmenos, através dos diversos graus da iniciação cristã, como os fiéis, por meio da recordação do Batismo e das práticas de penitência" (*NG* 27).

A nova ordenação do calendário (cf. *NG*, de 1969) preferiu não situar o início da Quaresma no primeiro domingo, que parecia ser o mais lógico, pelo enraizamento que, ao longo dos séculos, tomou a Quarta-Feira de Cinzas.

As seis semanas da Quaresma dividem-se em três etapas, marcadas pelos Evangelhos correspondentes: os dois primeiros domingos, com as tentações e a transfiguração do Senhor; os três seguintes, com as catequeses batismais da samaritana (água), do cego (luz) e Lázaro (vida), próprias do ciclo A, mas que se podem seguir cada ano, embora haja outra série de leituras para cada ciclo; e, finalmente, o sexto domingo , chamado de Ramos ou da Paixão, que inaugura a Semana Santa.

Também as primeiras leituras desses domingos têm uma organização interior que dá um sentido especial à Quaresma, sobretudo no ciclo A. São seis momentos significativos da História da Salvação: a criação do mundo, Abraão, o êxodo e Moisés, o rei Davi, os profetas e o Servo de Javé. Tudo isso ajuda a entender a Quaresma como um caminho de crescente preparação para a celebração da Páscoa.

As *características* ambientais e celebrativas da Quaresma, já desde há séculos, são a ausência do Aleluia nos cânticos, a austeridade na ornamentação do espaço celebrativo (sem flores nem música instrumental), a cor roxa dos paramentos do sacerdote (menos no quarto domingo, *Laetare*, em que se pode usar a cor rosa); os escrutínios catecumenais (o *Ritual da iniciação cristã dos adultos* coloca o rito de "eleição" na última etapa catecumenal, no primeiro domingo da Quaresma e, a partir daí, várias reuniões de escrutínios); as Missas estacionais, ao redor do próprio bispo, originadas em Roma mas recomendadas para as outras igrejas em que pareçam convenientes; o exercício da via-sacra; a "confissão pascal", a celebração do sacramento da Reconciliação, como preparação imediata para a Páscoa...

Uma boa motivação e descrição da Quaresma e de sua pastoral é a que nos proporciona a *Carta sobre as Festas Pascais*, do ano de 1988 (*CFP* 6-26).[69]

---

69 N.E.: Recomendamos: Augé, Matias. *O ano litúrgico é o mesmo Cristo presente na Igreja*. São Paulo: Paulinas, 2013. cap. VIII; Lira, Bruno Carneiro. *O ciclo da Páscoa*: celebrando a redenção do Senhor. São Paulo: Paulinas, 2012.

quarta-feira

Desde os primeiros tempos da Igreja, litúrgica e espiritualmente falando, nem sempre todos os dias foram igualmente importantes. À parte o domingo, dia do Senhor e festa primordial, há outros dois dias – a quarta e a sexta-feira – que cedo se destacaram pelo seu tom penitencial. Eram os dois dias de jejum semanais, tanto no Oriente como no Ocidente. Roma, posteriormente, acrescentou também o sábado.

A sexta-feira já se entende o porquê: a Morte do Senhor. Mas a justificação da quarta-feira encontra-se em vários documentos dos primeiros séculos que dizem que a Última Ceia do Senhor teria tido lugar na terça-feira e, na noite seguinte, ou seja, no começo já de quarta-feira, o Senhor foi entregue por Judas. Essa explicação encontra-se, por exemplo, na *Didascália dos Apóstolos*, do século II, e repete-a Santo Epifânio, no século V: "a quarta-feira e a sexta-feira transcorrem em jejum até a hora nona porque, quando começava a quarta-feira, o Senhor foi detido, e na sexta, foi crucificado".

Além disso, cedo ainda, esses dias tiveram celebração eucarística, sobretudo no Oriente, e, depois, também no Ocidente. Mais tarde, perdeu-se o caráter de jejum da quarta-feira, e a sexta-feira ficou reduzida à abstinência. O único resquício desse caráter penitencial da quarta-feira – juntamente com a sexta-feira e o sábado – persistiu até a última reforma, nas Quatro Têmporas do ano (terceira semana do Advento, primeira da Quaresma, semana de Pentecostes e terceira semana de setembro), suprimidas do calendário.

Uma quarta-feira muito particular é a *de Cinzas*, com a qual se dá início à Quaresma, também agora depois da reforma. Em rigor, quando no século IV se organizaram os quarenta dias de jejum de preparação para a Páscoa, a Quaresma começava no primeiro domingo. Mas mais tarde (pelo século VI), para assegurar que houvesse quarenta dias de jejum efetivo – já que ao domingo não se jejuava –, adiantou-se até a quarta-feira anterior, que passou a ser caracterizada com a cerimônia da imposição das cinzas.

Cinza. Têmporas.

Quinquagésima

O nome "Quinquagésima" aplica-se ao dia que perfaz o número cinquenta e, ao longo da história, aplicou-se tanto a Pentecostes, no final do Tempo

Pascal, como ao dia que perfazia, mais ou menos, o quinquagésimo antes da Páscoa.

Com efeito, além da Quaresma – quarenta dias de jejum e preparação da Páscoa – foi-se instalando o costume, tanto no Oriente como, depois, em Roma, já no século VI, de aumentar esse jejum com uma semana a mais (surgindo o Domingo da Quinquagésima), ou duas (dando origem ao Domingo da Sexagésima) e inclusive três semanas (Domingo da Septuagésima). Esses números não eram exatos, mas aproximativos.

Esse aumento do tempo de jejum parece ter tido origem monástica. Do Oriente passou à Península Ibérica e à Gália e, a seguir, finalmente, a Roma e ao restante do Ocidente. Pode ter sido inspirado pelo desejo de prolongar a preparação penitencial, de modo que os quarenta dias de jejum, propriamente ditos, fossem completos, descontando não só os domingos, mas também os sábados, dias em que em algumas regiões pouco se jejuava.

Na atual reforma (1969), suprimiu-se esse suplemento de dias de jejum e, em consequência, o Domingo da Quinquagésima, assim como também a oitava que se seguia a Pentecostes, definindo, dessa forma, com mais precisão, tanto a Quaresma como os cinquenta dias de Páscoa.

Quaresma.

Quinta-feira Santa

É o último dia da Quaresma e, ao mesmo tempo, a partir da Missa vespertina, a inauguração do Tríduo Pascal. Em latim, o seu nome clássico é *Feria V in Coena Domini*. É um dia de caráter íntimo para o povo cristão, certamente é a quinta-feira mais importante do ano, sobretudo desde que a Ascensão e o Corpo de Deus são cada vez mais celebrados no domingo e não na quinta-feira. É o dia em que Cristo, na sua ceia de despedida, antes da morte, instituiu a Eucaristia, deu a grande lição de humilde serviço, lavando os pés dos seus apóstolos e constituindo-os sacerdotes mediadores da sua Palavra, dos seus sacramentos e da sua salvação.

Desde muito cedo, nesse dia, celebra-se uma Eucaristia especial, lembrando a sua instituição. A peregrina Etéria, no século IV, testemunha que pôde assistir, em Jerusalém, a uma Missa para terminar o jejum e outra centrada na instituição da Eucaristia. Mas, em Roma e no restante do Ocidente, demorou mais tempo a introdução dessa Eucaristia vespertina, que era celebrada de manhã, por condicionamento da norma do jejum eucarístico, que tinha de ser guardado desde a meia-noite do dia anterior.

As características desse dia são várias:

- desde o século IV, organizou-se, na Quinta-feira Santa, pela manhã, a Missa para *reconciliar os penitentes*, e dispô-los para a celebração da Páscoa. Na liturgia hispânica, a celebração penitencial tinha lugar na Sexta-feira Santa;

- a *Missa crismal*, presidida pelo bispo e concelebrada por todo o presbitério diocesano;

- desde 1955, com Pio XII, celebra-se a Eucaristia de novo à tarde, com o lava-pés, depois da homilia. Essa Missa, *in Coena Domini*, abre o Tríduo Pascal da morte e ressurreição de Cristo, adiantando assim todo o simbolismo dinâmico da Páscoa no sacramento eucarístico, como fez Cristo antes de ir para a cruz;

- como a Sexta-feira Santa é dia "alitúrgico", pois não se celebra a Eucaristia, na Quinta-feira Santa consagra-se o Pão eucarístico necessário para a comunhão daquele dia. Essa consagração dá lugar à procissão da guarda da sagrada reserva e à consequente adoração da Eucaristia até a meia-noite. É a ocasião em que a comunidade cristã exprime mais explicitamente o seu apreço e culto a Cristo Eucarístico.[70]

Crisma, Missa crismal.

---

[70] N.E.: Recomendamos: Lelo, Antonio Francisco, *Tríduo Pascal.* Espiritualidade e preparação orante. São Paulo: Paulinas, 2009.

Ramos

Paixão (Domingo da).

Reconciliação

Reconciliar é voltar a conciliar, fazer a união do que estava separado. A mensagem fundamental de Cristo foi a reconciliação com Deus, a conversão e o perdão. E também foi esse o conteúdo básico, desde o princípio, da evangelização por parte da Igreja. A comunidade cristã, reconciliada, é encarregada de realizar o mistério da reconciliação: "Tudo vem de Deus, que, por Cristo, nos reconciliou consigo e nos confiou o ministério da reconciliação. [...] Somos, pois, embaixadores de Cristo; é como se Deus mesmo fizesse o seu apelo através de nós. Em nome de Cristo, vos suplicamos: reconciliai-vos com Deus" (2Cor 5,18-20).

O sacramento da *Reconciliação* ou da *Penitência* foi dado por Cristo à sua Igreja para que reconcilie o cristão pecador com Deus e com a própria comunidade: duas dimensões que não se podem separar. A introdução do Ritual *Ordo Penitentiae* (*Ritual da Penitência*) é a melhor apresentação do que é o processo dessa reconciliação. Na fórmula da absolvição, as primeiras palavras que o presidente pronuncia são: "Deus, Pai de misericórdia, que, pela morte e ressurreição de seu Filho, reconciliou o mundo consigo...".

Na história, sobretudo na liturgia romana, desde o século IV, já se celebrava a reconciliação dos penitentes, na Quinta-feira Santa, preparando assim a celebração próxima da Páscoa. O bispo, com uma oração solene, restabelecia na comunhão da Igreja todos os que tinham percorrido o caminho penitencial. Essa celebração de Quinta-feira Santa (na liturgia hispânica, a celebração era distinta, e fazia-se na Sexta-feira Santa) continuou no Rito Romano, muito depois de se ter mudado o sistema antigo, rígido e irrepetível, da penitência comunitária. Até o século XIX, nessa Missa de reconciliação, dava-se uma "absolvição" a todos os fiéis, mas não se considerava uma absolvição sacramental, mas uma oração e bênção sobre todos. Em 1974, Paulo VI publicou duas *Orações Eucarísticas sobre a Reconciliação*, preparando o Ano Santo da Reconciliação de 1975. Nelas, damos graças a Deus pelos diversos aspectos da reconciliação. A primeira tem como título "A reconciliação como retorno ao Pai", e a segunda, "A reconciliação com Deus, fundamento da concórdia humana".

Confissão. Penitência.

reforma litúrgica

O Concílio Vaticano II, precisamente com o seu primeiro documento, pôs em marcha a reforma da celebração litúrgica: "para que o povo cristão mais seguramente alcance graças abundantes na sagrada liturgia, a Santa Mãe Igreja deseja fazer uma cuidada reforma geral (*generalem instaurationem*) da mesma liturgia" (*SC* 21). Já antes, no mesmo século XX, papas como São Pio X, às voltas com o Saltério, o calendário e o canto litúrgico, e Pio XII com a sua "carta magna" da liturgia, *Mediator Dei*, e a sua reforma da Semana Santa (anos 1951-1955), tinham dado passos nessa reforma, seguindo e apoiando o Movimento Litúrgico. Mas, depois, o Concílio empreendeu-a com maior profundidade.

Percebe-se claramente que a finalidade é pastoral: que a comunidade cristã possa participar com maior proveito na celebração do mistério de Cristo. E o motivo é que "a liturgia compõe-se de uma parte imutável, por ser de instituição divina, e de partes sujeitas a modificações que, no decorrer do tempo, podem ou até devem variar, se porventura nelas se tiverem introduzido elementos que não correspondam tão bem à natureza íntima da mesma liturgia ou se tenham tornado menos apropriados" (*SC* 21). Era evidente que este era o caso da liturgia cristã em bastantes aspectos.

Todo o primeiro capítulo da *Sacrosanctum Concilium*, com o título "Princípios gerais para a reforma e o desenvolvimento da sagrada liturgia" (*SC* 5-46), vai dando orientações e critérios para realizar adequadamente essa reforma litúrgica na Igreja católica ocidental: a centralidade de Cristo e do seu Mistério Pascal, a eclesiologia de comunhão, a primazia da Palavra.

Antes de o Concílio ser concluído, Paulo VI constituiu o *Consilium ad exsequendam Constitutionem de Sacra Liturgia"*, sob a direção do cardeal Lercaro e do secretário Bugnini, mas, sobretudo, animado, permanentemente, de muito perto, pelo próprio Paulo VI. Nos anos seguintes, até 1969, sob a orientação do *Consilium* e, a partir desta data, diretamente pela Congregação do Culto Divino, foi ingente a obra que se realizou no caminho dessa reforma: instruções, documentos com orientações e, sobretudo, os novos livros litúrgicos foram aparecendo, totalmente revistos, fruto de um trabalho acurado por parte de muitas comissões de pastores e peritos, com maior abundância de textos alternativos e de estruturas mais diáfanas.

No *Enchiridion* da documentação litúrgica pós-conciliar, toda a primeira seção, intitulada "reforma litúrgica", oferece os principais documentos e instruções. Mas a seguir, em cada uma das outras seções, depois do documento conciliar correspondente, aparecem sempre outros que dão conta da intensa atividade de reforma que se realizou na Igreja nesses anos pós-conciliares. Sem contar os vários congressos e as reuniões de comissões litúrgicas nacionais e eclesiais, que marcam o ritmo da preparação, aparição e aplicação dos novos livros litúrgicos.

A revista *Notitiae*, desde 1965, é testemunho documentado do caminho dessa reforma por parte da Igreja universal e das diferentes Conferências Episcopais e suas respectivas comissões.

A recepção dessa reforma foi, em geral, positiva e de grande proveito para a Igreja: a primazia da Palavra, a perspectiva mais teológica de toda a celebração, a participação mais ativa da comunidade, uma imagem diferente dos ministérios, a centralização mais clara da Páscoa e do domingo no ano litúrgico, as línguas vivas, a adaptação da linguagem... Mas houve também algumas reações muito duras, pouco claras quanto às justificações, contra a reforma globalmente considerada, como as que se dirigiram, desde o princípio, contra a reforma da Missa, e que deram lugar a um Proêmio de Paulo VI, em defesa da obra realizada, na edição do Missal Romano de 1970.

Certamente houve deficiências, antes de tudo na confecção dos novos livros, necessariamente condicionada pela urgência com que se preparavam, e que se vão melhorando em sucessivas edições. Mas "a maior parte das dificuldades encontradas na atuação da reforma da liturgia provêm do fato de que alguns sacerdotes e fiéis não tiveram, quiçá, um conhecimento suficiente das razões teológicas e espirituais pelas quais se fizeram as mudanças, segundo os princípios estabelecidos pelo Concílio" (*Inaestimabile donum*, de 1980). Fica muito por fazer nessa formação e também na adaptação da linguagem e na sua inculturação. Nesse sentido estão se fazendo esforços em todos os níveis.[71]

religiosidade popular

Devoções.

religiosos

O Concílio Vaticano II, no seu decreto *Perfectae Caritatis*, de 1965, apresentou o carisma de vida consagrada, na Igreja, e também o *Catecismo* o tratou (*CIC* 914-945). Aqui, falamos dos religiosos no que diz respeito à sua vida litúrgica.

Em princípio, os religiosos celebram e vivem o mesmo mistério litúrgico, em que Cristo Ressuscitado nos comunica a sua graça salvadora: a Eucaristia, a Reconciliação, o ritmo do ano litúrgico, a oração das Horas, tudo isso baseado nos sacramentos do Batismo e da Confirmação, dos quais o seu próprio carisma religioso na comunidade é um desenvolvimento.

Mas há algumas celebrações litúrgicas próprias dos religiosos e, além disso, existem aspectos das outras celebrações que os caracterizam:

- a da profissão religiosa e a da consagração das virgens, assim como a bênção do abade e da abadessa;

- algumas ordens religiosas tiveram, desde há muitos séculos, ritos litúrgicos próprios, dentro do Rito Romano, que conservaram e renovaram legitimamente (cistercienses, dominicanos, beneditinos etc.);

- a Liturgia das Horas tem para os religiosos especial destaque e significação, quer a celebrem em coro e na sua totalidade, quer, como nos casos das comunidades de vida ativa, só celebrem em comum algumas das Horas: os religiosos "reproduzem de uma forma mais completa a imagem da Igreja a cantar ininterruptamente, numa só voz, os louvores divinos; além disso, cumprem também o dever

---

71   N.E.: Para aprofundar: Beckhäuser, Alberto. *Sacrosanctum Concilium*. Texto e comentário. São Paulo: Paulinas, 2012.

de 'trabalhar', antes de mais pela oração, 'para a edificação e crescimento de todo o Corpo Místico de Cristo para o bem das Igrejas particulares'" (*IGLH* 24; cf. 26.31-32);

- muitas famílias religiosas têm calendário próprio, com os seus Santos fundadores ou padroeiros, os Santos que pertenceram à própria família ou a ela estiveram ligados; ao mesmo tempo, os religiosos "unem-se à comunidade da Igreja local na celebração do aniversário da dedicação da igreja catedral e dos padroeiros principais do lugar ou do território em que residem" (Instr. *Calendaria Particularia*);

- muitas famílias religiosas têm como particular carisma, no conjunto da Igreja, a adoração a Cristo Eucarístico, e fazem-no com maior expressividade e constância;

- o Missal Romano recomenda a todas as comunidades religiosas que participem na Eucaristia, normalmente, com a comunhão sob as duas espécies (cf. *IGMR* 245);

- também o *Ritual das exéquias* contempla textos e ritos especiais para o caso de um religioso ou de uma religiosa.

Consagração das virgens. Profissão religiosa.

relíquias

Chama-se "relíquia" ao que resta de uma pessoa ou de uma coisa: do latim *relinquere, relicta, reliquiae*. Aplicou-se, sobretudo aos restos mortais de um mártir e, depois, de um santo, mesmo não sendo mártir. Por extensão, também se chamam relíquias a outros objetos que pertenceram ao Santo, como as suas vestes.

A respeitosa recordação dos defuntos, difusa em todos os níveis familiares e culturais, tem desde sempre para a comunidade cristã especial destaque, quando se trata dos mártires e dos Santos. Bem depressa se estabeleceu a relação da morte dos mártires com a de Cristo, e com a Eucaristia, sacramento dessa morte. Portanto, quando se construía uma igreja, já no século IV, se procurou ou construir o altar sobre o túmulo do mártir ou, pelo menos, sobre alguma das suas relíquias. Ao longo da Idade Média desenvolveu-se muito a veneração das relíquias dos Santos e estas começaram a ser colocadas em cima do próprio altar.

O *Ritual da dedicação da igreja e do altar* afirma que é oportuno conservar a tradição da liturgia romana de colocar relíquias de mártires ou de outros Santos debaixo do altar. Mas devem ser relíquias insignes pelo seu tamanho, não partículas pequenas; deve constar a sua autenticidade – "é preferível que o altar seja dedicado sem relíquias, a que se coloquem debaixo dele relíquias duvidosas" (*Ritual da dedicação* 5b); há que colocá-las debaixo, não sobre o altar. "Toda a dignidade do altar está no fato de ele ser a mesa do Senhor. Não são, portanto, os corpos dos mártires que honram o altar, mas é antes o altar que honra o sepulcro dos mártires. Vem, por isso, a propósito erguer altares sobre os sepulcros dos mártires ou colocar as suas relíquias debaixo do altar, para honrar os seus corpos e ainda para significar que o sacrifício dos membros tira o seu princípio do sacrifício da Cabeça, e assim 'venham vítimas triunfais tomar lugar onde Cristo é a vítima. Mas ele, sobre o altar, ele que padeceu por todos; aqueles, debaixo do altar, pois foram redimidos pela sua Paixão' [Santo Ambrósio]. Essa maneira de dispor as coisas parece de algum modo retomar a visão espiritual do Apóstolo João no Apocalipse (6,9): 'Vi sob o altar as almas dos que haviam sido mortos por causa da Palavra de Deus e do testemunho que tinham dado.'"

Ao recipiente, de formatos diversos, onde se guardam as relíquias e se expõem ao culto público, que se requer digno e feito de materiais nobres, dá-se o nome de "relicário".

Altar. Santos.

réquiem

Palavra de origem latina que significa "descanso". É a primeira palavra do clássico cântico de entrada na Missa dos defuntos: *Requiem aeternam dona eis, Domine* ("Dai-lhes, Senhor, o descanso eterno"). Por isso, é chamada "Missa de Réquiem", e, na história da música, mereceu das mais famosas composições (exemplos: o Réquiem de Mozart ou o de Bizet etc.).

Defuntos. Exéquias.

reserva

Dá-se o nome de "reserva", do latim *re-servare* (guardar), à guarda da Eucaristia – normalmente só o Pão – no sacrário.

"O fim primeiro e primordial da conservação das sagradas espécies, na igreja, fora da Missa, é a administração do viático; os fins secundários são a distribuição da Comunhão fora da Missa e a adoração de Nosso Senhor Jesus Cristo presente sob as mesmas espécies." Pois "a conservação das sagradas espécies para os enfermos […] introduziu o louvável costume de adorar este manjar do céu conservado nas igrejas. Este culto de adoração tem um sólido e firme fundamento, sobretudo porque a fé na presença real do Senhor conduz naturalmente à manifestação externa e pública dessa mesma fé" (*EM* 49).

Já no tempo de Justino (século II) se levava a Eucaristia aos ausentes, sobretudo aos doentes e outras pessoas impedidas de participar na celebração comunitária. Quando passou a haver igrejas, começou a guardar-se nelas, num lugar digno, a Eucaristia, para os fins assinalados acima. Até que se chegou à forma atual do "sacrário", que deve ser único em cada igreja.

"O lugar da igreja ou oratório onde se conserva a Eucaristia no sacrário deve estar verdadeiramente em destaque. Convém que ele seja igualmente adequado para a oração privada, de maneira que os fiéis não deixem de venerar o Senhor no sacramento, com facilidade e proveito, mesmo com o culto privado. Para tanto se recomenda que o sacrário, quanto possível, se coloque numa capela distinta da nave central da igreja" (*EM* 53).

Quinta-feira Santa é o dia em que tem peculiar sentido a reserva da Eucaristia, pois se conserva no sacrário para a celebração do dia seguinte, em que não há celebração Eucarística mas somente Comunhão: a *Carta sobre as festas pascais* dá as oportunas indicações para essa reserva e a sua adoração até a meia-noite (cf. *CFP* 49-56).

Culto à Eucaristia. Sacrário.

responsório

"Responsório" vem do latino *responsum* (resposta). Dá-se esse nome àqueles cânticos que incluem a intervenção de um solista ou coro e a resposta da comunidade, repetida entre os versículos ou estrofes do solista. É uma das formas mais antigas e populares de canto, e tem várias modalidades na liturgia atual.

Antes de tudo, tem esse caráter o *Salmo Responsorial* da Missa, em que o salmista vai recitando ou entoando estrofes de um salmo, e a comunidade lhe responde com um estribilho cantado. Antes da atual reforma, cantava-se, aqui, o Gradual, que tinha pouca forma responsorial e, além disso, uma música mais própria de especialistas ou de um coro preparado.

Também o *Salmo Invitatório* participa desse caráter, assim como os "tropários" da liturgia bizantina.

No Ofício das Leituras, "após a leitura bíblica, segue-se o respectivo responsório, cujo texto foi escolhido do tesouro tradicional ou de novas criações. Dessa forma, ele pode trazer nova luz para a compreensão da leitura que se acaba de proclamar; pode situá-la na história da salvação ou conduzi-la do Antigo para o Novo Testamento; pode transformar a leitura em oração e contemplação; e, por fim, pode com sua beleza poética, oferecer agradável variedade. De modo semelhante, acrescenta-se à segunda leitura um responsório adequado, que não precisa estar em relação estreita com o texto da leitura, e assim favoreça maior liberdade para meditação" (*IGLH* 169-170). Esses responsórios, pela sua função meditativa, estão pensados também para a oração individual.

Mais simples é o *Responsório breve* de Laudes, Vésperas e Completas. Consta de um versículo (tipograficamente, V/) que o solista canta, e a comunidade responde (R/), primeiro, com o mesmo versículo inteiro, e, na segunda intervenção, com a metade; depois do Glória, com o versículo inteiro de novo. Em Completas é sempre o mesmo: *in manus tuas, Domine…* ("nas vossas mãos, Senhor, entrego o meu espírito"). O responsório breve dessas horas, se for considerado oportuno, pode omitir-se e, em seu lugar, ter um breve canto do mesmo gênero, que responda ao tema da leitura (cf. *IGLH* 49).

Nas Horas Intermédias, o responsório reduziu-se à sua mínima expressão, com um único versículo e sua resposta, como aclamação.

Na celebração das exéquias, alguns cânticos em forma de responsório, como o *Libera me, Domine*, foram substituídos por outros de tom mais pascal. No ato de despedida do defunto – quer na igreja, quer no cemitério – canta-se o responsório *Subvenite*, ou outro cântico de despedida, que o Ritual oportunamente oferece.

A finalidade dos responsórios é levar à meditação, para que a leitura escutada vá calando mais profundamente no espírito.

Gradual. Salmo Responsorial.

retábulo

Do latim *retro-tabulum*, chama-se "retábulo" à estrutura ornamental em pedra ou talha de madeira, com imagens e destaques, que se situa na parte posterior do altar.

No princípio, sobre o altar não se colocava nada, além do pão e do vinho e dos livros estritamente necessários para a celebração. A seguir, foram-se colocando as relíquias de Santos mártires, dentro ou sobre o altar. Mas, sobretudo, a partir do século XII-XIII, com o espírito gótico, colocaram-se esses retábulos, com imagens e cenas pintadas ou esculpidas, por detrás do altar, adossado já à parede, à vista da comunidade. No período barroco, ainda se acentuou mais a importância desses retábulos, até ocupar toda a parede de fundo da abside.[72] Alguns retábulos, pela elaborada ornamentação, apresentam-se como autênticas obras de arte.

reverência

É uma atitude interior para com Deus, para com a Eucaristia, para com a Virgem e para com os Santos e, por extensão, para com a cruz e os lugares sagrados, que se exprime através de sinais exteriores de respeito e de veneração muito variados, como a incensação, a inclinação da cabeça ou do corpo, o beijo, a genuflexão etc.

Em particular, um desses sinais chama-se também "reverência", equivalente à "inclinação" da cabeça ou do corpo. Essas reverências, simples ou profundas, são gestos de expressão corporal para se manifestarem sentimentos de humildade e de respeito.

Também é costume usar essa expressão no tratamento formal das pessoas ordenadas, em especial os bispos.

Inclinação.

rito

Denominam-se "ritos" os gestos e textos que exprimem e configuram uma ação sagrada. A palavra latina *ritus* poderá derivar do sânscrito *riti* (disposição,

---

72 Espaço da nave oposta à entrada da igreja, de planta semicircular ou retangular, onde se situam o presbitério, o altar, o ambão e, em certas igrejas, o coro.

costume, modo de se conduzir). Assinala-se com ritos a nossa atuação na ação sagrada, diante de Deus e da comunidade. Ao longo da história, a palavra "rito, ritos" foi muitas vezes sinônimo de "liturgia". Com efeito, a liturgia tem muito de ritualidade, com linguagem de gestos e ações muito em consonância com o sistema cultural de um povo, e que nos ajudam a exprimir o que sentimos e celebramos.

Pelo perigo de esse sentido se associar demasiado ao seu aspecto exterior ou cerimonial, atualmente preferem-se as expressões "celebração" ou "ação litúrgica" (cf. *SC* 7.26.112).

Estas palavra aparece ainda com outra acepção. Fala-se de *"ritos"* ou *"famílias litúrgicas"*, em referência ao conjunto de ritos, textos, leituras e calendários que compõem, por exemplo, o "rito bizantino", o "rito romano", o "rito hispânico" e outros, como o armênio, pertencentes a diversas regiões ou famílias religiosas. No Concílio Vaticano II, fala-se dos critérios de reforma que afetam só o rito romano e dos que também interpelam os outros ritos (cf. *SC* 3), e declara-se que a Igreja "considera iguais em direitos e honra todos os ritos legitimamente reconhecidos" (*SC* 4).[73]

Cerimônia. Ocidentais (liturgias). Orientais (liturgias, ritos).

ritual

É, na liturgia romana, o livro dos ritos sacramentais. No rito hispânico chama-se *Liber Ordinum*.

Depois de uma evolução de muitos séculos, com livros separados ou unificados (o primeiro ritual impresso foi o *Liber Sacerdotalis*, de A. Castellani, em 1523), Paulo V publicou, em 1614, o *Ritual Romano*, pós-tridentino, do qual se fizeram numerosas edições, com correções sucessivas.

Na reforma empreendida pelo Vaticano II não se publicou um Ritual completo, que agrupasse todos os sacramentos, mas *Rituais* para cada um deles: assim temos o *do Batismo, da Iniciação cristã dos adultos, da Confirmação, da Penitência, da Dedicação da Igreja e do Altar, da Profissão Religiosa, das Exéquias* etc. Ou seja, de todos os sacramentos e sacramentais. Seria de desejar que houvesse uma edição mais global, ao menos dos sacramentos da Iniciação, com Preliminares também mais gerais, que se referissem a todos os sacramentos.

---

73   N.E.: Recomendamos: Buyst, Ione. *O segredo dos ritos*. São Paulo: Paulinas, 2012; Costa, Valeriano Santos. *Viver a ritualidade litúrgica como momento histórico da salvação*. São Paulo: Paulinas, 2005.

Além do *Ritual Geral da Igreja*, há Rituais particulares de famílias religiosas, de dioceses ou regiões, segundo a margem de adaptação que os mesmos livros litúrgicos gerais deixam aos episcopados, sobretudo nas celebrações da Iniciação cristã, do Matrimônio ou das Exéquias. O Concílio determinou que "a competente autoridade eclesiástica territorial [...] prepare, o mais depressa possível, os Rituais particulares, de acordo com a nova edição do Ritual Romano, adaptados às necessidades de cada uma das regiões" (*SC* 63).

rogações

As "rogações", do latim *rogare* (pedir), são as orações de petição que uma comunidade faz em determinados tempos ou por algumas intenções especiais, muitas vezes em forma de procissão e com o canto das ladainhas dos Santos.

No século V, Mamerto, bispo de Vienne (França), estabeleceu umas rogações em 25 de abril, mas tinham o inconveniente de caírem sempre no Tempo Pascal.

As rogações – dando graças a Deus, pedindo a chuva, uma boa colheita, o fim de uma epidemia ou a libertação de algum outro mal que ameaça toda a comunidade – relacionam-se, sobretudo, com as Quatro Têmporas do ano. "Para que se adaptem às diversas regiões e às diversas necessidades dos fiéis, é conveniente que as Conferências Episcopais determinem o tempo e o modo de as celebrar" (cf. *NG* 45-47).[74]

Têmporas.

roquete

De origem nórdica, cujo nome pode provir do francês antigo *roquet*, faz agora parte do hábito coral do bispo e de outros ministros, e também o vestem os sacerdotes para a celebração dos sacramentos, para a pregação e para as bênçãos. Vestem-no também os acólitos. Sempre sobre a batina.

É de cor branca, como uma túnica recortada, com mangas mais ou menos amplas e longas (também há roquetes sem manga), que, inicialmente, chega-

---

74 N.E.: "Conforme decisão da CNBB, na sua XII Assembleia Geral, em 1971, a regulamentação da celebração das Têmporas e Rogações fica a critério dos Conselhos Episcopais Regionais. Para tais celebrações, podem-se escolher as mais adequadas entre as Missas para diversas circunstâncias" (CNBB. *Guia litúrgico-pastoral*. Brasília: Edições CNBB, 2007. p. 13).

va até os joelhos, e, depois, foi-se encurtando. Veste-se sem se ajustar à cintura com o cíngulo. Pela frente tem uma abertura, para se poder vestir com comodidade, abertura que, depois, se aperta com uma fita ou um cordão.

Chama-se também "sobrepeliz". A tendência é se utilizar cada vez mais a alva, e não tanto o roquete sobre a batina.

Sobrepeliz.

rubrica

De *rubor* (vermelho), as "rubricas" são as indicações que os livros litúrgicos apresentam nesta cor, enquanto o texto das leituras ou das orações aparece em preto.

Nessas rubricas indica-se o modo de proclamar os textos ou de atuar dos vários ministros: postura do corpo ou das mãos, tom de voz, espaços de silêncio, movimentos etc.

Durante séculos, essas indicações estavam nos livros chamados *Ordines*, enquanto os *Sacramentários* traziam, sobretudo, os textos. Com o tempo, foram-se juntando as rubricas aos textos correspondentes.

O "rubricismo" é uma concepção da liturgia baseada primordialmente na rubrica, no "como" da celebração, na norma meramente formal. Essa sensibilidade foi sendo suavizada pelo novo estilo dos livros litúrgicos reformados, que também contém rubricas, para ajudar a celebrar melhor o mistério, mas com uma margem de flexibilidade e, sobretudo, com a primazia dos textos e a finalidade pastoral da participação de toda a comunidade na ação sagrada.

Em 1960, depois de João XXIII ter anunciado o Concílio, e prevendo-se a reforma profunda da liturgia, logo apareceu o *Codex Rubricarum*, com reformas parciais. Foi esse Código que estabeleceu, por exemplo, que o sacerdote não tinha a incumbência exclusiva das leituras da Missa, mas escutá-las com os outros fiéis. Os novos livros litúrgicos contêm, nos Preliminares ou Orientações prévias, e depois na "letra vermelha", as necessárias orientações ou rubricas para uma celebração mais eficaz.

S

sábado

Sabbat significa, em hebraico, "descanso". No sétimo dia da criação, Deus "descansou" da sua obra.

Por ser o dia de descanso, à imitação de Deus, o sábado converteu-se para os judeus num dia socialmente muito significativo, com o aspecto humanitário da cessação do trabalho e da igualdade fraterna, entre as pessoas: o homem não deve ser escravo do trabalho nem de outro homem. Além disso, é o dia que lhes recorda e faz celebrar o poder criador de Deus, Senhor do Universo, recordando também a libertação do êxodo. Sobretudo, o sábado é para os judeus o dia da Aliança, que recordam cada semana, precisamente dedicando-o ao descanso e ao culto a Javé.

Cristo não ab-rogou o sábado, reconhecendo os profundos valores que tem para os judeus, embora tenha criticado a interpretação exagerada que no seu tempo lhe davam algumas escolas rabínicas. Relativizou alguns dos seus aspectos e manifestou-se como "Senhor do sábado". A comunidade cristã, que continuou a guardar o sábado, foi dando maior destaque e um conteúdo teológico novo ao dia que se seguia ao sábado, o dia em que Cristo ressuscitou, e que se passou a chamar, em finais do século I, "Dia do Senhor". Não se tratava de uma simples substituição do sábado pelo domingo, mas a consciência de que o novo dia dava plenitude e cumprimento ao sábado. O domingo foi, desde então, "o dia primeiro" e, ao mesmo tempo, "o oitavo dia", radicalmente centrado em Cristo Glorioso. "O sábado, que representava o acabamento da primeira criação, é substituído pelo domingo, que lembra a criação nova, inaugurada na ressurreição de Cristo" (*CIC* 2190).

O sábado continuou a ter, ao longo dos séculos, um *sentido peculiar*. Muito depressa se destacaram três dias da semana: a sexta-feira, pela morte de Cristo; a quarta-feira, porque na noite de terça-feira ele foi atraiçoado por Judas; e, mais tarde, também o sábado. Relativamente ao sábado, houve ao longo dos séculos certa ambiguidade. Por ser o dia sagrado dos judeus, houve, porém, duas tendências contraditórias, conforme se lhe dava um tom penitencial ou um tom festivo: em Roma, começou a fazer-se jejum nesse dia, em sinal de penitência e reparação; enquanto, no Oriente e em outras regiões, era como uma antecipação festiva do domingo e, em muitas regiões, incluindo a celebração da Eucaristia. O aspecto penitencial permaneceu depois só nas Têmporas.

No Ocidente, a partir dos séculos IX-X, em ambiente monástico carolíngio, acentuou-se um *tom mariano para o sábado*. Nos Missais oficiais, a partir do século XII, já aparecem Missas para a memória de *Sancta Maria in sabbato*, que, depois, o Missal de S. Pio V, em 1570, já incluirá definitivamente.

Na *Collectio Missarum de Beata Maria Virgine* (1986),[75] que oferece muitos formulários, e mais ricos, para essas memórias marianas do sábado, afirma-se que "a memória de Santa Maria "no sábado" celebra-se em muitas comunidades como uma introdução ao "Dia do Senhor"; assim, enquanto se preparam para celebrar a memória semanal da ressurreição do Senhor, contemplam com veneração a Virgem Santa Maria, que, 'no grande sábado', quando Cristo jazia no sepulcro, sustentada pela fé e pela esperança, só ela, entre os discípulos, esperou vigilante a ressurreição do Senhor" (n. 36).

Domingo.

Sábado Santo

É o segundo dia do Tríduo Pascal. A Sexta-feira Santa é a Páscoa de Cristo crucificado, o Sábado Santo, a de Cristo no sepulcro, e o Domingo, a de Cristo ressuscitado.

Para esse dia não há nenhuma celebração sacramental prevista. A comunidade cristã só celebra a Liturgia das Horas, com uma especial recomendação de que, nesse dia, o povo seja convidado para a oração de Laudes ou do Ofício de Leitura (cf. *IGLH* 210). O dia todo tem um tom de silêncio contemplativo do mistério de Cristo que baixou "ao lugar dos mortos", ao "descanso" do sepulcro, ao aniquilamento absoluto e ao seu misterioso encontro com os antepassados, onde pregou "aos espíritos que estavam na prisão da morte" (cf. 1Pd 3,19).

---

75   N.E.: *Coletânea de missas de Nossa Senhora*. São Paulo: Paulus, 1987. v. I e II.

No caminho catecumenal, esse dia era dedicado aos últimos atos preparatórios da grande noite batismal da Páscoa: os exorcismos, as unções, a *redditio* ou a recitação do Símbolo, as renúncias etc.

Com o passar dos séculos, foi-se empobrecendo o sentido do Sábado Santo, até que o Papa Pio XII, em 1951, reformou a Vigília Pascal e, em 1955, o restante da Semana Santa. Então, restituiu-se a esse dia a sua característica primitiva de dia alitúrgico, devolvendo a Vigília Pascal – que desde o século XVI se celebrava na manhã do sábado, convertendo esse dia em "sábado de aleluia" – ao seu lugar verdadeiro, na noite entre o sábado e o domingo. Agora, "a Igreja permanece junto do sepulcro do Senhor, meditando a sua Paixão e Morte, abstendo-se da Missa até a solene Vigília ou espera noturna da Ressurreição".

Uma característica muito antiga do Sábado Santo é o *jejum pascal*: já desde o século II se prolongava também nesse dia o jejum de Sexta-feira Santa, um jejum não tanto penitencial, mas cúltico, "pascal", um jejum que "se celebra". "Tenha-se como sagrado o jejum pascal: a celebrar em toda a parte na Sexta-feira da Paixão e Morte do Senhor e a prolongar também no Sábado Santo, se for oportuno, para se chegar às alegrias do Domingo da Ressurreição com elevação e abertura de espírito" (*SC* 110).

Jejum. Tríduo Pascal. Vigília Pascal.

sacerdote

A palavra "sacerdote" vem de *sacer* (sagrado) e *dare*, *dotare* (aquele que pode dar o sagrado). Assim o define Santo Isidoro, no seu livro das *Etimologias*: "*sacerdos quasi sacrum dans*". Em grego, diz-se *hiereus*, de *hieros* (santo).

Em todas as religiões há pessoas constituídas como mediadoras entre a divindade – o sagrado, o transcendente – e o povo. Pessoas que trazem ao povo, da parte da divindade, a palavra ou o oráculo, e que levam à divindade, da parte do povo, a oração ou o sacrifício. Segundo a Carta aos Hebreus, o sacerdote "escolhido de entre os homens, é constituído em favor dos homens, nas suas relações com Deus, para oferecer dons e sacrifícios pelos pecados" (Hb 5,1).

Em Israel, considerava-se que o povo inteiro, em face das outras nações, exercia um verdadeiro sacerdócio (cf. Ex 19,6), mas dentro da própria comunidade foi-se estruturando, para o culto e para a palavra, o sacerdócio de determinadas pessoas, sobretudo da tribo de Levi (os levitas) e os descendentes de

Aarão, em particular quando já no Templo de Jerusalém se organizou o culto a Javé. Também aqui se tratava de aproximar do povo a palavra divina e de oferecer a Deus, da parte do povo, o louvor e os sacrifícios (cf. *CIC* 1539-1543).

A grande novidade e plenitude do cristianismo foi a convicção de que *Jesus Cristo* tinha sido constituído de uma vez por todas como o único e verdadeiro Sacerdote da Nova Aliança, que "não penetrou num santuário feito por mãos de homem, mas no próprio céu, para se apresentar agora diante da aceitação de Deus em nosso favor", como "Sumo Sacerdote dos bens futuros", oferecendo-se a si mesmo como sacrifício definitivo por toda a humanidade: cf. Hb 3,1; 4,14ss; 9; 10... Cristo é o Profeta e Mestre que nos vem da parte de Deus e o Sacerdote que se oferece a si mesmo como sacrifício em nome de toda a humanidade (cf. *CIC* 1544-1545).

A Igreja participa do sacerdócio de Cristo: porque "essa função sacerdotal por intermédio da Igreja que, sem cessar, louva o Senhor e intercede pela salvação de todo o mundo, não só com a celebração da Eucaristia, mas também de outros modos, especialmente com o Ofício Divino" (*SC* 83; cf. *IGLH* 7.15), assim como através do seu testemunho e evangelização diante do mundo, sempre unida ao Sumo Sacerdote, Jesus Cristo (cf. *SC* 7).

Na comunidade eclesial, há dois modos de participar no único sacerdócio de Cristo (cf. *CIC* 1546-1547). Por um lado, todo o povo cristão, pelo Batismo e Confirmação, fica constituído como povo sacerdotal (cf. *LG* 10.31), participando, cada um segundo a sua vocação própria, na missão de Cristo Sacerdote, Profeta e Rei, para o bem de toda a humanidade. Esse sacerdócio comum do povo batizado, que tinha caído num certo esquecimento na teologia e na espiritualidade eclesiais, foi ressaltado, sobretudo no Concílio (cf. *LG*), concretizado nos novos livros litúrgicos e assumido explicitamente no *Catecismo* (cf. por exemplo, o que diz do sacerdócio dos pais dentro da igreja doméstica que é a família: *CIC* 1657). Todos os batizados são "geração eleita, sacerdócio real, nação santa, povo adquirido por Deus, para anunciar os louvores daquele que vos chamou das trevas para a sua luz admirável" (1Pd 2,9).

Mas, além disso, dentro do povo sacerdotal, por meio do sacramento da Ordem, surge o sacerdócio "ministerial" dos bispos e dos presbíteros, confiado por Cristo aos Apóstolos e seus sucessores, e que está ao serviço do primeiro, o "comum" de todo o povo (cf. *CIC* 1120.1547-1553). Estes participam do sacerdócio de Cristo de um modo distinto, recebendo o Espírito que os faz atuar *in persona Christi Capitis* ("na pessoa de Cristo-Cabeça") (cf. *CIC*

1548), para serem pastores da comunidade com a palavra e a graça de Deus (cf. *LG* 11).

Ordem, ordenação. Presbítero.

sacramentais

O Sacerdócio salvador de Cristo prolonga-se e manifesta-se na Igreja, que é sacramento do seu Senhor. A Igreja comunica a graça e a salvação de Deus por meio de muitos sinais e celebrações, alguns dos quais se chamam, em sentido estrito, *sacramentos*; são sete, desde que, por volta do século XII – sobretudo a partir de Pedro Lombardo –, concretizou-se esta identificação e este número septenário. Antes, como, por exemplo, nos escritos de Santo Agostinho, a palavra "sacramento" aplicava-se num sentido muito mais amplo a outras muitas realidades salvíficas na comunidade cristã. Poder-se-ia dizer que esses sete são os "sacramentos maiores", enquanto o nome de *sacramentais* se aplica a outras ações eclesiais. Mas todos eles na unidade que emana de Jesus Cristo, ele próprio Sacramento radical da salvação de Deus, e da Igreja, também toda ela sacramento e depositária da salvação que Cristo nos quer comunicar.

Os sacramentais são sinais sagrados, à maneira dos sacramentos, mas que não provêm da instituição de Cristo. A própria Igreja os criou para que preparem, acompanhem e prolonguem a ação dos sacramentos. Recebem a sua identidade e a sua força da fé da Igreja celebrante, e também da fé dos cristãos que os pedem e participam deles. Também por meio desses sacramentais o Mistério Pascal de Cristo, fonte de toda a graça e salvação, ilumina e fecunda as diversas circunstâncias da vida do cristão.

Os sacramentais, como disse o Vaticano II, são "sinais sagrados que, à imitação dos sacramentos, significam efeitos, sobretudo de ordem espiritual, que se obtêm pela oração da Igreja. Por meio deles, os homens dispõem-se a receber o principal efeito dos sacramentos e santificam-se as várias circunstâncias da vida. Assim, a liturgia dos sacramentos e sacramentais faz com que, para os fiéis que têm boas disposições, todos os acontecimentos da vida sejam santificados pela graça que provém do Mistério Pascal da Paixão, Morte e Ressurreição de Cristo, do qual todos os sacramentos e sacramentais recebem o seu poder [santificador]; e assim o uso honesto das coisas materiais pode ser proveitoso para a santificação do homem e o louvor de Deus" (*SC* 60-61; cf. in *SC* 62-63.79 os critérios para a sua renovação).

Algumas dessas ações eclesiais, muito semelhantes aos sacramentos, têm importância notória, como a dedicação da igreja e do altar, as exéquias, a coroação das imagens sagradas, a exposição e bênção do Santíssimo, a profissão religiosa e a consagração das virgens. Alguns desses sacramentais afetam toda a Igreja local e, portanto, estão reservados ao bispo, tal como a bênção das igrejas e dos altares. Outros são realizados pelos presbíteros ou diáconos e, inclusive alguns, como certas bênçãos, podem ser efetuados pelos leigos.

A iniciação cristã, que se realiza, sobretudo, pelos sacramentos do Batismo, Confirmação e Primeira Eucaristia, contém diversos sacramentais: a persignação na fronte, os exorcismos, a unção com o óleo dos catecúmenos e do crisma e a bênção da água. A memória desses três sacramentos também se aviva com sacramentais, como a aspersão dominical, o sinal da cruz com água benta e a renovação das promessas batismais.

Ao longo do ano cristão, realizam-se vários sacramentais muito significativos, mais ou menos incluídos na celebração dos sacramentos: a bênção e imposição das cinzas, a bênção dos ramos e a procissão de entrada de Domingo de Ramos, a adoração da cruz, na Sexta-feira Santa, a procissão e as orações das rogações, a bênção e procissão das velas, em 2 de fevereiro, as procissões em honra da Virgem ou dos Santos ou da Semana Santa.

Um sacramental muito próximo é o da oração com que invocamos a bênção de Deus sobre as pessoas, os edifícios, as imagens e as coisas, para lhes comunicar a graça salvadora da Páscoa de seu Filho; essas bênçãos são feitas segundo os textos e orientações do novo livro das bênçãos, o *Ritual de bênçãos*.

Na celebração dos sacramentais, de modo semelhante à dos sacramentos, proclama-se a Palavra de Deus, da qual deriva a sua força e que alimenta a fé dos fiéis. Depois, louva-se e invoca-se a Deus, para que nos conceda a sua ajuda por meio de Cristo seu Filho e com a força do seu Espírito. Nesses sacramentais, os sinais mais frequentes são a imposição das mãos, o sinal da cruz, a unção, a aspersão com a água e a incensação.

Bendizer, bênção. Consagração. Dedicação. Exéquias. Exorcismo. Sacramento.

Sacramentário

O Sacramentário é um livro litúrgico próprio dos ritos ocidentais: contém as orações que o presidente da Eucaristia dirige a Deus em nome da comunidade. Nas liturgias orientais chama-se "Eucológio".

Os Sacramentários romanos mais famosos, dos séculos VI-IX, são o Leonino (também chamado Veronense, devido ao lugar onde se conserva o manuscrito principal), o Gelasiano antigo, os Gregorianos (Adriano,[76] séc. VIII, e Paduano, séc. IX), e os Gelasianos do século VIII. Recordemos, além disso, o rito Ambrosiano de Milão, o Sacramentário Bergomense; do hispânico, o *Liber mozarabicus sacramentorum*; do céltico, o Missal Stowe; e do galicano, o Missal Galicano antigo.

Mais tarde, esse livro de altar, com as orações presidenciais, passou a chamar-se "Missal". Nele se editaram, aos poucos, também as leituras bíblicas. Agora, de novo, distingue-se o Lecionário para estas leituras e o chamado Missal para as orações.

Livros litúrgicos. Missal.

sacramento

A palavra latina *sacramentum* designava, na linguagem jurídica, o depósito de um valor como garantia da boa-fé e da promessa do cumprimento. Na linguagem militar, assim se chamava ao juramento de fidelidade. No cristianismo – começando pelo norte de África, no século II – às vezes, traduziu-se por esse termo o *mysterion* grego. Mas, enquanto ao termo *mysterium* deu-se-lhe, sobretudo, o sentido de uma realidade oculta, foi-se utilizando *sacramentum* para designar os sinais visíveis e eficazes das realidades divinas, as realidades mistéricas celebradas na liturgia cristã, pelas quais Deus nos comunica a salvação na Igreja, pela participação no Mistério Pascal de Cristo.

O verdadeiro sacramento é *Jesus Cristo*. Como dizia Santo Agostinho, "não há outro sacramento de Deus senão Cristo" (Carta 187). Ele é o sinal vivente que nos exprime a salvação de Deus, contém-na em si mesmo, e no-la comunica eficazmente, agora, por meio da sua Igreja. Cristo não só instituiu os sacramentos, como ele próprio é o sacramento primordial e definitivo do encontro de Deus com a humanidade.

Ora bem, o que Cristo tinha de "sacramento visível" passou agora à sua Igreja: "a Igreja, que em Cristo, é como que o sacramento ou sinal e instrumento da íntima união com Deus e da unidade de todo o gênero humano" (*LG* 1). Como sacramento, a Igreja "serve também de instrumento da redenção universal" (*LG* 9), "sacramento universal de salvação" (*LG* 48), por meio

---

76   N.E.: Nome do Sacramentário enviado pelo Papa Adriano (772-795) a Carlos Magno.

do qual Cristo manifesta e realiza ao mesmo tempo o mistério "do amor de Deus para com o homem" (cf. *GS* 45). "A missão da Igreja não se acrescenta à de Cristo e do Espírito Santo, mas é o sacramento dela" (*CIC* 738; cf. 774-776).

Dentro dessa Igreja, toda ela sacramental, se configuraram, por vontade inicial de Cristo e por um desenvolvimento que a Igreja precisou ao longo dos séculos, *os sete sacramentos*, no sentido próprio do termo: Batismo, Confirmação, Eucaristia, Penitência, Unção dos Enfermos, Ordem sacerdotal e Matrimônio. Esses sete sacramentos "atingem todas as etapas e todos os momentos importantes da vida do cristão: dão à vida de fé do cristão origem e crescimento, cura e missão. Nisto existe uma certa semelhança entre as etapas da vida natural e as da vida espiritual" (*CIC* 1210). O sacramento radical é o Batismo, mas o sacramento chamado por antonomásia "Santíssimo Sacramento" é a Eucaristia.

Os sacramentos, como "'forças que saem' do Corpo de Cristo, sempre vivo e vivificante; ações do Espírito Santo em operação no seu Corpo que é a Igreja, os sacramentos são 'as obras-primas de Deus', na nova e eterna Aliança" (*CIC* 1116). Esses sete sacramentos, que são eficazes porque continuam a ser atos de Cristo ressuscitado e do seu Espírito, através da Igreja, "manifestam e comunicam aos homens, sobretudo na Eucaristia, o mistério da comunhão do Deus-Amor, um em três Pessoas" (*CIC* 1118).[77]

Mistério. Mistério pascal. Ritual.

sacrário

O "sacrário" ou "tabernáculo" é o pequeno recinto, à semelhança de caixa ou armário, onde se guarda a Eucaristia depois da celebração, para que possa ser levada aos doentes ou dela possam comungar, fora da Missa, os que não puderam participar dela.

A palavra "sacrário" indica que é o lugar onde se "guarda o sagrado". *Tabernaculum*, em latim, significa "tenda de campanha": daí a festa judaica dos Tabernáculos ou das Tendas de Israel e, sobretudo, a "tenda do encontro" que era o seu ponto de referência, ao longo da travessia do deserto. Agora, a verdadeira "tenda" é o próprio Cristo (cf. Hb 9,11.24), o Verbo que se fez carne e montou a sua tenda entre nós (cf. Jo 1,14).

---

77 N.E.: Recomendamos: Rovira Belloso, J.M. *Os sacramentos:* símbolos do Espírito. São Paulo: Paulinas, 2005; Marsili, Salvatore. *Sinais do Mistério de Cristo*. São Paulo: Paulinas, 2010. p. 169-177; Castellano, Jesus. *Liturgia e vida espiritual*. São Paulo: Paulinas, 2008. p. 315-339.

Nos primeiros séculos, guardava-se a Eucaristia em casas particulares, com todo o respeito, e, a seguir, ao construírem-se as igrejas, num anexo da sacristia, ou, ainda, num cofrezinho dentro do presbitério. A partir do século XI, colocava-se esse sacrário em cima do altar ou, melhor ainda, dentro de uma "pomba" dependurada sobre o altar.

Presentemente, o sacrário não é colocado sobre o altar. "Assim, em razão do sinal, convém mais à natureza da celebração sagrada que o Cristo, na medida do possível, não esteja eucaristicamente presente desde o início da Missa pela conservação das sagradas espécies no tabernáculo, sobre o altar onde se celebra a Missa, pois esta presença é fruto da consagração e deve aparecer como tal" (*SCCME* 6). A Eucaristia reserva-se num só sacrário, em cada igreja ou oratório, colocado num lugar nobre e destacado, convenientemente adornado, inamovível, de matéria sólida e não transparente, fechado com chave, num ambiente que torne fácil a oração pessoal fora do momento da celebração e, portanto, o melhor local é numa capela separada.

Junto ao sacrário, deve luzir constantemente uma lâmpada, com a qual se indica e honra a presença de Cristo. A presença do Senhor no sacrário é indicada, além disso, se for o modo determinado pela autoridade competente, por meio do conopeu (véu do tabernáculo) (cf. *IGMR* 314-317; *SCCME* 9-11).

Conopeu. Culto à Eucaristia. Reserva.

sacras

Chamavam-se "sacras" a três quadros, emoldurados e com vidro, às vezes muito bem adornados, que se colocavam de pé sobre o altar, apoiados na base do retábulo, para que o sacerdote pudesse dizer determinadas orações sem necessidade de recorrer sempre ao Missal.

No lado direito do altar, estava o salmo que se dizia durante o gesto do lava-mãos (*lavabo*). No da esquerda, o último Evangelho, o Prólogo de São João, que se recitava antes de terminar a Missa. No centro, as orações principais do Cânon romano, sobretudo as palavras da Consagração.

sacrifício

Em todas as religiões há um lugar destacado para o sacrifício, palavra que vem do latim, *sacrum-facere* (tornar algo sagrado, ou fazer que uma coisa se converta em sagrada, separada, oferecida).

Entende-se o sacrifício como expressão da entrega à divindade, ou por humilde reconhecimento da sua dependência, para lhe dar graças, para expiar os pecados, ou para suplicar a sua ajuda. Oferece-se-lhe algo que se aprecia: supõe sempre uma renúncia (imolação) de si ou das próprias posses, também com um sentido de identificação da coisa sacrificada com a comunidade ou a pessoa que a oferece.

No AT, está muito presente o sacrifício, desde o Gênesis 8,20 (depois do dilúvio), 15,9-10 (sacrifício de animais por parte de Abraão) ou 22 (Abraão disposto a sacrificar o filho). No princípio, fazia-se com um ritual simples e familiar, mas logo depois, no Templo, desenvolveu-se a sua ritualidade e reservou-se à classe sacerdotal. Às vezes, era um "holocausto", em que se queima tudo o que se oferece (primícias das colheitas ou de animais) em honra de Javé. Outras vezes, "sacrifícios de comunhão", em que depois de queimar parte, ou de o dedicar ao Templo de Deus, partilha-se o resto numa refeição sagrada. Outras vezes, ainda, o sacrifício é de "expiação", em que se considera o animal oferecido como representante dos pecados do povo.

O profeta Malaquias (1,11) anuncia para o tempo messiânico um sacrifício puro. Mas, sobretudo Isaías, nos seus capítulos 52 e 53, descreve a figura do Servo, que se entregará a si mesmo pelos pecados de muitos.

No NT, não tem grande importância o conceito clássico de sacrifício: só o de *Jesus Cristo*. Assim como ele é o verdadeiro Sacerdote e Mestre, é também de uma vez por todas o Sacrifício definitivo, aquele que, com o seu Sangue, estabelece e rubrica a Nova Aliança. O que Moisés tinha dito em Ex 24,8 sobre o sangue dos animais ("Eis o sangue da aliança que o Senhor concluiu convosco") agora os Evangelhos, sobretudo de Mateus e de Marcos, no relato da Última Ceia, aplicam-no ao Sangue de Cristo, que selará a Nova Aliança ("este é o Sangue da Nova Aliança").

Jesus Cristo, cuja vida inteira já tinha sido entregue pelos outros e oferecida ao Pai, culmina esse sacrifício pela humanidade entregando-se a si mesmo até a morte, superando e levando à plenitude todos os outros sacrifícios; convicção que, sobretudo, a Carta aos Hebreus sublinha (cf. *CIC* 606-616).

Encarregam-se os cristãos de, em toda a sua vida, unirem-se a essa entrega sacrificial de Cristo, antes de tudo com a atitude interior e com o oferecimento do seu corpo, da sua vida (cf. Hb 10,10; Rm 6,13; 12,1; 1Pd 2,21...). "Unindo-nos ao seu sacrifício, podemos fazer da nossa vida um sacrifício para Deus" (*CIC* 2100).

Mas temos, sobretudo, um sacramento, o da Eucaristia, no qual a Igreja celebra, desde o princípio, o memorial do sacrifício pascal de Cristo na cruz; "O nosso Salvador, na Última Ceia, na noite em que foi entregue, instituiu o sacrifício eucarístico do seu Corpo e do seu Sangue para perpetuar o sacrifício da cruz pelos séculos além, até ele voltar, e para confiar assim à Igreja, sua amada Esposa, o memorial da sua Morte e Ressurreição" (SC 47; cf. *CIC* 1356-1372: *O sacrifício sacramental*).

O sacrifício de Cristo na cruz é único, irrepetível: mas celebrar o seu memorial é atualizar esse mesmo sacrifício pascal de Cristo, ao longo do tempo da Igreja, até que volte. Comungar com o "Corpo entregue por" e com o "Sangue derramado por" de Cristo é entrar em comunhão com o sacrifício de Cristo, participar na sua dinâmica, torná-lo próprio. Cristo, desde a sua existência escatológica de Ressuscitado, continua a ser para sempre "o entregue por", o sacrifício vivente, e ao tornar-se-nos presente torna presente também e nos comunica o seu sacrifício da cruz.

Esse sacrifício, que celebramos e em que participamos na Eucaristia, converte-se também em "sacrifício da Igreja" (cf. *CIC* 1368-1369), porque nos unimos a ele, não só oferecendo-o e comungando com ele na Eucaristia, mas também com toda a nossa vida, para ser juntamente com Cristo "vítima viva, para vosso louvor", "oferenda permanente", como pedem as Orações Eucarísticas como fruto da Eucaristia: "o sacrifício de Cristo torna-se também o sacrifício dos membros do seu Corpo. A vida dos fiéis, o seu louvor, o seu sofrimento, a sua oração, o seu trabalho unem-se aos de Cristo e à sua oferenda total, adquirindo assim um novo valor. O sacrifício de Cristo presente sobre o altar proporciona a todas as gerações de cristãos a possibilidade de se unirem à sua oferta" (*CIC* 1368).

sacristão

O ministério de sacristão ou sacristã é uma das funções ou serviços mais visíveis confiados aos leigos.

São muitas as coisas que se lhes pedem:

- manter em ordem e em bom estado os lugares: sacristia, presbitério, igreja; abrir e fechar as portas no seu devido momento;

- cuidar dos toques oportunos dos sinos, assim como da música ambiental;

- assegurar a limpeza e o bom uso dos objetos relativos ao culto: livros, utensílios, vasos sagrados, flores;

- preparar as celebrações no seu aspecto material: livros, vestes, iluminação, aparelhagem de som, pão e vinho da Eucaristia;

- fazer ou mandar fazer a coleta ofertorial;

- encarregar-se do grupo de acólitos ou coroinhas e do seu correto funcionamento nas celebrações;

- procurar que, na sacristia, se crie um clima de paz e oração, que favoreça a preparação espiritual de ministros e acólitos;

- dispor de modo adequado, segundo os critérios da liturgia atual, os diversos elementos da celebração: a relação entre o altar, o ambão e a presidência, e os lugares próprios dos concelebrantes, acólitos, monitores etc.

De um sacristão ou sacristã espera-se também que tenham as qualidades humanas – paciência, amabilidade, disponibilidade – próprias de uma pessoa que tem de receber muitos daqueles que vêm ao seu lugar de serviço (sacerdotes, acólitos, fiéis). Mas também qualidades técnicas para o manejo dos aparelhos elétricos e eletrônicos de gravação e som, e sensibilidade e bom gosto para a disposição dos espaços e dos seus adornos. Sobretudo, deveria ter também um verdadeiro conhecimento litúrgico, das celebrações e da sua estrutura, dos tempos litúrgicos e das festas, do uso dos livros litúrgicos, para os preparar e disponibilizar.

sacristia

Chama-se "sacristia" à divisão anexa à igreja, próxima do presbitério, onde normalmente os ministros se vestem e se preparam para a celebração. Deve ter, portanto, uma dignidade especial, por ser como que a antecâmara do lugar mais sagrado, o presbitério. Daí o seu nome de "sacristia", que, em latim eclesiástico, significa "próximo do sagrado".

É também a dependência onde se guardam os objetos, vestes e utensílios litúrgicos, por vezes, de grande valor. Com frequência, converte-se no lugar de encontro particular do pastor com os fiéis.

Sacristão.

sal

O sal dá sabor, condimenta e conserva os alimentos e preserva-os da corrupção e, por isso, desde sempre foi um elemento muito apreciado. É famoso o dito de Plínio: *sole et sale nihil corporibus est utilius* – "nada há de mais útil para o corpo que o Sol e o sal" (exceto quando os médicos o proíbem por causa da tensão arterial). Não é de estranhar, portanto, que, desde muito cedo, e nas diversas culturas, seja símbolo dessas mesmas propriedades aplicadas à vida humana e à religião.

No AT, dava-se-lhe um sentido de conversão e fidelidade. Por isso, se exigia, no Levítico: "Deitarás sal em todas as oblações; e não permitirás que falte o sal da aliança do teu Deus sobre a tua oblação" (Lv 2,13). O sal significa, aqui, a estabilidade, a conservação da aliança entre Deus e o seu povo: "aliança de sal, eterna diante do Senhor, para ti e para a tua descendência" (Nm 18,19). Também é símbolo de purificação. Aos que pediam que sanasse as águas da cidade, disse-lhes Eliseu: "Trazei-me um prato novo e ponde nele sal". Eles trouxeram o prato. Eliseu foi à fonte das águas e deitou nela sal, dizendo: "Isto diz o Senhor: 'Tornei saudáveis estas águas, e elas não mais causarão nem morte nem esterilidade'" (2Rs 2,20-21). Também foi símbolo da hospitalidade e do acolhimento: oferecer o pão e o sal era o gesto de acolhimento em casa.

No NT, o próprio Jesus emprega o simbolismo do sal quando diz aos discípulos: "vós sois o sal da terra" (Mt 5,13). Como o sal, dissolvendo-se e penetrando na massa lhe dá gosto e a defende da corrupção, assim os cristãos no meio do mundo. E se eles se desvirtuam, são como o sal que se desvirtua: não servem para nada. Também S. Paulo aponta para o simbolismo do sal quando recomenda aos seus: "que a vossa conversa seja sempre amena, temperada com sal, sabendo responder a cada qual como convém".

Esses simbolismos – e outros, como o da sabedoria, o sabor da vida – contribuíram para que se utilizasse o sal na linguagem da iniciação cristã. Às vezes, dando aos recém-batizados o sal, como primeiro alimento, em preparação ao da Eucaristia. Ou pondo-se-lhes sal na boca – gesto que se fez até a última reforma do ritual – para indicar a sabedoria, a conservação e a fidelidade àquilo que o Batismo significa, ou a purificação de todo o mal. Todavia, o *Ritual de adultos* deixa-o como rito complementar possível, onde se veja que esse simbolismo funciona (cf. *RICA* 89).

No *Ritual de bênçãos* aparecem textos e leituras para abençoar, por motivos devocionais, o sal, assim como outros alimentos e bebidas (*RB* 1331).

salmista

O ministério de cantar como salmista é um dos mais importantes que os leigos podem realizar na celebração.

Na última reforma, recuperou-se o Salmo Responsorial, depois de, durante séculos, ter sido substituído pelo "Gradual" ou pelo "Trato", que requeriam cantores muito especializados e se realizavam sem a participação da comunidade.

A origem do Salmo Responsorial e do ofício de salmista remonta à sinagoga e às suas celebrações litúrgicas. Nos textos dos Padres do século IV, como Ambrósio, Agostinho ou João Crisóstomo, inteiramo-nos da importância que lhe concediam nas comunidades cristãs de então.

O ministério do salmista está cheio de técnica musical e de fé. Sabe música e realiza o seu ministério pensando em ajudar a comunidade: "para bem exercer a sua função, é necessário que o salmista saiba salmodiar e tenha boa pronúncia e dicção" (*IGMR* 102; cf. *ELM* 56). Entoa as estrofes do salmo para que a comunidade o possa ir meditando serenamente e responder com o seu estribilho ou antífona cantada. O Papa São Dâmaso fala do *placidum modulamen* do salmista, uma "modulação plácida" que ajuda a ir aprofundando o sentimento do salmo.

Mas, ao mesmo tempo, canta a partir de dentro, "escutando", ele próprio, o que disse a leitura e, agora, o salmo, saboreando a salmodia, alegrando-se, meditando, suplicando, aclamando ou pedindo perdão, segundo o salmo que está cantando para si e para os outros.

Realiza o seu ministério no ambão, porque o salmo é também Palavra de Deus. E, em princípio, quem o faz é um ministro distinto do que proclamou a primeira leitura.[78]

Cantor. Salmo Responsorial.

---

78   N.E.: Cf. CNBB. *Guia litúrgico-pastoral*. Brasília: Edições CNBB, 2007. p. 80-82.

salmos

A palavra grega *psalmos* e a latina *psalmus* vêm do verbo *psallo* (pulsar as cordas do Saltério, fazendo-as vibrar). É o que Davi fazia para acalmar os maus humores de Saul (cf. 1Sm 16,16-23).

Chamam-se salmos os 150 cânticos poéticos bíblicos do livro do Saltério, expressão da fé e da oração do povo de Israel, que os cristãos tomaram como seus já desde a comunidade apostólica. Foram criados por autores anônimos – apesar de os livros judaicos, com frequência, os atribuírem, entre outros, a Davi, Asaf e Coré – no período que vai dos séculos X a V antes de Cristo. Podem ser poemas e orações de origem pessoal ou, melhor ainda, do âmbito litúrgico, da sinagoga ou do Templo; de imediato todos eles foram assumidos para o culto e incluídos no Saltério. A sua numeração – entre o Salmo 9 e o 147 – é distinta, no Saltério hebraico ou no latino usado na nossa liturgia, conforme se juntem ou se fragmentem diversos salmos ou parte de salmos.

Dividem-se em gêneros literários muito díspares: salmos penitenciais, reais, de lamentação pessoal ou comunitária, de vitória, de ação de graças, de peregrinação etc. Neles, aparece uma fé feita de louvor e súplica, de situações pessoais e comunitárias, de lamentos e vitória, de reflexão meditativa e protesto, de confiança e desespero. Sempre com um profundo sentido religioso. Os salmos, poemas cantados, são considerados como um tesouro literário e espiritual de Israel e de toda a humanidade, um vibrante retrato da vida e dos sentimentos da humanidade e das suas atitudes para com Deus. "Os salmos são a obra-prima da oração no AT" (*CIC* 2585; cf. 2585-2589: "Os salmos, oração da assembleia").

No NT, os salmos foram entendidos como anúncio profético cumprido em Cristo, como ele os apresentou, quando foi explicando aos discípulos de Emaús o que diziam dele os salmos (cf. Lc 24,44). Aconteceu já desde o princípio a "cristologização" dos salmos: ao sentido literário ou histórico original dos poemas, acrescentou-se o sentido pleno, rezando-os como cumpridos plenamente em Cristo e na sua Igreja, e rezaram-se já a partir dessa perspectiva. Às vezes, cristologizavam-se "por alto", quando a Igreja dirige a Cristo o louvor que os israelitas dirigiam a Deus (por exemplo: "povos todos, batei palmas... Deus ascende entre aclamações", rezado no dia da Ascensão e aplicado a Cristo), ou então, "por baixo", quando os salmos são postos na boca do próprio Cristo, dirigidos a seu Pai: ("Meu Deus, meu Deus, por que me abandonastes?"). No primeiro caso são enunciados como "voz da Igreja"; no segundo, como "voz de Cristo".

Todas as famílias litúrgicas, sobretudo no Louvor das Horas, fazem dos salmos uma parte substantiva da sua oração. "Na Liturgia das Horas, a Igreja, para rezar, serve-se em grande parte desses esplêndidos poemas que os autores sagrados do Antigo Testamento compuseram sob inspiração do Espírito Santo" (*IGLH* 100). "O Espírito Santo, sob cuja inspiração os salmistas cantaram, assiste sempre com sua graça aqueles que de boa vontade, salmodiando com fé proferem esses poemas" (*IGLH* 102).

"Não são leituras nem orações compostas em prosa; os salmos são poemas de louvor [...] chamam-se com razão, em hebraico, *tehillim*, ou seja, 'cânticos de louvor', e em grego *psalmoi*, isto é 'cânticos para entoar ao som do Saltério'" (*IGLH* 103).

"Com as palavras do salmo poderemos muitas vezes orar com mais facilidade e fervor, seja dando graças e louvando a Deus com alegria, seja suplicando-o desde as profundezas de nossas angústias" (*IGLH* 105).

"Procurando permanecer fiel ao sentido literal, quem salmodia se fixa na importância que o texto contém para a vida humana dos que creem" (*IGLH* 107). Mas, além disso, "na Liturgia das Horas, quem salmodia não o faz tanto em seu próprio nome como antes em nome de todo o Corpo Místico de Cristo, e até na pessoa do próprio Cristo" (*IGLH* 108), prestando atenção "ao sentido pleno dos salmos, particularmente ao sentido messiânico", que se revelou no NT (*IGLH* 109).

O Vaticano II estabeleceu que os salmos fossem distribuídos, não por uma semana, como se tinha feito pelo menos desde São Bento, mas por um período de tempo mais longo, e que se levasse a cabo o trabalho já iniciado da revisão do Saltério (cf. *SC* 91). Com efeito, o livro reformado da Liturgia das Horas, aparecido em 1971, estabeleceu que se rezasse o Saltério em quatro semanas. A introdução a esse livro (*IGLH*) enumera as dificuldades que o cristão de hoje pode encontrar na recitação dos salmos, os elementos que ajudam a rezá-los melhor (antífonas, títulos, frases, orações sálmicas), os vários modos de salmodia, os critérios da sua distribuição nos vários tempos e horas, a possibilidade da sua substituição por outros salmos, a importância do seu cântico etc.

Na Missa o salmo aparece, sobretudo, como canto responsorial, depois da primeira leitura. Também pode rezar-se como cântico de entrada ou de Comunhão.

Há outras celebrações em que determinados salmos têm sentido muito especial: nas exéquias (Salmos 114 (113A), "Quando Israel saiu do Egito", e 118 (117), "Dai graças ao Senhor porque ele é bom"); na celebração da Penitência ("Misericórdia, meu Deus, pela vossa bondade")...

Salmodia. Saltério.

Salmo Responsorial

Embora o testemunho de Justino, no século II, não nos fale ainda de um salmo intercalado entre as leituras, sabemos que é antiquíssima a sua existência, herdada da liturgia judaica. No tempo de Santo Agostinho era um dos elementos preferidos da liturgia da Palavra: ele mesmo, nas suas homilias, o cita com frequência e, às vezes, o converte em tema principal das suas palavras.

Nos séculos posteriores, foi-se dando mais importância à música que ao texto do salmo e foi-se complicando a sua realização, convertendo-se em patrimônio de especialistas, com o canto gregoriano dos "Graduais" e "Tratos". Na reforma atual, clarificou-se o papel do Salmo Responsorial no conjunto da celebração da Palavra. Ao princípio, chamou-se "canto interleccional", mas o nome de "Salmo Responsorial" acabou por ser o preferido, por duas razões: a sua estrutura condiz mais com a do salmo do que a de um cântico, e a forma de o rezar é responsorial, ou seja, enquanto o salmista recita ou entoa as estrofes, a comunidade vai respondendo com o seu estribilho ou antífona. Na liturgia hispânica, chama-se *psallendum*.

O *ELM*, o novo Lecionário, descreve a *finalidade e as modalidades* de realização do Salmo Responsorial (cf. *ELM* 19, 22 e 56). Trata-se de dar à celebração um acento de serenidade contemplativa: o salmo prolonga poeticamente e ajuda a comunidade a interiorizar a mensagem da primeira leitura bíblica. Por isso, deve ser dito "da maneira mais adequada à meditação da Palavra de Deus" (*ELM* 22), sobretudo, com o canto, porque este "ajuda muito a entender o sentido espiritual do salmo e favorece a sua meditação" (*ELM* 21).

Gradual. Salmista.

salmodia

Chama-se "salmodia", do grego *psalmos* e *odé* (canto), sobretudo ao modo de cantar ou recitar os salmos. Embora também se denomine assim ao conjunto dos salmos de um dia ou de uma hora determinada.

"São propostas várias maneiras de recitar os salmos, segundo o requeira o gênero literário ou a extensão de cada salmo, e também conforme se recite o salmo em latim ou em vernáculo, mas sobretudo se a recitação for individual ou em grupos, ou ainda com a assembleia do povo, a fim de que todos os que salmodiam percebam mais facilmente o sabor espiritual e literário dos salmos. A escolha feita destes não foi feita com critérios quantitativos, mas atendendo à variedade e índole própria de cada salmo" (*IGLH* 121). A finalidade da salmodia é sempre espiritual e pastoral; o antigo *psallite sapienter*, cantar os salmos saboreando-os espiritualmente.

Os vários modos que se empregam são:

- *antifônico*, entre dois coros;

- *responsorial*, quando a comunidade responde com um estribilho às estrofes cantadas por um solista;

- *direto*, quando o solista ou a comunidade recitam o salmo todo seguido, sem alternância;

- *litânico*, quando o próprio salmo contém uma resposta, muito repetida e breve, aos versículos recitados pelo solista;

- *dialogado*, se o salmo se presta a que dois ou mais "atores" personifiquem os vários personagens do poema.

Salmista. Salmos. Saltério.

Saltério

É originalmente um instrumento musical de cordas. Mas também é o nome do conjunto dos 150 salmos da Bíblia, o livro inspirado do AT. A numeração dos salmos é diferente, no uso judaico ou no cristão, no técnico dos escrituristas ou no litúrgico, segundo se juntem ou se dividam diversos poemas ou salmos entre si.

No uso cristão dos primeiros séculos, sobretudo a partir da Regra de São Bento, distribuiu-se o Saltério ao longo da recitação de uma semana. O Concílio Vaticano II determinou que "distribuam-se os salmos não só por uma única semana, mas por um mais longo espaço de tempo" e, além disso, que se levasse a termo "o trabalho de revisão do Saltério, felizmente iniciado" (*SC*

91). De fato, dividiu-se o Saltério em quatro semanas, diminuindo o número de salmos de cada hora, com o propósito de favorecer a sua recitação mais consciente e serena.

Paulo VI, na sua Constituição Apostólica *Laudis Canticum*, com a qual promulga a Liturgia das Horas reformada, fala da nova versão do Saltério preparada no tempo de Pio XII, e também da versão latina da "nova *Vulgata*" levada a cabo por incumbência do próprio Paulo VI. Naturalmente, as diversas línguas prepararam uma tradução oficial do Saltério para as suas comunidades.

Salmos. Salmodia.

Sanctus (Santo)

No meio do louvor que o presidente da celebração dirige a Deus, a Oração Eucarística, a comunidade intercala uma primeira aclamação cantada: o *Sanctus* ou "Santo".

Nos primeiros séculos parece que, na oração, não havia nenhuma aclamação desse tipo. Por exemplo, a de Hipólito, do século III, não a tem. Contudo, em finais do século IV, já Cirilo de Jerusalém faz uma catequese do *Sanctus*, nesse lugar. É muito possível que se tenha introduzido no Oriente por influência do culto sinagogal. Reconhecer a santidade de Deus, confessar que ele é "o Santo", era uma das constantes da espiritualidade de Israel. Daí o *Triságio* (o "três vezes Santo") do AT e do NT.

Concretamente, tomou-se a fórmula da aclamação dos serafins em Isaías: "Santo, Santo, Santo, Senhor do Universo (*Iahweh Sabaóth*); a terra está cheia da sua glória" (Is 6,3; cf. também em Ap 4, 8). Mais à frente, introduziu-se a segunda parte da aclamação, o *Benedictus*, tomando-o da cena da entrada em Jerusalém: "Hosana ao Filho de Davi! Bendito seja aquele que vem em nome do Senhor! Hosana nas alturas!" (Mt 21,9).

Com essa aclamação a comunidade associa-se aos anjos e a todo o cosmo, no seu louvor ao Deus criador do Universo e a seu Filho, Messias e Salvador, exercitando assim a atitude fundamental do cristão, o louvor e a adoração de Deus, Senhor do Universo, e do Bendito, Jesus Cristo.

Há dúvidas sobre se, nos primeiros séculos, o *Sanctus* se referia ao Pai, na sua primeira estrofe, e a Cristo na segunda, como agora, ou se teve todo ele um sentido cristológico. O NT louva a Cristo também como "o Santo" por excelência, e durante alguns séculos, sobretudo no Oriente e na liturgia hispânica, parece que todo o *Sanctus* se dirigisse a ele, sublinhando a sua divindade. Nota-se, sobretudo, quando o final do Prefácio convida à aclamação com as fórmulas latinas *quem laudant* ("a quem louvam") ou *cui merito* ("a quem com razão"), referidas a Cristo.

Nas Orações Eucarísticas para as Missas com crianças, o *Sanctus* fragmenta-se em várias aclamações que se intercalam nos parágrafos do louvor do presidente.

Hosana. Triságio.

sanguíneo (ou sanguinho)

Pequeno pano de linho (com três dobras) que se sobrepõe ao cálice e que se usa para a purificação dos vasos sagrados, depois da celebração. Também se lhe dá o nome de "purificatório".

Cálice. Purificação. Vasos sagrados.

Santoral

Chama-se "Santoral" ao calendário dos dias dedicados à memória e veneração dos Santos.

Desde o princípio do cristianismo, em primeiro lugar o culto e a veneração dos mártires e, em seguida, o de outros Santos, deu origem a calendários próprios que estabeleciam as datas das suas festas e memórias, que iam sendo acrescentadas ao calendário "temporal" do Senhor. A partir do século XI, foram-se editando, à parte, os Santorais. O Concílio de Trento determinou a publicação do novo calendário, e o Papa São Pio V deu-lhe cumprimento, colocando-o no início do Missal e do Breviário, tendendo a limitar as festas de Santos, no calendário eclesial. Mas, nos séculos seguintes, o Santoral foi-se ampliando de novo, de modo que este praticamente obscurecia o Temporal ou festas do Senhor e a sucessão dos domingos.

O Concílio Vaticano II propôs várias normas para a reforma do Santoral romano:

- que se guarde a primazia de Cristo na celebração do ano, e que "o Próprio do Tempo ocupe o seu justo lugar de preferência às festas dos Santos para que seja convenientemente celebrado o ciclo completo dos mistérios da salvação" (*SC* 108);

- e, portanto, também se dê prioridade ao domingo, a festa primor-dial;

- a distinção entre calendários universal e particulares: "Para que as festas dos Santos não prevaleçam sobre as festas que recordam os mistérios da salvação, muitas delas ficarão a ser celebradas por cada Igreja particular ou nação ou família religiosa, estendendo-se apenas a toda a Igreja aquelas que celebram Santos de importância verdadeiramente universal" (SC 111);

- estabelecer o dia da festa ou da memória do Santo no *dies natalis*, entendendo-se o dia da sua morte, embora, se caírem na Quares-ma, se procure outra data relacionada com a sua vida.

Na reforma levada a cabo, que desembocou no novo calendário roma-no de 1969, a base foi a tradição da Igreja romana, mas, ao mesmo tempo, fica mais manifesta a universalidade dos Santos, de todas as épocas e séculos (desde os mais remotos até os do nosso século), de todas as nações (desde o mais remoto Oriente até a Europa, África e América) e de todas as situações da Igreja e da vida: papas, bispos, sacerdotes, religiosos, leigos.

Há um calendário e um Santoral universal para toda a Igreja, e outros particulares, para que cada família religiosa ou igreja local celebre com maior ênfase os seus próprios Santos.

O Santoral consta do "Próprio dos Santos" e do "Comum dos Santos", conforme tenham peças eucológicas próprias ou se recorra, para alguma delas – sobretudo para o Prefácio – aos formulários mais gerais, por exemplo, de mártires, ou virgens, ou apóstolos.[79]

Ano litúrgico. Calendário. Mártir, martirológio. Santos.

Santos

O culto aos Santos começou, sobretudo, com a recordação dos mártires, a partir já do protomártir Estêvão (cf. At 8,2). É natural que uma comunidade recorde os seus defuntos e, de modo especial, os mais distintos.

---

[79] N.E.: Recomendamos: Augé, Matias. *O ano litúrgico é o mesmo Cristo presente na Igreja.* São Paulo: Paulinas, 2013. cap. XIII.

Dos mártires conservou-se o túmulo, ou as suas relíquias, assim como as Atas e Paixões do seu martírio. Há documentos do século II que atestam já o culto aos mártires, sobretudo no lugar da sua morte, mas também em outras regiões, se eram muito conhecidos. A seguir, pouco a pouco, surgiu o costume de venerar, no lugar onde viveram ou por onde passaram e em seus aniversários, os Santos que não eram mártires: bispos importantes, doutores da Igreja, santas virgens, monges etc. E do culto local passou-se, em alguns casos, ao universal, pela importância da pessoa ou das suas obras. O apreço das relíquias, as peregrinações aos seus túmulos e a leitura crescente das "vidas de Santos" exprimiram e, ao mesmo tempo, alimentaram a devoção que o povo cristão sempre teve aos seus Santos, como pessoas que estiveram mais próximas do Mestre e Modelo, Jesus Cristo. A Igreja "canonizou" muitos deles, ou seja, colocou-os no cânon, na lista dos bem-aventurados, declarando com esse ato oficial que tais pessoas já gozam da glória de Deus e propondo-as como modelos de vida evangélica ao povo cristão.

O Concílio, no capítulo que a *Lumen Gentium* dedica ao "Caráter escatológico da Igreja peregrina e a sua união com a Igreja celeste", recomendou o culto aos Santos (cf. *LG* 49-51). Mas já antes, no documento sobre a liturgia, se explicava esse culto e se estabeleciam as normas sobre a sua celebração litúrgica: "Neste ciclo anual da celebração dos mistérios de Cristo, a Santa Igreja venera com amor especial a bem-aventurada Virgem Maria, Mãe de Deus [...] A Igreja introduziu também no ciclo do ano a memória dos Mártires e de outros Santos, os quais, tendo atingido a perfeição pela multiforme graça de Deus e tendo já alcançado a salvação eterna, no céu cantam o perfeito louvor a Deus e intercedem por nós. Ao celebrar os dias natalícios [isto é, da morte] dos Santos, ela proclama o Mistério Pascal realizado neles, que sofreram e foram glorificados com Cristo, propõe aos fiéis os seus exemplos, que conduzem todos por Cristo ao Pai, e pelos seus méritos implora os benefícios de Deus" (*SC* 103-104).

Honrar os Santos significa, antes de tudo, honrar a *Deus Pai*, o todo Santo. As pessoas podem ser chamadas "santas", enquanto souberam imitar, embora tenham tido suas debilidades, a santidade de Deus, segundo o antigo mandato: "Sede santos, porque eu, o Senhor, vosso Deus, sou Santo" (Lv 19,2), repetido no NT: "à Igreja de Deus que está em Corinto, aos santificados em Cristo Jesus, chamados a ser santos" (1Cor 1,2). A fórmula da canonização começa com estas palavras: "A glória da Santíssima Trindade"...

Em segundo lugar, os Santos são o melhor *fruto da Páscoa de Jesus Cristo*, o "Santo de Deus": ouviram a sua palavra e puseram-na em prática, assimilaram as suas bem-aventuranças e o seu estilo de vida. Honrar os Santos é celebrar o êxito de Cristo, porque são como seus sinais viventes neste mundo: "todo o amor autêntico que manifestamos aos bem-aventurados dirige-se, por sua própria natureza, a Cristo e termina nele, 'coroa de todos os Santos'" (*LG* 50); "as festas dos Santos proclamam as maravilhas de Cristo nos seus servos" (*SC* 111); ao celebrar o trânsito dos Santos, proclamamos o Mistério Pascal cumprido neles (cf. *SC* 104).

Os Santos são também um *dom do Espírito* à sua Igreja. O Espírito, chamado por antonomásia "Santo", continua a animar a comunidade cristã, enchendo-a dos seus carismas. Algumas vezes é o Espírito da Verdade e da Sabedoria quem suscita homens e mulheres cheios de saber; outras, o Espírito de Amor, que os move a dedicar-se aos pobres e doentes ou à educação; ou o Espírito da Fortaleza, que lhes dá força no testemunho do martírio. Os Santos são frutos da presença animadora do Espírito na humanidade.

Finalmente, os Santos são também a glória e o modelo da *comunidade eclesial*. A sua existência, próxima ou afastada no tempo e na geografia, honra toda a comunidade. Mostram-lhe que é possível viver o Evangelho de Cristo. São uma nota de esperança e um estímulo para toda a Igreja (cf. *LG* 50). E, além disso, da sua existência no céu, não cessam de interceder por nós diante do Pai, e a sua fraterna solicitude contribui muito para remediar a nossa debilidade (cf. *LG* 49).

Em 1º de novembro celebramos a *Festa de Todos os Santos*, dos canonizados e dos não canonizados: de todos os cristãos que gozam de Deus, depois de terem seguido Cristo durante a sua vida.

A origem dessa festa parece que se deve situar no século VII, quando o Panteão romano, um templo dedicado a "todos os deuses" (significado do termo grego), foi dedicado à Virgem Maria e a todos os Santos. O aniversário dessa dedicação foi fixado, no século IX, no dia 1º de novembro.

Litania. Maria. Mártir, martirológio. Relíquias. Santoral.

saudação

Ao longo da celebração eucarística, há quatro momentos em que o presidente dirige uma saudação à comunidade e esta lhe responde: "– O Senhor esteja convosco. – Ele está no meio de nós." (Em latim: – *Dominus vobiscum.* – *Et cum spiritu tuo.*)

O primeiro deles é a "saudação de entrada", no início da celebração, com a qual o sacerdote "manifesta à comunidade reunida a presença do Senhor" (*IGMR* 50). O Missal oferece para isso várias fórmulas, tomadas da linguagem bíblica de saudação, sobretudo das Cartas de São Paulo; por exemplo: "A graça de nosso Senhor Jesus Cristo, o amor do Pai e a comunhão do Espírito Santo estejam convosco".

As outras vezes em que essa saudação é dirigida à comunidade são: antes de proclamar o Evangelho; no início da Oração Eucarística; e antes de dar a bênção final. Dessa maneira, aquele que saúda recorda à comunidade e a si mesmo que o Senhor Jesus, o Ressuscitado, está presente na comunidade, e que nesses momentos importantes o presidente atua em seu nome.

A saudação, ao mesmo tempo em que serve para estabelecer uma comunicação, sublinha que o presidente atua em representação de Cristo, o verdadeiro Sacerdote, Mestre e Guia da comunidade cristã, que está realmente presente na comunidade ao longo de toda a celebração. A resposta da assembleia indica, por sua vez, que também deseja ao sacerdote que o Senhor esteja com ele, com o mais profundo dele, o seu espírito, ou o Espírito que recebeu na sua ordenação, precisamente para ser o representante de Cristo para a comunidade.

A saudação do bispo é a que já referia Santo Agostinho: *Pax vobis*, "A paz esteja convosco".

Também é significativa a saudação em outras ocasiões:

- no sacramento da Penitência: "O sacerdote acolha o penitente com fraterna caridade e, se for necessário, saúde-o com palavras cheias de humanidade" (*RP* 16). Desde o primeiro momento o sacerdote personifica Cristo Bom Pastor que acolhe o penitente;

- na iniciação cristã de adultos, "o sacerdote saúda os candidatos com afabilidade" (*RICA* 74 e 246);

- na visita aos doentes, "o sacerdote, revestido com veste conveniente a este ministério, aproxima-se e saúda cordialmente o enfermo e todos os presentes, acrescentando, se for o caso, a seguinte saudação: 'A paz esteja nesta casa e com todos os seus habitantes', ou então, 'A paz esteja convosco (contigo)'" (*Ritual da Unção dos Enfermos* 101 e 118).

Acolhida. Entrada.

schola

Coro.

Secreta

Chamava-se "Secreta" (em voz baixa ou em silêncio) à oração com que o sacerdote concluía a preparação dos dons sobre o altar, antes da Oração Eucarística. Quando a Oração Eucarística, central, começou a ser dita *tacito*, em voz baixa, a oração que a precede imediatamente também foi influenciada por esse tom baixo ou secreto; por isso, já o *Sacramentário Gelasiano* a chama de "Secreta".

Atualmente é dita em voz alta e tem o nome de "Oração sobre as oferendas".

Oração sobre as oferendas.

sede

Chama-se "sede" ou cadeira presidencial ao assento reservado a quem preside à celebração, em nome de Cristo. A sede é o lugar próprio daquele que ensina, de quem tem autoridade. Quando o bispo preside a uma celebração, na sua catedral, ele o faz da sua cátedra ou "sede". Quando, nessa mesma igreja, a presidência é desempenhada por um presbítero, este se posiciona em outra sede distinta, a não ser que o próprio bispo lhe tenha facultado explicitamente ocupar a sua sede.

"A cadeira do sacerdote celebrante deve manifestar a sua função de presidir a assembleia e dirigir a oração." A sua colocação será "de frente para o povo", e em lugar em que não se torne difícil "a comunicação entre o sacerdote e a assembleia reunida" (*IGMR* 310), sobretudo, porque desde 1969, está previsto que o lugar mais próprio para a homilia é precisamente a sede, a partir da qual o sacerdote preside a toda a primeira parte da celebração. Se a sede não estiver bem colocada, a homilia poderá ser feita no ambão, mas não é o seu lugar mais apropriado, porque o ambão está reservado, em princípio, estritamente à proclamação da Palavra de Deus.

Antes, para as Missas solenes, utilizavam-se três sedes (sacerdote, diácono, subdiácono), que se posicionavam na lateral, porque, dela, o sacerdote nunca dirigia a palavra aos fiéis: era utilizada para escutar o canto do Glória ou do Credo, ou o sermão de outro pregador. Atualmente, a sede é o lugar do qual efetivamente se preside à oração e se dirige a oração da comunidade. E é única, com distinção clara dos outros assentos de concelebrantes, diáconos, acólitos etc.

Assentos. Cátedra, catedral. Presidente, presidir. Sentados.

semana

Vem de *septimana*, que em latim, por sua vez, procede de *septem* (sete).

Antes de ser o eixo da organização do ano cristão, com a sucessão de domingo após domingo, a semana foi uma realidade presente em muitos povos, sobretudo no judaico. É difícil precisar a origem da instituição semanal, mas certamente é anterior à cultura judaica, baseada, sobretudo, no mês lunar de 28 dias e nas suas quatro lunações.

Para Israel, a semana e o ritmo do sábado foram realidades sagradas que, retrospectivamente, se justificaram com o relato religioso da criação do mundo, por Deus, em sete dias, sendo o último de descanso. A semana era a célula do ano. As grandes solenidades celebravam-se ao longo de uma semana. Pentecostes é celebrado uma "semana de semanas", depois da Páscoa. Cada sete anos havia um ano sabático, de descanso para as terras e para as pessoas.

Os cristãos, mantendo a instituição da semana, tomavam o primeiro dia depois do sábado, o domingo, como dia-chave da sua organização do tempo, o dia da Ressurreição de Jesus Cristo, o dia primeiro e, ao mesmo tempo, oitavo. Os nomes dos seus dias foram tomados tanto do uso judaico (para os quais o único dia com nome é o "sábado", enquanto os outros se designam com numerais; dia primeiro, segundo…) como do romano (dia do Sol, da Lua, de Marte, de Mercúrio, de Júpiter, de Vênus, ou seja, dos dias planetários).

A semana tem, no ano litúrgico, uma importância notória. Conta-se o tempo por semanas, em torno do eixo dos domingos: as semanas da Quaresma ou da Páscoa, as 34 semanas do Tempo Comum. O Saltério para a Liturgia das Horas é distribuído em quatro semanas etc.

Quando o Vaticano II fez a declaração sobre a revisão do Calendário e a possível fixação da Páscoa e do calendário perpétuo, disse explicitamente: "contanto que se conservem e garantam a semana de sete dias com o domingo".

Domingo. Féria.

Semana Santa

Chama-se "Semana Santa" à última semana da Quaresma, a que prepara e introduz na celebração da Páscoa.

Começa com o Domingo de Ramos ou da Paixão e termina com o início do Domingo de Páscoa. Abarca, portanto, dias de Quaresma, até a Quinta-feira Santa à tarde, e os dois primeiros dias do Tríduo Pascal. Em relação ao conteúdo, portanto, não é uma semana unitária.

Quinta-feira Santa. Paixão (Domingo da). Sábado Santo. Sexta-feira Santa. Tríduo Pascal.

sentados

Uma das posturas mais repetidas na celebração litúrgica é a de "sentados".

Nessa postura, além de descansar, podemos expressar outras atitudes distintas: que estamos em paz, distendidos, presenciando algo ou em atitude de espera; é a postura que mais favorece a concentração e a meditação; é a postura própria de quem ensina, de quem tem autoridade, do juiz; sentados, escutamos uma leitura ou uma homilia, porque é a atitude do discípulo diante do mestre, com receptividade e atenção.

No NT, diz-se que Jesus, quando criança, "sentado entre os doutores", os escutava e lhes fazia perguntas (cf. Lc 2,46), ou que, sentado, ensinava (Sermão da Montanha, cf. Mt 5,1), ou que, a multidão, sentada à sua volta, o escutava (cf. Mc 3,32), e que Maria, a de Betânia, "sentada aos pés do Senhor", escutava a sua palavra (cf. Lc 10,39).

Na nossa liturgia, por antonomásia, o "sentado" é o presidente: "aquele que está sentado na frente". A comunidade permanece sentada, durante as leituras anteriores ao Evangelho, durante a homilia, na preparação do altar, no Ofertório e, depois de comungar, nos momentos de "silêncio sagrado" que se lhe seguem (cf. *IGMR* 43). Sublinha-se assim, segundo os momentos, o sentido de receptividade, de escuta concentrada, de pausa e meditação, de interiorização da comunicação recebida…

Assentos. Cátedra, catedral. Presidente, presidir. Sede.

sentença

Chama-se "sentença" (do latim *sentire*), opinião, máxima, às frases cristãs que, na Liturgia das Horas, se antepõem aos salmos, para lhes dar uma interpretação cristológica ou eclesial. Enquanto os "títulos" (em vermelho) são de origem judaica, e servem para dar ao salmo o seu contexto humano e histórico, as "sentenças", tomadas do NT ou dos Santos Padres, ajudam-nos a rezá-los cristãmente (cf. *IGLH* 111): por isso, chamam-se também "títulos cristãos". Entre outros, houve um autor, P. Salmon, que recolheu essas frases nos diversos Saltérios da história e os recompôs em seis séries (*Les* tituli psalmorum *des manuscrits latins*. Paris: Du Cerf, 1959).

Esses títulos cristãos permitem rezar os salmos na perspectiva de Cristo (Cristo que se dirige ao Pai), ou na perspectiva da Igreja (a voz da Igreja que se dirige a Cristo: cf. *IGLH* 109).

No Tempo Comum, algumas vezes, podem-se substituir as antífonas por essas sentenças ou frases cristãs, que têm finalidade parecida (cf. *IGLH* 114).

Salmos.

Septuagésima

Quinquagésima.

sequência

Vem do latim *sequencia* (as coisas que se seguem, a continuação). E designa o canto que, em algumas ocasiões, se segue à aclamação do Aleluia, antes do Evangelho.

Na Idade Média, sobretudo a partir do século XII, começaram a compor-se, na continuação do Aleluia, cantos poéticos com melodia popular e várias estrofes. Apesar do seu caráter poético, chamavam-se também "prosa", porque a cada sílaba correspondia uma nota, e não eram, portanto, cantos melismáticos e complicados como o Gradual.

Na reforma atual, conservaram-se algumas sequências: para o dia da Páscoa, *Victimae paschali*; para o Pentecostes, *Veni, sancte Spiritus*; para o Corpo de Deus, *Lauda, Sion*; e para a Virgem Dolorosa, o *Stabat Mater*. Suprimiu-se, na Missa de defuntos, o *Dies irae*, por orientação eclesial de uma linguagem

mais pascal para as exéquias. Só são obrigatórias as sequências da Páscoa e de Pentecostes.

Anteriormente, a Sequência era cantada depois do Aleluia. Hoje, antes dele.

sermão

Homilia.

sexagésima

Quinquagésima.

sexta

Intermédia (hora).

sexta-feira

Dentre os dias da semana, à parte o domingo, também outros tiveram ao longo da história um caráter próprio. Um deles, junto com a quarta-feira e o sábado, é certamente a sexta-feira, o dia da Morte de Jesus Cristo na cruz.

Não é de estranhar que, desde muito cedo, tivesse um caráter penitencial, por extensão semanal da experiência anual da Sexta-feira Santa. Também agora, "guarde-se a abstinência de carne ou de outro alimento, segundo as determinações da Conferência Episcopal, todas as sextas-feiras do ano, a não ser que coincidam com algum dia enumerado entre as solenidades" (*CDC* 1251).[80]

---

80   N.E.: CNBB. *Guia litúrgico-pastoral*. Brasília: Edições CNBB, 2007. p. 17: "Estão obrigados à lei da abstinência aqueles que tiverem completado catorze anos de idade; estão obrigados à lei do jejum todos os maiores de idade (quem completou 18 anos) até os sessenta anos começados [...] 'No Brasil, toda sexta-feira do ano é dia de penitência, a não ser que coincida com solenidade do calendário litúrgico. Os fiéis nesse dia se abstenham de carne ou outro alimento, ou pratiquem alguma forma de penitência, principalmente obra de caridade ou exercício de piedade'" (Legislação complementar da CNBB quanto aos cânones 1251 e 1253 do *CDC*).

Na celebração, nota-se o caráter de sexta-feira sobretudo na Liturgia das Horas, porque se elegeram para esse dia alguns salmos mais apropriados: nas Laudes rezamos sempre o *Miserere*, o Salmo 51[50]), penitencial; e nas outras Horas, outros salmos que se consideram como profecias da Paixão do Senhor, como o Salmo 22[21] ("Meu Deus, por que me abandonastes?").

Sexta-feira Santa

É o primeiro dia do Tríduo Pascal: a Páscoa de Cristo crucificado, como a chamou Santo Agostinho. O seu nome latino é *feria VI in Passione Domini*.

Não é um dia de luto, mas sim o dia que a comunidade cristã consagra à meditação adorante da cruz de Cristo, fonte da nossa salvação. Esse dia está marcado, pelo menos já desde o século II, pelo jejum pascal: um jejum não penitencial, mas de iniciação próxima da Páscoa.

Na Sexta-feira Santa nunca houve celebração da Eucaristia: é um dia, sacramentalmente, "alitúrgico". Desde muito cedo, organizou-se para ele, além da Liturgia das Horas, a celebração da Palavra seguida da Oração Universal e da adoração da cruz e, atualmente, também a Comunhão.

As leituras desse dia centram claramente a atenção no mistério celebrado: o quarto cântico do Servo, segundo Isaías; a Carta aos Hebreus e a Paixão, segundo São João.

As orações solenes são antiquíssimas: quando a Oração dos Fiéis se perdeu no restante do ano, essas orações conservaram-se só na Sexta-feira Santa, com a forma especial e solene que ainda têm hoje.

A adoração da cruz já era conhecida em Jerusalém no século IV, juntamente com a leitura da Paixão; dali passou rapidamente para toda a Igreja.

A Comunhão, nesse dia, é que teve uma história mais movimentada. Depois de costumes inseguros, em diversas partes da Igreja, desde o século XII, estabeleceu-se a norma de que, além do sacerdote, ninguém comungasse. Pio-XII, em 1955, restabeleceu a Comunhão do povo, apesar da posição contrária de alguns teólogos, que defendiam a justeza do impedimento da Comunhão, pelo fato de, nesse dia, não haver celebração eucarística, pelo que se justificava melhor o "jejum" pascal total neste dia, reservando a Comunhão de todo o Tríduo – celebrado como um único dia – para a Eucaristia da noite pascal. Na última reforma, foi novamente restabelecida a Comunhão para todos, a chamada "Missa ou Comunhão de pré-santificados", porque se comunga do Pão consagrado no dia anterior, na Quinta-feira Santa.[81]

Impropérios. Semana Santa. Tríduo Pascal.

silêncio

O silêncio é parte integrante da oração e da celebração litúrgica (cf. *SC* 30).

"Por meio deste silêncio, os fiéis não se veem reduzidos a assistir à ação litúrgica como espectadores mudos e estranhos, mas são associados mais intimamente ao mistério que se celebra, graças àquela disposição interior que nasce da Palavra de Deus escutada" (*MS* 17).

Na Missa, o silêncio pode ajudar muito a celebração: depois de escutar as leituras bíblicas e a homilia, entre o convite "Oremos" e a oração presidencial; no espaço ofertorial, enquanto se dispõe o altar; na preparação imediata da Comunhão, tanto por parte do sacerdote como da comunidade; depois da Comunhão, aprofundando o mistério recebido. Em cada uma dessas ocasiões, a finalidade do silêncio pode ser diferente: com o silêncio, os fiéis "concentram-se em si mesmos", "refletem sobre o que ouviram", "louvam e dão graças a Deus no seu coração e oram", "a fim de tomarem consciência de que se encontram na presença de Deus e poderem formular interiormente as suas intenções" (cf. *IGMR* 45 e 54).

Na recitação da Liturgia das Horas, recomenda-se também o silêncio, depois das leituras e da homilia, ou entre os salmos, ou no exame de consciência das Completas. Esse silêncio "visa obter a plena ressonância da voz do Espírito Santo nos corações e unir mais estreitamente a oração pessoal à Palavra de Deus e à oração oficial da Igreja" (*IGLH* 202). Na recitação individual, há ainda maior espaço para o silêncio (cf. *IGLH* 203).

Também nas Missas com crianças o Diretório recorda que "'o silêncio deve ser observado no seu devido tempo, como fazendo parte da celebração', a fim de não dar demasiado lugar à atividade exterior, pois mesmo as crianças são capazes, à sua maneira, de meditar. No entanto, têm necessidade de uma certa formação progressiva para aprenderem conforme os diversos momentos [...] a entrar em si próprias ou a meditar ligeiramente, ou a louvar Deus e rezar-lhe no seu íntimo" (*DMC* 37).

---

81   N.E.: Recomendamos: Lelo, Antonio Francisco, *Tríduo Pascal*. Espiritualidade e preparação orante. São Paulo: Paulinas, 2009.

Há outras celebrações em que o silêncio pode adquirir especial densidade: na adoração diante do Santíssimo, tanto pessoal como comunitária, que representa um espaço mais meditativo; nas exéquias; nas celebrações penitenciais; na Sexta-feira Santa, na entrada e prostração do sacerdote, e na apresentação da cruz, com um espaço de silêncio depois da tripla aclamação.

O silêncio não é só privação de ruído ou de palavras. Não é passividade, nem indiferença ou ausência. É presença, acolhimento, atenção, reflexão, ressonância, assimilação, personalização do que se celebra, interiorização do mistério, espaço de liberdade para que o Espírito atue. É no silêncio que se pode escutar. Do silêncio brotam as melhores palavras. Por isso, às vezes, convida-se ao silêncio para que se saiba escutar e para que saibamos dizer a nossa palavra do profundo do nosso ser.

símbolo

Sinal e símbolo.

Símbolo da Fé

Credo. Profissão de Fé.

sinal da cruz

Os cristãos fazem com frequência o sinal da cruz em si próprios. Ou outras pessoas o fazem neles, como no caso do Batismo, da Confirmação e das bênçãos.

No princípio, parece que era costume fazer o sinal da cruz só sobre a fronte. Pouco a pouco chegou às formas que hoje conhecemos: ou fazer a grande cruz desde a fronte ao peito e do ombro esquerdo ao direito (nos ritos orientais, do direito ao esquerdo), ou, então, a tripla cruz pequena: na fronte, na boca e no peito, como acontece antes da escuta do Evangelho.

É um gesto simples mas cheio de significado. O sinal da cruz é uma confissão da nossa fé: Deus salvou-nos na cruz de Cristo. É um sinal de pertença, de posse. Ao fazer sobre nós esse sinal é como se disséssemos: estou batizado, pertenço a Cristo, ele é o meu Salvador, a cruz de Cristo é a origem e a razão de ser da minha existência cristã.

O primeiro que fez o "sinal da cruz" foi o próprio Cristo, que "estendeu os braços na cruz" (Oração Eucarística II) e "os seus braços abertos traçarem entre o céu e a terra o sinal permanente da vossa Aliança" (Oração Eucarística I da Reconciliação). Se, no AT, se falava dos marcados pelo sinal da letra *tau*, em forma de cruz (cf. Ez 9,4-6), e o Apocalipse também nomeia a marca que os eleitos levam (cf. Ap 7,3), nós, os cristão, ao traçar sobre o nosso corpo o sinal da cruz confessamo-nos como a comunidade dos seguidores de Cristo, que nos salvou na cruz.

Na celebração litúrgica, há muitos momentos em que o sinal da cruz tem especial sentido:

- na *Missa*, benzemo-nos no começo, dizendo: "em nome do Pai...", e também ao nos dispormos para a escuta do Evangelho, e no final, enquanto recebemos a bênção;

- na *Liturgia das Horas*, no começo da recitação de cada Hora e no início dos cânticos evangélicos. Quando a hora matutina começa com "Abri, Senhor, os meus lábios" faz-se o sinal da cruz na boca;

- no *sacramento da Penitência*, o ministro traça o sinal da cruz sobre o penitente ao dizer "eu te absolvo dos teus pecados...", e o penitente faz outro tanto ao receber a absolvição;

- na *Confirmação*, o bispo traça uma cruz, com o santo crisma, na fronte dos crismandos;

- nas *bênçãos* sobre coisas e pessoas constuma-se dizer com o sinal da cruz: toda a bênção nos vem de Cristo e da sua cruz.

Ênfase particular tem o sinal da cruz no Batismo, quando, no rito de entrada, o sacerdote e, a seguir, os pais e os padrinhos, o fazem sobre a fronte da criança. No Ritual, as palavras que acompanham o gesto são expressivas: "Nosso sinal é a cruz de Cristo. Por isso vamos marcar esta criança com o sinal do Cristo Salvador. Assim, N., nós te acolhemos na comunidade cristã" (*RBC* 115).

Cruz.

sinal e símbolo

Do latim *signum* (senha, sinal). E do grego *sym-ballo* (atirar juntas duas coisas, voltar a reunir, como sinal de reconhecimento, duas partes de uma mesma realidade que antes estavam separadas).

O sinal é uma coisa que vemos e nos leva a conhecer algo que não vemos: como, na fumaça, a existência do fogo; nas pegadas, a passagem de um animal. Mas essa mediação, que dá a conhecer a realidade oculta, pode ter uma densidade muito variável: desde um mero sinal prático ou convencional (um sinal de trânsito que avisa a aproximação de uma curva) até um símbolo carregado de sentidos humanos (um bolo de aniversário), ou uma ação simbólica que, no contexto da celebração, comunica efetivamente a graça que significa (a imposição das mãos), ou uma pessoa, que é, ela própria, sinal e símbolo da salvação ou de uma realidade invisível (Cristo, sinal, imagem e símbolo de Deus).

Os dois termos não são sinônimos. Os sinais, sobretudo, dão a conhecer; os símbolos são mais densos de sentido e tendem a criar comunhão: não só notificam, como também evocam e realizam. Os sinais não são da mesma natureza que o significado (a fumaça, em relação ao fogo), enquanto os símbolos, de alguma maneira, contêm a realidade que significam, tornam-na presente e põem-nos em relação com ela (a oferta, como sinal de amor). Todo o símbolo é sinal, mas nem todo o sinal é símbolo. A etimologia do símbolo indica a sua intenção: cada uma das duas partes que se juntam (*sym-ballo*) já contém a realidade, mas só quando estão juntas ou se recompõem – à maneira de um *puzzle* reconstruído – é que contêm a realidade completa. "A palavra *symbolon* significava a metade de um objeto partido (por exemplo, um selo), que se apresentava como um sinal de identificação. As duas partes eram justapostas para verificar a identidade do portador" (*CIC* 188). Por isso, se chama "símbolo" ao Credo ou Profissão de Fé, ao conjunto dos diversos artigos da nossa fé.

Deus, na História da Salvação, tanto no AT, como na plenitude de Cristo, serviu-se de sinais e símbolos, tomados muitas vezes da própria natureza, com linguagem cósmica (a água, o fogo, o azeite, o pão e o vinho), para manifestar a salvação que nos quer comunicar. Os sinais cósmicos converteram-se em sinais bíblicos da Aliança de Deus, que logo foram assumidos por Cristo, na sua atuação salvífica, e agora são a linguagem expressiva e eficaz da graça sacramental, na celebração da Igreja (cf. *CIC* 1145-1152). O verdadeiro Sinal, Símbolo e Ícone de Deus é o próprio Cristo: não só nos manifesta quem é o Pai, como no-lo comunica (cf. Jo 1,14; 5,37; 14,9…).

A liturgia, sobretudo a celebração sacramental, está tecida de sinais e de símbolos. Os que a Igreja utiliza na sua liturgia são, antes de tudo, "sinais do mundo dos homens. Os sinais e os símbolos ocupam um lugar importante na vida humana. Sendo o homem um ser ao mesmo tempo corporal e espiritual, exprime e percebe as realidades espirituais através de sinais e símbolos materiais. Como ser social, o homem tem necessidade de sinais e de símbolos para se comunicar com o seu semelhante através da linguagem, dos gestos e das ações. O mesmo acontece nas suas relações com Deus" (*CIC* 1146). E da mesma forma como o fazemos na vida social e na linguagem religiosa de todas as culturas, os cristãos expressam a sua fé e as suas atitudes diante de Deus por meio de sinais e símbolos.

O banho na água, ou o comer e beber no contexto da Eucaristia, ou as unções com o crisma são os sinais pelos quais Deus nos alcança na esfera eclesial e pelos quais nós lhe respondemos e celebramos essa vontade comunicadora de Deus. Na liturgia, pelos "sinais sensíveis, cada qual a seu modo, é significada e realizada a santificação dos homens, e o Corpo Místico de Jesus Cristo – a Cabeça e os seus membros – presta a Deus o culto público integral" (*SC* 7). Como dizia a teologia tradicional, os sacramentos atuam precisamente como sinais e símbolos: *significando causant*.

Os Santos Padres falavam indistintamente de símbolos e de sacramentos, porque, então, o conceito de símbolo ainda não tinha perdido, como aconteceria no segundo milênio, o sentido de realidade efetiva e presente. Enquanto agora, dizer que algo é "só simbólico" significa que não é real: não corresponde ao que, ao contrário, cremos dos sacramentos como "sinais eficazes".

Em nossa celebração, há várias classes de sinais e símbolos: a presença das pessoas (o presidente como ícone sacramental de Cristo), a palavra e o canto, os símbolos vinculados ao corpo humano (atitudes corporais, gestos, ações), os sinais vinculados a coisas materiais (luz, água, pão e vinho, azeite, cinza), o lugar da celebração (igrejas, altar, sede…).

As orientações que o Concílio deu em relação a esses sinais e símbolos foram a autenticidade, a clareza e a adaptação à própria cultura: "nesta reforma, convém ordenar os textos e os ritos de tal forma que exprimam com maior clareza as coisas santas, por eles significadas, e o povo cristão, na medida do possível, possa facilmente compreendê-las e nelas participar por meio de uma celebração plena, animada e comunitária" (*SC* 21). "Os ritos brilhem por uma nobre simplicidade, sejam claros na brevidade e evitem repetições inúteis; sejam adaptados à compreensão dos fiéis e, em geral, não tenham necessidade de muitas explicações" (*SC* 34).[82]

Ícone. Sacramento.

Sinaxe

A palavra é grega e deriva de *syn* (com) e *ago* (fazer, atuar). Donde também a palavra "sinagoga". Significa, portanto, assembleia, reunião de pessoas que atuam juntas.

É um dos nomes que, sobretudo, no Oriente, se dá à Eucaristia. No Ocidente, usa-se, quase exclusivamente, o de Eucaristia ou Assembleia.

sinos

O uso de objetos metálicos para assinalar, com o seu som, a festa ou a convocatória da comunidade, é muito antigo. Desde o simples "gongo" até a técnica evoluída dos fundidores de sinos ou aos campanários electrônicos atuais, os sinos e sinetas foram utilizados expressivamente na vida social e no culto. São instrumentos de metal, em forma de copo invertido, com um badalo livre.

Os nomes latinos de *signum* ou *tintinnabulum* converteram-se mais tarde, pelo século VI, no de *vasa campana*, seguramente, porque as primeiras fundições surgiram na região italiana de Campânia.

Quando os cristãos puderam construir igrejas, a partir do século IV, logo se começou a falar de torres e campanários ligados às igrejas, com sinos que se converteram rapidamente num elemento muito expressivo para assinalar as festas e os ritmos da celebração cristã. Também durante a celebração se utilizaram, a partir do século XIII, as campainhas, agora já pouco usadas (cf. *IGMR* 150, que deixa livre o seu uso), porque já se segue a celebração mais facilmente, a não ser que se imponha o seu uso, não tanto para avisar a chegada de um momento preciso – por exemplo, a Consagração –, mas para lhe dar, simbolicamente, realce festivo.

---

82   N.E.: Recomendamos: Castellano, Jesus. *Liturgia e vida espiritual.* São Paulo: Paulinas, 2008. p. 315-339; Rovira Belloso, J.M. *Os sacramentos:* símbolos do Espírito. São Paulo: Paulinas, 2005; Marsili, Salvatore. *Sinais do Mistério de Cristo.* São Paulo: Paulinas, 2010. p. 169-177.

Os sinos convocam a comunidade cristã, assinalam as horas da celebração (a Missa principal), de oração (o *Angelus* ou a oração comunitária de um mosteiro), diversos momentos de dor (a agonia ou o falecimento) ou de alegria (a entrada do novo bispo ou pároco) e, sobretudo, com o seu repique gozoso anunciam as festas. E assim se convertem num "sinal feito som" da identidade da comunidade cristã, evangelizador da Boa-Nova de Cristo, no meio de uma sociedade que pode mostrar-se distraída. Como também o próprio campanário, com a sua silhueta estilizada, se converte em símbolo da direção transcendente que deveria ter a nossa vida, visando ao céu.

O *Ritual de bênçãos* (nn. 1032-1051) oferece textos muito expressivos para a bênção dos sinos, motivando o seu sentido e convertendo o rito numa boa ocasião para que todos possam entender melhor a identidade de uma comunidade cristã e seus ritmos de vida e oração.

sobrepeliz

Roquete.

solenidade

As celebrações ao longo do ano, tanto as do Senhor como as da Virgem Maria ou dos Santos, "segundo a importância que lhes é atribuída, distinguem-se e são denominadas desta forma: solenidade, festa, memória" (*NG* 10).

"As solenidades são os dias principais. A sua celebração inicia-se com as Vésperas I, no dia anterior" (*NG* 11). Distinguem-se também porque têm três leituras próprias na Missa e também na oração das Horas. Algumas solenidades têm um formulário distinto para a Missa da vigília. As solenidades da Páscoa e do Natal prolongam-se durante uma oitava.

O conceito de verdadeira solenidade na liturgia "não depende tanto de uma forma rebuscada do canto ou de um desenrolar magnificente das cerimônias, quanto daquela celebração digna e religiosa que tem em conta a integridade da própria ação litúrgica; quer dizer, a execução de todas as suas partes segundo a sua natureza própria" (Instrução *Musicam Sacram*, 11), ou como diz a introdução à Liturgia das Horas, que os diversos elementos da celebração litúrgica "voltem a ter seu sentido primitivo e sua verdadeira função" (*IGLH* 273).

Essa mesma introdução descreve, além disso, um interessante conceito, o da "solenidade progressiva": segundo a importância do dia e as possibilidades da comunidade, as suas celebrações podem ter vários graus de solenização, por exemplo, no emprego dos elementos cantados (cf. *IGLH* 273).

Festa. Memória.

solidéu

Das palavras latinas *soli Deo* (só a Deus), chama-se "solidéu" ao barrete de seda ou pano leve que alguns eclesiásticos usam tapando a cocuruto da cabeça.

Começou a generalizar-se o seu uso pelo século XIV. A princípio, cobria toda a cabeça. Foi na época barroca que se reduziu à sua atual forma redonda e pequena. Distingue-se pela sua cor, numa conformidade hierárquica eclesial: o Papa usa solidéu branco. Os cardeais, vermelho. Os bispos, púrpura. Outros prelados e clérigos, negro.

O seu uso não está circunscrito ao registro celebrativo, pois deve usar-se sempre que o seu detentor traje vestes talares. Durante a Eucaristia, tira-se ao começar o Prefácio da Oração Eucarística, e volta-se a colocar depois da Comunhão. Faz honra, assim, ao seu nome de *soli Deo*; "só diante de Deus" se tira. Também se retira para a adoração da cruz em Sexta-feira Santa.

solista

Cantor. Salmista.

sopro

Insuflação.

sotaina

A palavra vem do latim *subtana*, ou *subtanea*, de *subtus* (debaixo). Chama-se assim à veste talar (até os calcanhares) que, contrariamente à raiz etimológica do seu nome, não se usa por debaixo, mas por cima da veste civil. É normalmente negra, mas, em muitos casos, também branca ou vermelha ou de outras cores, ajustada ao corpo, e com mangas estreitas.

Não foi exclusiva dos sacerdotes: também os sacristães, os coristas, ou os acólitos a podem usar. O uso da sotaina (ou batina), nas celebrações, implica a sobreposição do roquete ou da sobrepeliz.

Batina. Vestes.

subdiácono

Até a reforma litúrgica, era um dos ministros subalternos, na estrutura da Igreja e no serviço litúrgico.

No século III, na sua *Traditio Apostolica*, já Hipólito faz menção dele, como ajudante do diácono. Mas não se considerava que tivesse recebido a imposição das mãos do bispo. Ainda que mais tarde, no Oriente (*Constituições Apostólicas* do século IV), apareça a imposição das mãos para o subdiácono, no entanto, o seu ministério pertencia à esfera das ordens menores. Só nos séculos XII-XIII, no Ocidente, se começou a considerar como ordem maior, relacionando-o com o celibato e a recitação da Liturgia das Horas. Em *Ordo Romanus* 34, aparecem os ritos dessa ordenação, com a entrega do cálice. Mais tarde, por exemplo, no Pontifical Romano-Germânico, acrescentaram-se outros símbolos da ordenação, como a entrega da patena vazia ou das galhetas ou do manípulo.

O subdiácono tinha o encargo, na Missa, de proclamar a Epístola e de ajudar a preparar o altar. A sua veste era a tunicela sobre a alva.

No Motu proprio de Paulo VI, *Ministeria quaedam*, de 1972 (n. IV), decidiu-se a supressão do subdiaconato: "As funções que até agora eram confiadas ao subdiácono passam a ser desempenhadas pelo leitor e pelo acólito; por isso, na Igreja latina, a ordem maior do subdiaconato deixa de existir. Nada impede, todavia, que, a juízo da Conferência Episcopal, em alguns lugares, o acólito possa também ser chamado subdiácono".

Ordem, ordenação. Ordens menores.

sufrágio

Do latim *suffragium, suffragari*, derivado, por sua vez, de *frangere* (partir, romper), chama-se "sufrágio" às ajudas, custos ou pagamentos que se faziam em favor de outra pessoa. Também é o nome que se dá ao voto que alguém concede a outra pessoa ou partido. As eleições são feitas por "sufrágio universal", por exemplo, quando todos têm direito a votar. A seguir, faz-se a "contagem do sufrágio" para saber a quem foi atribuído determinado número de votos ou sufrágios.

Em sentido cristão e espiritual, dá-se esse nome à proteção que se espera da Virgem Maria ou dos Santos. Quando dizemos que, "por intercessão da Virgem", queremos obter uma graça, em latim diz-se *suffragiis sanctae Mariae...* Chama-se "diocese sufragânea" àquela que faz parte de uma arquidiocese (província eclesiástica ou metropolita).

Mas, sobretudo, dá-se o nome de "sufrágios" aos atos piedosos que se realizam em favor dos defuntos: por exemplo, celebrar uma Missa em sufrágio de alguém. "A Igreja dos viandantes, desde os primeiros tempos do cristianismo, venerou com grande piedade a memória dos defuntos e ofereceu sufrágios [em latim, *suffragia*] por eles" (*LG* 50). "A Igreja oferece pelos defuntos o Sacrifício Eucarístico, memorial da Páscoa de Cristo, eleva orações e faz sufrágios por eles, para que, pela comunhão de todos os membros de Cristo, todos aproveitem os frutos da liturgia: auxílio espiritual para os defuntos, consolação e esperança para os que choram a morte" (*Ritual das exéquias*, 1).

Exéquias.

tabernáculo

Sacrário.

taça

Chama-se "taça", copa (ant.), ao vaso sagrado que se usa para distribuir aos fiéis e depois para conservar o Corpo eucarístico de Cristo. Também recebe os nomes de "cibório" e "píxide". Na história, teve formas distintas, desde a cesta e o cabaz até a patena mais ou menos profunda e à taça na sua forma atual coberta.

Esses "vasos sagrados devem ser fabricados de metal nobre", e "também podem ser fabricados com outros materiais sólidos e que sejam segundo o modo de sentir de cada região" (*IGMR* 328-329) e, se já não forem de ouro ou prata, sejam, pelo menos dourados ou prateados por dentro, como expressão do respeito que merece da comunidade cristã o sacramento para o qual esses vasos sagrados são utilizados. Não devem, por isso, ser usados quaisquer outros recipientes usados para outros fins. "As coisas destinadas pela bênção ao culto divino devem ser tratadas por todos com respeito e não se devem utilizar em usos impróprios ou em atos comuns" (*RB* 828).

Quando se apresenta o Santíssimo à adoração dos fiéis, por exemplo, na Bênção Eucarística, pode fazer-se a exposição numa custódia ou com a píxide, expressando, neste segundo caso, a continuidade do culto fora da Missa com o que se celebrou e recebeu nela.

Cibório. Píxide. Vasos sagrados.

teca

Âmbula pequena na qual se leva a Eucaristia aos doentes.
Cibório. Píxide.

Te Deum

É um hino que se reza com frequência no Ofício de Leitura da Liturgia das Horas. Também se entoa como grande hino de ação de graças, em ocasiões solenes da Igreja ou, inclusive, dos países cristãos, com a sua melodia gregoriana ou alguma das suas muitas partituras polifônicas, algumas muito famosas, como as de Mozart, Haendel, Bruckner ou Charpentier.

Não se sabe com segurança a sua origem: atribui-se a vários autores, como Ambrósio, Agostinho, Nicetas… Provavelmente é do século V. O que se sabe é que no século VI já tinha entrado na oração monástica e já se considerava um hino tradicional da Igreja.

É como uma doxologia prolongada ou como um Prefácio desenvolvido (inclui também o "Santo, Santo, Santo"). A sua estrutura é trinitária: um bloco dedicado ao louvor do Pai ("Nós vos louvamos, ó Deus" *Te Deum laudamus*), citando os anjos, todo o cosmo, os apóstolos, os profetas, os mártires e toda a Igreja como participantes neste louvor. Segue o louvor ao Filho e ao Espírito. Mas espraia-se mais em Cristo, nascido da Virgem Maria, morto e ressuscitado, triunfante à direita do Pai e juiz que virá no final dos tempos. Termina, propriamente, pedindo a Cristo que ajude os que salvou e os leve à glória com ele (*aeterna fac cum sanctis tuis in gloria numerari*).

Os versículos que se seguem (*salvum fac populum tuum, Domine*, "salvai o vosso povo, Senhor"…) são um aglomerado de citações sálmicas, que originariamente não pertenciam ao *Te Deum* e que se entendem melhor como ladainha de petições para a oração da manhã.

Atualmente, diz-se o *Te Deum* "nos domingos fora da Quaresma, nos dias das oitavas da Páscoa e do Natal, nas solenidades e festas, após a segunda leitura (do Ofício de Leitura) […]. Querendo, pode-se omitir a última parte desse hino, desde o verso 'Salvai, Senhor, o vosso povo' até o fim" (*IGLH* 68). Portanto, nas memórias e nas férias não se diz. Também se canta nas vigílias prolongadas, que são um Ofício de Leitura mais desenvolvido (cf. *IGLH* 73).

templo

Dedicação. Igreja (lugar).

tempo

O tempo é, com o espaço, uma das coordenadas em que se inscreve o ser e o agir humanos. É uma realidade importante, misteriosa, inapreensível.

Mas o tempo, além de se entender como a medida cósmica do que acontece na existência humana, pode ter outros sentidos sobrepostos, em conformidade com o sentido que queiramos dar à sucessão das horas e dos dias, em chave humana, social ou religiosa. Em nível meramente cronológico, o tempo é inexorável, vai passando igual para todos, segundo o relógio e o calendário. Mas existe também o "tempo humano, ou interior" de cada um, ou o "tempo comunitário e social", ao compasso dos acontecimentos históricos. E o "homem religioso" vive o tempo com uma referência ao sagrado, em seu continuado retorno como memória dos atos divinos que dão sentido à sua religião.

No AT, o povo de Israel, além de viver o tempo cósmico – os acontecimentos naturais das estações –, deu-lhe um sentido claramente salvífico: a celebração anual das intervenções de Deus na sua história. Assim, a Páscoa primaveril converteu-se, além disso, no memorial anual da saída do Egito, o êxodo. Pentecostes celebrava a alegria das colheitas, mas, a seguir, também a comemoração da Aliança do Sinai. O "tempo sagrado" ou histórico-salvífico entrelaçava-se perfeitamente com o "tempo cósmico". O tempo cósmico é o *chronos* grego, dividido, desde muito cedo, nos seus ritmos mais evidentes: o dia, o mês, o ano e, logo também, a semana. O tempo salvífico é o *kairós*: a ocasião, o momento do encontro com a graça que Deus oferece ao homem no meio da história.

Os cristãos, embora aceitando a organização do tempo segundo a cultura de Israel e, logo depois, segundo a da cultura romana, deram-lhe, desde o princípio, um sentido de novidade e plenitude: tudo se interpretou a partir de Cristo e em torno da sua Páscoa. O dia, a semana, o domingo, a organização do ano: tudo se entendeu como desenvolvimento, celebração memorial e revivência no tempo do Mistério Pascal de Cristo.

O *ano litúrgico* foi-se organizando nessa chave, com a celebração do ciclo anual dos mistérios de Cristo e dos Santos (cf. SC 103-104). Nele há diversos "tempos": os "fortes" – Advento, Natal, Quaresma e Páscoa –, o "Tempo Comum", e a sábia inserção no "ciclo temporal" dos mistérios do Senhor, das celebrações dos Santos. "A Santa Igreja considera seu dever celebrar com uma sagrada recordação, em determinados dias ao longo do ano, a obra da salvação do seu divino Esposo. Em cada semana, no dia a que chamou domingo, faz memória da Ressurreição do Senhor, que também celebra uma vez por ano, juntamente com a sua Paixão, na maior das solenidades que é a Páscoa. Distribui todo o mistério de Cristo ao longo do ano, desde a Encarnação e Nascimento até a Ascensão, o Pentecostes e a expectativa da feliz esperança da vinda do Senhor. Recordando assim os mistérios da Redenção, oferece aos fiéis as riquezas das obras e dos merecimentos do seu Senhor para que, de certo modo, se tornem presentes em todo o tempo, a fim de que entrem em contato com eles e se encham da graça da salvação" (*SC* 102). Tudo isso com um forte olhar escatológico para a plenitude dos tempos, no Reino plenamente realizado de Cristo.

Por outro lado, o ritmo diário do tempo fica santificado pela Liturgia das Horas, seguindo a sucessão da noite e do dia, da manhã e da tarde (cf. *IGLH* 10-11). Santificar o tempo não significa sacralizá-lo, mas dar-lhe sentido cristão, viver o trabalho com uma orientação cristocêntrica e pascal. É isso que visa a Liturgia das Horas sobretudo com a celebração matutina das Laudes e a vespertina das Vésperas, no princípio e no final da atividade cotidiana, embora também se rezem outras horas complementares ao longo do dia, no final da jornada e, inclusive, nas vigílias noturnas. Para que essa consagração ou santificação do tempo seja mais efetiva, recomenda-se que se observe o princípio da *veritas temporis* ("tempo verdadeiro"), porque "ajuda muito, tanto para santificar realmente o dia como para rezar com fruto espiritual as Horas, que a sua recitação se faça no tempo mais aproximado do verdadeiro tempo natural de cada Hora canônica" (*IGLH* 11 e *SC* 88 e 94).[83]

Ano litúrgico. Calendário. Festa. Liturgia das Horas. Memorial. Semana. Tempo Comum.

Tempo Comum

"Além dos tempos que têm um caráter próprio, duram 33 ou 34 semanas no decurso do ano, nas quais não se celebra algum aspecto peculiar do mistério de Cristo, mas recorda-se, sobretudo, o próprio mistério de Cristo na

---

83   N.E.: Recomendamos: Augé, Matias. *O ano litúrgico é o mesmo Cristo presente na Igreja*. São Paulo: Paulinas, 2013. cap. II.

sua plenitude, principalmente aos domingos. Esse período de tempo recebe o nome de Tempo Comum.

O Tempo Comum começa na segunda-feira a seguir ao domingo que ocorre depois do dia 6 de janeiro e prolonga-se até a terça-feira antes da Quaresma, inclusive; retoma-se na segunda-feira a seguir ao Domingo de Pentecostes e termina antes das Vésperas I do primeiro domingo do Advento" (*NG* 44).

O chamado Tempo Comum pode-se dizer que é uma novidade da reforma pós-conciliar. Antes, havia uma série de "domingos depois da Epifania" e outra série de "domingos depois de Pentecostes". Agora é uma única série com certa unidade, ao longo do ano. Sobretudo, há um elemento que lhe dá unidade: o *Lecionário*: o *Lecionário Dominical*, dividido em três ciclos anuais – A, B e C (com o "evangelista do ano") –, e o *Ferial*, em dois (anos Par e Ímpar). Essa leitura semicontinuada da Bíblia converte o Tempo Comum na melhor escola de fé para a comunidade cristã.

O nome "Tempo Comum" – em latim, *tempus per annum* ("tempo durante o ano") – não parece muito feliz, pela fácil associação a tempo "pouco importante" ou "anódino", mas essa designação se impôs como distinção dos chamados "tempos fortes", do ciclo da Páscoa e do Natal, com a sua preparação (Quaresma e Advento) ou prolongamento ("Tempo da Páscoa" e "Tempo do Natal").

Mas o Tempo Comum tem a sua *particular importância*. Em rigor é o tempo mais antigo, na organização do ano cristão – a sucessão dos domingos e das semanas, antes de terem surgido os vários ciclos –, e que, além disso, ocupa a maior parte do ano (trinta e três ou trinta e quatro semanas, das cinquenta e duas). Esse tempo apresenta valores que não podem ser esquecidos: ajuda-nos a ir vivendo o mistério de Cristo na sua totalidade; acompanha-nos na tarefa de crescimento e maturação de tudo o que celebramos no Natal e na Páscoa; põe em evidência a primazia do domingo cristão; oferece-nos a escola permanente da Palavra bíblica; e faz-nos descobrir a graça do comum: a vida cotidiana vivida também como tempo da salvação.[84]

Ano litúrgico. Ordinário, ordo.

Tempo Pascal

O Tempo Pascal compreende cinquenta dias (em grego, *pentecostes*), vividos e celebrados como um só dia: "Os cinquenta dias entre o Domingo

---

84   N.E.: Recomendamos: Augé, Matias. *O ano litúrgico é o mesmo Cristo presente na Igreja*. São Paulo: Paulinas, 2013. cap. X e XI.

da Ressurreição e o Domingo de Pentecostes sejam celebrados com alegria e exultação, como se fossem um só dia de festa, ou melhor, 'como um grande domingo'" (*NG* 22).

É o espaço mais "forte" de todo o ano, que se inaugura na Vigília Pascal e se celebra durante sete semanas, até Pentecostes. É a Páscoa de Cristo, o Senhor, que passou à sua existência definitiva e gloriosa. Também é a Páscoa da Igreja, seu Corpo, que é introduzida na Vida Nova do seu Senhor, por meio do Espírito que Cristo lhe deu no dia do primeiro Pentecostes.

A origem desses cinquenta dias pertence às primeiras realidades da história do ano litúrgico. Os judeus tinham já a "Festa das Semanas" (cf. Dt 16,9-10), festa inicialmente agrícola e, a seguir, comemorativa da Aliança no Sinai, aos cinquenta dias da Páscoa. Muito depressa, também os cristãos organizaram essas semanas, ou seja, o espaço de "Pentecostes". Já no século II temos o testemunho de Tertuliano dizendo que nesse espaço não se jejua, mas se vive uma prolongada alegria – "no Domingo da Ressurreição abstemo-nos de nos ajoelharmos… e o mesmo fazemos também durante o tempo do Pentecostes, que se distingue pela mesma solenidade de alegria" (*De oratione* 23). E o Concílio de Niceia: "dado que alguns se ajoelham no domingo e nos dias de Pentecostes, o Santo Concílio estabelece, a fim de observar-se uma regra uniforme em toda a parte, que as orações se dirijam a Deus estando de pé" (c. 20). A ausência de jejum e a posição ereta pretendem sublinhar o caráter festivo e unitário de todo esse tempo.

A reforma atual voltou a clarificar o caráter unitário das sete semanas da Páscoa. A primeira semana é a "oitava da Páscoa", na qual, por tradição, os neófitos recebem uma formação mistagógica intensiva, que termina no domingo da oitava, chamado *in albis*, porque em outros tempos, nesse dia, os neófitos depunham as vestes brancas recebidas no Batismo da noite pascal. Dentro dos cinquenta dias celebra-se a Ascensão do Senhor, não necessariamente aos quarenta dias da Páscoa, mas no sétimo domingo, porque a preocupação não é tanto cronológica, mas teológica, e essa festa pertence simplesmente ao mistério da Páscoa do Senhor. E tudo se conclui com a doação do Espírito em Pentecostes, tendo-se suprimido, portanto, a oitava de Pentecostes, que alongava desnecessariamente o Tempo Pascal.

A unidade do Tempo Pascal fica também sublinhada pela presença do Círio Pascal, aceso nas celebrações, e não só até a festa da Ascensão, como era costume, mas até o final do Domingo de Pentecostes. Os vários domingos não se chamam, como antes, por exemplo, "domingo III depois da Páscoa" –, mas "terceiro domingo da Páscoa".

As celebrações litúrgicas desse tempo exprimem e ajudam-nos a viver o Mistério Pascal comunicado aos seguidores de Cristo.

As leituras bíblicas da Missa, dos oito domingos da Páscoa, estão organizadas com essa intenção. A primeira leitura é sempre dos Atos dos Apóstolos (história de uma comunidade que, no meio das suas debilidades, quis viver e difundir a Páscoa de Cristo). A segunda leitura muda, segundo os três ciclos: a Primeira Carta de Pedro, a Primeira Carta de João e o Apocalipse. Os Evangelhos são os das aparições do Ressuscitado, segundo "o evangelista do ano" e, depois, as passagens do Evangelho de João referentes ao Bom Pastor e à oração de despedida da Última Ceia.

No Lecionário Ferial das sete semanas, a primeira leitura é também dos Atos, e os Evangelhos abarcam as aparições do Senhor e a leitura semicontínua de vários capítulos de João: o diálogo com Nicodemos, o discurso do Pão da Vida, a parábola do Bom Pastor e a oração da Última Ceia.[85]

Ascensão. Páscoa. Pentecostes.

temporal (ciclo)

Ano litúrgico. Próprio. Santoral.

Têmporas

As quatro Têmporas do ano são os dias em que a Igreja ora, insistentemente, a Deus dando-lhe graças e pedindo-lhe pelas várias necessidades da humanidade, pelos frutos do campo e pelo trabalho dos homens. No começo das quatro estações (daí "quatro Têmporas" ou tempos), dedicavam-se os três dias mais penitenciais da semana – quarta-feira, sexta-feira e sábado – ao jejum e à oração, com essas intenções. Parece uma instituição de origem claramente romana, talvez já desde o século V, em conexão com a vida agrícola e o ritmo das estações do ano. Caíam na primeira semana da Quaresma, na semana a seguir a Pentecostes, nos dias seguintes a 14 de setembro (Exaltação da Cruz) e no Advento.

Na última reforma do calendário, deixou-se ao critério de cada Conferência Episcopal, "tendo em conta as necessidades locais", a adaptação das datas

---

85 N.E.: Recomendamos: Augé, Matias. *O ano litúrgico é o mesmo Cristo presente na Igreja*. São Paulo: Paulinas, 2013. cap. VIII; Lira, Bruno Carneiro. *O ciclo da Páscoa*: celebrando a redenção do Senhor. São Paulo: Paulinas, 2012.

e conteúdos dessas Têmporas "às diversas regiões e às diversas necessidades dos fiéis" (*NG* 45-47).[86]

Rogações.

tércia

Intermédia (hora).

título

Dá-se o nome de "título" ao enunciado de um salmo, como no uso corrente se aplica ao de um livro, de um filme ou de uma peça de arte.

Em relação aos salmos, os títulos são as frases breves que, correntemente nos livros de oração, aparecem em vermelho, antes de cada salmo, e que indicam "o sentido do mesmo salmo e o seu valor para a vida humana do crente" (*IGLH* 111). Já o Saltério judaico antepunha títulos a cada salmo. Os que agora temos são os da edição latina da *Nova Vulgata*, promovida por Paulo VI, e apontam ao sentido próprio, original e literal, do salmo e das circunstâncias em que foi escrito: "Contra o caluniador" (Sl 52[51]), "Pedido de socorro" (Sl 54[53]), "Confiança na Palavra do Senhor" (Sl 56[55]), "Sobre a proteção de Deus" (Sl 91[90]), "Ação de graças" (Sl 115[114]), "Alegria e esperança em Deus" (Sl 126[125]), "Louvai ao Senhor" (Sl 150)…

Esses títulos não estão pensados para que se digam em voz alta, mas "visam unicamente à utilidade de quem salmodia" (*IGLH* 111). Mas é um bom costume deixar um breve momento de silêncio para que cada um, lendo-os, possa dar-se conta do gênero e do tom do salmo que vai rezar, ou melhor, que a sua ideia seja incluída na monição antes do salmo.

Por vezes, chama-se "títulos cristãos" às frases ou "sentenças" que precedem os salmos, tomadas do NT ou dos Santos Padres.

Também se chama "título" à frase (em vermelho) que se põe nos Lecionários, entre o *incipit* e o texto de uma leitura (cf. *ELM* 123), resumindo o seu conteúdo ou destacando a sua ideia fundamental.

---

86 N.E.: "Conforme decisão da CNBB, na sua XII Assembleia Geral, em 1971, a regulamentação da celebração das Têmporas e Rogações fica a critério dos Conselhos Episcopais Regionais. Para tais celebrações, pode-se escolher as mais adequadas entre as Missas para diversas circunstâncias" (CNBB. *Guia litúrgico-pastoral*. Brasília. Edições CNBB, 2007. p. 13).

O "titular" (ou orago) de uma igreja ou de um altar é o Santo a que está dedicada a igreja ou o altar. Cada comunidade celebra com categoria de solenidade a festa do Santo titular da sua igreja.

Dedicação. Salmos. Sentença.

toalha

Na liturgia, dá-se o nome de "toalha", tal como a usada na mesa familiar, à peça de pano que cobre o altar, em sinal de respeito pela mesa à volta da qual Cristo reúne a assembleia e, a partir da qual, a Igreja distribui o Corpo e o Sangue de Cristo, na Comunhão: "Em reverência para com a celebração do memorial do Senhor e o banquete em que se comungam o seu Corpo e Sangue, ponha-se sobre o altar onde se celebra ao menos uma toalha de cor branca, que combine, por seu formato, tamanho e decoração, com a forma do mesmo altar" (*IGMR* 304). Valendo a mesma determinação também para quando se celebra em outro lugar em que não haja exatamente um altar, mas uma mesa (cf. *IGMR* 297).

A toalha costuma ser branca, mas admitem-se adornos e franjas de outra cor. Antes, utilizavam-se três toalhas, mas, atualmente, só se usa uma.

tocar, tato

Vêm do latim *tangere* (estabelecer contato).

Na liturgia, a linguagem do gesto de "tocar", assim como outros sentidos corporais, frequentemente, tem um sentido eficaz para expressar o mistério que se celebra:

- no *Batismo*, faz-se a signação sobre a fronte dos batizados, ou a unção no peito; impõe-se-lhes a mão sobre a cabeça, são submergidos ou banhados na água, volta-se a ungi-los na cabeça; na oração de bênção da água o sacerdote toca a água com a mão direita;

- na *Confirmação*, além da imposição das mãos, os confirmandos são ungidos sobre a fronte com o crisma; aquele que os apresenta ao bispo coloca a sua mão direita sobre o ombro de cada um e, no final, o bispo lhes dá, como gesto de Paz, um abraço ou um beijo;

- na *Eucaristia*, o ministro beija o altar, toca com a sua mão o Evangelho e em seguida o beija; os fiéis são convidados a comer e a beber o Corpo e o Sangue do Senhor; quem quiser, pode receber o Pão, muito dignamente, na sua mão; e, antes da Comunhão, dá-se o aperto de mão ou o abraço da Paz;

- no sacramento da *Penitência*, restituiu-se como gesto simbólico central da reconciliação a imposição das mãos sobre a cabeça do penitente;

- na *Unção dos Enfermos*, o ministro unge com óleo a fronte e as mãos do doente;

- nas *Ordenações*, além da unção das mãos, os candidatos sentem sobre a sua cabeça as mãos do bispo e dos sacerdotes concelebrantes;

- no *Matrimônio*, os novos esposos dão-se o mútuo sim, enquanto unem as mãos, e põem mutuamente a aliança no dedo; além disso, trocam o abraço ou o beijo da paz.

Essa importância do tocar deriva simplesmente da natureza corpórea da pessoa humana, que exprime e entende assim muito melhor a linguagem interior dos sentimentos. É como Jesus, que oferecia a salvação de Deus não só com palavras, mas com o gesto do contato corporal: tocando-lhes com a sua mão (a sogra de Pedro ou a filha do chefe da sinagoga) ou os ouvidos e a boca (o surdo-mudo): a mão de Cristo que toca é o símbolo da mão poderosa de Deus que se aproxima e atua, protegendo e comunicando a sua salvação.

Trato

Chama-se *psalmus tractus* (o salmo arrastado, discorrido), ao canto de andamento arrastado que, no tempo da Quaresma, substituía o Aleluia, antes do Evangelho. Era uma série de versículos de um salmo que o solista ou o coro cantava, sem intervenção da comunidade.

Agora, foi substituído pelo "versículo, antes do Evangelho", que pode ser acrescentado quando se canta o Aleluia, repetindo depois o Aleluia. Na Quaresma, canta-se sem Aleluia, e, então, o Missal chama-o de "canto antes do Evangelho".

Tríduo Pascal

"O sagrado Tríduo da Paixão e Ressurreição do Senhor é o ponto culminante de todo o ano litúrgico, porque a obra da redenção humana e da perfeita glorificação de Deus foi realizada por Cristo especialmente no seu Mistério Pascal [...]. A proeminência que na semana tem o domingo tem-na, no ano litúrgico, a solenidade da Páscoa" (NG 18).

Nos primeiros séculos, assim que a tradição oriental (de celebrar a Páscoa em 14 de Nisã) e a tradição romana (de a celebrar no domingo seguinte) se unificaram, entendendo essa unidade como a da concepção teológica do mistério da Páscoa, começou-se a preparar a celebração do domingo de Páscoa com dois dias de jejum – na Sexta-feira e no Sábado –, dando assim origem ao Tríduo Pascal do qual já dão testemunho escritores do século III. No século IV, já está universalizado e considerado como tradicional, e Santo Agostinho o chama de "Páscoa de Cristo morto, sepultado e ressuscitado".

Nos últimos séculos, tinha-se deslocado o interesse, falando-se mais do "Tríduo Santo", formado por Quinta-Feira, Sexta-Feira e Sábado Santos. Agora, o Tríduo Pascal volta a considerar Sexta-Feira, Sábado e Domingo, tomando-se a Missa vespertina de Quinta-feira *in coena Domini* como o seu prólogo ou introdução. O Tríduo Pascal acaba nas Vésperas do Domingo da Ressurreição.

Esses três dias celebram-se como um único dia: na Sexta-feira e no Sábado não se celebra a Eucaristia (são dias "alitúrgicos"), até que, com a Vigília, se começa já a celebração do dia terceiro e definitivo. Além disso, "na Sexta-feira da Paixão do Senhor e, conforme as circunstâncias, no Sábado Santo até a Vigília Pascal, celebra-se em toda a parte o sagrado jejum pascal" (NG 20).

A palavra "tríduo" significa três dias e, portanto, também tem outras aplicações na vida cristã, fora da liturgia: por exemplo, os "tríduos" de preparação devocional de uma festa.[87]

Jejum. Páscoa. Quinta-feira Santa. Sábado Santo. Sexta-feira Santa. Vigília Pascal.

---

87 N.E.: Recomendamos: Augé, Matias. *O ano litúrgico é o mesmo Cristo presente na Igreja.* São Paulo: Paulinas, 2013. cap. VIII; Lelo, Antonio Francisco. *Tríduo Pascal.* Espiritualidade e preparação orante. São Paulo: Paulinas, 2009.

triságio

Do grego *tris-agion* (três vezes Santo), é o nome que se dá à aclamação de louvor "Santo Deus, Santo Forte, Santo Imortal", testemunhado pela primeira vez no Concílio de Calcedônia (451). Por vezes, deu-se-lhe um sentido só cristológico, mas, na maioria dos casos, o sentido foi trinitário, como louvor ao Deus Trino.

Nos ritos orientais, sobretudo no bizantino, tem o seu lugar na procissão de entrada da Missa, como também acontece nos dias mais solenes do rito hispânico. Em outras liturgias orientais, canta-se antes das leituras bíblicas. Na liturgia romana conservou-se só na Sexta-feira Santa, durante a adoração da cruz.

Outra circunstância litúrgica em que também se pode falar de "triságio" é na aclamação do *Sanctus,* da Oração Eucarística: "Santo, Santo, Santo".

tropário

Essa palavra de origem grega designa um tipo de canto de certa forma semelhante a hino, a Salmo Responsorial e a ladainha; emprega-se, sobretudo, nos ritos orientais, acompanhando as procissões. Muitos deles são marianos.

O tropário é como que uma antífona mais prolongada. Costuma ser formado por uma estrofe cantada pelo coro, um estribilho respondido pela comunidade, um versículo cantado por um solista, de novo o estribilho da comunidade (isso pode repetir-se várias vezes) e, no final, de novo a estrofe, às vezes cantada também em parte pela comunidade. Essa estrofe é mais longa que uma antífona, mais de tipo hínico e lírico, enquanto os versículos estão pensados à maneira de "tropos", cantados por um solista, com resposta mais breve da comunidade. É um gênero de canto, portanto, que conjuga bem os três protagonistas: a assembleia, o coro e o solista.

Às vezes, os tropários têm formas parecidas com os nossos responsórios do Ofício de Leitura ou com os responsórios breves das outras Horas.

Servem, sobretudo, como cânticos de entrada na celebração, como também seriam muito úteis depois das leituras e da homilia, à maneira de resumo, para assimilação do que foi escutado. São como comentários e desenvolvimentos poéticos das ideias da festa.

tropo

A palavra "tropo", em grego, significa várias coisas: volta, melodia, interpretação alegórica; na liturgia, aplica-se às frases que ampliam o cântico, intercalando-se na sua melodia. É um gênero que, à maneira de comentário, interpretação ou glosa, ajuda o canto da comunidade, preenchendo, por exemplo, os neumas de um cântico melismático gregoriano. É algo parecido, mas muito mais curto na sua realização, às sequências que prolongam o Aleluia, antes do Evangelho.

Os tropos foram usados na Idade Média, sobretudo no cântico dos *Kyries* e do *Agnus Dei*. Também agora, nos *Kyries* (cf. *IGMR* 52) se podem intercalar breves tropos, à imagem daqueles famosos que deram o nome a algumas das Missas gregorianas: *Kyrie, fons bonitatis, Pater ingenite, a quo cuncta bona procedunt, eleison.* Às vezes, também se chamam "tropos" às invocações com que se amplia a invocação dos *Kyries*, para o ato penitencial: "Vós que estais sentado à direita do Pai…".

túmulo

Chama-se túmulo ao montículo de terra artificial, que cobre a sepultura num cemitério.

E daí o nome também se aplica à mesa ou cadafalso, recoberto com panos pretos, sobre o qual, nos funerais, se coloca o ataúde.

tunicela

É uma veste litúrgica que se assemelha a uma túnica pequena, uma variante mais curta da dalmática. Provinha das vestes nobres dos romanos que, com o tempo, entraram em desuso, mas que se conservaram até tarde, no uso litúrgico de alguns ministros da Igreja. O Papa resvestia-a, por exemplo, sob a casula; a partir do século IX, a tunicela converteu-se em distintivo dos subdiáconos.

turíbulo, turiferário

Ao incenso chama-se, em latim, *thus, thuris* ou *tus, turis*. Daí vem a designação de "turíbulo" dada ao incensório, e a de "turiferário" dada ao ministro encarregado de o transportar. Geralmente, é usado nas solenidades, nas procissões de entrada na Missa, para incensar o Evangelho, os ministros da celebração e a assembleia, ou na procissão com o Santíssimo Sacramento.

Incenso.

umeral

Véu de ombros.

unção

Do latim *ungere, unctio* (ungir). A unção com azeite e seus derivados, sobretudo perfumados, como o bálsamo ou o crisma, é uma ação simbólica que se emprega com frequência na liturgia cristã.

As qualidades práticas e o simbolismo espontâneo em relação ao azeite e à unção foram aproveitados para exprimir a salvação que Deus nos comunica por Cristo e seu Espírito. "A unção, na simbologia bíblica e antiga, é rica de numerosas significações: o óleo é sinal de abundância e de alegria; purifica (unção antes e depois do banho) e torna ágil (a unção dos atletas e lutadores); é sinal de cura, pois suaviza as contusões e as feridas; e torna radiante de beleza, saúde e força" (*CIC* 1293).

Por isso, no AT se empregava a unção para exprimir a força que Deus comunicava às pessoas que começavam uma missão em benefício do seu povo: os reis (no caso de Davi, cf. 1Sm 16,13), os sacerdotes (cf. Ex 29,4ss para Aarão) e os profetas (cf. 1Rs 19,16 para Eliseu).

Mas *o autêntico Ungido é Jesus de Nazaré*. O nome dele, que mais se repete, é o de "Cristo", que, em grego, significa "Ungido", o mesmo que "Messias", em hebraico. Ele é que recebeu a missão mais difícil, a de Messias e, por isso, recebe a Unção do Alto, que é o Espírito de Deus: "Deus ungiu com o Espírito Santo e com o poder a Jesus de Nazaré" (At 10,38).

Depois, os crentes em Cristo recebem também a unção do Espírito: "Quem nos confirma em Cristo – a nós e a vós – é Deus. Foi ele que nos concedeu a unção, nos marcou com o seu sinal e imprimiu em nossos corações o penhor do Espírito" (2Cor 1,21-22). Por isso, se Jesus é chamado Ungido, Cristo, os seus seguidores são chamados também ungidos, cristãos.

Na nossa liturgia são várias as circunstâncias em que, com a unção, se visa expressar a graça da salvação:

- com o óleo dos catecúmenos, faz-se a primeira unção do Batismo, sobre o peito, antes do sinal central do banho na água;

- com o crisma realizam-se as unções da Confirmação (na fronte) e a das Ordenações (nas mãos, ao presbítero e, na cabeça, ao bispo), e também a segunda (pós-batismal) do Batismo, sobre a cabeça do batizado;

- na Unção dos Enfermos, essa ação simbólica, como na Confirmação, é precisamente o gesto sacramental central que, além do mais, neste caso, dá nome ao próprio sacramento; nos outros dois sacramentos (Batismo e Ordenação) o gesto não é central, mas complementar;

- também no rito da dedicação se ungem com o crisma o altar e as paredes da igreja, como sinal de que ficam consagrados para sempre ao culto cristão, recebendo a sua eficácia do Ungido por excelência, Jesus Cristo.

Em cada uma das unções, o simbolismo do gesto tem matizes diferentes:

- na unção pré-batismal, no peito, exprime-se a fortaleza que Cristo quer comunicar ao catecúmeno: no caso de adultos, pode-se repetir esse gesto simbólico durante o período do catecumenato (cf. *RICA* 128);

- na unção pós-batismal com o crisma, sobre a cabeça, significa-se a consagração e a entrada no povo de Cristo, sacerdote, profeta e rei;

- na Confirmação, a unção com o crisma faz-se na fronte, para expressar o selo e a marca do Espírito de Cristo, para que sejam testemunhas dele no meio do mundo;

- na Unção dos Enfermos faz-se sobre a fronte e nas mãos, para expressar a graça e a ajuda de Deus no momento da debilidade e da doença;

- nas Ordenações consagram-se as mãos do presbítero, que atuará em nome de Cristo para bem do seu povo, e a cabeça do bispo, para significar a graça que o configura com Cristo-Cabeça da comunidade.

Todos esses momentos têm um ponto de referência na Missa crismal, presidida pelo bispo nas vésperas da Páscoa; todos os sacramentos brotam da Páscoa e, por isso, se benzem e consagram os óleos e o crisma que em todas as paróquias de uma diocese vão servir para a celebração dos sacramentos.

Crisma. Óleos.

Unção dos Enfermos

Um dos traços mais característicos de Jesus no Evangelho é o de que ele curava os doentes, dedicava-lhes o seu tempo, animava-os. Esse ministério curativo de Jesus tinha um sentido messiânico: era símbolo e sacramento do poder libertador integral que tinha como Messias. Assumindo as nossas debilidades em si mesmo ("tomou as nossas enfermidades e carregou as nossas dores", Mt 8,17), curava os males corporais e comunicava o perdão e a reconciliação com Deus.

A comunidade cristã recebeu o encargo de dar continuidade a esse ministério: "curai os doentes e dizei-lhes: o Reino de Deus já está próximo de vós" (Lc 10,9); com efeito, "eles partiram e pregavam o arrependimento, expulsavam numerosos demônios, ungiam com óleo muitos doentes e curavam-nos" (Mc 6,12s).

O mistério curativo, feito de proximidade e assistência humana, tinha também, desde o princípio, uma versão *sacramental*. A Carta de São Tiago tem uma passagem que se interpretou como a origem do sacramento da Unção dos Enfermos: "Está alguém, entre vós, aflito? Recorra à oração. [...] Algum de vós está doente? Chame os presbíteros da Igreja e que estes orem sobre ele, ungindo-o com óleo em nome do Senhor. A oração da fé salvará o doente e o Senhor o aliviará; e, se tiver cometido pecados, ser-lhe-ão perdoados" (Tg 5,13-15). Durante dois mil anos, a Igreja continuou a cuidar dos doentes em todas as dimensões, e também celebrando com eles o sacramento da Unção, dando-lhes a força e a graça na sua debilidade.

Em séculos sucessivos, sobretudo a partir do século IX, deslocou-se o sentido desse sacramento: em vez de ser a graça curativa e aliviadora para os doentes, começou a considerar-se como sacramento dos moribundos, e passou a chamar-se "Extrema-Unção". O Concílio Vaticano II quis que se voltasse a chamar "Unção dos Enfermos" com mais propriedade (cf. *SC* 73), e determinou uma reflexão e uma reforma na celebração do sacramento (cf. *SC* 74-75). Seguindo as suas orientações, apareceu o novo Ritual em 1972, precedido da Constituição Apostólica de Paulo VI *Sacram Unctionem Infirmorum*, e da Introdução *do Ritual da Unção dos Enfermos e sua assistência pastoral*, no final desse ano.

A *Unção* é o sacramento específico para os cristãos doentes. Os textos da celebração apresentam-no como o encontro sacramental com Cristo médico e pastor, que está próximo e continua a curar, aliviando e libertando do mal. "Pela Santa Unção dos Enfermos e oração dos presbíteros, toda a Igreja encomenda os doentes ao Senhor, que sofreu e foi glorificado, para que ele os alivie e salve; exorta-os a unirem-se espontaneamente à Paixão e Morte de Cristo, para assim contribuírem para o bem do Povo de Deus" (*LG* 11).

Esse sacramento não é só para quem se encontra nos últimos momentos da sua vida, mas também para todo o cristão que, "por doença ou velhice, começa a estar em perigo de morte" (*SC* 73), ou como diz o Ritual "aos fiéis gravemente doentes" (n. 8), incluídos os anciãos "quer em razão da própria enfermidade, quer em razão da idade avançada" (n. 8). O ministro da Unção é só o sacerdote, embora na história dos primeiros séculos também os leigos a administrassem.

Os efeitos do sacramento descrevem-nos bem os próprios textos. Enquanto o unge, o ministro diz ao doente: "Por esta Santa Unção e pela sua infinita misericórdia, o Senhor venha em teu auxílio com a graça do Espírito Santo, para que, liberto dos teus pecados, ele te salve e, na sua bondade, alivie os teus sofrimentos". O efeito identifica-se com a "graça do Espírito": "Cristo, Redentor do mundo, nós vos pedimos: curai pela graça do Espírito Santo a fraqueza deste doente, sarai… perdoai… tirai-lhe todas as dores… restituí-lhe a saúde interior e exterior…" (n. 77).

Uma novidade do Ritual pós-conciliar foi a possibilidade da celebração coletiva da Unção dos Enfermos (nn. 83-92), por exemplo, num dos domingos da Páscoa.[88]

Doentes. Unção.

---

[88]   N.E.: Para aprofundar: Flores, Gonzalo. *Penitência e unção dos enfermos*. São Paulo: Paulinas, 2007; Marsili, Salvatore. *Sinais do Mistério de Cristo*. São Paulo: Paulinas, 2010. p. 449-480.

vasos sagrados

Chamam-se "vasos sagrados" aos diversos recipientes utilizados na celebração litúrgica: cálice, patena, cibório, píxide, ostensório, custódia, galhetas, âmbulas... Alguns deles são particularmente importantes como o cálice e a patena "que servem para oferecer, consagrar e comungar o Pão e o Vinho" (*IGMR* 327).

O Missal (cf. *IGMR* 327-334) dá as normas oportunas para a qualidade desses vasos sagrados. "Devem ser fabricados de metal nobre [...]. Também podem ser fabricados com outros materiais sólidos e que sejam, segundo o modo de sentir de cada região, mais nobres [...]. Dê-se preferência aos materiais que não se quebram nem deterioram facilmente." "Quanto aos cálices e outros vasos, destinados a receber o Sangue do Senhor, a copa deve ser de material que não absorva os líquidos." Os vasos sagrados de metal, caso este seja oxidável, devem ser dourados por dentro.

Relativamente à reforma, continua válido o critério conciliar: "A Igreja procurou com especial solicitude que as alfaias sagradas servissem com dignidade e beleza para o esplendor do culto (em latim, *culti decori* [ao decoro do culto]), aceitando, quer na matéria, quer na forma, quer na ornamentação, as modificações que o progresso da técnica introduziu com o decorrer do tempo" (*SC* 122). O juízo sobre a idoneidade dos diversos materiais e formas para o uso litúrgico é da competência da Conferência Episcopal, próxima da sensibilidade cultural das várias comunidades" (cf. *IGMR* 326 e 329).

O *Ritual de bênçãos* oferece fórmulas para a "bênção dos objetos e vestes que se usam nas celebrações litúrgicas" (1068-1073), sobretudo para o cálice e a patena, de uso exclusivo para a Eucaristia.

vela

Candeias. Círio Pascal. Lâmpada. Luz.

versículo

O versículo é, como o seu nome indica, um verso pequeno.

Os livros da Bíblia, e em particular os salmos, dividem-se em capítulos, e estes em versículos, pequenas seções numeradas.

Na liturgia utilizam-se muitas vezes versículos, quase sempre tomados de um salmo:

- no início da oração ("Deus, vinde em nosso auxílio");

- como comentário meditativo, depois das leituras breves da Hora Intermédia: alternando entre o solista (V/) e a comunidade (R/); nas Laudes e Vésperas é o responsório breve;

- "entre a salmodia e as leituras do Ofício de Leitura, diz-se o versículo, que faz passar da oração da salmodia para a escuta das leituras" (*IGLH* 63): por exemplo: "escuta, meu povo, o meu ensinamento, inclina o ouvido às palavras da minha boca"; "o Senhor nos instruirá nos seus caminhos e andaremos pelas suas veredas";

- no Salmo Responsorial da Missa, a comunidade canta o estribilho e o salmista recita ou canta os versículos do salmo; quando se canta o Aleluia antes do Evangelho, pode ser acompanhado de um versículo, muitas vezes tomado do próprio Evangelho.

Vésperas

Das horas do dia em que as pessoas religiosas de todas as culturas mais frequentemente rezam é nas horas do cair da tarde, ao terminar a jornada e antes de se retirarem para descansar.

A palavra "vésperas" vem de *vesper, vespera,* que, em latim, significa "a tarde". Os judeus já dedicavam essas horas à sua oração a Deus, dando-lhe graças pelo dia e pedindo-lhe a sua proteção durante a noite. E os cristãos deram

continuidade a essa oração vespertina, tanto pessoalmente como em comunidade, unindo-a ao rito do lucernário, quando, ao se extinguir a luz natural, se acendiam as lâmpadas das casas.

Em poucos séculos, essa oração assumiu a *estrutura* que as Vésperas têm atualmente: hino, salmodia (dois salmos e um cântico do NT), leitura bíblica breve, cântico evangélico (*Magnificat*), preces e Pai-nosso. Os orientais legaram-nos o antiquíssimo hino lucernar 21 *Phos hilarón* ("Luz esplendente da santa glória...") ("Chegada a hora do Sol poente..."), com o seu louvor a Cristo e à Trindade.

O *espírito* com que a comunidade cristã reza as Vésperas é:

- de ação de graças pela jornada;

- de petição de perdão pelas falhas que tenha cometido;

- de oferenda sacrificial de todo o dia, seguindo a oferenda de Cristo na cruz. Assim como a oração das Laudes nos recorda a ressurreição de Cristo, a das Vésperas traz-nos à memória a Paixão e a Morte de Cristo;

- com um olhar escatológico para a morte e para o fim da História, que nos são recordadas pelo declinar do dia;

- nas Vésperas, aparece muitas vezes a ideia da luz que é Cristo, que supera as trevas que chegam; a luz cósmica do Sol retira-se, mas Cristo, que é a Luz verdadeira, não deixa de iluminar os seus seguidores;

- também a da Eucaristia, pela hora da Última Ceia de Cristo e da aparição de Emaús, ao cair da tarde;

- e, finalmente, da Virgem Maria, pela inclusão diária do cântico do *Magnificat*.

Tal como a hora das Laudes, a das Vésperas foi sempre considerada – e volta a ser na presente reforma – das horas mais importantes para toda a comunidade cristã, enquanto as outras são mais próprias dos ministros ordenados e dos religiosos (cf. *IGLH* 37 e 40). E, por isso, se elegeram para essas horas os salmos mais adequados para a compreensão dos fiéis (cf. *IGLH* 127). A estrutura de ambas as horas é muito parecida (cf. *IGLH* 41-454).

Liturgia das Horas. Lucernário. Magnificat.

vestes

As vestes, além da sua função protetora e estética, podem ter também uma função simbólica: socialmente, não é indiferente a veste de uma noiva, ou a das autoridades, a de alguém que está em festa ou de luto, ou o hábito de uma ou outra família religiosa. Na Bíblia, a veste branca é, por exemplo, a veste do ancião que Daniel vê, a dos anjos nas aparições pascais ou a dos vencedores do Apocalipse.

Também nas celebrações litúrgicas as vestes desempenham um papel relevante. Frequentemente, são os próprios fiéis que se vestem de um modo especial: é evidente o simbolismo da veste branca que se impõe ao recém-batizado; nos primeiros séculos, eles a conservavam desde a Vigília Pascal até o domingo seguinte (por isso, antigamente, era chamado Domingo *in albis*). A "tomada do hábito" dos religiosos (ou o "dependurar os hábitos") exprime com a mudança de vestes a nova situação da pessoa, tal como se faz na vida social com a "investidura" nos cargos, por exemplo, dos juízes ou dos catedráticos. Embora continue a ser verdade que o "hábito não faz o monge", não é indiferente a forma como uma pessoa se veste.

Mas, liturgicamente, é, sobretudo, o presidente e os outros *ministros da celebração* que se vestem de modo simbólico para o seu ministério. Na liturgia judaica já se concedia importância – para alguns, até excessiva – a essas vestes, como sinal do caráter sagrado da ação, da glória de Deus e da dignidade dos ministros.

Nos primeiros séculos, não consta que os ministros cristãos atribuíssem especial significado à questão das vestes, dentro ou fora do culto. Em todo o caso, parece que o realizavam com as vestes dos dias festivos, com as longas túnicas romanas. Quando estas perderam o seu uso civil, foram conservadas, porém, para os atos cultuais, e daí se originou a diferenciação, que parecia natural e lógica, sendo considerada apta para destacar a pedagogia da ação sagrada. E, neste caso, talvez se tenha chegado a uma exagerada "sacralização" e, até nossos dias, também ao costume de lhes chamar "ornamentos sagrados".

Atualmente, a veste litúrgica básica para os ministros é a alva, túnica branca, com a forma mais estética possível e na medida da pessoa. Sobre ela os ministros ordenados colocam a estola, e aquele que preside à Eucaristia sobrepõe-lhe a casula. Outras vestes são a dalmática, que caracteriza o diácono, e a tunicela, que os subdiáconos utilizavam. O roquete usa-se sobre a batina, em algumas celebrações. O véu de ombros (ou umeral), a capa pluvial e alguns distintivos pontificais, como o pálio, são outras das vestes que se usam na liturgia.

O uso das vestes diferenciadas dos ministros, nas celebrações, não tem uma finalidade em si mesma, como se essas vestes fossem algo sagrado. Têm, simplesmente, uma função pedagógica:

- distinguem as diversas categorias de ministros, identificando-os segundo o ministério que realizam na comunidade;

- contribuem para o decoro e a estética festiva da celebração, segundo a gradualidade das solenidades e a cor dos tempos litúrgicos;

- e ajudam a entender o mistério que celebramos: não se trata de uma ação profana, mas sagrada, e os ministros não são só um grupo de amigos ou de líderes, mas ministros da Igreja e representantes de Cristo. Os primeiros beneficiados pelo uso das vestes litúrgicas são os próprios ministros, porque elas lhes lembram da sua condição de ministros e de servidores, em nome da Igreja e de Cristo (cf. orientações que a esse respeito deu o Episcopado dos Estados Unidos, em 1978).

Alva. Capa pluvial. Casula. Dalmática. Roquete. Tunicela. Véu de ombros.

véu

É um lenço ou pano que serve para cobrir ou para envolver algo que se considera digno do maior respeito.

O véu de ombros (ou umeral), por exemplo, aposto ao sacerdote que leva a custódia ou a píxide com o Santíssimo.

Também se cobria com um véu a píxide e o sacrário, ou o cálice, quando se levava da sacristia para a credência. Sempre que se considere oportuno, continuam a cobrir-se as cruzes e as imagens dos Santos nos últimos dias da Quaresma, antigo "tempo da Paixão". Podem cobrir-se com o véu, igualmente, os vasos sagrados sobre a credência, antes do Ofertório e depois da Comunhão.

Outros usos significativos são o da imposição do véu nupcial, que se faz em algumas regiões, além da entrega das alianças e outros sinais. Seguindo a recomendação de Paulo, em 1Cor 11,2-6.16, cujas razões ainda hoje se desconhecem, e que agora caiu em desuso, também as mulheres se cobriam com o véu ou mantilha, quando iam à igreja.

Em algumas famílias religiosas, juntamente com outros símbolos (coroa, aliança, vela), e seguindo costumes culturais e tradições comunitárias, realiza-se a *velatio* ou imposição do véu, enquanto a superiora diz: "recebe este véu, sinal da tua consagração a Cristo, o Senhor, e da tua dedicação ao serviço da Igreja".

véu de ombros (ou umeral)

O adjetivo "umeral" refere-se ao osso do braço, do ombro ao cotovelo, chamado *humerus* (úmero).

O nome atribuído ao véu advém-lhe do seu uso, precisamente sobre os ombros do sacerdote que dá a bênção com o Santíssimo, ou o transporta em procissão. Costuma ser um véu de uns dois metros de comprimento e mais de meio metro de largura, preso à frente por um alfinete. Com as pontas desse véu o sacerdote segura a custódia ou a píxide – clássico gesto para não tocar com as mãos algo que se considera muito digno de reverência, como a Eucaristia..

O Ritual do culto eucarístico prescreve-o para dar a bênção com o Santíssimo: "quando a exposição é feita com a custódia, o sacerdote e o diácono devem pôr também a capa de asperges e o véu de ombros de cor branca; e se for com a píxide, ponham o véu de ombros" (*SCCME* 92).

Impõe-se, normalmente, o seu uso quando a Eucaristia é levada em procissão, na Quinta-feira Santa, ou, na Sexta-feira Santa, quando é trazida de volta ao altar, também na procissão do Corpo de Deus, e em dia de dedicação de igreja e de altar.

via crucis (via-sacra)

É uma forma de devoção ou religiosidade popular que teve a sua origem por volta do século XIV, sobretudo por ação dos franciscanos. Em sua origem, era uma imitação das peregrinações a Jerusalém e realizava-se idealmente em colinas ou montículos, imitando a subida de Jesus ao Calvário, com todos os episódios da Paixão e Morte.

Mais tarde, organizaram-se as diversas estações, até chegar às catorze que se tornaram clássicas. No século XVIII, começaram a colocar-se dentro das igrejas as catorze cruzes ou figuras e a fazer-se o exercício piedoso de modo que o ministro caminhe e os fiéis possam seguir o caminho da cruz pelo menos se voltando para a estação contemplada.

É uma devoção que teve e continua a ter sentido espiritual e pastoral. A representação dinâmica do caminho de Cristo para a cruz tem forte cunho popular e a sua linguagem simbólica, por vezes, tornou-se mais acessível que a litúrgica. Além disso, admite uma adaptação mais flexível, nos seus conteúdos, à espiritualidade de cada comunidade. Ultimamente, realizou-se uma evolução também na estruturação das estações, centrando-se mais naquelas que estão atestadas no Evangelho e, além disso, alargando-se, com a inclusão da Ressurreição.

Devoções.

viático

De *via* (caminho), significa "provisões para a viagem".

Desde os primeiros séculos, foi um costume muito valorizado que aos cristãos em perigo, próximos da morte, se lhes desse a Comunhão eucarística. O Concílio de Niceia (ano de 325) apelava já para a tradição: "Acerca dos que estão para sair deste mundo, guardar-se-á também agora a antiga lei canônica, a saber: que se alguém vai sair deste mundo, não seja privado do último e mais necessário viático" (cânon 13). A indicação de que *sine viático non exeant* ("que não sejam deixados partir sem o viático") manteve-se com fidelidade crescente. É conhecido o testemunho sobre a morte de Santo Ambrósio, dos finais do século IV, segundo o relato do seu diácono Paulino: *quo accepto (corpore Domini), ubi glutivit, emisit spiritum, bonum viaticum secum farens* ("apenas recebeu o Corpo do Senhor, expirou, levando consigo um bom viático"). Nos *Sacramentários Gelasianos* do século VIII e nos *Ordines Romani* (*OR* 49 de Andrieu), encontramos rituais detalhados da celebração dessa comunhão dos moribundos.

Também agora continua a ter um ótimo sentido essa Comunhão em forma de viático. Cristo é o caminho (via) e ao mesmo tempo o Pão da vida, o alimento verdadeiro. Como o cristão começou a sua vida cristã incorporando-se a Cristo por meio do Batismo, assim termina a sua etapa terrena incorporando-se em Cristo na sua Morte e Ressurreição, por meio da Eucaristia: isso o ajuda a celebrar com ele, de forma definitiva, a sua Páscoa, a saída desta vida e a passagem à definitiva.

"Aos que estão para deixar esta vida, a Igreja oferece, além da Unção dos Enfermos, a Eucaristia como viático. Recebida nesse momento de passagem para o Pai, a comunhão do Corpo e Sangue de Cristo tem um significado e uma importância particulares. É semente de vida eterna e poder de ressurreição, segundo as palavras do Senhor: 'Quem come a minha carne e bebe o meu sangue tem a vida eterna; e eu o ressuscitarei no último dia'" (Jo 6,54) (*CIC* 1524). "A comunhão recebida como viático deve ser considerada como um sinal especial da participação no mistério celebrado no sacrifício da Missa, isto é, no mistério da morte do Senhor e da sua passagem para o Pai. Com o viático, o cristão, na sua passagem desta vida, fortalecido com o Corpo de Cristo, recebe o penhor da ressurreição" (*EM 39*).

O Concílio Vaticano II determinou que, "além dos ritos distintos da Unção dos Enfermos e do viático, componha-se um 'Rito contínuo' segundo o qual a Unção seja administrada ao doente depois da confissão e antes da recepção do viático" (*SC 74*).

Com efeito, no *Ritual da Unção dos Enfermos e sua assistência pastoral*, o capítulo III oferece os ritos e textos para a celebração do viático, se possível dentro da Missa e sob as duas espécies, depois dos sacramentos da Reconciliação e da Unção dos Enfermos. Recomenda-se a aspersão, no início, como recordação do Batismo. Depois da liturgia da Palavra, o moribundo, sendo possível, renova a sua Profissão de Fé com a fórmula dialogada do Batismo. Ao dar-lhe a Comunhão, o ministro acrescenta: "Ele mesmo te guarde e te conduza à vida eterna". Termina com uma bênção solene.[89]

Unção dos Enfermos.

vigília

Vem de "velar", estar desperto, e significa exatamente "noite de vigília".

Era o que os judeus faziam e ainda fazem, na noite inaugural de 14 de Nisã, uma noite de vigília em honra de Javé que os salva, em memória do êxodo do Egito e na espera da vinda do Messias. Os cristãos fizeram outro tanto na Noite Pascal, vigília noturna, à espera de Cristo Ressuscitado. E outras vigílias se foram organizando no seguimento desta.

---

89 N.E.: Para aprofundar: Flores, Gonzalo. *Penitência e unção dos enfermos*. São Paulo: Paulinas, 2007.

Pode-se dizer que, desde o princípio, a oração noturna foi apreciada de modo particular. Como recomendação devocional para os cristãos piedosos, já a aconselhavam Tertuliano e Hipólito. Mas generalizou-se, sobretudo, em ambiente monástico: velar de noite, como as virgens prudentes, à espera da vinda continuada do Senhor, e, seguindo ao pé da letra, a sua recomendação de orar sem interrupção (cf. *IGLH* 72). São Bento, por exemplo, na sua *Regra*, propõe uma vigília no final da noite ("terceiro noturno"). A recitação comunitária noturna foi, pouco a pouco, passando para a primeira hora da manhã, e passou a chamar-se "Matinas", que constava de três "noturnos" ou blocos de salmos e leituras.

Para toda a comunidade cristã, foram-se organizando, à imitação da Vigília Pascal, outras vigílias noturnas: para inaugurar a celebração de Pentecostes, Epifania ou Natal, ou para as festas dos mártires, no lugar da sua sepultura.

Mas também em algumas Igrejas se convocou muito cedo – em Jerusalém é famoso o testemunho de Etéria, nos finais do século IV – a vigília dominical, antes da aurora.

Depois da última reforma, além da Páscoa, continua em vigor esse gênero de vigílias em várias ocasiões:

- no início da celebração do Natal e Pentecostes (cf. *IGLH* 72 e 215), seguindo e fomentando o antigo costume;

- se for conveniente dar realce a outras solenidades ou peregrinações, pode-se fazer mediante uma vigília de oração e escuta da Palavra;

- o Ofício de Leitura mantém para as comunidades contemplativas o seu caráter noturno, assim como para os outros que o queiram (cf. *IGLH* 72);

- por ocasião da morte de um cristão, pode-se organizar uma "vigília comunitária de oração", na casa mortuária ou noutro lugar adequado, não necessariamente com caráter noturno, com salmos, leituras e oração, que, em caso de ausência de um ministro ordenado, pode ser dirigida por um leigo; o novo *Ritual das exéquias* oferece textos para essa vigília.

Para iniciar a celebração do *domingo* propõe-se, para os que o desejarem, uma "celebração mais longa da vigília", uma "vigília prolongada", ou seja, a recitação do Ofício de Leitura mais desenvolvido, e com caráter noturno, à imitação da Vigília Pascal (cf. *IGLH* 73). Essa vigília dominical é uma celebração insistente da Ressurreição do Senhor, sobretudo na sua segunda parte, com cânticos mais festivos e aclamatórios e a leitura de um dos Evangelhos da Ressurreição do Senhor. O esquema é o normal do Ofício de Leitura correspondente ao domingo, com os três salmos e as duas leituras; nesse momento acrescentam-se, antes do *Te Deum*, uns cânticos bíblicos, que aparecem no apêndice do livro da Liturgia das Horas, e a leitura do Evangelho da Ressurreição, sobre o qual se pode fazer uma homilia. Se esse gênero de vigília for organizado para outras festas que não sejam o domingo, o Evangelho é o do dia.

Outro sentido de "vigília" é o da Missa da véspera: há algumas festas que têm "Missa da vigília", sem caráter noturno, mas de Missa adiantada na véspera. São exemplo disso, além do Natal e de Pentecostes, as festas de São João Batista, São Pedro e São Paulo e a Assunção de Nossa Senhora. Igual sentido tem a Missa dominical celebrada no sábado à tarde, que não é "uma Missa de sábado que vale para o domingo", mas é já Missa dominical, celebrada na véspera, que faz unidade com o dia de domingo.

Matinas. Ofício de Leitura.

Vigília Pascal

"Qual é, pois, a razão por que estão hoje de vigília os cristãos, numa festa anual? É que hoje é a nossa maior Vigília e ninguém pensa noutra celebração de aniversário quando, com impaciência, perguntamos dizendo: 'Quando é a Vigília?', 'Daqui a quantos dias é a Vigília?'. Como se, em comparação com esta, as outras não merecessem tal nome. [...] Mas a Vigília desta noite é tão grande que poderia reivindicar para si só, como próprio, o nome comum de todas as outras" (Santo Agostinho, *Sermão Guelf.* V, 2).

"Nela, a Igreja se mantém de vigia à espera da Ressurreição do Senhor, e a celebra com os sacramentos da iniciação cristã" (CFP 77). "Passamos em vigília a noite em que o Senhor ressuscitou, em que para nós inaugurou, na sua carne, aquela vida em que não há espécie alguma nem de morte nem de sono" (IGLH 70).

Na história, a Vigília Pascal foi a primeira a ser organizada pela comunidade cristã, como uma noite de vigília, em oração e escuta da Palavra, concluindo com a celebração da Eucaristia.

Além disso, muito cedo se entendeu o caráter batismal da Páscoa, e se viu que era muito coerente celebrar os sacramentos da iniciação (Batismo, Confirmação e a Primeira Eucaristia) como conclusão do catecumenato, precisamente nessa noite. Também atualmente, quando se trata da iniciação de crianças em idade escolar ou de adultos, o Ritual recomenda que se celebrem esses três sacramentos juntos na Vigília Pascal.

A celebração dessa Vigília sofreu, ao longo dos séculos, uma clara decadência. Basta recordar que, até que Pio XII empreendesse a reforma da Semana Santa, celebrava-se a Vigília na manhã de Sábado Santo. Foi esse Papa quem, em 1951, a restituiu à noite de sábado para domingo.

A celebração cristã principal de todo o ano, na qual se condensa todo o Mistério da Salvação em Cristo e a nossa participação nele, compõe-se agora destes momentos:

- o "Lucernário" ou rito de entrada, com a bênção do fogo novo, a iluminação do Círio Pascal, a procissão ao redor dele e o solene Precônio Pascal, o *Exsultet*;

- a liturgia da Palavra, com sete leituras do AT, umas mais pascais, como a da criação do mundo, o sacrifício de Isaac e a passagem do Mar Vermelho, e outras mais batismais, como as proféticas; e duas do NT, a dos Romanos, batismal, e o Evangelho da ressurreição, segundo o evangelista do ano; essas leituras vão acompanhadas dos seus respectivos Salmos Responsoriais e de uma oração; ao passar do AT ao NT, canta-se festivamente o Glória a Deus nas alturas e, como aclamação do Evangelho, o solene Aleluia, que se tinha silenciado desde o início da Quaresma;

- a liturgia batismal, com a celebração do Batismo (e a Confirmação);

- e a liturgia eucarística, a mais importante do ano.[90]

Na Carta sobre as festas pascais (CFP) explicitam-se as recomendações sobre o seu caráter noturno, a dinâmica da sua estrutura e as indicações de caráter pastoral.

Círio Pascal. Exsultet. Páscoa. Vigília.

---

90 N.E.: Recomendamos: Lelo, Antonio Francisco. *Tríduo Pascal.* Espiritualidade e preparação orante. São Paulo: Paulinas, 2009.

vinho

Juntamente com o pão, é o sinal sacramental mais importante para os cristãos: o sacramento da doação que Jesus Cristo, o Senhor Ressuscitado, nos faz de si mesmo como alimento para o nosso caminho. Desde a primeira geração se entendem estes dois alimentos como o gesto simbólico escolhido por Cristo: "Irmãos, não é o cálice de bênção que abençoamos a comunhão com o Sangue de Cristo?" (1Cor 10,16).

Comer pão e beber vinho comportam, antes de tudo, uma relação com a natureza cósmica, que nos alimenta ("fruto da videira e do trabalho do homem"). Além disso, tem uma conotação de unidade e amizade. Mas, sobretudo, a partir das palavras e da promessa de Cristo, são o sacramento e o sinal eficaz da sua doação à comunidade: o Senhor Glorioso identifica-se com o pão e o vinho para se nos dar como alimento e bebida.

O vinho é a bebida festiva por excelência e evoca alegria e vitalidade. Humanamente, o vinho fala de amizade e comunhão com os outros, cria alegria, infunde inspiração. Por isso, no AT, era símbolo dos tempos messiânicos: "um banquete de carnes gordas, acompanhadas de vinhos velhos, carnes gordas e saborosas, vinhos velhos e bem tratados" (Is 25,6), e as várias taças de vinho da ceia pascal judaica querem expressar a alegria festiva da sua Aliança com Deus. E, muito mais, em Jesus Cristo: em Caná, o vinho novo, reservado para o final, simboliza claramente os tempos messiânicos já inaugurados em Cristo.

Cristo, que se apresentou a si mesmo como a Videira verdadeira (cf. Jo 15), na Última Ceia pronunciou palavras carinhosas que, em cada Eucaristia, repetimos sobre o cálice do vinho: "tomai, todos, e bebei: este é o cálice do meu Sangue,... derramado por vós e por todos...". O vinho, apontando o Sangue de Cristo, põe-nos em comunhão com o sacrifício pascal de Cristo na cruz, ao mesmo tempo em que nos faz pregustar a alegria escatológica do Reino: "até o dia em que beber o vinho novo convosco no Reino de meu Pai" (Mt 26,29).

Cristo não escolheu qualquer bebida, por exemplo, a água, que era e é a bebida mais comum, mas sim essa bebida forte, cheia de vitalidade, o vinho, "fruto da videira, natural e puro, quer dizer, sem qualquer mistura de substâncias estranhas" (*IGMR* 322), magnífico símbolo da vida e da alegria que ele nos quer comunicar, e do seu sacrifício na cruz.

O Missal recomenda comungar sob *as duas espécies*: "a comunhão adquire a sua forma mais plena, enquanto sinal, quando é feita sob as duas espécies" (*IGMR* 281). Expressa-se assim que, no momento em que comungamos com Cristo, o fazemos participando da sua alegria escatológica e do seu sacrifício pascal.

Cálice. Comunhão. Espécies.

virgens

Consagração das virgens.

votivas (Missas)

A palavra "votivo, votiva" vem do latim *votum* (desejo), do qual deriva também "devoção". Uma oferenda "votiva" é um dom que se faz como homenagem ou desejo ou cumprimento de um voto.

Quando se fala de "Missas votivas" refere-se às Eucaristias que não se celebram por um mistério especial do Senhor ou uma festa ou memória de Santos, mas com uma intenção "votiva", devocional: "As Missas votivas dos mistérios do Senhor ou em honra da bem-aventurada Virgem Maria ou dos Anjos ou de algum Santo ou de Todos os Santos, podem celebrar-se, para satisfazer a piedade dos fiéis, nos dias feriais do Tempo Comum, mesmo quando ocorre uma memória facultativa. Mas não podem celebrar-se, como votivas, as Missas que se referem aos mistérios da vida do Senhor ou da bem-aventurada Virgem Maria" (*IGMR* 375). Na história, as primeiras Missas votivas que apareceram foram as celebradas em memória de algum defunto, mas depressa se acrescentaram outras intenções devocionais, de modo que já nos primeiros Sacramentários aparecem Missas votivas.

No Missal atual – junto às Missas do próprio do tempo, do "próprio" ou do "comum dos Santos", as Missas rituais (para os sacramentos), as Missas por diversas necessidades (pela Igreja, pelos seus ministros, por um sínodo ou concílio, pela unidade dos cristãos, por diversas circunstâncias da sociedade humana etc.) e pelos defuntos –, há também uma parte em que se oferecem formulários para essas Missas votivas, que não se referem a acontecimentos objetivos da Igreja ou do mundo (como as "Missas por diversas necessidades"), mas que são mais subjetivas, e se referem aos grandes mistérios cristãos, como a Santíssima Trindade, os mistérios de Cristo ou o Espírito Santo, ou a recordação da Virgem Maria ou de algum Santo. Muitas vezes pode-se utilizar para elas o mesmo formulário que para a celebração da festa de um Santo ou do mistério de Cristo.

Não se trata de celebrar essas Missas por mera devoção do sacerdote ou de um fiel, mas segundo o bem espiritual da comunidade. E para elas não se interrompe normalmente a leitura continuada do Lecionário ferial: só se aproveita a eucologia, naqueles dias do Tempo Comum a que não se atribui nenhuma celebração obrigatória.

Bibliografia

ALDAZÁBAL, J. El domingo, día del Señor. In: *Cel Igl*-III, 71-98.

_____. *Gestos e símbolos.* São Paulo: Loyola, 2005.

_____. *Ministerios de laicos.* D 35. 3. ed. Barcelona, 1993.

_____. Fiesta. In: *Conceptos Fundamentales de Pastoral.* Madrid: Cristiandad, 1983. p. 399-409.

_____. *La comunidad celebrante.* D 39. Barcelona, 1989.

_____. La Eucaristía. In: *Cel Igl*-II, 181-436.

_____. *Claves para la Eucaristía.* 4. ed. D 17. Barcelona, 1991.

_____. La identidad de la liturgia cristiana según el NT. In: *Teología de la liturgia.* CPh 8, Barcelona, 1989, 5-24.

_____. La oración de la mañana. In: *Claves para la oración.* D 12. 6. ed. Barcelona, 1991, 55-61.

_____. Lecciones y modelos de la historia para la inculturación de la liturgia. In: *L'adattamento culturale della liturgia.* Roma, 1993, 151-185.

_____. *El domingo cristiano.* D 34. 2. ed. Barcelona, 1990. 92 pp.

_____. *El libro litúrgico como pedagogía de la celebración.* CPh 116, 1980, 111-124.

_____. *La homilía, educadora de la fe.* CPh 126, 1981, 447-459.

_____. María, la primera cristiana. In: *Emaús* 2. 3. ed. Barcelona, 1988. 104 pp.

_____. *La alabanza de las Horas.* D 46. Barcelona, 1991.

_____. La unción de enfermos. In: *Pastoral de la salud. Acompañamiento humano y sacramental.* D 60. Barcelona, 1993, 90-99.

_____. *Enséñame tus caminos. 1.* Adviento y Navidad día tras día. D 67. Barcelona, 1995. 156 pp.

_____. *Enséñame tus caminos. 3.* El Tiempo Pascual día tras día. D 68. Barcelona, 1996. 160 pp.

_____. *A mesa da Palavra I.* Elenco das leituras da missa. Comentários. São Paulo: Paulinas, 2007.

_____. *La Plegaria Eucarística. I.* Catequesis. II. Pastoral. D 18-19. 3. ed. Barcelona, 1988, 80 e 81.

_____. *Los domingos, aspersión.* CPh 165-166, 1988, 246-251.

_____. *Veinte siglos de oración y diez años de reforma.* PPC. Madrid, 1981. 44 pp.

Aliaga, E. El triduo pascual. In: *Cel Igl*-III, 99-127.

Alvarez, L. F. La participación litúrgica. Origen, evolución y perspectivas de un tema teológico. In: *Problemática de la pastoral litúrgica.* CPh 41, Barcelona, 1993, 57-78.

Andrieu, M. *Les "Ordines Romani" du haut moyen-âge.* Lovaina, 1931-1961. 5 vols.

Aparício, A.; J. C. R. García. *Los Salmos,* oración de la comunidad. Madrid, 1981.

Aroztegui, F. X. Las Horas menores. In: *Oración de las Horas.* 1990, 255-259; 293-299.

_____. Ven, Espíritu Santo. La secuencia de Pentecostés. In: *Oración de las Horas.* 1991, 203-207.

_____. Victimæ Paschali laudes. La secuencia de Pascua. In: *Pascua-Pentecostés.* D 52. Barcelona, 1992, 46-49.

_____. J. M. Soler. El Gloria. In: *Oración de las Horas.* 1991. p. 398-402.

Augé, M. Concelebración eucarística. In: *NDL,* 410-423.

_____. Eucología. In: *NDL,* 759-772.

_____. Profesión religiosa. In: *NDL,* 1659-1674.

Baroffio, B. Sacerdocio. In: *NDL,* 1755-1778.

Bellavista, J. La Cinquentena Pascual. In: *Cel Igl*-III, 129-151.

_____. La preparación a la Pascua: la Cuaresma. In: *Cel Igl*-III, 153-170.

_____. Los salmos del viernes. In: *Orar los salmos en cristiano.* D 43. Barcelona, 1990, 90-92.

_____. Pascua y Pentecostés. In: *NDL,* 1573-1576.

_____. Triduo Pascual. In: *NDL,* 2004-2013; *CFP,* 4481-4486: *Del Triduo Pascual en general.*

_____. *El Año Litúrgico.* Paulinas, 1985. (*L'Any Litúrgic,* D. Barcelona, 1982).

Bergamini, A. Adviento. In: *NDL,* 50-53.

_____. Año Litúrgico. In: *NDL,* 136-144.

_____. Cuaresma. In: *NDL,* 497-501.

_____. Navidad-Epifania. In: *NDL,* 1405-1409.

Bernal, J. M. *Iniciación al Año Litúrgico.* Madrid: Cristiandad, 1985.

Bordonau, E. *Antiguo Testamento.* D 9. 2. ed. Barcelona, 1986. 100 pp.

Borobio, D. Catecumenado. In: *NDL,* 298-319.

_____. De la celebración a la teología: ¿qué és un sacramento?. In: *Cel Igl*-I, 359-536.

_____. Diaconado. In: *NDL*, 582-584.

_____. El hombre y los sacramentos: carácter simbólico. In: *Cel Igl*-I, 400-434.

_____. Matrimonio. In: *Cel Igl*-II, 497-592.

_____. Penitencia. In: *CFC*, 1001-1019.

_____. *Para una valoración de los estipendios.* CPh 110, 1979, 137-154.

_____. *Penitencia. Reconciliación.* D 15. Barcelona, 1988. 96 pp.

_____. Unción de enfermos. In: *Cel Igl*-II, 653-743.

BRANDOLINI, L. Domingo. In: *NDL*, 594-613.

_____. Animación. In: *NDL*, 96-111.

BROVELLI, F. Exequias. In: *NDL*, 777-793.

_____. Plegaria Eucarística. In: *NDL*, 1625-1639.

CABIE, R. *El culto de la Eucaristía fuera de la misa.* In: AGM, 539-558.

_____. *La comunión.* In: AGM, 415-431.

_____. *La concelebración eucarística.* In: AGM, 526-535.

_____. *La Eucaristía.* In: AGM, 305-558.

_____. *La iniciación cristiana.* In: AGM, 572-665.

_____. *La oración universal.* In: AGM, 375-381.

_____. *La Plegaria Eucarística.* In: AGM, 327-342; 392-413; 510-517.

_____. *Los ritos de entrada.* In: AGM, 355-364.

CALABUIG, I. M.; Barbieri, R. Consagración de vírgenes. In: *NDL*, 452-475.

_____. Virginidad consagrada en la Iglesia. In: Ibid., 2061-2081.

CARMONA, M. Nuevas Plegarias Eucarísticas. In: *NDL*, 1417-1437.

CASTELLANO, J. Adviento, celebración de la espera del Señor. In: *AL*, 63-80.

_____. El Domingo, día del Señor y de la Iglesia. Pascua semanal. In: *AL*, 229-252.

_____. El Tiempo Ordinario: presencia del Señor en el camino de la Iglesia. In: *AL*, 253-268.

_____. La celebración anual de la Pascua del Señor. In: *AL*, 153-208.

_____. La celebración del Misterio de Cristo en las fiestas de los Santos. In: *AL*, 327-347.

_____. La fiesta de Navidad. In: *AL*, 81-106.

_____. La presencia de la Virgen María en el Año Litúrgico. In: *AL*, 289-325.

_____. Las fiestas del Señor. In: *AL*, 273-288.

_____. Oración y liturgia. In: *NDL*, 1456-1474.

_____. Virgen María. In: *NDL*, 2030-2061.

_____. *El año litúrgico*. Memoria de Cristo y mistagogía de la Iglesia. Biblioteca Litúrgica-1. Barcelona, 1994. 360 pp.

_____. La Cuaresma camino de la Iglesia hacia la Pascua. In: *AL*, 125-152.

_____. *Oración ante los íconos. Los misterios de Cristo en el año litúrgico*. D 56. Barcelona, 1993. 184 pp.

_____. *Pedagogía de la oración cristiana*. Biblioteca Litúrgica 6. Barcelona, 1996. 238 pp.

_____. *Pentecostés o Tiempo Pascual. Prolongación de la Pascua*. Ibid. 5-11 (e In: *AL*, 209-228).

Celebraciones dominicales y festivas en ausencia de Presbítero. Coeditores litúrgicos. Madrid, 1992. 186 pp.

CFP, 44-57, cf. *E*, 4487-4500.

CFP, 77-96. Vigília Pascal na noite santa. In: *Tres documentos de pastoral litúrgica*. CPh 30, Barcelona, 1991, 5-32.

CHUPUNGCO, A. Adaptación. In: *NDL*, 33-50.

CIBIEN, C. Gestos. In: *NDL*, 913-929.

COLOMBO, G. Matrimonio. In: *NDL*, 1240-1253.

_____. Unción de los enfermos. In: *NDL*, 2014-2029.

Comissão Episcopal de Liturgia (Espanha). *Canto y música en la celebración*. 1992, 162 pp.

_____. *El domingo, fiesta primordial de los cristianos*. 1981.

_____. Dejaos reconciliar con Dios. 1989.

Congregação para o Clero. *Diretório para o ministério e vida dos presbíteros*. 1994.

Congregação para o Culto Divino. La liturgia romana y la inculturación. IV Instrucción para aplicar debidamente. *SC*, 37-40. Roma, 1994.

_____. *Directório para as celebrações dominicais na ausência do presbítero*. Aveiro, 1988.

_____. Carta *Eucharistiæ Participationem*, de 1973, sobre a faculdade de compor novas Preces.

_____. Introducción a las Plegarias Eucarísticas de las Misas com niños y la Reconciliación, 1974.

_____. *La preparación y celebración de las fiestas pascuales*. CPh 30, Barcelona, 1991.

CORTES, J. B. Exorcismos y liturgia. In: *NDL*, 801-825.

COSTA, E. Tropes et séquences dans le cadre de la vie liturgique au moyen age. In: *Ephem. Liturg.*, 1978, 261-322. 440-471.

Cuva, A. Jesucristo. In: *NDL*, 1071-1093.

_____. Objetos litúrgicos. Vestiduras. In: *NDL*, 1446-1456.

_____. *Asamblea*. In: *NDL*, 165-181.

Dalmais, I. H. *El tiempo en la liturgia*. In: AGM, 889-895; A. M. Triacca. Tiempo y liturgia. In: *NDL*, 1972-1989.

_____. *Las famílias litúrgicas orientales*. In: AGM, 56-72.

_____. *Teología de la celebración litúrgica*. In: AGM, 251-304.

della Torre, L. Homilía. In: *NDL*, 1015-1038.

Dimitrios I. *Teología y espiritualidad del ícono*. CPh 168, 988, 527-541.

Donghi, A. Profesión de fe. In: *NDL*, 1648-1659.

_____. Sacramentales. In: *NDL*, 1778-1797.

Evenou, J. *Matrimonio*. In: AGM, 754-778.

_____. *Processiones, peregrinaciones, religiosidad popular*. In: AGM, 812-834.

F. A. Templo. In: *VTB*, 774-779.

Falsini, R. Confirmación. In: *NDL*, 423-452.

Farnés, P. El acto penitencial. In: *Pastoral de la Eucaristía*, (D 49). Barcelona, 1991. p. 59-66.

_____. *Construir y adaptar las iglesias*. Barcelona, 1989.

_____. Las invocaciones "Cordero de Dios". In: *Lit. y Espiritualidade* 1. 1996, 5-17.

_____. *Orar los salmos en cristiano*. D 43. Barcelona: 1990, p. 68-80.

_____. Via Crucis. In: *Oración de las Horas* 1. 1992, p. 1-12.

_____. *Celebrar la Semana Santa en las pequeñas comunidades*. Barcelona, Regina, 1993. 232 pp.

_____. *El salmo responsorial*. CPh 134, 1983, 123-134.

_____. *Lectura de la Biblia en el Año Litúrgico*. D 48. Barcelona, 1991. 108 pp. (Ed. bras.: *A mesa da Palavra II: leitura da Bíblia no Ano Litúrgico*. São Paulo: Paulinas, 2009.)

_____. *Moniciones y oraciones sálmicas*. Barcelona, Regina, 1978.

_____. *Significado del nuevo Ceremonial de los Obispos*. CPh 147, 1985, 199-218.

Fernandez, I. Canto gregoriano. In: *NDL*, 264-272.

_____. Hispana, liturgia. In: *NDL*, 943-966.

_____. El misterio pascual de Jesucristo. In: *Cel Igl*-I, 309-317.

_____. Elementos verbales de la liturgia de las horas. La salmodia. In: *Cel Igl*-III, 449-483.

_____. Qué és celebrar. Peculiaridades de la teología litúrgica. In: *Cel Igl*-I, 297-308.

FERRARO, G. Orden, Ordenación. In: *NDL*, 1474-1494; *Las ordenaciones*. In: AGM, 703-748: *CIC*, 1536-1600, El Sacramento del Orden.

Franquesa, A. *Las aclamaciones de la comunidad*. D 65. Barcelona, 1995.

_____. *Para revalorizar la concelebración*. CPh 165-166; 211-225, 1988.

GAITAN, J. D. *La celebración del tiempo ordinario*. Biblioteca Litúrgica 2. Barcelona, 1994. 104 pp.

GELSI, D. Orientales (Liturgias). In: *NDL*, 1510-1537.

GIBERT, J. Salmos. In: *NDL*, 1850-1873.

GOENAGA, J. A. El movimiento litúrgico. In: *Cel Igl*-I, 161-172.

_____. El posconcilio. In: *Cel Igl*-I, 187-203.

GOLDIE, R. Mujer. In: *NDL*, 1388-1404.

GONZÁLEZ, A. Palabra de Dios. In: *Conceptos fundamentales del cristianismo* (eds. C. Floristán y J.J. Tamayo). Madrid: Trotta, 1993. p. 937-956.

GONZALEZ, J. M. Movimiento Litúrgico en España. In: *NDL*, 1383-1388.

GRACIA, J. A. *5 de octubre, en el nuevo calendario nacional*. CPh 70, 1972, 355-362.

GRANDEZ, R. Sentido del Sábado Santo. In: *La celebración de la Semana Santa*. D 61. Barcelona, 1994, 117-120.

_____. *El sabor de las fiestas*. D 26. 2. ed. Barcelona, 1990. 84 pp.

GY, P. M. *La Penitencia y la Reconciliación*. In: AGM, 666-681.

INIESTA, A. Luz de Cristo, la Pascua. In: *Emaús* 10. Barcelona, 1994. 74 pp.

JOUNEL, P. *El Pontifical y el Ritual*. In: AGM, 561-571.

_____. Dedicación de iglesias y altares. In: *NDL*, 531-548.

_____. La presencia de los ángeles en la liturgia de Occidente. In: *Redescubrir el culto a los ángeles*. CPh 37, Barcelona, 1992, 65-74.

_____. Lugares de la celebración. In: *NDL*, 1211-1229.

_____. Santos, culto de los. In: *NDL*, 1873-1892.

_____. *Del Concilio de Trento al Concilio Vaticano II*. In: AGM, 91-112.

_____. *El ciclo pascual*. In: AGM, 917-964.

_____. *El culto de los santos*. In: AGM, 1000-1023.

_____. *El culto de María*. In: AGM, 1924-1046.

_____. *El domingo y la semana*. In: AGM, 897-916.

_____. *El Pontifical y el Ritual*. In: AGM, 561-571.

_____. *El tiempo de Navidad*. In: AGM, 965-986.

_____. *Las bendiciones*. In: AGM 835-860.

JUBANY, N. María en la vida familiar. In: *Emaús* 19. Barcelona, 1996. 70 pp.

LARA, A. La dedicación de iglesias y altares. In: *Cel Igl*-III, 549-561.

LATORRE, J. *Modelos bíblicos de oración*. D 58. Barcelona, 1993. (Ed. bras.: *Modelos bíblicos de oração*. São Paulo: Paulinas, 2011.)

_____. *Del sábado al domingo en la Escritura*. CPh 192, 1992, 453-474.

Libro del salmista. Coeditores litúrgicos, 1986. Nas pp. 7-17. In: *Directorio litúrgico-pastoral sobre el salmo responsorial y el ministerio del salmista*.

LLABRES, P. El culto a los santos. In: *Cel Igl*-III, 237-268.

_____. El culto a Santa María, Madre de Dios. In: *Cel Igl*-III, 213-236.

LLIGADAS, J. Adviento: el Señor viene. In: *Emaús* 1. 2. ed. Barcelona. 1993. 68 pp.

_____. Navidad, Dios con nosotros. In: *Emaús* 8. Barcelona, 1983. 72 pp.

LLOPIS, J. Exequias. In: *Cel Igl*-II, 745-760.

LODI, E. Ministerio, ministerios. In: *NDL*, 1273-1293.

_____. Obispo. In: *NDL*, 1438-1446.

LOPEZ, J. Culto eucarístico. In: *NDL*, 511-518.

_____. Devociones y liturgia. In: *NDL*, 562-582.

_____. La renovación del Via Crucis. In: *Past. Litúrgica*, 202, 1991, 40-50.

_____. Leccionario de la Misa. In: *NDL*, 1103-1113.

_____. Missal Romano. In: *NDL*, 1293-1311.

_____. Tiempo ordinario. In: *NDL*, 1967-1972.

_____. Tiempo sagrado, tiempo litúrgico y misterio de Cristo. In: *Cel Igl*-III, 31-70.

_____. *El Año Litúrgico y teología de los tiempos festivos cristianos*. Madrid: BAC Popular, 1984.

_____. Las bendiciones. In: *Cel Igl*-III, 563-573.

_____. Calendario litúrgico. In: *NDL*, 258-264.

Maggiani, S. *Fiesta, fiestas*. In: *NDL*, 854-882.

_____. Rito, ritos. In: *NDL*, 1743-1754.

Maldonado, L. Liturgia. In: *CFC*, 725-738.

_____. Quién celebra. La asamblea litúrgica, sujeto integral de la celebración. In: *Cel Igl*-I, 207-222.

MARSILI, S. Liturgia. In: *NDL*, 1144-1163.

_____. Sacramentos. In: *NDL*, 1797-1814.

MARTIMORT, A. G. *El Ceremonial de los Obispos*. CPh 147, 1985, 187-197.

_____. *El diálogo entre Dios y su pueblo*. In: *AGM*, 154-194.

_____. *La Asamblea*. In: *AGM*, 114-136.

_____. *La liturgia de las horas, oración con los salmos*. In: *AGM*, 1085-1101.

_____. *La oración de las Horas*. In: *AGM*, 1047-1173.

________. *Los signos*. In: AGM, 195-250.
________. *Oración por los enfermos y Unción sacramental*. In: AGM, 682-702.
Martin Velasco, J. Misterio. In: *Conceptos fundamentales del cristianismo* (eds. C. Floristán y J. J. Tamayo). Madrid: Trotta, 1993. p. 810-818.
Neuheuser, B. Memorial. In: *NDL*, 1253-1273.
________. Movimiento litúrgico. In: *NDL*, 1365-1382.
________. Sacrificio. In: *NDL*, 1814-1834.
________. Misterio. In: *NDL*, 1321-1342.
Nocent, A. Iniciación cristiana. In: *NDL*, 1051-1070.
________. *La consagración de vírgenes*. In: AGM, 779-791.
________. *Ritos monásticos y profesión religiosa*. In: AGM, 861-886.
________. Bautismo. In: *NDL*, 189-210; *El Bautismo en la Roma medieval (Ordo Romanus XI)*. CPh 65, Barcelona, 1996, 52 pp.
Olivar, A. *El Calendario y el Martirologio romanos*. CPh 153, 1985, 199-210.
________. *El Martirologio*. CPh 210, 1995, 457-478.
Oñatibia, I. Ministerios eclesiales. Orden. In: *Cel Igl*-II, 593-652.
________. *La Eucaristía dominical, presidida por el obispo en su catedral, centro dinámico de la Iglesia local*. CPh 199, 1994, 27-44.
Pasqualetti, G. Reforma litúrgica. In: *NDL*, 1691-1714.
Paulo VI. Marialis Cultus. In: *El culto a la Virgen María*. CPh 43, Barcelona, 1993, 5-48.
________. *Ministeria Quaedam*, de 1972; In: *ROBPD*.
Pikaza, X. Oración. In: *CFC*, 898-913.
Raffa, V. Liturgia de las Horas. In: *NDL*, 1164-1191.
Rainoldi, F.; Costa, E. Canto y música. In: *NDL*, 272-298.
Ramis, G. Año litúrgico. Ciclo de Adviento, Navidad y Epifania. In: *Cel Igl*-III, 171-196.
________. Consagración de vírgenes y profesión religiosa. In: *Cel Igl*-III, 527-548.
Ramos, F. F. La sal de la tierra. In: *Studium Legionense* 31, 1990, 63-85.
Rosso, S. Procesión. In: *NDL*, 1639-1648.
Ryan, V. *Adviento, Epifania*. Madrid: Paulinas, 1986.
Sanchez, J. J. Símbolo. In: *CFC*, 1296-1308.
Sartore, D. Asambleas sin presbítero. In: *NDL*, 181-188.
________. Signo, símbolo. In: *NDL*, 1909-1921.
________. Silencio. In: *NDL*, 1921-1930.
Scicolone, I.; P. Farnes. Libros litúrgicos. In: *NDL*, 1127-1144.

Secretariado Nacional de Liturgia de Espanha. *El equipo de animación litúrgica* (1989).

_____. *Directorio litúrgico pastoral sobre el acólito y el ministro extraordinario de la comunión.* Madrid, 1985.

Sicard, D. *La muerte del cristiano.* In: AGM, 792-811 (para o viático, p. 792-802).

Sodi, M. Celebración. In: *NDL*, 333-353.

_____. Bendición. In: *NDL*, 210-230.

Sorci, P. Misterio Pascual. In: *NDL*, 1342-1365.

Tena, P. *Comentario al Ritual de Dedicación de Iglesias.* CPh 111, 1979, 183-221.

_____. *El Leccionario de Lucas.* D 50. Barcelona, 1991. 172 pp.

_____. *La catedral en la Iglesia local.* CPh 188, 1992, 95-112.

_____. *La misa crismal. Una aportación catequética.* CPh 127, 1982, 67-70.

_____. *Lectura eucarística del Benedictus.* In: *La Alabanza de la Horas.* D 46. Barcelona, 1991, p. 113-116.

_____; Borobio, D. Sacramentos de iniciación cristiana: bautismo y confirmación In: *Cel Igl*-II, 27-180.

Tenas, V. *Las campanas, hoy.* CPh 182, 1991, 149-154.

Terrin, A. N.; Castellano, J. "Religiosidad popular y liturgia". In: *NDL*, 1722-1743 (com bibliografia para a América Latina).

Triacca, A. M. Espíritu Santo. In: *NDL*, 702-720.

_____. Le Litaniæ Sanctorum nell'attuale liturgia romana. In: *Psallendum* (homenagem a J. Pinell). Roma, 1992. p. 303-372.

_____. Participación. In: *NDL*, 1546-1573.

_____. Ambrosiana (liturgia). In: *NDL* 53-96.

Urdeix, A. *El rito de la paz.* CPh 165-166, 1988, 285-289.

_____. *Las letanías de los santos.* CPh 153, 1986, 261-275.

_____. *Piedad, paciencia y diligencia.* Encomio del maestro de ceremonias. CPh 154, 1986, 351-355.

Urtasun, C. *Las oraciones del Misal. Escuela de espiritualidad de la Iglesia.* Biblioteca Litúrgica 5. Barcelona, 1995. 780 pp.

Vários. Año Litúrgico: ciclos y fiestas. In: *Cel Igl*-III, 29-282.

_____. Concelebración. In: *Oración de las Horas.* 7-8, 1991, 253-308.

_____. La liturgia hispânica. In: *Liturgia y Espiritualidad* 1-2, 1994. 74 pp. e um encarte de 28.

_____. Liturgia de las Horas. In: *Cel Igl*-III, 283-524.

_____. Sacramentales. In: *Cel Igl*-III, 525-573.

_____. *Acompañar al cristiano en su muerte.* CPh 109, 1979.

_____. *Acuerdos ecuménicos sobre ministerio.* CPh 26, Barcelona, 1991, 80 pp.

_____. *ADAP: los domingos sin sacerdote.* CPh 60, Barcelona, 1995, 70 pp.

_____. *Adorar a Cristo Eucarístico.* CPh 56, Barcelona, 1994.

_____. *Adviento.* D 2. 6. ed. Barcelona, 1993. 92 pp.

_____. *Al encuentro del Señor. Adviento, Navidad, Epifanía.* CPh 66, Barcelona, 1995, 68 pp.

_____. *Canto y música en la liturgia.* CPh 169, 1989.

_____. *Canto y música.* D 27. 2. ed. Barcelona, 1989. 112 pp.

_____. *Celebrar la Cuaresma.* D 57. Barcelona, 1993. 160 pp.

_____. *Celebrar la Venida del Señor.* D 44. Barcelona, 1990. 84 pp.

_____. *Cristología y liturgia.* CPh 5, Barcelona, 1988, 86 pp.

_____. *El altar.* CPh 67, Barcelona, 1996, 56 pp.

_____. *El Año Litúrgico.* CPh 14, Barcelona, 1990, 70 pp.

_____. *El Año Litúrgico: el Tiempo Ordinario.* CPh 189, 1992.

_____. *El ayuno y la abstinencia.* CPh 68, Barcelona, 1996, 60 pp.

_____. *El culto eucarístico.* CPh 23, Barcelona, 1990, 66 pp.

_____. *El don de la Confirmación.* CPh 40, Barcelona, 1992, 78 pp.

_____. *El domingo cristiano:* valores e interrogantes. CPh 164, 1988.

_____. *El Espíritu Santo.* CPh 34, Barcelona, 1992, 76 pp.

_____. *El hombre de hoy y los sacramentos.* CPh 42, Barcelona, 1992, 88 pp.

_____. *El matrimonio cristiano y su celebración.* CPh 124, 1981.

_____. *El matrimonio.* CPh 7, Barcelona, 1989, 76 pp.

_____. *El nuevo ritual de la ordenación sacerdotal.* Barcelona, 1993, 80 pp.

_____. *El obispo y la liturgia diocesana.* CPh 53, CPL, Barcelona, 1994, 80 pp.

_____. *El Oficio Divino en Oriente y Occidente.* CPh 69, Barcelona, 1966, 68 pp.

_____. *El rito hispánico y su actual renovación.* CPh 175, 1990.

_____. *El sacramento de la reconciliación sacramental.* CPh 32, Barcelona, 1992, 76 pp.

_____. *El sentido de la Semana Santa.* CPh 31, Barcelona, 1992, 76 pp.

_____. *La Alabanza de las Horas.* Espiritualidad y pastoral. D 46. Barcelona, 1991. 212 pp.

_____. *La asamblea: teología y pastoral.* CPh 22, Barcelona, 1990, 66 pp.

_____. *La asamblea litúrgica y su presidencia.* D 69. Barcelona, 1996. 128 pp.

_____. *La celebración de la Penitencia.* D 55. Barcelona 1992. 92 pp.

_____. *La celebración de la Semana Santa*. D 61. Barcelona, 1994. p. 27-49, para o domingo da Paixão ou de Ramos; *CFP*, 27-34, cf. *E*, 4471-4477.

_____. *La celebración de las exequias*. D 59. Barcelona, 1993. 116 pp.

_____. *La celebración del domingo*. CPh 1, Barcelona, 1988, 60 pp.

_____. *La celebración del domingo*. Biblia. Espiritualidad. Pastoral. CPh 192, 1992.

_____. *La celebrazione del Triduo Pasquale. Anamnesis e mimesis*. Roma, 1990. 306 pp.

_____. *La Cinquentena pascual*. D 4. 5. ed. Barcelona, 1992. 96 pp.

_____. *La inculturación en la liturgia*. CPh 35, 1992, 80 pp.

_____. *La liturgia es una fiesta*. CPh 27, Barcelona, 1991, 68 pp.

_____. *La liturgia, escuela de oración*. CPh 197, 1993; *CIC* (Quarta parte: a oração cristã).

_____. *La música en la liturgia*. Documentos. D 38. Barcelona, 1988. 100 pp.

_____. *La oración y su dinámica*. CPh 59, Barcelona, 1995, 80 pp.

_____. *La Palabra en la celebración cristiana*. CPh 33, Barcelona, 1992, 84 pp.

_____. *La Unción de los Enfermos*. CPh 3, Barcelona, 1988, 68 pp.

_____. *La reforma litúrgica del Concilio*. CPh 11, Barcelona, 1989, 74 pp.

_____. *Las casas de la Iglesia*. CPh 111, 1979.

_____. *Las exequias cristianas*. CPh 12, Barcelona, 1989, 76 pp.

_____. *Las fiestas de los santos*. D 62. Barcelona, 1994. 144 pp.

_____. *Las iglesias y su dedicación*. CPh 20, Barcelona, 1990, 84 pp.

_____. *Líneas básicas del Movimiento Litúrgico*. CPh 64, Barcelona, 1995, 68 pp.

_____. *Liturgia: celebrar el misterio*. CPh 29, Barcelona, 1991, 76 pp.

_____. *Los laicos y la liturgia*. CPh 13, Barcelona, 1990, 68 pp.

_____. *Los religiosos, comunidad orante*. CPh 6, Barcelona, 64 pp.

_____. *Los sacramentos de la iniciación cristiana*. CPh 171, 1989.

_____. *Los salmos en la liturgia*. CPh 134, 1983.

_____. *Matrimónio:* preparación e celebración. D 66. Barcelona. 1995. 132 pp.

_____. *Mistagogía*. La liturgia nos guia al misterio. CPh 193, 1993.

_____. *Música instrumental y canto*. CPh 55, Barcelona, 1994.

_____. *Navidad y Epifanía*. D 5. 5. ed. Barcelona, 1991. 100 pp.

_____. *Nuestra devoción a la Virgen*. Liturgia y devociones marianas. CPh 61, Barcelona, 1995, 76 pp.

_____. *Onde celebramos*. CPh 58, Barcelona, 1995, 72 pp.

_____. *Oración mariana a lo largo del año*. D 47. Barcelona, 1991, 84 pp.

_____. *Orar con los salmos*. CPh 9, Barcelona, 1989, 68 pp.

_____. *Orar los salmos en cristiano*. D 43. Barcelona, 1990. 104 pp.

_____. *Pascua-Pentecostés*. D 52. Barcelona, 1992. 108 pp.

_____. *Pastoral sacramental de los enfermos*. CPh 16, Barcelona, 1990, 68 pp.

_____. *Por qué cantar en la liturgia*. CPh 28, Barcelona, 1991, 72 pp.

_____. *Presencia de los santos en la liturgia actual*. CPh 153, 1986.

_____. *Presidir la Eucaristía*. CPh 19, Barcelona, 1990, 76 pp.

_____. *Profesión religiosa y espiritualidad litúrgica*. CPh 36, Barcelona, 1992, 76 pp.

_____. *Religiosidad popular y liturgia*. CPh 39, Barcelona, 1992, 76 pp.

_____. *Religiosidad popular y santuarios*. D 64. Barcelona, 1995. p. 142.

_____. *Sentido teológico y pastoral de las bendiciones*. CPh 17, Barcelona, 1990, 72 pp.

_____. *Via Crucis*. D 33. 3. ed. Barcelona, 1989. 92 pp.

_____. *Vida religiosa y liturgia*. CPh 154, 1986.

_____. *Vivir el tiempo como salvación*. CPh 46. Barcelona, 1993, 72 pp.

_____. *Vivir según el domingo*. CPh 24, Barcelona, 1990, 64 pp.

VELADO, B. *Himnos de la Liturgia de las Horas*. Coeditores Litúrgicos, 1988.

_____. *Los himnos de la Liturgia de las Horas en su edición española*. CPh 130, 1982, 325-335.

VENTURI, G. Lengua, lenguage litúrgico. In: *NDL*, 1113-1127.

VISENTIN, P. Eucaristía. In: *NDL*, 729-759.

_____. Penitencia. In: *NDL*, 1600-1625.

Índice dos vocábulos

A

Apresentação do Senhor
arras
árvore de Natal
Ascensão
asperges, aspersão
assembleia
assentos
Assunção
ato penitencial
átrio
azeite
ázimo

B

báculo
baldaquino
bálsamo
bandeja
banho
basílica
bater no peito
batina
Batismo
batistério
beber
beijar, beijo
bema
Bendicional (Ritual de bênçãos)
bendizer, bênção
Benedictus
binação, binar
bispo
Breviário

C

calenda

conopeu
consagração
consagração das virgens
cor
Cordeiro de Deus
coro
coroa do Advento
coroinha
corporal
Corpus Christi (Corpo de Deus)
credência
Credo
cremação
crianças
cripta
crisma, Missa crismal
cruz
cruz peitoral
culto
culto à Eucaristia
custódia

D

dalmática
dedicação
defuntos
despedida
devoções
diácono
diálogo
dípticos
diurnal
doentes
domingo
doxologia

E

F

fogo
fonte batismal
Fração do Pão
funeral

G

galhetas
Gaudete
genuflexão
gestos
Glória
Gradual
gregoriano (canto)
grupo (Missas de)

H

hebdomadário
hino
hispânica (liturgia)
hissopo
homilia
Horas (Canônicas)
Horas (Liturgia das)
Horas (menores)
Hosana
hóstia

I

ícone
igreja (lugar)
iluminação
Imaculada Conceição
imagem
imersão

J

K

L

latim
Laudes
lavabo, lavar, lava-pés
Lecionário
leigos
leitor
leituras bíblicas
leitura breve
leitura contínua
leitura hagiográfica
leitura patrística
língua
litania
liturgia
Liturgia das Horas
livros litúrgicos
lucernário
lustração
luz

M

Magnificat
mandato
manhã (Oração da)
manípulo
mãos
Maranatha
Maria
mártir, martirológio
matinas
matrimônio
memento
memória
memorial
mesa
mestre de cerimônias
milanesa (liturgia)
ministérios

miserere
missa
missa estacional
missal
mistagogia
mistério
mistério pascal
mitra
monição, monitor
morte
movimento litúrgico
mozárabe
mozeta
mulher
murça
música

N

Natal
nave
naveta
neófito
nona (noa)
nunc dimittis

O

"Ó" (antífonas)
oblação, oblata
ocidentais (liturgias)
ocorrência
odor
oferendas
ofertório
ofício
Ofício de Leitura
ogdôada

oitava
óleos
olhar
oração
Oração depois da Comunhão
Oração do Senhor
Oração Eucarística
oração sálmica
oração sobre as oferendas
oração sobre o povo
oração universal (ou dos fiéis)
oracional
orate, frates (orai, irmãos)
oratório
ordem, ordenação
ordens menores
ordinário (ordo)
ordines romani
órgão, organista
orientação
orientais (liturgias, ritos)
ornamentos
ostensório
ostiário

P

padrinhos
Pai-nosso
Paixão (Domingo da)
pala
Palavra de Deus
pálio
palmatória
pão
paraliturgia
paróquia
participação
Páscoa

Q

R

Ramos
Reconciliação
reforma litúrgica
religiosidade popular
religiosos
relíquias
requiem
reserva
responsório
retábulo
reverência
rito
ritual
rogações
roquete
rubrica

S

sábado
Sábado Santo
sacerdote
sacramentais
Sacramentário
sacramento
sacrário
sacras
sacrifício
sacristão
sacristia
sal
salmista
Salmo Responsorial
salmodia
salmos
Saltério

T

teca
Te Deum
templo
tempo
Tempo Comum
Tempo Pascal
temporal (ciclo)
Têmporas
tércia
título
toalha
tocar, tato
Trato
Tríduo Pascal
triságio
tropário
tropo
túmulo
tunicela
turíbulo, turiferário

U

umeral
unção
Unção dos Enfermos

V

vasos sagrados
vela
versículo
Vésperas
vestes
véu
véu de ombros (ou umeral)
via crucis (via-sacra)
viático

vigília
Vigília Pascal
vinho
virgens
votivas (Missas)

Impresso na gráfica da
Pia Sociedade Filhas de São Paulo
Via Raposo Tavares, km 19,145
05577-300 - São Paulo, SP - Brasil - 2018